王先林·主编

竞争法律与政策评论

第9卷

上海交通大学竞争法律与政策研究中心
上海市法学会竞争法研究会
组编

法律出版社
LAW PRESS·CHINA
北京

图书在版编目(CIP)数据

竞争法律与政策评论. 第9卷 / 王先林主编 ; 上海交通大学竞争法律与政策研究中心, 上海市法学会竞争法研究会组编. -- 北京 : 法律出版社, 2023
ISBN 978-7-5197-8339-6

Ⅰ. ①竞… Ⅱ. ①王… ②上… ③上… Ⅲ. ①反不正当竞争-经济法-研究-中国 Ⅳ. ①D922.294.4

中国国家版本馆CIP数据核字(2023)第180671号

竞争法律与政策评论(第9卷)
JINGZHENG FALÜ YU ZHENGCE PINGLUN(DI-9 JUAN)

王先林 主编
上海交通大学竞争法律与政策研究中心
上海市法学会竞争法研究会 组编

策划编辑 林 蕊
责任编辑 林 蕊
装帧设计 汪奇峰

出版发行 法律出版社
编辑统筹 司法实务出版分社
责任校对 王晓萍
责任印制 胡晓雅
经　　销 新华书店

开本 710毫米×1000毫米 1/16
印张 20 **字数** 346千
版本 2023年12月第1版
印次 2023年12月第1次印刷
印刷 唐山玺诚印务有限公司

地址:北京市丰台区莲花池西里7号(100073)
网址:www.lawpress.com.cn
投稿邮箱:info@lawpress.com.cn
举报盗版邮箱:jbwq@lawpress.com.cn

销售电话:010-83938349
客服电话:010-83938350
咨询电话:010-63939796

书号:ISBN 978-7-5197-8339-6
定价:82.00元

编辑委员会

卷 首 语

在本卷执行主编侯利阳教授以及中心执行主任李剑教授的精心策划和各位作者的大力支持下,《竞争法律与政策评论》(以下简称《评论》)第9卷的审稿编辑任务已经完成,本卷所载的大作很快就要面世了。

本卷共设置了5个栏目。2022年11月22日,国家市场监督管理总局公布了《反不正当竞争法(修订草案征求意见稿)》,向社会公开征求意见,开启了我国《反不正当竞争法》第三次修改的立法程序。为此,本卷特别聚焦“中国《反不正当竞争法》的第三次修改”,设置了“热点问题笔谈”栏目,8位专家从不同角度发表了自己的看法,分别是:王先林教授的《我国反不正当竞争执法体制机制的进一步完善》,方小敏教授的《建立体系统一的数字经济反不正当竞争法》,李胜利教授的《〈反不正当竞争法〉修订的新与旧》,丁茂中教授的《竞争规制立法不宜引入相对优势地位制度》,刘维副教授的《商业秘密保护的立法建议要点》,钟刚副教授的《〈反不正当竞争法〉修改中的法律责任问题》,陶冠东法官的《〈反不正当竞争法〉中“社会公共利益”维护的实现路径》,以及傅育生先生的《〈反不正当竞争法(修订草案征求意见稿)〉新增类似拒绝交易条款浅析》。在“学术专论”栏目,选用了4篇论文,分别是翟巍副教授的《从“经典反垄断法”向“反垄断监管法”的范式转换——德国〈反限制竞争法〉第十一次修订评析》、肖昱堃助理教授的《德国对网络不正当竞争行为的法律应对研究——兼评我国〈反不正当竞争法〉的第三次修改》、张卫东副教授的《美国平台经济领域的反垄断法监管及其借镜》,以及尚立娜讲师的《著作权集体管理组织相互代表协议的竞争损害辨析》。在“学位论文选登”栏目,选用了2篇竞争法方向学位论文中的一部分,即贺斯迈博士的《平台经济领域的经营者集中风险》和詹馥静博士的《反垄断法规制滥用著作权限制竞争的基础问题研究》。在“研究咨询报告”栏目,继续发表了3篇中国反垄断法实施的系列分析报告,分别是林文律师的《中国反垄断行政执法年度报告(2022年)》,潘志成律师的《中国经营者集中反垄断审查年度分析报告(2022年)》和杜爱武、陈云开律师的《中国反垄断诉讼案件年度报告(2022年)》。在"研究中心动态"栏目,刊登了《上海交通大学竞争法律与政策研究中心近期动态(第9期)》。

《评论》的栏目既有连续性、稳定性,又根据每年的新情况做出必要的调整和更新。我们衷心感谢国内外专家学者的大力支持和无私帮助。我们希望在学界同人的共同支持和帮助下,《评论》能够真正办成一份有特色、有影响的连续性、专业性的学术出版物。需要再次说明的是,《评论》从第一卷起就入选"中国知网"文献来源,每卷出版后的全部论文都被"中国知网"全文收录上线,各卷在出版后所有文章的全文都可很快在该数据库中检索和下载;同时,《评论》也已经加入了"北大法律信息网"法学期刊数据库,所收录的所有论文也可以在该数据库中全文检索。此外,《评论》还于2022年1月成功入选《科学引文数据库》(Science Citation Database,SCD)。

王先林

2023年6月15日

于上海

目　录

本卷聚焦:中国《反不正当竞争法》的第三次修改

热点问题笔谈

学术专论

学位论文选登

研究咨询报告

研究中心动态

TABLE OF CONTENTS

Focus on: Anti - Unfair Competition Law— The Third Revision

WRITTEN DISCUSSION ON HOT ISSUES

ARTICLES

THESIS

REPORTS

NEWS

本卷聚焦：中国《反不正当竞争法》的第三次修改

热点问题笔谈

我国反不正当竞争执法体制机制的进一步完善

王先林*

与制定了反垄断法的国家和地区在法院的司法实施之外都还有一个、两个甚至多个行政执法机构负责反垄断法实施不同的是，很多制定了反不正当竞争法的国家和地区只采取由法院负责的一元实施机制。我国自《反不正当竞争法》制定以来采取的都是由法院和行政执法机构共同负责的二元实施机制，这构成了我国反不正当竞争法实施的一个特色和优势。但是，从目前的情况来看，我国反不正当竞争执法的体制机制需要借助《反不正当竞争法》的再次修订和相关配套的措施来得到进一步的完善。

一、通过法律修改解决反不正当竞争法的多头执法问题

我国目前存在反不正当竞争多头执法的顽疾，影响了反不正当竞争法的统一实施。《反不正当竞争法》第 4 条规定："县级以上人民政府履行工商行政管理职责的部门对不正当竞争行为进行查处；法律、行政法规规定由其他部门查处的，依照其规定。"该规定与其他法律法规竞合的现象仍然比较严重，造成主体不明、责任不清。例如，《电信条例》规定，电信行业中的不正当竞争行为由国务院信息产业主管部门对全国电信业实施监督管理；《商业银行法》规定，商业银行的不正当竞争行为由中国人民银行监督检查；《建筑法》规定，发包单位、承包单位及其工作人员的建筑活动，由国务院建设行政主管管理部门统一监督管理。

反不正当竞争执法权限交错的现状导致的问题主要表现在：第一，法律责任不同，不利于规制相同的违法行为。例如，《彩票管理条例》第 41 条规定，对于进行虚

---

* 王先林，上海交通大学特聘教授、博士生导师。

假性、误导性宣传的,以诋毁同业者等手段进行不正当竞争的,“由民政部门、体育行政部门责令改正,处2000元以上1万元以下罚款;有违法所得的,没收违法所得”。《保险法》第161条规定,保险公司有该法第116条规定行为之一的(包括“给予或者承诺给予投保人、被保险人、受益人保险合同约定以外的保险费回扣或者其他利益”,“以捏造、散布虚假事实等方式损害竞争对手的商业信誉,或者以其他不正当竞争行为扰乱保险市场秩序”以及“泄露在业务活动中知悉的投保人、被保险人的商业秘密”等),“由保险监督管理机构责令改正,处五万元以上三十万元以下的罚款;情节严重的,限制其业务范围、责令停止接受新业务或者吊销业务许可证”。根据《反不正当竞争法》第19~21条的规定,上述行为的法律责任是没收违法所得,处以10万元至500万元不等的罚款,情节严重的吊销营业执照。第二,反不正当竞争执法中部门间的信息沟通不畅,不利于全面规制不正当竞争行为。

《反不正当竞争法》第3条规定建立反不正当竞争工作协调机制,目前也建立起了由国家市场监督管理总局(以下简称市场监管总局)牵头的反不正当竞争部际联席会议制度。但这只是在现有法律制度框架下采取的必要措施,而从根本上来说,还是要通过修改《反不正当竞争法》来统一反不正当竞争执法权。这方面总的原则应当是:《反不正当竞争法》统一适用于各个领域,特殊行业可以有例外,但要保证反不正当竞争执法部门的兜底管辖权。也就是像2016年2月国务院原法制办公布的由原国家工商行政管理总局起草的《反不正当竞争法(修订草案送审稿)》中曾经规定的那样:“县级以上人民政府工商行政管理部门对不正当竞争行为进行监督检查;其他法律、行政法规另有规定的,相关部门也可以依照其规定进行监督检查。”

为此,建议修改《反不正当竞争法》时采取如下方案:一是“其他监督检查部门的执法不得与本法的规定相抵触”,以保证该法的统一适用;二是“其他监督检查部门在查处过程中,应向市场监管部门及时通报,相互配合”,以便建立起反不正当竞争执法的协调机制;三是“市场监管部门可向其他监督检查部门发出查处的书面建议”,以确立市场监管部门的对特殊行业的执法建议权;四是“其他监督检查部门未依法查处的,市场监管部门有权依法进行查处”,以保证市场监管部门对不正当竞争行为有兜底的执法权。

2022年11月市场监管总局公布的《中华人民共和国反不正当竞争法(修订草案征求意见稿)》第5条规定:“县级以上市场监督管理部门对不正当竞争行为进行查处。反不正当竞争执法工作坚持依法、公正、平等、统一的原则。本法没有作出规定的,可以适用其他法律、行政法规的规定。”这里规定的统一执法原则很重要,希望最终能够保留。

二、在统一市场监管格局下进一步加强和改进我国的反不正当竞争执法

在当前统一市场监管的格局下,我国反不正当竞争执法面临不少困难,需要采取相应的政策措施,加强我国反不正当竞争执法机构建设。

首先,优化反不正当竞争执法机构的设置,增加人员编制。要强化反不正当竞争执法,执法机构和人员是关键。2018年机构改革后,我国反不正当竞争执法机构大多不是单独设置,而且人员编制大幅缩减,导致不少执法机构在日益增长的竞争案件面前捉襟见肘。长此以往,不仅不能加强反不正当竞争执法,反而随着案件的增多连维持现有的竞争执法力度和水平都有困难。目前的各级市场监管部门大多将价格监督检查与反不正当竞争执法业务合并为一个部门,这个部门除承担价格(收费)监督检查、反不正当竞争执法外,还负有监管直销活动和打击传销活动的职责。在大多数市级和县(区)级市场监管部门,价格监督检查与反不正当竞争部门还承担了公平竞争审查和公平竞争审查联席会议办公室的职责。可以说,该部门业务非常繁杂,人员编制数量却很少。为此,建议将反不正当竞争执法职能剥离出来,成立单独的反不正当竞争执法机构(包括在市场监管总局设立单独的反不正当竞争执法局,在县级以上地方市场监管局设立反不正当竞争执法局),专司反不正当竞争执法,同时增加执法编制。这是扭转我国反不正当竞争执法案件数量逐年下降的趋势并在此基础上进一步强化反不正当竞争执法的关键。

其次,在市场监管部门内部合理配置反不正当竞争执法权。目前的反不正当竞争执法权基本上由县(区)级市场监管部门行使,且有将执法权完全下放至街道办和乡镇的趋势,只有部分城市的市场监管局仍然享有执法权。由于反不正当竞争执法相对较为专业和复杂,这样的执法权配置使得部分案件的查处受到了影响。尤其是互联网等新兴领域中的不正当竞争行为,跨地域属性和技术属性明显,案件本身较为新颖和复杂,全部交由基层市场监管部门负责执法不利于反不正当竞争案件的调查处理。因此,建议设区的市的市场监管部门应当保留必要的反不正当竞争执法队伍,并且根据案件标的和影响程度在设区的市、县(区)级市场监管部门之间进行管辖权分工;同时,反不正当竞争执法不能下沉到街道或者乡镇,否则会降低反不正当竞争执法机构的权威性和执法力度,不利于反不正当竞争政策基础地位的落实。

最后,采取切实措施强化反不正当竞争执法能力建设。反不正当竞争执法队伍建设除了增加执法编制外,还需要提高执法人员的执法能力。当前,我国反不正当竞争执法能力的建设主要有强化调研、加强培训、执法人员专业结构合理化、充分发挥专家作用等措施。当前,执法人员的专业结构不甚合理,主要表现为专业性人员不足,与反不正当竞争执法密切相关的法学、经济学、财务会计、计算机技术等专业人才很少。我国的反不正当竞争执法人员要逐步实现优化,新招录的人员应当具备经济学、法学、财务会计、计算机技术等专业知识。近年来,部分省级市场监管部门正在组建或已经组建竞争执法人才专家库,其中包括反不正当竞争执法人才专家库。人才库的建设,有助于形成一支高素质、专业化、相对稳定的反不正当竞争执法队伍。同时,加强反不正当竞争执法能力建设还需要借助专家学者等外部力量。为此,建议借鉴国务院反垄断委员会专家咨询组和市场监管总局反垄断专家库的做法,设立反不正当竞争专家咨询组或者专家库,并明确其职责任务,为其提供必要的保障。通过反不正当竞争专家咨询组和专家库的建设,进一步推动反不正当竞争执法机构的能力建设。

三、以反不正当竞争部际联席会议为主的协调机制需要进一步发挥作用

我国《反不正当竞争法》第 3 条规定:“各级人民政府应当采取措施,制止不正当竞争行为,为公平竞争创造良好的环境和条件。国务院建立反不正当竞争工作协调机制,研究决定反不正当竞争重大政策,协调处理维护市场竞争秩序的重大问题。”这表明,反不正当竞争工作绝不仅是市场监管部门的事,而且是各级人民政府的一项重要职责,也只有各级人民政府切实采取了有效措施,才能够为公平竞争创造良好的环境和条件。特别值得注意的是,2017 年修订《反不正当竞争法》时增加规定在国务院层面建立反不正当竞争工作协调机制,并明确其职责是研究决定反不正当竞争重大政策,协调处理维护市场竞争秩序的重大问题,这不仅具有非常重要的意义,也进一步提升了反不正当竞争工作的重要性,可以说在一定程度上提高了《反不正当竞争法》在我国政策体系中的地位。

建立反不正当竞争工作协调机制,一方面有利于对反不正当竞争工作进行统筹规划,以便从宏观角度出发,综合分析我国市场竞争的总体情况,研究拟定符合我国国情的反不正当竞争方面的重大政策,切实维护公平有序的市场竞争环境;另一方面也有利于协调处理维护市场竞争秩序的重大问题。特别是《反不正当竞争法》仍然没有能够实现我国反不正当竞争执法的完全统一,目前由市场监管部门承

担主要的反不正当竞争执法工作之外，还有其他一些部门承担反不正当竞争执法职责，这既可能出现重复执法，也可能出现执法空白地带，还可能出现不同部门对不正当竞争的认定存在不同认识、在处罚标准和力度方面尺度不一等情况。此外，在涉外的经济贸易等活动中也会出现不正当竞争行为，其危害和影响往往远大于一般的不正当竞争行为。这也需要国家相关部门通过协调来采取有效的措施加以应对，以维护国家的利益。因此，为保证反不正当竞争执法的统一性、有效性，需要由国务院建立工作协调机制，协调相关部门的执法工作，督促各相关部门按照统一标准、程序做好反不正当竞争执法工作。同时，在对重大反不正当竞争案件的处理上，如果相关部门的意见发生分歧，可以由工作协调机制进行协调，以保证反不正当竞争执法工作的顺利进行。

2020 年 11 月，国务院同意建立由市场监管总局牵头、17 个部门组成的反不正当竞争部际联席会议制度。2021 年 4 月 30 日，反不正当竞争部际联席会议召开第一次全体会议，审议通过《反不正当竞争部际联席会议 2021 年工作要点》。今后需要进一步充分发挥反不正当竞争部际联席会议制度作用，用好部门合作的广阔平台，实现部门合作，加强反不正当竞争执法、司法及行业监管衔接力度，发挥监管合力，解决反不正当竞争的重大问题，不断优化营商环境，助力各类企业改革发展。

建立体系统一的数字经济反不正当竞争法

方小敏*

2022年11月22日，国家市场监督管理总局发布了《反不正当竞争法(修订草案征求意见稿)》(以下简称《反不正当竞争法征求意见稿》)，向社会公开征求意见，正式开启我国《反不正当竞争法》第三次修改的立法程序。修改和新增条款的数量和内容方面都表明，这次修订的重点在于反不正当竞争法的数字化改革，即因应数字市场不正当竞争新现象、新特征与完善制度供给，以有效维护数字经济的公平竞争秩序。

一、制定中的数字经济反不正当竞争法

如果说2017年《反不正当竞争法》修订时增加第12条“互联网专条”标志着我国反不正当竞争立法应对数字经济挑战的第一步，那么这次《反不正当竞争法征求意见稿》通过在“总则”、第二章“不正当竞争行为”、第四章“法律责任”新增和修改一系列相关条款，数字经济反不正当竞争法初具雏形，显示了构建数字经济反不正当竞争法体系的立法雄心。

第一，在“总则”中增加的第4条第1款指出“国家健全数字经济公平竞争规则”，其第2款概括性规定“经营者不得利用数据和算法、技术、资本优势以及平台规则等从事不正当竞争行为”。第1款表明数字经济和传统经济都是社会主义市场经济的组成部分，为此国家通过法律明确和完善数字经济领域的公平竞争规则；第2款试图指出数字经济领域从事不正当竞争行为的独特方式。“健全数字经济公平竞争规则”既可能涉及原有公平竞争规则在数字经济领域的变通适用，也可能

---

* 方小敏，南京大学法学院教授、博士生导师。

关乎新规则的确立。是否需要以及在多大程度上需要通过创设新规则来回应数字经济竞争新模式、新形态,取决于数字领域不正当竞争行为方式的变化是否导致其不能被原来规定的典型不正当竞争行为类型所覆盖,甚至数字经济行为的不正当竞争属性是否发生根本变化从而必须在调整乃至改变反不正当竞争法传统理念和基本规则的基础上规定具体行为规则。从《反不正当竞争法征求意见稿》的内容以及理论和实务界的普遍认识来看,目前比较一致的观点是,数字经济领域商业模式和竞争行为方式的变化并没有改变反不正当竞争理念和制度的底层逻辑,因此仍然要在反不正当竞争法框架下调整数字市场竞争行为。

第二,这次修订主要是具体行为规则的完善,集中体现为第二章对数字市场典型不正当竞争行为的类型化概括。具体而言,一方面,通过对传统不正当竞争行为类型进行适应性修订以因应同类数字市场不正当竞争行为表现特征,如针对数字经济领域混淆行为中假冒仿冒对象的特殊性,在第 7 条第 1 款第 3 项增加了禁止仿冒假冒"页面设计、自媒体名称、应用软件名称或者图标等"识别其他经营者商品来源、代表其他经营者商业利益的新的标识类别,在第 7 条第 1 款第 4 项增加了"擅自将他人有一定影响的商业标识设置为搜索关键词,误导相关公众"这种新的混淆行为方式。虽然静态法律列举不可能穷尽现实经济生活的所有可能性,如北京市海淀区人民法院新近判决已将智能产品"语音指令"的仿冒假冒认定为商业混淆行为,然而结合已有执法、司法经验将新的混淆行为方式甚至行为构成要素的新表现形式用法律加以明确,对于提高法律适用的可预见性、确定性和权威性都是有益的。另一方面,《反不正当竞争法征求意见稿》在第 13 条至第 22 条新增了 10 个条文,涉及或专门规范数字领域不正当竞争行为,既有第 15 条、第 20 条等禁止经营者违法从事网络不正当竞争行为的原则性规定,也包含了第 21 条认定网络不正当竞争行为考量因素的一般规定,还列举了滥用相对优势地位、恶意交易、流量劫持/封禁/干扰等利用技术或规则妨碍/破坏/排斥交易的行为、不当收集及利用数据和算法歧视等若干特定类型的数字经济不正当竞争行为。单从条文数量上数字经济不正当竞争行为规范已经远超具体规范传统不正当竞争行为的6个条文(第7条至第12 条)。无论内容还是规模,《反不正当竞争法征求意见稿》大有建设一般规则与具体规则相结合,既凝练数字领域不正当竞争行为本质属性和一般分析范式又概括典型行为具体构成要件的数字市场反不正当竞争法体系的雄心壮志。

第三,作为配套规则,《反不正当竞争法征求意见稿》第四章针对各类数字经济不正当竞争行为规定了相应法律责任。通常情况下,线上线下不正当竞争行为法律责任形式和处罚幅度基本协调统一,确保了对数字经济秩序和传统经济秩序法律保护的一致性和公平性。不过对特别严重、特别恶劣、造成严重损害后果的数字经济不正当竞争行为还规定了上一年度销售额1%以上5%以下罚款的独特责任形式,是同情节特别严重、性质特别恶劣、造成严重损害的侵犯商业秘密、商业贿赂等传统不正当竞争行为陌生的责任形式,透露出《反不正当竞争法征求意见稿》对数字经济不正当竞争行为另眼相看的态度。夹杂在若干针对数字经济不正当竞争行为法律责任条款之中的第37条,明确了国务院和省级市场监督管理部门可以依据第2条一般条款认定和处罚不正当竞争行为,散发出对典型数字经济不正当竞争行为列举难以周全的隐忧和加强反不正当竞争行政执法应对的期冀;加上第1条立法目的和第2条一般条款都明确增加社会公共利益为保护法益,特别契合数字市场竞争行为影响广、快、分散、隐蔽,且跨市场影响突出、对竞争秩序等公共利益影响密切的特点,体现出《反不正当竞争法征求意见稿》对数字市场竞争规制的统筹立法考虑。

二、体系统一的数字经济反不正当竞争法建设任重道远

虽然《反不正当竞争法征求意见稿》显示出建设数字经济反不正当竞争法的愿望和努力,然而从法体系角度审视现有条款,仍然存在比较明显的问题,需要进一步进行逻辑梳理及体系化完善。

首先,需要厘清数字经济反不正当竞争法律规范内在的逻辑关系。《反不正当竞争法征求意见稿》中线上反不正当竞争行为规则个个独立,相互之间却又重叠交叉。例如,第16条利用技术手段妨碍破坏数字市场交易行为和第17条利用技术手段、平台规则排斥妨碍数字市场交易行为区别不大,甚至具体行为方式如流量劫持、不当干扰、恶意不兼容等也都雷同,各表一条,反使规则分散、模糊。另外,原则性规定和具体行为规则交错,欠缺体系性安排。例如,第15条数字经济经营者守法原则、第21条认定数字经济不正当竞争行为一般考量因素和穿插其间的具体交易行为规则之间的联系不清楚。在第13条、第14条、第16条至第19条分别规定各类数字经济不正当竞争行为具体构成要件的情况下,第21条对行为认定时的选择性考量因素进行列举规定的实际意义,值得商榷。第21条仅作为适用第20条兜底条款认定数字经济不正当竞争行为时一般应当考量的因素似乎更为合理,然而这两个条文与第15条数字经济守法原则性规定之间的关系、与第2条一般条款和第4条数字经济反不正当竞争原则性条款之间的关系都还没有厘清。

其次，需要梳理数字经济不正当竞争行为规则和反不正当竞争一般规则之间的关系。如果对数字经济不正当竞争行为进行专门(专章)规定，且《反不正当竞争法征求意见稿》第15条原则性规定能够揭示数字经济不正当竞争行为共有的、区别于传统不正当竞争行为的独特属性，则该条可以作为数字经济反不正当竞争法的统领性条文，否则统一适用反不正当竞争法总则性规定即可。同理，《反不正当竞争法征求意见稿》第20条数字经济不正当竞争行为兜底条款和第21条依据兜底条款认定数字经济不正当竞争行为时的一般考量因素，除非凝练了数字市场不正当竞争行为的独特本质，形成专门适用于数字领域的"小一般条款"，否则如果只是对《反不正当竞争法》第2条一般条款的简单重复解读，只会无谓增加反不正当竞争法未来适用的复杂性和不确定性。无论如何，应当考虑《反不正当竞争法征求意见稿》第15条和第4条的关系，将功能和内容趋同的这两个条文整合后规定于总则部分是不错的选择。既避免交叉重复，又在统一的总则体系中明确了，以第1条总体目标及第2条一般条款统领和限定的反不正当竞争法规制原理和分析框架同样适用于规范数字市场竞争行为，贯彻了线上线下统一保护原则，还能体现《反不正当竞争法》对数字市场不正当竞争行为规制的重视。

再次，需要协调线上、线下不正当竞争行为规范之间的关系。线上、线下经济没有优劣主次之分，二者各司其职、各有其用、相互之间不可替代却又紧密关联，共同组成国民经济和社会发展的主要部分。为此法律对线上、线下市场行为的规制和竞争秩序的保护应当统一标准、协同推进。《反不正当竞争法》第二章本是专章规定具体的、定型化的不正当竞争行为，《反不正当竞争法征求意见稿》新增10条关涉数字经济领域反不正当竞争的法律条文，其中第15条、第20条、第21条都不是具体不正当竞争行为规定，与该章对传统不正当竞争行为规定严守行为区别性特征和具体构成要件、表现形式的规定界限不同，破坏了《反不正当竞争法》的总分结构和第二章在反不正当竞争法体系中的功能定位，也损害了线上、线下经济行为协同规制的要求。加上其他几个条款对数字市场不正当竞争行为类型化特征提炼不够精准，如第17条的笼统规定及其和第16条的交叉重复、第16条第2项利用关键词联想误导用户行为和第7条第1款第4项"擅自将他人有一定影响的商业标识设置为搜索关键词，误导相关公众"的混淆行为之间关系不清等，对线上竞争行为区别于线下行为的不正当性特征的概括还有待改进。如果数字市场不正当竞争行为规制确实有显著的独特性，那也应该通过数字市场不正当竞争行为专章规定并共同受制于总则部分的约束来理顺线上、线下行为规制的关系。

最后,要考虑数字经济反不正当竞争法律规范与《反垄断法》等其他法的关系。典型如《反不正当竞争法征求意见稿》第13条对滥用相对优势地位行为的规制是否合理和必要,应当考虑其与《反垄断法》中滥用支配地位行为控制法的关系,避免因为《反不正当竞争法》与《反垄断法》适用逻辑混淆不清,对违法性主要取决于限制、排除竞争效果的限制竞争行为不进行竞争损害分析,一律简单套用弱势保护的道德标准,导致过度保护交易弱势方、忽视市场有效竞争的后果,不仅会架空《反垄断法》相关制度,造成竞争法律体系内部冲突,也背离了《反不正当竞争法》维护公平竞争秩序的初衷。相对优势地位在数字经济领域的典型适用场景,平台经营者基于其信息传播控制者身份相对于平台内经营者的相对优势对交易的可能影响,与传统交易中普遍存在的交易优势并无二致,有比较成熟的民商法调整机制。唯有对平台分级分类后那些市场力量特别强大如占据市场支配地位的平台经营者或近期提出的"守门人"平台、特大型平台经营者采取限定交易、搭售、限流屏蔽等干扰交易行为,交易对方因为没有可替代的、相当的交易路径可以选择,可能不得不接受不合理的交易条件,才形成剥削性滥用。如果不存在垄断性市场结构,单纯不利于交易对方的行为没有损害其交易机会,没有影响竞争秩序,属于正常市场博弈结果,并不是《反不正当竞争法》规制对象。以此为鉴,在对变动中的复杂数字市场行为进行反不正当竞争法规制的过程中,应当确保竞争法以及整体法律内部的体系统一性。

三、结语:三种立法可能和体系化立法任务

综上,《反不正当竞争法征求意见稿》意图对数字经济反不正当竞争法进行体系性建构,然而法条呈现的效果似乎更多是对数字竞争行为特别表现方式的片段化列举,繁简随意,形成了一定规模的规范汇集,却也呈现出了一定程度的不可概观性、矛盾性以及不必要的模糊性。具体表现为现在的数字经济反不正当竞争法律规范内部、它与线下不正当竞争行为规范之间、与《反不正当竞争法》基本原则和一般规则之间、与《反垄断法》等其他法规范之间的矛盾冲突、重叠交叉显而易见。只有理顺这些关系,才能准确定位数字经济反不正当竞争法:是在传统《反不正当竞争法》之外单独立法,还是在现有《反不正当竞争法》框架下独立成章,或者在目前的《反不正当竞争法》第二章下设独立条文概括规定数字经济不正当竞争行为的本质特征和构成要件并可列举典型行为类型。

目前共识是,数字经济不正当竞争行为的特殊性没有突破《反不正当竞争法》

基本原理和底层逻辑，单独立法没有理论基础和现实需要。是采取行业规制独立成章模式还是特定行为独立条文模式纳入《反不正当竞争法》第二章，取决于从体系性角度能否以及以何种程度概括出数字经济不正当竞争行为规制的显著特征和特殊要求，统摄于《反不正当竞争法》基本原则和一般条款之下，又能区分和统领数字经济反不正当竞争法律规范。两种模式没有高下之分，能客观反映数字市场行为规制要求就是合适的。

必须明确的是，无论采取何种模式，都不是通过逐渐增多的、相互重叠交叉的、各自为政分散的甚至分裂的具体规范堆积，而是通过内在逻辑一致的、体系性联系明确的规范群才能建构起体系统一的数字经济反不正当竞争法，克服目前《反不正当竞争法征求意见稿》存在的缺陷。我们要的是一个完整的反不正当竞争法体系，创造出理性的体系化的规范体系是法律共同体的天职。为此，结合司法和行政执法经验，从体系化角度进一步调整和完善《反不正当竞争法征求意见稿》，是必须完成的任务。

《反不正当竞争法》修订的新与旧

李胜利*

2022年11月，国家市场监督管理总局按照《国务院2022年度立法工作计划》安排，起草并公布了《中华人民共和国反不正当竞争法（修订草案征求意见稿）》（以下简称《反法修订草案》），最为显著的变化是其力图将伴随新经济、新业态、新模式迅速发展而来的，经营者利用数据、算法、平台规则等实施的新型不正当竞争行为收纳进来，再对若干理论界与实务界已有较多讨论的条款予以增补调整，在保持大框架不变的情况下，将《反不正当竞争法》从33条扩展到48条。由此可见，本次修订堪称大动作。下面本文拟分别从"新"与"旧"两个方面作简要讨论。

一、本次《反不正当竞争法》修订之"新"

此处所说的"新"，指的是针对伴随新经济、新业态、新模式迅猛发展而来的平台经济、共享经济等新业态领域不正当竞争问题而提出的新条款，包括《反法修订草案》第4条（原则禁止数字经济中的不正当竞争行为）、第14条（禁止恶意交易行为）、第15条至第20条（禁止网络不正当竞争行为），以及与之配套的法律责任相关条款，等等。这些条款颇有特色，其中不少也颇有必要。

---

* 李胜利，安徽大学法学院暨经济法制研究中心教授、博士生导师。本文系2021年度安徽高校人文社会科学研究项目（安徽大学经济法制研究中心）重大项目"数字经济时代竞争法的新发展"（SK2021ZD0001）的部分成果。

（一）应予肯定之"新"

以《反法修订草案》第 18 条[①]为例。2020 年 3 月中共中央、国务院印发的《关于构建更加完善的要素市场化配置体制机制的意见》指出，土地、劳动力、资本、技术和数据五大要素的市场化配置是推动高质量发展的关键所在。在数字经济时代，经营者之间围绕"数据"这一新的生产要素发生的争夺日益激烈。如何依法保护经营者的数据权益，保障数据要素的自主有序流动，提高其配置效率，是一项极其重要而又复杂的问题。就商业数据的法律保护，目前有权利构建模式和行为规制模式两种路径选择。围绕商业数据的权利构建，学术界提出了"非权利化"[②]"权利束"[③]"新型财产权"[④]"新型工业产权"[⑤]，乃至"公共物品""商业秘密"等观点；2022 年 12 月中共中央、国务院《关于构建数据基础制度更好发挥数据要素作用的意见》则提出构建中国特色数据产权制度体系：资源持有权、加工使用权和产品经营权"三权"分置，淡化数据所有权，强调数据的流通、使用与价值最大化。

由于数据固有的特性，如何在不同经营者之间乃至经营者与消费者、国家机关、其他社会组织之间进行权利及利益配置，是一个相当困难的问题，短时期内难以取得共识。因此，司法实践中主要依赖《反不正当竞争法》一般条款对经营者的

---

① 《反法修订草案》第 18 条规定："经营者不得实施下列行为，不正当获取或者使用其他经营者的商业数据，损害其他经营者和消费者的合法权益，扰乱市场公平竞争秩序：（一）以盗窃、胁迫、欺诈、电子侵入等方式，破坏技术管理措施，不正当获取其他经营者的商业数据，不合理地增加其他经营者的运营成本、影响其他经营者的正常经营；（二）违反约定或者合理、正当的数据抓取协议，获取和使用他人商业数据，并足以实质性替代其他经营者提供的相关产品或者服务；（三）披露、转让或者使用以不正当手段获取的其他经营者的商业数据，并足以实质性替代其他经营者提供的相关产品或者服务；（四）以违反诚实信用和商业道德的其他方式不正当获取和使用他人商业数据，严重损害其他经营者和消费者的合法权益，扰乱市场公平竞争秩序。

"本法所称商业数据，是指经营者依法收集、具有商业价值并采取相应技术管理措施的数据。

"获取、使用或者披露与公众可以无偿利用的信息相同的数据，不属于本条第一款所称不正当获取或者使用其他经营者商业数据。"

② 参见梅夏英：《数据的法律属性及其民法定位》，载《中国社会科学》2016 年第 9 期。

③ 参见王利明：《论数据权益：以"权利束"为视角》，载《政治与法律》2022 年第 7 期。

④ 参见龙卫球：《再论企业数据保护的财产权化路径》，载《东方法学》2018 年第 3 期；钱子瑜：《论数据财产权的构建》，载《法学家》2021 年第 6 期；冯晓青：《知识产权视野下商业数据保护研究》，载《比较法研究》2022 年第 5 期；等等。但在如何构建新型的数据财产权方面，各人观点又有不同。

⑤ 参见孔祥俊：《商业数据权：数字时代的新型工业产权——工业产权的归入与权属界定三原则》，载《比较法研究》2022 年第 1 期。

数据权益予以保护,这一司法经验在《反法修订草案》第18条得到了体现:禁止经营者不正当地获取或者使用其他经营者的商业数据,损害其他经营者和消费者的合法权益,扰乱市场公平竞争秩序。应当说该条款的提出正当其时,在赋权难以取得共识的情况下,通过《反不正当竞争法》加强对数据这一企业重要战略资源及竞争优势的保护,是一个现实可行的办法,也可以在多年探索后进一步明确其权利属性,从而为商业数据的权利构建奠定更为坚实的基础。事实上,这也正契合了反不正当竞争法的传统定位:对于那些经济活动中最新涌现的智力成果及工商业标志,在一时难以明晰权利边界的时候,更适合作为经营者合法权益,由《反不正当竞争法》提供“宽而弱”的保护,从而区别于知识产权法及其他财产权立法的“窄而强”的设权保护模式。

(二)仍有疑虑之“新”

但是其他新增条款,尽管多为对过往司法经验的总结,在条款设计中仍有一些需要讨论之处。《反法修订草案》第15条第1款提出“经营者利用网络从事生产经营活动,应当遵守本法的各项规定”;第2款提出“经营者不得利用数据和算法、技术以及平台规则等,通过影响用户选择或者其他方式,扰乱市场公平竞争秩序”。这两款规定具有很强的概括力,事实上足以统领所有互联网经济领域中的不正当竞争条款。该条款特别是第1款毫无疑问应该置于同类条款的最前列,至少应该排在第14条(主要针对电子商务领域)之前;第17条则与前述条款颇有重合之处;第19条规范的经营者利用算法在交易条件上对交易相对方实施不合理的差别待遇或者进行不合理限制,带来了其与《反垄断法》之间关系的疑问,因其缺少具有“市场支配地位”的门槛,未来如何适用、是否会发生滥用,相信会引发广泛的疑虑。包括这些新增条款的执法权的配置问题(下文作部分讨论),令人感觉“用力过猛”。在互联网经济、数字经济仍在飞速发展,新经济、新业态、新模式仍然层出不穷的时候,我们是否已经对这些市场竞争形态有了足够深入的理解?对于相关市场竞争行为的效果是否有了较为确定的预期?理论界与实务界是否已经达成了足够广泛的共识?笔者以为似乎尚不到火候,还需要秉持“科学、审慎”的态度,做进一步的观察与研究。否则,过于严厉的监管带来的不仅仅是更有秩序的市场,也可能是市场活力的抑制、市场创新的消退。

二、《反不正当竞争法》修订之"旧"

此处的"旧",指的是《反不正当竞争法》实施及理论讨论中已有时日的若干老问题。即使在前文提到的"新条款"之中,也有"旧"问题仍然值得作进一步讨论。下面主要就《反不正当竞争法》中的一般条款问题提出个人见解。

《反法修订草案》第 2 条第 1 款规定:"经营者在生产经营活动中,应当遵循自愿、平等、公平、诚信的原则,遵守法律和商业道德,不得实施或者帮助他人实施不正当竞争行为。"其在原有条款的基础上,将帮助他人实施不正当竞争行为予以一般性禁止,具有积极意义;第 37 条提出:"经营者违反本法第二条规定,实施严重破坏竞争秩序、确需查处的不正当竞争行为,本法和有关法律、行政法规未作明确规定的,由国务院市场监督管理部门认定,由省级以上市场监督管理部门责令停止违法行为,没收违法所得,处十万元以上一百万元以下的罚款;情节严重的,处一百万元以上五百万元以下的罚款。"以上条款旨在解决《反不正当竞争法》第二章没有明文规定的有害行为的法律适用问题。

尽管存在某些理论争议,1993 年《反不正当竞争法》第 2 条(第 1 款 + 第 2 款)早已被司法界公认为"一般条款",据此认定了不少新型不正当竞争行为,解决了大量不正当竞争纠纷,对市场竞争秩序的净化发挥了重要作用。与德国、日本等国家的反不正当竞争法基本上依赖司法实施不同,我国《反不正当竞争法》的实施一直坚持司法 + 行政执法的"双轨制",就办案数量来看,后者还远远超过前者,可以说相当倚重行政执法。然而在面对新型不正当竞争行为时,行政执法机关却因为缺少法律依据而有心无力。因此很早之前行政执法机关就有了获取一般条款执法权的呼吁,并在之前的修法活动中均有尝试。本次《反法修订草案》第 37 条的提出可以说是反不正当竞争执法机关的又一次努力。

应当说该动议的再次提出有其历史原因及合理性。1993 年《反不正当竞争法》第二章明文列举 6 种不正当竞争行为(5 种实为垄断行为)有较大局限性,导致大量无法归入其中的不良有害的市场竞争行为难以得到及时有效的制止,受损害一方寻求司法救济路径成本高、时间长、收效低,由此不利于良好市场竞争秩序的维持。

但是,2017 年修法之后,情况有了很大不同,如果再结合本次《反法修订草案》相关条款,可以发现原有问题基本得到解决,并且授权行政机关以一般条款执法权这种方式有可能带来更大问题:

第一,过往司法实践中认定的新型不正当竞争行为基本上发生于市场混淆和互联网领域,前者核心在于对他人较具知名度的商业标识的不当模仿及利用,后者则为互联网技术及商业模式的更新所致。1993 年《反不正当竞争法》对于前者的规范严格限制在第 5 条列举的 4 种行为表现,后者则因为时代所限根本没有提及,可以说对上述两个领域不正当竞争行为的规范都存在重大缺陷。

2017 年修法在这两个领域均有重要进展:修订后的第 6 条不但扩展了有关市场混淆行为规范的内容,其第 4 项还被修改为兜底条款,从而具有了极大的扩展空间,行政执法机关依据该法第 18 条有权执行该兜底条款,可以说在市场混淆行为领域,一般条款的适用基本上无须考虑;修订后的第 12 条为新增的互联网不正当竞争行为专条,第 2 款第 4 项同样是兜底条款(尽管由于文义不少人认为兜底作用有限),依据该法第 24 条,行政执法机关也具有执法权。因此,从维护良好市场竞争秩序的现实需要来看,2017 年修法已经解决了主要矛盾,授权行政执法机关执行一般条款的急迫性已经不复存在。

而本次《反法修订草案》则在互联网不正当竞争规制方面更进一步:除了诸多具体行为列举外,《反法修订草案》第 15 条①是一个适用于互联网经济的、极具弹性的条款;第 20 条②是典型的禁止网络不正当竞争的兜底条款或者说小的一般条款;第 36 条③则授权行政执法机关执行该兜底条款。如果上述条款得以通过,则在最可能、最需要发挥反不正当竞争法一般条款作用的两大领域——市场混淆行为和互联网不正当竞争行为规制方面,已经无须其介入即可完全解决问题。

第二,《反法修订草案》关于授权行政执法机关执行一般条款的规定有明显缺陷。该修订草案第 37 条提出,对于新型不正当竞争行为,由国务院市场监督管理部门认定,由省级以上市场监督管理部门作出处罚决定。这一规定有可能实质性地影响到当事人寻求法律救济的权利。因为根据《行政复议法》第 12 条,某个经营者因此受到某省级市场监督管理部门行政处罚的,“可以向该部门的本级人民政府申

① 《反法修订草案》第 15 条规定:“经营者利用网络从事生产经营活动,应当遵守本法的各项规定。经营者不得利用数据和算法、技术以及平台规则等,通过影响用户选择或者其他方式,扰乱市场公平竞争秩序。前款所称影响用户选择,包括违背用户意愿和选择权、增加操作复杂性、破坏使用连贯性等。”

② 《反法修订草案》第 20 条规定:“经营者不得违反本法规定,实施其他网络不正当竞争行为,扰乱市场竞争秩序,影响市场公平交易,损害其他经营者或者消费者合法权益和社会公共利益。”

③ 《反法修订草案》第 36 条规定:“经营者违反本法第十六条至第二十条规定,实施网络不正当竞争行为的,由监督检查部门责令停止违法行为,没收违法所得,处十万元以上一百万元以下的罚款;情节严重的,处一百万元以上五百万元以下的罚款。”

请行政复议,也可以向上一级主管部门申请行政复议”,那么国务院市场监督管理部门是否会先入为主,使该经营者难以获得应有的法律救济?

第三,一般条款不可避免地具有模糊性、抽象性,新型不正当竞争行为的社会危害性、违法性往往又极具争议,[①]此时,高效迅速的行政执法就不再成为优点——过于刚猛的执法会带来难以预料的后果,而谨慎持重或置之不理又会令受损害一方乃至社会大众怀疑行政机关的职业素养和专业能力。

更为重要的是,“鉴于我国一直存在强大的国家干预传统,政府在与市场的关系中处于相对强势地位,对极具弹性和扩张性的一般条款的行政执行理应慎重”[②]。特别是新技术、新业态、新模式带来的正当竞争与不正当竞争问题,包括反不正当竞争监管在内的行政执法均应保持足够的谦抑,从而为市场中的创新提供足够空间。因此,从立法上限制行政机关的自由裁量权,使之不能过度扩张极为重要,《反不正当竞争法》本次修订仍然不宜授权行政机关以一般条款的执行权。

---

① 可以参考近年来我国学界和实务界围绕有关视频网站广告屏蔽不正当竞争案件和数据抓取不正当竞争案件发生的争论。

② 李胜利:《反不正当竞争法的现代化及本土化——〈反不正当竞争法〉修订的若干意见》,载《安徽大学学报(哲学社会科学版)》2017 年第 6 期。

竞争规制立法不宜引入相对优势地位制度

丁茂中*

目前,《反不正当竞争法》的第三次修订工作正在紧锣密鼓地推进。国家市场监督管理总局在2022年发布了《反不正当竞争法(修订草案征求意见稿)》,该征求意见稿第13条规定,具有相对优势地位的经营者无正当理由不得实施下列行为,对交易相对方的经营活动进行不合理限制或者附加不合理条件,影响公平交易,扰乱市场公平竞争秩序:(1)强迫交易相对方签订排他性协议;(2)不合理限定交易相对方的交易对象或者交易条件;(3)提供商品时强制搭配其他商品;(4)不合理限定商品的价格、销售对象、销售区域、销售时间或者参与促销推广活动;(5)不合理设定扣取保证金,削减补贴、优惠和流量资源等限制;(6)通过影响用户选择、限流、屏蔽、搜索降权、商品下架等方式,干扰正常交易;(7)其他进行不合理限制或者附加不合理条件,影响公平交易的行为。根据理论界的通俗称法,该条拟作的规定内容就是我们通常所说的相对优势地位制度。

事实上,这并不是《反不正当竞争法》首次探讨是否在该法律中引入相对优势地位制度。早在《反不正当竞争法》第一次修订时,就曾经拟在该法中引入相对优势地位制度。国务院原法制办2016年提交的《反不正当竞争法(修订草案送审稿)》第6条规定:"经营者不得利用相对优势地位,实施下列不公平交易行为:(一)没有正当理由,限定交易相对方的交易对象;(二)没有正当理由,限定交易相对方购买其指定的商品;(三)没有正当理由,限定交易相对方与其他经营者的交易条件;(四)滥收费用或者不合理地要求交易相对方提供其他经济利益;(五)附加其他不合理的交易条件。本法所称的相对优势地位,是指在具体交易过程中,交易一

---

* 丁茂中,上海政法学院教授、博士生导师。

方在资金、技术、市场准入、销售渠道、原材料采购等方面处于优势地位，交易相对方对该经营者具有依赖性，难以转向其他经营者。”毫无疑问，那次《反不正当竞争法》的修订最终并没有引入相对优势地位制度，否则目前正在推进的《反不正当竞争法》的第三次修订工作也就没有必要或者机会来探讨此问题了。

需要特别指出的是，并不是只有《反不正当竞争法》在探讨是否引入相对优势地位制度。在《反垄断法》的修订过程中，理论界对此也曾爆发了激烈的争论。赞同的观点认为，“多数情况下，滥用相对优势地位行为可以通过反垄断法以及合同法、侵权法等已有民事法律予以调整，缺乏在《反不正当竞争法》中单独规制的必要性”①。反对的观点则认为，“若按传统观念将其滥用行为纳入反垄断法的调整范畴，则既与域外反垄断立法的‘结构主义’范式和‘行为主义’范式相冲突，亦与我国现阶段反垄断立法的‘谦抑性’特征相违背。相比较而言，反不正当竞争法在静态机理中展示出的‘维护公平竞争’的独立价值品格以及在动态运行上呈现出的‘从个体到整体’的利益保护路径，更契合规制滥用相对优势地位的内在逻辑”②。综观我国早期相关的争论，对此的看法大体上也是如此，即基本可以分为赞同类和反对类两种。前者的代表性观点如“我国反垄断法的立法者应该总结社会现实的切实需要，从总体上界定滥用相对优势地位的概念、行为类型、法律责任，将滥用相对优势地位的行为纳入我国反垄断法的规制范围”③。后者的代表性观点如“在结构性要素仍然是反垄断法理论框架的基础上，我国的《反垄断法》不应当采用相对优势地位滥用理论”④。

显而易见，修订后的《反垄断法》也没有引入相对优势地位制度。但即便如此，与修订前的《反垄断法》一样，修订后的《反垄断法》在具体适用上还面临类似问题，其第23条规定：“认定经营者具有市场支配地位，应当依据下列因素：（一）该经营者在相关市场的市场份额，以及相关市场的竞争状况；（二）该经营者控制销售市场或者原材料采购市场的能力；（三）该经营者的财力和技术条件；（四）其他经营者对

---

① 朱理：《滥用相对优势地位问题的法律规制——虚幻的敌人与真实的危险》，载《电子知识产权》2016年第6期。

② 龙俊：《滥用相对优势地位的反不正当竞争法规制原理》，载《法律科学（西北政法大学学报）》2017年第5期。

③ 王丽娟、梅林：《相对优势地位滥用的反垄断法研究》，载《法学》2006年第7期。

④ 李剑：《论结构性要素在我国〈反垄断法〉中的基础地位——相对优势地位滥用理论之否定》，载《政治与法律》2009年第10期。

该经营者在交易上的依赖程度;(五)其他经营者进入相关市场的难易程度;(六)与认定该经营者市场支配地位有关的其他因素。”如果允许仅仅依据上述规定第4项来认定一个经营者具有市场支配地位,那么这在实质上就极易事实性地引入相对优势地位制度。“相对优势地位理论强调了企业之间的相互力量对比,并认为当交易方在一定情况下具有类似在市场中处于垄断地位的企业的市场力量时,会使得交易相对方‘依赖于’该企业,从而引起竞争法上的效果。”①

就成因而言,相对优势地位制度近些年来格外受到关注应当与以下类似现象及问题有关。根据权威媒体的新闻报道,我国近年来各地发生多起因小区居民强烈认为提供物业服务的经营者收取的车位租金过高而形成的规模民事纠纷。② 对于这些社会问题的有效解决,无论于公还是于私都应当基础性地依赖于法律。就化解纠纷的法律选择问题而言,我们通常首先会想到以前的《合同法》。小区居民和提供物业服务的经营者是具有平等关系的民事主体,他们之间至少存在事实性的服务协议。当前者认为后者收取的车位租金过高时,完全可以根据以前的《合同法》有关显失公平的规定寻求法律救济。但是从公开的民事判决来看,采取此类做法的占比在整体上是非常低的。究其原因,主要应当有以下三个方面缘由:第一,胜诉难度较大,可能往往难以得到法院的支持;第二,诉讼成本较高,特别是时间成本;第三,惧怕起诉后遭到变相报复,譬如到期拒绝继续提供车位。在这种情况下,人们自然又会将目光转向《消费者权益保护法》。虽然为了生活购买服务使小区居民具有完全的消费者适格身份,并且该法确实倾斜性地为消费者规定了多项具体的权利,但是对解决这种问题的作用效果似乎并无明显改善,小区居民的诉求基本难以因此得到有效满足。之所以会出现这种局面,核心原因在于《消费者权益保护法》的实施机制同样依赖于私力。尽管该法专门设立了各类消费者保护组织,并赋予了它们8项具体的公益性职责,然而它们并没有任何实质性的执法权限,因此也就难以直接提供强有力的帮助。鉴于此,很多人开始将目光转向竞争法的规制范畴。③

毋庸置疑,在《反垄断法》的具体适用中绝不可以事实性地引入相对优势地位

---

① 李剑:《相对优势地位理论质疑》,载《现代法学》2005年第3期。

② 参见王则楚:《小区停车费涨价,业主须有发言权》,载《南方日报》2015年7月31日,第AA2版。

③ 参见丁茂中:《论滥用市场支配地位行为规范的立法完善》,载《经贸法律评论》2020年第2期。

制度。除了立法本身确实没有此类意思之外,还有就是滥用市场支配地位的行政责任非常严厉。① 与修订前的《反垄断法》一样,修订后的《反垄断法》第57 条规定:“经营者违反本法规定,滥用市场支配地位的,由反垄断执法机构责令停止违法行为,没收违法所得,并处上一年度销售额百分之一以上百分之十以下的罚款。”与修订前的《反垄断法》不同的是,修订后的《反垄断法》第63 条还规定:“违反本法规定,情节特别严重、影响特别恶劣、造成特别严重后果的,国务院反垄断执法机构可以在本法第五十六条、第五十七条、第五十八条、第六十二条规定的罚款数额的二倍以上五倍以下确定具体罚款数额。”可以说,这对于绝大多数的经营者来讲都是“巨大打击”。②

当然,《反垄断法》更不宜在立法上对相对优势地位制度直接作出规定。由于不同的市场参与者在资金规模、技术水平、信息获取能力等相关因素上往往存在差异,这使几乎所有交易的当事人总会有一方相对处于优势地位,只是程度不同而已。即便一方因此对另一方具有依赖性而难以转向其他经营者,这在市场经济活动中也是比较普遍的情形。一方面,绝大部分领域的市场一直都在发生代际性的变革。社会创新的客观规律充分表明,实现技术突破并成功进行商业化的主体在垄断没有被竞争对手打破之前通常对所有的交易相对人具有相对优势地位。另一方面,绝大部分领域的市场一直都在进行代内性的细分。差异化经营的本质就是对不同的用户进行群体化区分,试图最大限度地借助独特的消费偏好以及价格接受水平等因素对目标用户进行有效锁定。若将相对优势地位作为潜在的规制内容,则仅此就意味着绝大部分的市场交易活动都可能会受到反垄断执法的直接介入。况且,优势劣汰的基本法则本身就要求所有经营者必须不断地建立自己的优势地位,以使其能够在市场博弈中尽量获得更多的生存发展机会。因此,凡是没有达到可以影响到市场有效竞争的市场支配地位级别的相对优势地位,至少反垄断法不应当将此纳入其调整视野。③

退一步来看,即便是法律责任较轻的《反不正当竞争法》,也不宜在立法上引入相对优势地位制度。除前面提及的缘由外,还有就是我国当前的社会诚信水平在

① 参见侯利阳:《论〈反垄断法(修正草案)〉中的四大争议问题》,载《江西社会科学》2022 年第 4 期。

② 参见时建中:《新〈反垄断法〉的现实意义与内容解读》,载《中国法律评论》2022 年第 4 期。

③ 参见丁茂中:《我国〈反垄断法〉的修订路径》,载《法学》2020 年第 5 期。

整体上还是不太高。虽然随着我国市场经济的发展和社会诚信体系的建设,参与市场竞争的各类主体的诚信水平在整体上得到了空前的提升,但是我国当前的社会诚信水平在整体上还是较低的,对自己有利就遵守之前的约定、对自己不利就不遵守之前的约定的情况在目前的经济活动中还时不时发生。在这种情况下,如果《反不正当竞争法》引入相对优势地位制度,那么这就为此类做法提供了一个更为坚实的"抓手"。对于那些诚信意识较差的经营者,特别是在守约与违约之间有着巨大的利益差距时,即便所涉的合同或者协议是符合《民法典》等规定的,他们也很有可能会以违反《反不正当竞争法》有关相对优势地位制度的规定为由提起诉讼或者向执法机构进行举报。即使他们最终无法胜诉或者执法机构没有认定构成滥用相对优势地位,这个过程往往也会对交易相对人产生不小的负面影响或者风险压力,而这些诚信意识较差的经营者就很有可能借此从中谋取不同程度的利益,如成功逃避原本需要支付的违约金等。

可以非常肯定的是,除非立法在技术上严格限定了非常具体的情形,否则只要是像之前那样较为概括性地规定相对优势地位制度,就很容易出现"弊大于利"的结果。因此,无论是《反垄断法》还是《反不正当竞争法》,都不宜引入相对优势地位制度。这样才可以在最大限度上充分发挥市场在资源配置中的决定性作用并更好发挥政府作用,从而进一步促进我国社会主义市场经济健康发展。

商业秘密保护的立法建议要点

刘　维*

我国商业秘密保护制度主要通过《反不正当竞争法》确立,国家没有制定专门的商业秘密保护法。笔者于2023年4月参加了上海浦东新区的有关会议,与会人员就浦东新区行使中央立法事权制定商业秘密保护法规等事项进行了讨论。笔者不揣浅陋,认为商业秘密保护立法大有可为,提出了商业秘密保护的立法要点。现就会议发言略作总结,以就教于同人。

一、基本定位

我国的商业秘密规定散见于《反不正当竞争法》、最高人民法院《关于审理侵犯商业秘密民事案件适用法律若干问题的规定》(以下简称《商业秘密司法解释》)、《关于禁止侵犯商业秘密行为的若干规定》(原国家工商行政管理总局于1998年修订)等法律法规或司法解释中,各地的商业秘密法规制定工作"重守成、少创制"。如果当前要制定商业秘密保护法,笔者认为应当以问题为导向,在梳理现行法律法规规定的基础上,侧重于从以下两个层面作出努力,而不应当简单地围绕现有规定进行内容上的重述。第一,进一步细化现有规定,使之更有可操作性,减少适用主体的理解分歧;第二,修改不合理规定,使之更有科学性,在保护创新与鼓励人才流动之间取得平衡。在基本定位上,要把握两个面向:第一,应当准确地注意到商业秘密保护与人才流动之间的平衡关系,避免过于强调保护一方面利益而损害另一方面利益。第二,商业秘密保护是一个系统工程,既要注意前端的商业秘密管理工作,也要注意后端的商业秘密保护工作;既要注意商业秘密民事救济,也要统筹商业秘密

---

* 刘维,上海交通大学凯原法学院副教授。

刑事制裁;既要关注商业秘密侵权救济,也应重视商业秘密合同及劳动纠纷的处理。

二、商业秘密侵权规定

商业秘密侵权规定是商业秘密保护制度中最为重要的一部分。由于如今侵权情形多样,涉及的各方利益纷繁芜杂,现行法中的部分规定或者不尽合理,或者存在调整的空白,对于商业秘密侵权的相关规定存在优化的必要。

首先,《商业秘密司法解释》第9条规定,对商业秘密进行修改、改进和优化,属于"使用商业秘密"。然而,在实践中,一些市场主体经过多手交易之后善意获得商业秘密,或者经过了多个交易环节的修改、改进和优化,如果这种情形一律属于侵权行为并要求相关主体承担赔偿责任,可能会导致对商业秘密的保护过于绝对,不仅会打压市场主体的创新动力,使其承担不必要的经济成本,而且不利于交易秩序的稳定。笔者认为,可以考虑通过立法调整在商业秘密保护与技术创新之间取得平衡,合理适当地划定商业秘密权利范围。以《深圳经济特区企业技术秘密保护条例》为代表,其第36条第1款即规定,技术秘密受让人或者技术秘密得悉人不知道也没有合理的依据应当知道该技术秘密是非法转让或者违约披露的,赔偿责任由非法出让人或者违法、违约披露人承担;该条第2款还规定,技术秘密受让人或者技术秘密得悉人所遭受的损失及采取保密措施的费用,可以向非法出让人或者违法、违约披露人追偿,无法追偿的,由合法拥有技术秘密的企业与技术秘密受让人或者技术秘密得悉人合理分担。由此可见,该规定合理细致地排除了商业秘密善意受让人的责任,可作为参考。

其次,《反不正当竞争法》第32条规定了由权利人证明"保密措施+初步侵权证据"这两个构成要件,被告反证"秘密性+价值性"这两个构成要件。这种对权利人的优待超出了美国法规定,笔者认为如此安排举证责任的合理性有待商榷,应当作出适当回调,使权利人对其主张承担举证责任,为了缓解举证难的问题,可以使权利人对"秘密性和价值性"要件承担初步证明责任。

最后,我国的商业秘密保护制度是否吸收"不可避免的披露"规则,也需要立法者仔细考虑。"不可避免的披露"规则指的是,某些离职员工掌握了原单位的商业秘密,若到原单位的竞争对手处工作,将不可避免地披露或使用原单位的商业秘密。从而,原单位可以请求法院发布禁令,禁止该员工在一定期限内为竞争对手工作和泄露其商业秘密。作为一种事前救济方式,"不可避免披露规则"可以允许法院在缺乏竞业限制协议的情况下要求离职员工不得在原单位竞争对手处工作,某种意义上具有在合同相对性之外限制劳动者自由流动的作用,强化对权利人的保护。在美国,各州的政策取向有所不同,如非常强调劳动力流动的加州,对该原则的采纳便十分谨慎,但其他州认可该原则。

三、商业秘密禁令类型和效力

商业秘密禁令是商业秘密侵权的重要救济方式之一。由于商业秘密的秘密性以及披露后的不可恢复性,商业秘密禁令往往是市场主体积极追求与最依赖的救济手段,所以商业秘密禁令同样是立法重点。我国商业秘密保护制度对禁令的规定过于简略,未有规定系统性的禁令规则。《商业秘密司法解释》第 17 条只规定了一种类型的禁令及其持续时间:"人民法院对于侵犯商业秘密行为判决停止侵害的民事责任时,停止侵害的时间一般应当持续到该商业秘密已为公众所知悉时为止。依照前款规定判决停止侵害的时间明显不合理的,人民法院可以在依法保护权利人的商业秘密竞争优势的情况下,判决侵权人在一定期限或者范围内停止使用该商业秘密。"(1)虽然该条款规定了停止侵权禁令的持续时间,即原则上直到丧失秘密性为止,例外情形下则以确保竞争优势的时间为标准,但如何理解"例外情形"?如何认定"确保竞争优势的时间"?目前最高人民法院和各地法院的判决缺乏明确的指引。(2)关于禁令的持续时间,为什么以"丧失秘密性"为原则,而不是以"确保竞争优势的时间"为原则?如美国法确定禁令持续时间的基本原则是:一个诚实的竞争者独立研发或反向工程所需要的时间,以消除被告通过盗用行为所带来的商业优势或领先时间。英国《2018 年商业秘密条例》第 15 条也规定,禁令的期限必须足以消除侵权者从非法获取、使用或披露商业秘密中可能获得的任何商业或经济利益。(3)我国司法解释中对于禁令的类型的规定过于简单,无法适应复杂的商业现实。在美国法上,禁令的类型复杂而丰富,包括禁止使用、披露、拥有、雇佣、合作,必须通知、报告或监控、转让、保持忠诚等。(4)当司法解释规定的"丧失秘密性"的条件成就时,禁令自动失效呢,还是应当由被告请求法院解除禁令?当丧失秘密性之后,是否允许原告存在正当事由时请求法院维持禁令的效力?在美国法中,当丧失秘密性时,被告可以向法院请求解除禁令,且有时即便丧失了秘密性,原告也可以要求禁令存续。笔者认为,目前而言,我国关于商业秘密禁令的时间与类型的规定都较为粗糙,有细化空间。

四、竞业限制协议和保密协议的违反

商业秘密的保护与企业用工管理相互交织，实践中商业秘密侵权救济、违反竞业限制或保密协议的合同救济、与劳动合同相关的仲裁救济等混杂，集中体现了平衡商业秘密保护与人才流动之间利益的重要性。《民法典》的合同编对这些特殊问题没有设计针对性的条文，《劳动合同法》等专门法规的规定未必周全，商业秘密保护立法过程中的可发挥空间较大。

首先，《反不正当竞争法》第 9 条第 3 款虽然将第三人知道或应当知道员工违反保密义务披露商业秘密而仍然获取的行为规定为侵权行为，但是针对第三人知道或应当知道员工违反竞业义务仍然招用的行为，并没有明确定性。这将导致第三人能以此为抗辩理由规避侵权责任甚至抱有侥幸心理继续冒险招用员工，而商业秘密持有人则依旧会受到实质性损害。

其次，关于竞业限制协议的效力，实践中由于法律的模糊规定而依然存在诸多争议。例如，在双方并未约定期限或者没有约定补偿金的情形下，是否应当赋予当事人随时解除权？是否应当强制规定竞业限制期限的上限？是否可以考虑给予劳动者更多情形的解除权？如当技术秘密已经公开、单位违法解除劳动合同等情形出现时劳动者可以单方解除协议。

最后，关于违反竞业限制和保密协议的法律后果。(1)按照现行劳动法的有关规定，单位对员工岗位和薪资调整的合理性承担举证责任，如果有关立法能够明确单位在脱密期内调岗调薪的合理性，则可以进一步降低企业用工合规的模糊性。(2)对于员工发生竞业限制违约情形，单位如何主张损害赔偿请求权，是否可以参照《公司法》有关规定引入归入权制度，将员工因违约所获得所有利润都归入企业？(3)《劳动合同法》第 22 条和第 23 条分别规定了违反服务期约定和竞业限制约定的违约金，第 25 条禁止单位在其他情形中与员工约定违约金条款。实践中，单位通常都在保密义务协议中约定违约金条款，这是否违反《劳动合同法》第 25 条的规定？

五、商业秘密刑事程序与民事程序的衔接

侵犯商业秘密不仅可能构成民事侵权，还有触犯刑法的可能性。商业秘密侵权民事程序和侵犯商业秘密罪刑事程序之间的衔接，是司法实践中长期关注的重难点问题，全国各地法院存在不同做法，立法者可统一规定，消弭实践中的分歧。

其一，刑事程序与民事程序并行，是否需要先中止其中一个程序。传统的处理方式有两种。(1)刑事程序优于民事程序，即先行中止民事程序。这种观点认为侵犯商业秘密刑事犯罪行为危及竞争秩序，维护竞争秩序的迫切性优先于维护商业秘密权利人的经济利益，因此应当先行处理刑事犯罪行为，可以按照《民事诉讼法》第153条规定中止民事程序的审理。(2)民事程序优先，即先行中止刑事程序。这种观点认为商业秘密的权利主体与权利范围都应当由民事程序确定，且民事程序带有更强的抗辩色彩，能够更准确地厘清商业秘密的保护范围。以上两种观点都有不合理之处，民事权利是商业秘密的基本属性，民事权利的民事救济与刑事救济之间不存在优先或劣后之说；刑事法官有权认定商业秘密的权利主体和权利范围，当事人可能有策略地将刑事程序作为维权的首选(在取证、威慑等方面具有优势)，检察官和刑事法官应当尊重当事人的处分权。笔者认为，应当根据不同情形作出不同处理：第一，如果同属于商业秘密侵权引发的民事侵权纠纷和犯罪，则民事程序优先进行。主要理由：民事程序中的对抗性更强，更有利于划定商业秘密的保护范围；就民事侵权与刑事犯罪之间的关系而言，民事侵权是刑事犯罪的前提，如果不成立侵权，则应不构成犯罪；优先处理民事侵权纠纷有利于维护刑事犯罪判决的严肃性，避免刑事制裁结果与民事认定冲突。反之，优先处理刑事犯罪的做法，可能会导致公权力过多过早地介入民事纠纷，对经营管理和竞争秩序造成无可挽回的损害。相应地，可以考虑在《刑事诉讼法》第206条中增设一种中止刑事程序的事由：本案必须以另一案的审理结果为依据，而另一案尚未审结的，应中止本案程序至另一案审结时。第二，如果分别属于不同的法律关系，如商业秘密相关的合同纠纷和商业秘密的犯罪，则并行处理，不应中止其中的任何一个程序。

其二，对于在先判决中的事实和证据，后案的审理法官该如何认定与采纳。根据最高人民法院《关于民事诉讼证据的若干规定》(法释〔2019〕19号)第10条之规定，已为人民法院发生法律效力的裁判所确认的基本事实和已经发生效力的裁判所确定的事实，当事人无须证明，当事人有相反证据足以推翻的除外。可见，在先判决中的事实属于免证事实，当事人无须再行举证，但允许对造提供反证予以推翻。

其三，对于在先刑事判决中的赔偿认定，民事法官如何处理同样需要明确。第一，尽管民事程序和刑事程序中的证据认定标准不同，但从统一司法裁判的角度，应当尊重在先判决所认定的实际损失或违法所得，但如果当事人有充分的证据证明更高的损害赔偿数额，或者有充分的证据证明某些赔偿数额不应在后案中认定，则后案的审理法官应当按照相应的证据标准予以审查。第二，应当鼓励探索商业秘密刑事附带民事诉讼,“一揽子”解决赔偿问题。最高人民法院《关于刑事附带民事诉讼范围问题的规定》第1条规定:“因人身权利受到犯罪侵犯而遭受物质损失或者财物被犯罪分子毁坏而遭受物质损失的,可以提起附带民事诉讼。”商业秘密属于无形财产,其是否属于上述规定中的“物质损失”?实践中存在不同做法,传统观点认为知识产权相关损害不属于规定中的“物质损失”,如江苏省高级人民法院在上海鹏玮商务咨询有限公司(以下简称鹏玮公司)诉年锋电缆(苏州)有限公司侵犯商业秘密罪二审刑事附带民事裁定书中认为,鹏玮公司指控年锋电缆(苏州)公司侵犯其商业秘密,既不属于因人身权利受到犯罪侵犯,也不属于其财物被犯罪分子毁坏而遭受物质损失。笔者认为应当动态、开放地解释上述规定,最高人民法院在制定上述规定时或许尚未预见到有关问题,但在文义上,“商业秘密”能够被上述规定中的“财物”“物质损失”所涵盖,基于诉讼的经济性、裁判的统一性等因素应当允许商业秘密权利人提起附带民事诉讼。

除以上重要问题之外,商业秘密保护实践中还存在过于依赖鉴定结论(对秘密性的鉴定)、实际损失或违法所得的计算难度较大等问题,可以考虑在专门法的制定过程中作出引导性的规定。

《反不正当竞争法》修改中的法律责任问题

钟　刚*

2019年修正的《反不正当竞争法》对经营者不正当竞争行为的法律责任进行了相应规定，经营者违反《反不正当竞争法》的，应承担民事责任、行政责任和相应的刑事责任。2022年公布的最高人民法院《关于适用〈中华人民共和国反不正当竞争法〉若干问题的解释》（以下简称《反法解释》）也对具体行为的责任适用有所涉及。2022年11月22日，国家市场监督管理总局公布了《反不正当竞争法（修订草案征求意见稿）》（以下简称《反法修订草案》），向社会公开征求意见。此次《反法修订草案》涉及大量的法律责任规则调整，它们都是市场主体极其关注的问题，也关乎《反不正当竞争法》能否对经营者产生足够的威慑力并最终实现维护市场竞争秩序的目标。

从已生效的《反法解释》和讨论中的《反法修订草案》相关规定看，反不正当竞争法领域中的法律责任，呈现全面覆盖、严格执法的态势。

一、《反法修订草案》中民事赔偿的适用得到强化

《反不正当竞争法》第17条规定，经营者实施不正当竞争行为给他人造成损害的，应当依法承担民事责任。因不正当竞争行为受到损害的经营者的赔偿数额，按照其因被侵权所受到的实际损失确定。实际损失难以计算的，按照侵权人因侵权所获得的利益确定。而且，经营者恶意实施侵犯商业秘密行为，情节严重的，可以在按照上述方法确定数额的1倍以上5倍以下确定赔偿数额，还要包括经营者为制止侵权行为所支付的合理开支。经营者实施第6条规定的市场混淆行为和第9条规

* 钟刚，法学博士，华东政法大学经济法学院副教授，竞争法研究中心执行主任。

定的侵犯商业秘密行为的,在侵权所获利益难以确定的情况下,适用500万元以下的法定赔偿。

2022年《反法解释》第23条扩大了法定赔偿的适用范围,增补了《反不正当竞争法》第2条规定的一般性违反商业道德行为、第8条规定的虚假宣传行为、第11条规定的商业诋毁行为、第12条规定的网络不正当竞争行为,它们都可适用第17条500万元以下的法定赔偿规定。沿袭这个思路,《反法修订草案》第27条删除了《反不正当竞争法》第17条对"恶意实施侵犯商业秘密行为"的限定,直接规定"经营者违反本法规定,情节严重的,可以在按照上述方法确定数额的一倍以上五倍以下确定赔偿数额",从而将惩罚性赔偿和法定赔偿条款的适用范围都进一步扩大到全部不正当竞争行为。若《反法修订草案》通过,反不正当竞争法规定的民事责任将由过去的"重点行为,重点关注"转变为"全部行为,同等力度"的局面。

二、《反法修订草案》中行政处罚力度相对增强

这包括一般情形中罚款金额上限的普遍性提高和特别严重情形中特殊处罚规则的确立。《反法修订草案》微调了部分不正当竞争行为应承担的行政责任内容,如商业贿赂行为的一般情形,罚款上限由300万元以下调整为500万元以下;商业诋毁行为的一般情形,罚款上限由50万元以下调整为100万元以下等。还在第38条中首次设计了特定违法行为特别严重情形时的行政处罚规则:经营者实施以网络不正当竞争行为为主的特定违法行为,情节特别严重,性质特别恶劣,严重损害公平竞争秩序或者社会公共利益的,由省级以上人民政府监督检查部门责令停止违法行为,没收违法所得,以"上一年度销售额"为基准,对经营者处上一年度销售额1%以上5%以下的罚款,并可以责令停业、吊销相关业务许可证或者吊销营业执照,同时对有个人责任的人员也可处以10万元以上100万元以下的罚款。这两个举措,明显加大了对企业实施不正当竞争行为的处罚力度,也扩大了责任承担者的范围。

当然,我们也看到,基于执法实践的反馈,立法者拟对虚假宣传行为及其法律责任进行更详细的界定和裁量基准的客观调整。在对其他不正当竞争行为都强化处罚的对比之下,对虚假宣传行政处罚的调整是少有的降低金额,罚款起点从现有立法20万元以上降到10万元以上,这是一种务实的遵循罚过相当原则的做法。在此前多次线下会议和执法机构反法修改会议中,笔者曾多次呼吁,虚假宣传行为以20万元为罚款起点,对中小经营者特别是个体工商户的执法,容易出现行政处罚

“决定容易执行难”的困境，建议适当调低。这次修订准备对此进行针对性的调整，是可喜的变化。

此外，《反法修订草案》在强化行政责任的基础上，增加了民事责任和行政责任的衔接规则，鼓励促进民事和解，强调民事责任优先。其第41条第2款规定，经营者存在涉嫌违法行为时，如经营者之间已经就民事责任的承担达成和解，或者人民法院已经就民事责任作出裁决，且经营者的行为对公平竞争秩序和社会公共利益没有造成损害的，可以不进行调查，已经调查的可以终止调查，调查结束的，可以免除处罚。

三、法律责任规则修改时可考虑的重点问题

《反法修订草案》对法律责任规则的修改，体现了立法机关通过打击不正当竞争行为进一步优化营商环境的决心。立法机构对法律责任立法，意味着它需要向经营者和公众描述具体行为可能的法律后果，有时也需要将规则的具体适用交给实施者自由裁量，此时，这些规则必须符合基本的目标，而且在与不同的规则和程序的相互作用中，必须保障到法律的稳定性和确定性。由此，在这个立法过程中，以下问题有必要予以考虑并重视。

第一，重视与其他法律中法律责任规则的关系。为保障消费安全，以落实责任为目标，立法者必须协调好与《广告法》、《产品质量法》和《食品安全法》等法律中法律责任规则之间的关系。例如，我国《广告法》规定，虚假广告在无法计算广告费用或明显偏低情况下的罚款起点为20万元，而《反法修订草案》将虚假宣传罚款起点下调为10万元，就有利于彰显广告与一般商业宣传之间的细微差别。《产品质量法》以产品货值金额为基准进行罚款的方式也需要跟不正当竞争行为放在一起考量，实践中，对同一个违法行为的行政处罚有时可以选择适用不同的法律。

第二，必须尊重不同违法行为危害性的差别。《反法修订草案》将惩罚性赔偿的范围从恶意侵犯商业秘密行为拓展到所有不正当竞争行为，法定赔偿适用范围也进一步扩大，从市场混淆行为和侵犯商业秘密行为拓展到所有不正当竞争行为，在难以确定损失和获利的情况下，人民法院都可以根据侵权行为的情节判决给予权利人500万元以下的赔偿。尽管在实践操作中，必然需要按照侵害对象、非法收益大小与损害大小等确定最终的赔偿数额，但是否应当将所有不正当竞争行为的危害性都对标侵犯商业秘密行为，值得商榷。至少，不宜在自由裁量中将所有违法行为简单归为一类，需要根据个案情况进行细化，否则过于严厉不利于市场主体的

客观存续。司法机构的实践表明,惩罚性赔偿的适用是普遍谦抑而谨慎的,有的省份还采取一案一报的机制予以约束。

第三,妥善进行不同处罚方式的选择和组合。以虚假宣传行为的行政处罚为例,《反法修订草案》增列“没收用于违法行为的物品和违法所得”,但将罚款的起点从20万元降至10万元,从该违法行为的行政处罚现状来看,这种处罚方式的组合将更具可执行性。再如,市场混淆行为的行政处罚,在“没收违法商品”规定的基础上,也增加规定没收违法所得和生产工具,一旦需要考虑民事赔偿的实现,这些没收是否必须实施,还是可能将其处理后的收益作为民事赔偿的资金来源,都应该作为考虑因素进行评估。

此外,《反法修订草案》中的部分规定在细节上也有讨论的空间。如《反法修订草案》第38条针对特别严重情形下的网络不正当竞争行为的行政处罚,确定以销售额百分比为罚款依据,这在经营者上一年度没有销售额或销售额极低的情况下,将难以相容于既有体系,即无法处以罚款或罚款低于100万元,直接导致《反法修订草案》第36条“情节严重的,处一百万元以上五百万元以下的罚款”虚悬。又如《反法修订草案》第38条涉及个人责任的行政处罚条款,也建议适当区分不同主体的责任。作为普通员工的实际执行者,基本无法拒绝公司高层作出的决策,如果保持现有体系,建议将处罚重心放在具有决策权的人员身上,以对决策人员的处罚为主而区别于对普通执行人员的处罚,两者进行适当分层。但也不宜完全删除直接责任人员的行政责任,否则也将导致基层人员以无决策权为由逃避个人责任。

《反不正当竞争法》中“社会公共利益”维护的实现路径

陶冠东*

《反不正当竞争法》自1993年颁布以来，条文内容进行了多次修订，立法目的历经数次更迭，价值取向上基本维持了保护经营者、消费者合法权益的范畴，亦即《反不正当竞争法》本次修改征求意见之前的着眼点在于私权，虽然第1条和其他原则性条文中会对社会公共利益有所体现，但条文本身并未明确指出《反不正当竞争法》的立法目的在于维护社会公共利益。本次修改征求意见将社会公共利益纳入《反不正当竞争法》的保护范畴，将其与经营者、消费者的合法权益并列，很大意义上影响了《反不正当竞争法》的私法属性，使其具有了更强的公法属性，与《反垄断法》在消费者利益、社会公共利益保护方式上的界限趋于模糊。应该说，《反不正当竞争法》在新修条文中增加社会公共利益的相关内容，与当前社会经济环境，尤其是互联网经济的发展及其对经营者、消费者甚至国家层面等带来的影响有深刻的关联。

一、《反不正当竞争法》立法目的的嬗变

就其保护的权利而论，《反不正当竞争法》与知识产权有着密切的联系，但所保护的对象又非法律规定的权利，而是与商标权、著作权等知识产权相伴而生的，在司法实践的不正当竞争纠纷中，不正当竞争也与商标权、著作权并列成为一类案由。虽然商业秘密作为独立的法益被纳入《反不正当竞争法》视野下予以保护，但其本身并未上升到权利层面，仅为利益，与独立的权利仍有一定的区别。而在与权

---

* 陶冠东，上海市第三中级人民法院法官。

利相关的不正当竞争行为规制上,《反不正当竞争法》对相关行为的规制很大程度上依赖于商标权、著作权等基础性权利。就其规制对象而言,《反不正当竞争法》针对的是行为,有着深刻的行为法烙印,其从经营上对损害其他经营者、消费者合法权益的行为进行规制。《反不正当竞争法》是基于消费者合法权益保护的需求而生的,经济生活为其发展提供了社会土壤,其立法目的与社会需求密切相关,正如经济合作组织《竞争法的基本框架》指出的,"竞争法的基本目的是改善经济效能,使消费者享受较低的价格、更多的选择和更好的产品质量"。从条文表述来看,《反不正当竞争法》的立法目的是多元的,新修条文第1条、第2条中的"经营者、消费者的合法权益和社会公共利益"都是法律所追求的价值。对此问题,早在《反不正当竞争法》适用前期,就有司法机关论述道:"《反不正当竞争法》的立法目的是多元的。第1条即开宗明义地将其立法目的规定为……其保护的经营者……也包括其他的经营者,而且消费者也纳入了该法的保护视野。"

我国在私权层面上确定《反不正当竞争法》的保护对象,与国际组织明确的范本及当前全球的发展趋势是相符的,而社会公共利益的加入,则与我国当前的经济社会发展形势有着密切的联系,是基于自身需求的现实选择。社会利益的多元化和互联网不正当竞争行为影响的广泛性,使得侵害对象的泛化程度越来越高,传统意义规制下的经营者、消费者的私人维权难以有效应对当前的互联网环境,或者说难以充分全面地对相应的不正当竞争行为进行规制、对社会利益进行补偿。在此背景下,社会公共利益的加入有其现实的必要性和合理性,为公权力的介入设计了制度空间。除第1条、第2条外,本次修法新增第19条的算法规制条款、第20条的其他网络规制行为条款中,从规则层面提出了社会公共利益的维护。或许可以由此推知,立法者认为当前经营者实施能够影响社会公共利益的不正当竞争行为存在于算法和其他网络领域中,传统商业中的不正当竞争行为难以造成社会层面上公共利益的损害,公权力介入的基础相对较为缺乏,所以在此前《反不正当竞争法》中,并未将社会公共利益纳入法益保护对象中。

二、新修条款下社会公共利益内容的认识

立法目的是一部法律制订时首先需要考虑的问题,鼓励和保护公平竞争是《反不正当竞争法》的基本价值自是毋庸置疑,而立法目的需要通过条文中原则、规则的设置得以实现。就法益保护而论,并非所有法益均能在条文中直接体现,本次征求意见稿在第19条、第20条中明确提出了社会公共利益的存在场景,但并不能由

此认为其他条文中不存在社会公共利益保护的法律空间。从立法技术的角度来看，作为原则性条款的第 1 条、第 2 条作为统领整部法律的基础性规定，对于全部规则性条文涉及的内容都是适用的，换言之，所有不正当竞争行为都有侵害社会公共利益的可能，需要对其中的社会公共利益予以保护。在此前提下，再次审视第 19 条、第 20 条条文中社会公共利益保护背后的原因，主要是互联网领域中侵害社会公共利益现象的广泛存在。当然需要指出的是，虽然从立法技术上看社会公共利益固然可以适用于全部法律，但是从制度逻辑上看，法益保护与条文规则是相对应的，社会公共利益作为新增法益，与原有条文不相对应，匹配的应当是修订之后、新增的条文规则。由此而论，社会公共利益在《反不正当竞争法(修订草案征求意见稿)》(以下简称《反法草案》)中应当直接存在于第 19 条、第 20 条，以及与第 19 条、第 20 条相关的法律条文中。

在明确规定保护社会公共利益的第 19 条、第 20 条中，第 19 条规定的是算法应用中的不正当竞争问题，以较为明确的语言规定经营者不得利用算法，通过分析用户偏好、交易习惯等特征，在交易条件上对交易相对方实施不合理的差别待遇或者进行不合理限制，由此损害消费者、其他经营者的合法权益，乃至侵害社会公共利益。关于算法问题，2022 年 6 月修正的《反垄断法》也从不同视角对此进行了规制，该法第 9 条规定"经营者不得利用数据和算法、技术、资本优势以及平台规则等从事本法禁止的垄断行为"。相较于《反法草案》，《反垄断法》对于社会公共利益的保护更为直接，随着互联网技术的进一步发展，算法在竞争领域的影响越来越大，平台经营者在实施不正当竞争行为，侵害其他经营者、消费者合法权益的同时，社会公共利益在一定情况下也会受到侵害。国务院在 2021 年 12 月发布的《"十四五"数字经营发展规划》中指出，需要"加快健全市场准入制度、公平竞争审查机制，完善数字经济公平竞争监管机制"。因此在《反垄断法》将算法问题纳入规制范畴之后，《反法草案》也将其列为监管对象，从规制经营者不正当竞争行为的角度对算法问题予以了明确。与第 19 条相关的条文有第 4 条，该条从较为原则性的角度对使用包括算法在内的数据、技术、资本优势以及平台规则等方式进行不正当竞争的行为进行了规制，相较于第 19 条，第 4 条的规定原则性较强，仅为宣示性条款，与之相对应的除了第 19 条外，还有第 13 条、第 14 条、第 15 条、第 16 条等条款，均通过不同形式对第 4 条中的内容予以了反映。

关于第 20 条，相较于第 19 条的内容，其属于对网络不正当竞争行为的兜底性条款，没有规定算法、数据、平台规则之外的其他新的行为模式，而是以"其他"作为兜底,为网络不正当竞争行为侵害下的其他经营者、消费者的合法权益,以及社会公共利益提供保护。

三、社会公共利益维护的实现路径

虽然社会公共利益与经营者、消费者的合法权益并列为《反法草案》的保护对象,但在实现路径上,社会公共利益在私权层面上难以直接实现。作为不正当竞争行为的受害者,经营者、消费者可以通过举报、报案、起诉或是直接与实施不正当竞争行为的经营者协商的方式维护自身权益,但社会公共利益却不能通过具体的经营者、消费者得到保护。在个案的执法、司法实践中,行政机关、司法机关固然可以认识到经营者的不正当竞争行为侵害了社会公共利益,但在个案中实现这一法益的维护却是难题。根据"有侵害,有救济;有损害,有赔偿"的民事权益救济原则,虽然个案中可以在一定程度上实现私权利救济,为经营者、消费者本身带来补偿,但从社会公共利益的角度来看,私权利得到救济与公共利益受到维护还是有所区别,经营者很难因为个案停止算法应用,或者停止实施其他不正当网络竞争行为,因此在一般个案中维护社会公共利益缺乏现实基础。

换言之,社会公共利益在个案中即便有所体现,可以保护,但保护路径却是间接性的,通过个案中不正当竞争行为的停止、纠正得以实现。真正意义上的社会公共利益维护则主要通过行政机关的监督检查得以实现,而关于监督检查,现行《反不正当竞争法》有了相对较为完善的规定,本次修正中进一步增加了支付信息、个人隐私等方面的内容,为行政机关检查提供了新的指引方向。除上述内容的增加之外,监督检查并未设置新的规则,这也是由于当前的执法检查规则、技术手段、处罚方式等方面已经相对较为成熟,无须在更大范围内对其进行调整。

结　语

社会公共利益不仅仅是法益的新增,与之相匹配的是法律背景、适用情形、规制对象、保护路径等多方面的考量,就《反不正当竞争法》的本次修改而言,新法益的加入主要是为了因应互联网环境下社会经济发展,给经营者、消费者权益保护带来补足,通过社会公共利益保护中公权力的介入,从更高层面上维护市场运行中的公平竞争,营造良好的法治环境,更好地实现《反不正当竞争法》的立法目的。

《反不正当竞争法(修订草案征求意见稿)》新增类似拒绝交易条款浅析

傅育生*

2022年11月22日,国家市场监督管理总局就《反不竞争法(修订草案征求意见稿)》(以下简称《反法修订草案》)向社会公开征求意见,这是继2017年《反不正当竞争法》(以下简称《反法》)生效之后的又一次大修,5年间也经历了经济下行、大量互联网企业因垄断和不正当竞争被调查等,此时修订具有其历史意义。《反法修订草案》中存在许多热议的话题,如相对优势地位条款等,本文主要就《反法修订草案》第17条不当排斥、妨碍产品接入和交易的规定进行分析,提供一些观点。

《反法修订草案》第17条规定:"经营者不得利用技术手段、平台规则等,违反行业惯例或者技术规范,不当排斥、妨碍其他经营者合法提供的产品或者服务的接入和交易等,扰乱市场公平竞争秩序。"基于以下5个方面的因素,笔者认为该条款存在较多的不合理之处,建议删除,可通过其他条文或法律等进行规制。

一、与《反垄断法》拒绝交易规定存在竞合,易导致适用混乱

《反垄断法》第22条规定,禁止具有市场支配地位的经营者利用数据和算法、技术以及平台规则等,从事以下滥用市场支配地位的行为:没有正当理由,拒绝与交易相对人进行交易。两个条款的规定存在较为明显的竞合,一方面会导致适用上的混乱和困惑,另一方面也可能因《反法》认定门槛低,且多为县级执法机构执法,容易导致执法机构倾向适用《反法》,从而在一定程度上架空《反垄断法》。

进一步地,从实践角度来看,因《反垄断法》中拒绝交易条款与商业活动中"合

---

* 傅育生,上海市法学会竞争法学研究会会员。

同自由”的原则存在一定的冲突,在执法与司法案件中较少适用。2008年《反垄断法》生效至今也仅有个位数执法案件,理论界也较为关注如何在“必需设施”原则下适用该条款。因此《反法》若引入这一条款,可能导致《反垄断法》拒绝交易条款进一步被架空。

二、经营者拒绝与特定经营者特别是与竞争者合作具有经济合理性,商业实践中也广泛存在,本条款可能因过度介入市场经营活动而造成误伤

作为双边或多边平台,从增强网络效应、规模效应角度出发,数字平台企业相当程度上愿意接入更多的开发者和服务提供者,优化和丰富其服务类型,提高其自身的竞争力。实践中争议主要源于平台是否必须允许竞争者接入,与其共享资源。与电力、自来水等公用事业企业提供的普遍服务不同,平台经营者提供产品或服务与其自身的经济利益相关。在这种情况下,它拒绝竞争对手进入平台,分享其积累的流量、数据等资源,在市场经济体制下通常都具有合理性,理应受到法律的保护。在美国联邦贸易委员会(FTC)及46个州诉Facebook案中,初审法院的法官也在裁决书中阐明“任何公司都没有义务帮助竞争对手”。欧盟《数字市场法案》即便对“数字守门人”施加了互操作义务,但是没有规定可以与“守门人”的核心服务互操作,仅规定了可以与其辅助服务互操作。

商业实践中经营者拒绝竞争对手接入和交易的情况也普遍存在。例如,部分手机为推广自有应用商店而拒绝预装第三方应用商店;抖音拒绝与其自有外卖业务存在竞争关系的美团入驻小程序;大部分电商平台都拒绝接入竞争对手提供的第三方支付工具;苹果禁止微软的云游戏应用上架App Store等。实际上,拒绝竞争对手接入和交易的行为符合正常的商业逻辑,可以防止“搭便车”,避免影响平台经营者创新的积极性。在一般意义上,如果相关行为没有达到排除或严重限制竞争的效果,一般应当允许该类行为存在,由市场而不是行政行为作为优化资源配置最为主要的手段,避免行政过度干预对正常的市场经营行为造成误伤,导致过多的假阳性执法。

三、违反行业惯例和技术规范并非一定违法,在颠覆性创新集中的数字经济领域更是如此

数字经济领域新技术、新应用、新业态、新模式层出不穷,尚未形成也很难形成长期不变或“放之四海皆准”的行业惯例。例如,在个人计算机互联网领域,网站/

网页普遍适用 http 协议,标准一致,且均需在浏览器中打开,超链接广泛存在;但 App 自身即入口,App 间分享转发交互依赖各自独立开发和维护的软件开发工具包(SDK),且内容信息安全、个人信息保护等责任不断强化,相互链接的成本和风险都显著提高,广泛链接的形式不具有可行性。再如,电信网间互联可以实现,其前提条件是电话号码使用统一编码规范,且该资源归国家所有,由国家分配,因此归属于不同运营商的电话号码之间具备相互识别的条件;但互联网服务各自建立账号体系,相互无法识别,不具备类似电信网间互联的可行性。

此外,“技术规范”的指向也并不明确,是指国家标准、行业标准还是团体标准,抑或经营者自己发布的技术规范,存在不同理解,从而造成实践中的困惑。

四、目前缺乏成熟的实践基础,且若有个别案例,也可充分运用《反法修订草案》第 4 条、第 20 条有效解决

在《反法》下就拒绝接入、交易行为特别是在互联网经济领域缺乏较为成熟的实践基础,市场上虽然有一些呼吁的声音,但并未有系统性的学理与实务方面的分析。纵观过往立法与执法沿革,《反法》第 2 条以及《反法修订草案》第 4 条、第 20 条针对互联网不正当竞争行为的原则性条款可以为有效应对该领域新型不正当竞争行为提供依据。当个案问题逐步增加,具备成为类型化不正当竞争行为的基础,并在执法和司法中积累一定共识形成一定规则后,再上升至法律中。例如,在欧盟《数字市场法案》的规定中,90% 以上均有历史反垄断案例支撑,且这些历史案例经过较为完整的讨论和分析,具备上升为立法的基础,而这也正是欧盟在加强竞争规制和促进产业持续创新发展之间寻找的平衡点。

五、条款本身也有待优化,如“不当”要件缺乏具体判断标准,难以起到避免泛化适用的实效;“接入”并非法定或具有行业代表性的表述,可能会被滥用或者规避

“不当”是指行为方式、对象还是效果,抑或排斥、妨碍本身就构成“不当”,存在不同理解。增加“不当”这一要件,看似避免泛化,实际上难以起到实效。问题的关键仍然是,在不构成反垄断上的滥用市场支配地位行为,以及非针对中小企业的场景中,对拒绝合作行为规制边界如何设置,才能既保护公平竞争,又不过度干预市场运行机制,或者产生不利于市场投资和创新的风险。其实这并非新问题,甚至与对滥用相对优势地位的担忧并无本质差异,也尚无有效的解决方案。特别是在排斥、妨碍行为发生在规模相近的竞争者之间,不具备交易必要性和难以转向性,也不会妨碍、破坏竞争秩序正常运行时,竞争规制几乎不具备必要性。例如,北京市高级人民法院在字节跳动诉微博案中认为,消费者仍可以通过其他途径获取到微博相关内容,并未出现"数据孤岛",微博限制字节跳动抓取数据的行为并未损害消费者短期利益与长期福利,行为具有合理性。①

在现行法律规定中,"接入"主要是指通过电信运营商接入公用电信网络中,也即"网络接入"。即使在平台场景下,也存在入驻、进驻、接入、平台服务使用等多种表述,"接入"可能被理解为仅聚焦特定产品,造成滥用或规避。

此外,本条也可能与《反法修订草案》第16条中规制的屏蔽与恶意不兼容行为存在一定程度的竞合。在互联互通的背景下,拒绝接入、屏蔽、不兼容在某些场景下相同或类似,虽然第16条拟限定于对其他经营者合法提供的"产品或者服务的内容、页面"实施拦截、屏蔽,但实践中也可能被泛化和滥用,从而导致与拒绝交易存在更高程度的重合,且屏蔽行为并无"不当"要件(此外也有主张将"不当"替换成不兼容中关键的"恶意"要件更为妥帖)。同时,第16条中也并无"扰乱市场公平竞争秩序"的限制性适用条件,而更加细化去规制"妨碍、破坏其他经营者合法提供的网络产品或者服务正常运行",这是沿用2017年《反法》的规定。

① 北京微梦创科网络技术有限公司与北京字节跳动科技有限公司不正当竞争纠纷案,北京市高级人民法院(2021)京民终281号。

学术专论

从"经典反垄断法"向"反垄断监管法"的范式转换

——德国《反限制竞争法》第十一次修订评析

翟　巍*

一、序言：德国《反限制竞争法》第十一次修订的缘起

德国社会生态市场经济的核心思想是："一项发挥效用的经济秩序不会自发产生，它必须经由国家创造与维持。"①基于此，"建立竞争秩序与确保竞争机制"是德国社会生态市场经济的核心要素之一。德国《反限制竞争法》（GWB）属于德国反垄断法律制度最核心的法律，其创设宗旨即建立竞争秩序与确保竞争机制，因而它也构成形塑德国社会生态市场经济的基础性法律。出于这一原因，该部法律亦被称为德国社会生态市场经济体制的"经济基本法"。②

迄今为止，德国《反限制竞争法》已经完成10次修订。2022年2月，德国联邦经济与气候保护部（BMWK）发布关于"作为社会生态市场经济基石的可持续性竞

---

* 翟巍，华东政法大学经济法学院副教授，华东政法大学竞争法研究中心执行主任，德国美因茨大学反垄断法学博士。本文系上海市哲学社会科学规划一般课题"反垄断法视域下平台经济双轮垄断的规制路径——基于防范资本无序扩张视角"（课题批准号：2021BFX002）阶段性研究成果。

① O. A., Soziale Marktwirtschaft, https://www.wirtschaftundschule.de/wirtschaftslexikon/s/soziale-marktwirtschaft/, besucht am 07.01.2020.

② BMJ, Bundeskabinett beschließt Verschärfung des Gesetzes gegen Wettbewerbsbeschränkungen, Pressemitteilung 5(2023).

争”的10项议题。[①] 基于这10项议题的统摄性要求，德国联邦经济与气候保护部提出关于德国《反限制竞争法》第十一次修订(2023年)及第十二次修订(2024年)规划。其中，德国《反限制竞争法》第十一次修订的总体目标是“强化竞争，以保护消费者”，这预示着该部法律正在经历从“经典反垄断法”向“反垄断监管法”(kartellregulierungsrecht)的系统性范式转换。[②] 其深层原因在于，强化竞争有助于优化德国宏观经济环境，进而提升消费者福利。从长期来看，随着德国通货膨胀率的上升，更加激烈的竞争不仅有利于减轻消费者负担，使消费者能够以更低价格购买更优质量的产品，而且能够减少独占垄断和寡头垄断的超额利润。尤其是在进入壁垒高、新经营者难以进入的市场，强化竞争有助于破除其中被操控行为所塑造的市场结构。[③] 具体来说，德国《反限制竞争法》第十一次修订具有以下三项子目标：其一，在德国联邦卡特尔局(BKartA)完成行业调查之后，赋予其对市场结构予以主动干预的手段；其二，简化既有的“利益减损”程序；其三，为欧盟《数字市场法案》(DMA)的施行做好相应预备措施。[④]

在德国竞争法语境下，“竞争的执行”越来越被视为“国家事项”，德国《反限制竞争法》逐渐显露监管法的特征。[⑤] 德国《反限制竞争法》第十一次修订法案亦被称为“竞争执行法”(wettbewerbsdurchsetzungsgesetz)，其核心修订要旨就是显著拓展

① 关于“作为社会生态市场经济基石的可持续性竞争”的10项议题包括：(1)严肃对待监管政策；(2)将当前的监管政策与竞争政策置于经济政策的核心位置；(3)支持经济转型；(4)加强竞争层面与社会层面能源转型的框架性建构；(5)基于可持续性目标提升反垄断法的法律确定性；(6)改善官方的消费者保护机制；(7)强化被视为向社会生态市场经济转型的“脉冲发生器”的公共采购机制；(8)加强德国联邦卡特尔局对竞争法的执行；(9)强化欧盟竞争政策并使其更加透明化；(10)加强全球公平竞争。Vgl. BMWK, Wettbewerbspolitische Agenda des BMWK bis 2025, Berlin, 21.02.2022, S. 1 ff. 参见翟巍：《德国〈反限制竞争法〉第十一次修订部长级草案述评》，载《竞争政策研究》2023年第1期。

② BMWK, Bundeswirtschaftsministerium legt Entwurf zur Verschärfung des Wettbewerbsrechts vor, Meldung: 20.09.2022.

③ BMWK, Bundeswirtschaftsministerium legt Entwurf zur Verschärfung des Wettbewerbsrechts vor, Meldung: 20.09.2022.

④ Christian Bürger, Maxim Kleine, Katja Maria Weiß, Tobias Teichner and Metehan Uzunçakmak, Die 11. GWB - Novelle - Neue Eingriffsbefugnisse für das Bundeskartellamt, LEGAL UPDATE, Kartellrecht, Köln/Hamburg, 30.09.2022, S. 1.

⑤ Vgl. Torsten Körber, Die 11. GWB - Novelle zwischen freiem und verwaltetem Wettbewerb, in: ZRP 2023, 5.

和强化德国联邦卡特尔局的权限。[①] 尤其是在“丧失竞争的市场结构或竞争功能失调的市场结构”情形下，德国修法机构希望通过第十一次修订法案，赋予德国联邦卡特尔局新型干预权限，以矫正和改良这类市场结构。[②] 德国联邦卡特尔局主席安德里雅思·蒙特（Andreas Mundt）对此表示：“通过德国《反限制竞争法》第十一次修订法案，我们现有的工具应当获得强化，并且新型干预权限应当得到创设。它的主要目的是：在竞争持续性不发挥效用的市场中实施有效的改进。”[③]德国联邦经济与气候保护部部长罗伯特·哈贝克（Robert Habeck）也认为，德国联邦卡特尔局应当更有力地干预市场。[④]

2022年9月26日，德国联邦经济与气候保护部发布关于德国《反限制竞争法》第十一次修订的部长级草案（referentenentwurf），该部长级草案全称为“优化竞争结构与征纳垄断行为衍生利益之部长级草案”（Referentenentwurfeines Gesetzeszur Verbesserung der Wettbewerbsstrukturen und zur Abschöpfung von Vorteilenaus Wettbewerbsverstößen）。[⑤] 在德国联邦司法部（BMJ）的参与下，德国联邦经济与气候保护部提交的这一部长级草案被进行了一定程度的修订，最终形成由德国联邦政府审查的德国《反限制竞争法》第十一次修订政府草案（regierungsentwurf）。2023年4月5日，德国联邦政府正式通过德国《反限制竞争法》第十一次修订政府草案。[⑥] 随后，该项政府草案被提交给德国联邦议会（Bundestag）与联邦参议院（Bundesrat）审议。

根据德国联邦经济与气候保护部的规划设计，德国立法机关在完成针对德国《反限制竞争法》的第十一次修订后，后续进行的第十二次修订应当主要聚焦于以

① IHK，11. GWB – Novelle：Pläne des BMWK für ein „Wettbewerbsdurchsetzungsgesetz“，https://www.ihk.de/lippe – detmold/hauptnavigation/beraten – und – informieren/recht/aktuelles – recht/wettbewerbsdurchsetzungsgesetz – 5663698 besucht am 02.04.2023.

② Deutscher Bundestag，Referentenentwurf zum Wettbewerbsdurchsetzungsgesetz，Aktenzeichen：WD 3 – 3000 – 174/22，Abschluss der Arbeit：21.02.2023，S. 4.

③ BKartA，Jahresrückblick 2022，Pressemitteilung，22. Dezember 2022，S. 3.

④ IHK，11. GWB – Novelle：Pläne des BMWK für ein „Wettbewerbsdurchsetzungsgesetz“，https://www.ihk.de/lippe – detmold/hauptnavigation/beraten – und – informieren/recht/aktuelles – recht/wettbewerbsdurchsetzungsgesetz – 5663698 besucht am 02.04.2023.

⑤ BMWK，Referentenentwurf des Bundesministeriums für Wirtschaft und Klimaschutz，Bearbeitungsstand：15.09.2022，S. 1.

⑥ BMJ，Bundeskabinett beschließt Verschärfung des Gesetzes gegen Wettbewerbsbeschränkungen，Pressemitteilung：5. April 2023.

下两项议题:其一,遵循实现更好的可持续发展的目标,强化德国反垄断法律在企业协作领域施行的确定性;其二,强化针对消费者权益的保护。[①]

二、“反垄断监管法”:德国《反限制竞争法》历史沿革中一些理念之复活

“经典反垄断法”起源于工业经济时代,它包含以下三大支柱性制度:禁止垄断协议、禁止滥用市场支配地位行为、事前规制经营者集中。20世纪50年代末,德国立法机关在制定首部《反限制竞争法》时,最终采用世界通行的“经典反垄断法”范式。需要注意的是,德国《反限制竞争法》关于滥用行为的规制条款具有鲜明的国别色彩。由于滥用市场支配地位行为构成滥用市场相对优势地位行为的“强化”形式,两者均属于聚焦于单一相关市场的滥用市场力量行为,因而它们分别受到德国联邦卡特尔局的禁止性规制(现行《反限制竞争法》第19条与第20条)。

在德国《反限制竞争法》第十一次修订进程中,受到最广泛关注并引发激烈辩论的一项议题是:“是否应当系统性转换反垄断规制范式,赋予德国联邦卡特尔局在无须考虑企业是否实施滥用行为的情形下对企业进行分拆的新型权限。”德国联邦经济与气候保护部发布的关于德国《反限制竞争法》第十一次修订的部长级草案就凸显“将竞争置于国家强化监管之下”的立法理念,它赋予德国联邦卡特尔局在施行行业调查后主动重塑市场结构的新型权限。具言之,基于该项规定,即使被调查行业的竞争机制受到限制或扭曲的结果是由结构性市场条件所导致,而非由企业垄断行为所导致,德国联邦卡特尔局也依然有权进行主动干预,甚至可以分拆相关企业。

颇为有趣的是,虽然第十一次修订部长级草案关于这一新型权限的条款内容极为前瞻与激进,但其所谓的“客观分拆”(objektive entflechtung)的立法理念传承却具有悠久历史渊源,因而该理念亦被称为德国《反限制竞争法》历史沿革中的“亡魂”理念。事实上,20世纪中叶德国最初拟订《反限制竞争法》时,在1949年版德国《反限制竞争法》约斯腾草案(Josten - Entwurfzum GWB)中就已经包含类似条款内容,但是1958年生效的德国《反限制竞争法》最初版本并未包含相关条款。在《反限制竞争法》的以往修订进程中,尽管相关立法设计曾在1979年、2009年被提出,

① BMWK, Bundeswirtschaftsministerium legt Entwurf zur Verschärfung des Wettbewerbsrechts vor, https://www.bmwk.de/Redaktion/DE/Meldung/2022/20220920 - bmwk - legt - entwurf - zur - verscharfung - des - wettbewerbsrechts - vor.html, besucht am 07.12.2022.

但最终都被立法机关否决。[①]

虽然德国现行《反限制竞争法》中的主体制度构成依旧奠基于“经典反垄断法”范式,但该部法律已经内置若干带有“反垄断监管法”色彩的条款。基于纵向历史沿革的视角,德国《反限制竞争法》从“经典反垄断法”向“反垄断监管法”的范式转换至少可追溯至其第九次及第十次修订进程。

通过《反限制竞争法》第九次修订,德国联邦卡特尔局首次在经济领域消费者保护层面获得法定履责权力。德国联邦卡特尔局获此授权的原因是:由于在以数字经济为主导的经济领域,关于消费者权利的维护机制存在潜在运行瑕疵,因而德国立法机关希望通过强化行政机关在消费者保护层面法定职责的方式,消除这类潜在运行瑕疵。[②] 依据《反限制竞争法》第九次修订法案,德国联邦卡特尔局可在以下两层面履行保护消费者职责:其一,该机构可以开启涉及消费者权利的调查流程;其二,该机构可以“法院之友”(freund des gerichts)身份参与关涉消费者权益的民事诉讼。不过,在消费者权益保护层面,德国联邦卡特尔局尚未获得干预权限(eingriffsbefugnisse);具言之,该机构没有发出中止令或退款令的权力,它主要承担的是分析与咨询职能。[③]

2021 年 1 月 19 日,《反限制竞争法》第十次修订法案正式生效。该法案的全称为“基于制定具有聚焦性、主动性、数字性的 4.0 版本竞争法而对《反限制竞争法》予以修订和对其他竞争法规定予以修订的法律”。德国《反限制竞争法》第十次修订法案最为引人注目的创新之处是增设第 19a 条,这一法条不仅构成德国联邦卡特尔局强化反垄断监管的新型制度性工具之一,而且凸显了德国《反限制竞争法》“反垄断监管法”的属性。[④]

依据该法条规定,德国联邦卡特尔局可以针对“具有突出的跨市场竞争重要性的经营者”附加特别的义务,以便在前置性阶段保护市场竞争机制。这一具有“事前监管”色彩的条款对标欧盟《数字市场法》关于“守门人”企业的监管规定,它是专

---

① Torsten Körber, Die 11. GWB – Novelle zwischen freiem und verwaltetem Wettbewerb, *in*: *ZRP* 2023,5,6.

② BKartA, Verbraucherschutz, https://www.bundeskartellamt.de/DE/Verbraucherschutz/verbraucherschutz_node.html, besucht am 12.04.2022.

③ BKartA, Verbraucherschutz, https://www.bundeskartellamt.de/DE/Verbraucherschutz/verbraucherschutz_node.html, besucht am 12.04.2022.

④ Torsten Körber, Die 11. GWB – Novelle zwischen freiem und verwaltetem Wettbewerb, in: ZRP 2023,5,6.

门针对少数超大型企业而设置的监管条款,而这类被监管的企业主要在数字经济行业、互联网经济行业从事经营活动。迄今为止,德国联邦卡特尔局已经宣布谷歌公司、亚马逊公司、元宇宙公司(脸书公司)为“具有突出的跨市场竞争重要性的企业”。德国联邦卡特尔局尚在评估苹果公司是否构成“具有突出的跨市场竞争重要性的企业”。

德国联邦卡特尔局依据现行《反限制竞争法》第19a条开启的针对超大型数字平台企业的反垄断调查程序如表1所示。

表1 基于德国《反限制竞争法》第19a条针对超大型数字平台企业进行的反垄断调查程序

开启调查时间	接受调查企业名称	调查与审查对象
2022年6月14日	苹果公司	苹果公司追踪第三方应用程序的规则
2022年6月14日	谷歌公司	谷歌地图平台可能实施的、损害第三方地图服务提供商利益的垄断行为
2021年6月21日	苹果公司	苹果公司是否属于具有突出的跨市场竞争重要性的企业
2021年6月4日	谷歌公司	(1)内容提供商对于谷歌公司享有权利与承担义务之间的平衡情况 (2)谷歌公司是否存在差别对待不同出版商的问题 (3)谷歌公司是否排除出版商或新闻提供商在服务供给领域的竞争 (4)谷歌公司是否存在自我优待
2021年5月25日	谷歌公司	谷歌公司的数据处理条件以及谷歌公司为用户提供的选择权利
2021年5月25日	谷歌公司	谷歌公司是否属于具有突出的跨市场竞争重要性的企业
2021年5月18日	亚马逊公司	亚马逊公司是否属于具有突出的跨市场竞争重要性的企业
2021年1月28日	脸书公司	脸书公司将其脸书账户与旗下Oculus的设备绑定的影响

注:BKartA, Laufende Verfahren gegen Digitalkonzerne, Stand: 06/2022. 需要注意的是,在德国联邦卡特尔局官网中(2022年10月15日最后访问),关于德国联邦卡特尔局对谷歌地图平台案件开启调查时间存在“2022年6月14日”与“2022年2月14日”两种表述。经过分析案件背景材料可知,“2022年2月14日”表述应为笔误。

基于表1,超大型数字平台企业通过塑造自组织性数字化生态系统的路径,能够掌控"在多边市场显著影响竞争机制"的统合型市场力,这种市场力并非传统意义上区隔于单一相关市场的影响力。针对这一情况,德国联邦卡特尔局依据现行《反限制竞争法》第19a条,遵循"反垄断监管法"的执法理念,不仅突破局限于单一市场评估企业市场地位的传统范式,而且厘定关于超大型数字平台企业具有"突出的跨市场竞争重要性"的评判基准体系,进而从多边市场视角周延性规制这些企业滥用统合型市场力行为。①

三、"竞争执行法":德国联邦卡特尔局执法权限的拓展与强化

德国《反限制竞争法》第十一次修订法案被称为"竞争执行法"。顾名思义,这次修订的主旨是:通过优化竞争法的执行来确保市场领域的有效竞争机制。依据第十一次修订部长级草案和政府草案,优化竞争法执行的主要方式是:在德国双层级反垄断执法体制下,拓展与强化德国联邦卡特尔局的执法权限,以弥补该机构现有执法权限的功能性缺失。

(一)德国双层级反垄断执法体制概略

德国属于联邦制国家,它由16个联邦州组成。因此,该国反垄断监管机构主要划分为联邦与联邦州两个层级。在联邦层面,德国反垄断监管机构包括德国联邦经济与气候保护部、德国联邦卡特尔局、德国联邦网络管理局(BNetzA)、德国垄断委员会(Monopolkommission)等机构。其中,在组织架构层面,虽然德国联邦卡特尔局、德国联邦网络管理局均隶属于德国联邦经济与气候保护部,但它们具有相当程度的独立性与自主性。

德国联邦卡特尔局属于德国最重要的反垄断监管机构,它的首要职责是施行德国《反限制竞争法》。具体来说,该机构负责监管所有对德国产生影响的限制竞争行为,以维护德国境内竞争机制的有序运行。② 德国联邦网络管理局是德国管理网络型基础设施的中央机构。该机构的职责是促进能源、电信、邮政和铁路市场的

---

① 参见翟巍:《数字平台企业滥用市场力行为反垄断规制范式——基于德国反限制竞争法第十次修订视角》,载施伟东主编:《上海法学研究》第4卷,上海人民出版社2021年版。

② BKartA, Das Bundeskartellamt in Bonn-Organisation, Aufgaben und Tätigkeit, Stand: September 2011, S. 10.

竞争。德国联邦网络管理局亦属于德国消费者保护机构之一,它具有保护"使用网络型基础设施的消费者权益"的职责。[①] 除上述机构以外,德国联邦层面的竞争监管机构还包括垄断委员会。垄断委员会是一家独立的咨询机构,它负责在竞争政策、竞争法律与监督管理层面为德国联邦政府与立法机构提供建议。该机构有权监视德国整体层面或者单一经济部门层面的竞争机制的运行效能。[②]

德国联邦州的反垄断监管机构具有独立性,它们并非德国联邦反垄断监管机构的下属机构或分支机构。德国各联邦州反垄断监管机构可以依据其法定职责,追究违反德国《反限制竞争法》的经营者的行政法律责任。例如,巴伐利亚州的反垄断监管机构为"关于经济、区域发展和能源的国务部"下辖的州反垄断局。该部门的主要职责就是实施德国《反限制竞争法》,它负责规制仅仅在巴伐利亚州境内发生影响的垄断协议行为或滥用市场力量行为。除此以外,该部门还负责监管歧视性行为与阻碍竞争行为。[③]

(二)德国联邦卡特尔局的现有执法权限

规定德国联邦卡特尔局职责权限的主要法律是德国《反限制竞争法》。除该部法律以外,规定德国联邦卡特尔局职责权限的法律文件亦包括:(1)1970年11月16日版《关于卡特尔当局费用的条例》(KartKostV);(2)2013年6月25日版《罚款指南》(Bußgeldleitlinien);(3)2006年3月7日版《关于在反垄断事务中豁免与减少罚款的第9/2006号公告》(Bonusregelung);(4)2010年10月20日版《经济评估标准》(Gutachtenstandards)。[④]

依据欧盟法律,德国联邦卡特尔局具有在欧盟层面依据《欧盟运行条约》(TFEU)第101条、第102条规制垄断协议与滥用市场支配地位行为的职责权限。具体来说,如果企业实施的这两类垄断行为损害德国与其他欧盟成员国之间的自

① BNetzA, Über uns, https://www.bundesnetzagentur.de/DE/Allgemeines/DieBundesnetzagentur/Ueberuns/start.html, besucht am 31.01.2023.

② BKartA, Das Bundeskartellamt in Bonn – Organisation, Aufgaben und Tätigkeit, Stand: September 2011, S. 12.

③ Bayerisches Staatsministerium für Wirtschaft, Landesentwicklung und Energie, Landeskartellbehörde, https://www.stmwi.bayern.de/wirtschaft/aufsicht-und-recht/landeskartellbehoerde/, besucht am 03.12.2022.

④ BKartA, Rechtsgrundlagen, https://www.bundeskartellamt.de/DE/UeberUns/Bundeskartellamt/Rechtsgrundlagen/rechtsgrundlagen_node.html, besucht am 28.09.2022.

由贸易，那么德国联邦卡特尔局可以根据《欧盟运行条约》第 101 条、第 102 条规制这类垄断行为。① 依据 2002 年 12 月 16 日版《关于执行在条约第 81 条与 82 条中规定的竞争规则的第 1/2003 号理事会条例》与 2004 年 1 月 20 日版《关于控制企业合并的第 139/2004 号理事会条例》，德国联邦卡特尔局对欧盟层面拟议实施或已经实施的经营者集中行为亦具有一定程度的监管权限。②

基于德国反垄断执法架构，德国联邦经济与气候保护部在例外情形下可以通过"部长授权"(ministererlaubnis)方式，作为反垄断执法机构履行职责。③ 同时，德国联邦经济与气候保护部被赋予德国联邦卡特尔局上级机构的法律定位，因而其可以对德国联邦卡特尔局的反垄断执法行为进行一定程度的监督。例如，如果一项拟议实施的经营者集中被德国联邦卡特尔局予以否决，那么拟议实施集中的企业还可向德国联邦经济与气候保护部的部长申请经营者集中许可。④ 又如，依据德国现行《反限制竞争法》第 52 条，德国联邦经济与气候保护部有权对德国联邦卡特尔局发出"一般性指令"，要求后者实施或不实施其依据德国现行《反限制竞争法》做出的处置措施。不容忽视的是，德国联邦经济与气候保护部对德国联邦卡特尔局发出"一般性指令"的情形实际上极为罕见。例如，根据德国联邦卡特尔局在 2011 年发布的信息，距离 2011 年最近的一次发出"一般性指令"的行为发生在 20 世纪 80 年代初。⑤

(三)德国联邦卡特尔局新型干预权限的设定动因和具体内容

依据德国《反限制竞争法》第十一次修订部长级草案，德国联邦卡特尔局获得在行业调查之后重塑市场结构的新型权限。这一呈现"反垄断监管法"特质的立法设计已有若干先例可资借鉴，举例来说，英国、希腊、墨西哥、南非、冰岛的反垄断执

---

① BKartA, Rechtsgrundlagen, https://www. bundeskartellamt. de/DE/UeberUns/Bundeskartellamt/Rechtsgrundlagen/rechtsgrundlagen_node. html, besucht am 28.09.2022.

② BKartA, Rechtsgrundlagen, https://www. bundeskartellamt. de/DE/UeberUns/Bundeskartellamt/Rechtsgrundlagen/rechtsgrundlagen_node. html, besucht am 28.09.2022.

③ BKartA, Das Bundeskartellamt in Bonn-Organisation, Aufgaben und Tätigkeit, Stand: September 2011, S. 11.

④ BKartA, Das Bundeskartellamt in Bonn-Organisation, Aufgaben und Tätigkeit, Stand: September 2011, S. 27.

⑤ BKartA, Das Bundeskartellamt in Bonn-Organisation, Aufgaben und Tätigkeit, Stand: September 2011, S. 12.

法机构都已依法获得塑造市场结构的类似权限。① 在德国《反限制竞争法》第十一次修订进程中,这一系统性转换反垄断规制范式的立法设计是修订的核心内容之一,也是引发最大争议的焦点所在。例如,德国联邦律师协会(BRAK)就表达了激烈反对观点。它认为,若依据第十一次部长级草案的这一规定,则德国联邦卡特尔局将拥有过于宽泛的反垄断执法裁量权限,该机构可能不受合理约束地选择规制对象,抑或过于随意地采取市场监管措施。②

1. 德国联邦卡特尔局行业调查的启动前提

自2005年德国《反限制竞争法》第七次修订以来,德国联邦卡特尔局及联邦各州反垄断监管机构就获得实施行业调查的权限。③ 如果有证据能证明在德国某些行业领域缺乏有效竞争机制,或者有迹象表明在德国某些行业领域竞争机制受到限制或扭曲,那么德国联邦卡特尔局就有权通过启动行业调查的方式,全面获知与揭示这些行业领域的竞争状态。④

例如,2011年5月,德国联邦卡特尔局在矿物油领域完成第一次行业调查,该项调查的预设目标是获知德国加油站市场的市场结构和竞争状况。根据该项调查结果,五大石油企业BP(Aral)公司、Jet公司、ExxonMobil(Esso)公司、Total公司与Shell公司之间缺乏明显的竞争态势,因而德国加油站市场业已形成寡头垄断的局面。⑤ 又如,2017年10月,德国联邦卡特尔局依据《反限制竞争法》第九次修订赋予的保护消费者职责在比较门户网站领域开启行业调查。⑥ 施行这一行业调查的法

---

① Deutscher Bundestag, Referentenentwurf zum Wettbewerbsdurchsetzungsgesetz, Aktenzeichen: WD 3 – 3000 – 174/22, Abschluss der Arbeit: 21.02.2023, S. 10.

② BRAK, Wettbewerbsrecht: Kritik der BRAK an geplanter verschärfter Sektoruntersuchung, 19.10.2022, https://www.brak.de/newsroom/newsletter/nachrichten – aus – berlin/2022/ausgabe – 21 – 2022 – v – 19102022/wettbewerbsrecht – kritik – der – brak – an – geplanter – verschaerfter – sektoruntersuchung/, besucht am 22.10.2022.

③ BMWK, Referentenentwurf des Bundesministeriums für Wirtschaft und Klimaschutz, Bearbeitungsstand: 15.09.2022, S. 11.

④ BKartA, Das Bundeskartellamt in Bonn-Organisation, Aufgaben und Tätigkeit, Stand: September 2011, S. 10; BKartA, Jahresbericht 2021/22, S. 9.

⑤ BKartA, Mineralölwirtschaft, https://www.bundeskartellamt.de/DE/Wirtschaftsbereiche/Mineral%C3%B6l/mineraloel_node.html, besucht am 16.10.2022.

⑥ BKartA, Untersuchung zu Vergleichsportalen-Bundeskartellamt möchte Verstöße gegen Verbraucherrechte abstellen und fordert neue Kompetenzen, Meldung vom: 11.04.2019.

律依据为沿用至今的德国《反限制竞争法》第 32e 条第 5 款。[①]

基于德国现行《反限制竞争法》第 32e 条,德国联邦卡特尔局实施的行业调查没有固定期限限制。这导致实践层面行业调查持续时间常常过于漫长,因而损害了行业调查的时效性。[②] 鉴于此,依据德国《反限制竞争法》第十一次修订部长级草案第 32e 条第 3 款第 2 句,德国联邦卡特尔局施行行业调查期限一般应当限定在 18 个月内,这可以确保该机构能够对在行业调查中发现的任何竞争问题予以迅捷应对;仅在例外情形下,该机构施行的行业调查可以不受这一固定期限的约束。

2. 德国联邦卡特尔局现有行业调查权限的功能性缺失

依据德国现行《反限制竞争法》,德国联邦卡特尔局通过行业调查发现某些行业领域出现“丧失竞争的市场结构或竞争功能失调的市场结构”时,它并非必然具有进一步采取救济措施的执法权限。通常而言,只有在这些被调查行业中由于企业实施垄断行为而导致市场结构异化的情形下,德国联邦卡特尔局才可以施行针对垄断行为的具体救济措施。[③] 反之,如果这一竞争机制受到限制或扭曲的结果系由结构性市场条件而非由垄断行为所导致,那么德国联邦卡特尔局对此种情形无权干预。

然而,在一个市场或一个行业中,垄断行为不是导致竞争机制受到干扰的唯一原因。举例而言,在某些市场或行业中,企业内部增长、竞争者退出市场以及其他市场结构变化都可能导致限制竞争进程或弱化竞争压力的结果。[④] 因此,即便在一个市场或一个行业中的企业完全依据《反限制竞争法》实施经营行为,该市场或行业客观存在的整体结构性因素依旧可能严重扰乱竞争机制,并导致企业之间的低水

① 德国《反限制竞争法》第 32e 条第 5 款规定:“第 1 款至第 3 款比照适用于联邦卡特尔局具有正当理由怀疑的严重的、持续的或反复的违反消费者保护法律条款的行为,这类违法行为因其性质或范围而妨害大量消费者利益。这一规定不适用于以下情形:基于第 1 句对前述法律条款的实施属于其他联邦机构的主管范畴。第 4 款的适用受到以下限制:基于第 59a 条的关于进入相关主体的场所予以检查与审查文件的规定以及基于第 59b 条的搜查规定不予适用。”

② Christian Bürger, Maxim Kleine, Katja Maria Weiß, Tobias Teichner, Metehan Uzunçakmak, Die 11. GWB – Novelle – Neue Eingriffsbefugnisse für das Bundeskartellamt, LEGAL UPDATE, Kartellrecht, Köln/Hamburg, 30. 09. 2022, S. 1.

③ BMWK, Referentenentwurf des Bundesministeriums für Wirtschaft und Klimaschutz, Bearbeitungsstand: 15. 09. 2022, S. 11.

④ BMWK, Referentenentwurf des Bundesministeriums für Wirtschaft und Klimaschutz, Bearbeitungsstand: 15. 09. 2022, S. 12.

平竞争。[①] 由此还会衍生出以下两类负面后果:其一,消费者与企业用户在购买商品时面临更高价格、更少选择或更低质量的境况;其二,在市场中经常出现虚假激励措施,这些措施会对可持续性管理、有效的资源利用与市场参与者的创新活动产生负面影响。[②] 尽管如此,依据德国现行《反限制竞争法》,德国联邦卡特尔局缺乏适当的制度性工具,它无法充分处置和纠正这类由市场结构性因素所导致的竞争机制扭曲后果。基于此,德国联邦卡特尔局现有行业调查权限存在功能性缺失。

3. 德国联邦卡特尔局被赋予新型干预权限的理据和内容

德国《反限制竞争法》第十一次修订部长级草案的核心内容之一是"为德国联邦卡特尔局设定更加宽泛的干预权限,从而使该机构在发布关于行业调查的最终报告之后,能够对被行业调查的市场实施干预行为"。部长级草案中相关的法条为新增设的第32f条,该法条的标题为"在行业调查后旨在改善竞争条件之措施"。不容忽视的是,依据部长级草案的内容设定,在发布关于行业调查的最终报告之后,如果仅仅存在对市场竞争机制的暂时性限制,那么德国联邦卡特尔局不应据此对被行业调查的市场予以干预。只有在"市场竞争机制受到一定程度的扭曲,以致市场参与者单纯依靠自身力量无法对这种扭曲现象进行持久与充分矫正"的情形下,德国联邦卡特尔局才应当获得授权对被行业调查的市场实施干预。德国《反限制竞争法》第十一次修订政府草案基本承袭了部长级草案赋予德国联邦卡特尔局新型干预权限的规定。[③]

根据部长级草案设定的标准,德国联邦卡特尔局对被行业调查的市场实施干预的前置要件为"至少在一个市场或者跨市场领域,竞争机制受到显著、持续或重复的扭曲"。如果德国联邦卡特尔局确认至少在一个市场或者跨市场领域竞争机制受到显著扭曲,那么它可以针对一家企业或若干家企业采取行为性或结构性补救措施。在此情形下,行为性措施适用应当优先于结构性措施适用。举例来说,德国联邦卡特尔局可以采取以下补救措施:其一,要求特定企业开放其数据、接口、网络以及其他设施的访问权限;其二,要求特定企业向其他企业提供产品、服务,包括

① BMWK, Referentenentwurf des Bundesministeriums für Wirtschaft und Klimaschutz, Bearbeitungsstand: 15.09.2022, S. 11.

② BMWK, Referentenentwurf des Bundesministeriums für Wirtschaft und Klimaschutz, Bearbeitungsstand: 15.09.2022, S. 11 f.

③ Bundesregierung, Entwurf eines Gesetzes zur Änderung des Gesetzes gegen Wettbewerbsbeschränkungen und anderer Gesetze, 2023, S. 6 ff.

知识产权授权许可;其三,要求特定企业制定共同规则与标准;其四,要求特定企业拆分其业务领域。

依据德国《反限制竞争法》第十一次修订部长级草案,德国现行《反限制竞争法》第32e条设定的行业调查工具应当得到进一步强化。现行《反限制竞争法》第32e条第1款规定:“如果僵化的价格或其他情况表明,国内竞争可能受到限制或扭曲,那么联邦卡特尔局与最高层级州机构可以对特定行业部门或跨部门的特定类型的协议或做法进行调查。”根据第十一次修订部长级草案,现行《反限制竞争法》第32e条第1款关于“将僵化价格作为可能限制或扭曲竞争的情况”的示例性内容应当被删除。作出这一修订的原因是:以往的行业调查表明,竞争问题可能是由多元化的原因所导致,因此在法律措辞中突出强调僵化价格的情形并不恰当。① 举例而言,平行涨价或并非由于成本增加而实施的涨价都可能表明存在竞争问题。②

依据德国《反限制竞争法》第十一次修订部长级草案第32f条规定,德国联邦卡特尔局在完成行业调查之后,有权采取结构性或行为性措施,主动干预各类竞争机制受到限制或扭曲情形,重塑受到扭曲的市场结构。这实质上已经构建起独立于“经典反垄断法”范式三大支柱(禁止垄断协议、禁止滥用市场支配地位行为、事前规制经营者集中)之外的第四支柱。③ 例如,依据德国《反限制竞争法》第十一次修订部长级草案第32f条第4款第1句,如果在一个市场或跨市场领域存在显著、持续或重复的竞争干扰,那么德国联邦卡特尔局为了消除或显著减轻这类竞争干扰,可以下令对相关企业实施分拆,要求这些企业出售股份或财产。这一限制企业自由权和财产权的“极化”救济措施条款就呈现出鲜明的“反垄断监管条款”烙印。行业协会bitcom对此评估认为,依据德国《反限制竞争法》第十一次修订部长级草案第32f条规定,德国联邦卡特尔局事实上将获得全权委托,它可以自行决定为整个经济部门创建新的监管体系。④

---

① Deutscher Bundestag, Referentenentwurf zum Wettbewerbsdurchsetzungsgesetz, Aktenzeichen: WD 3 – 3000 – 174/22, Abschluss der Arbeit: 21. 02. 2023, S. 7 f.

② Deutscher Bundestag, Referentenentwurf zum Wettbewerbsdurchsetzungsgesetz, Aktenzeichen: WD 3 – 3000 – 174/22, Abschluss der Arbeit: 21. 02. 2023, S. 8.

③ Gleiss Lutz, Referentenentwurf Zur 11. GWB – NOVELLE, 28. 09. 2022, https://www.gleisslutz.com/sites/default/files/pdf_using_mpdf/22515_Referentenentwurf%2Bzur%2B11.%2BGWB – Novelle.pdf, besucht am 01. 11. 2022, S. 4.

④ Torsten Körber, Die 11. GWB – Novelle zwischen freiem und verwaltetem Wettbewerb, in: ZRP 2023, 5, 6.

四、结语:德国反垄断规制范式转换的隐忧和展望

依据“经典反垄断法”范式,国家应当确保竞争的可能性,但它不应当越俎代庖,尤其是不应当依据自身规划来设计产品、规划市场或者推进市场竞争的进行。[①]然而,德国《反限制竞争法》第十一次修订部长级草案及后续政府草案阐明了起草机构雄心勃勃的修法创新理念,它们的发布是德国《反限制竞争法》从“经典反垄断法”向“反垄断监管法”范式转换的里程碑式事件。部长级草案及政府草案的“反垄断监管法”属性不仅体现在它们赋予德国联邦卡特尔局在行业调查后的新型干预权限,而且表现在它们对较小型区域市场内经营者集中的强化监管。

基于德国现行《反限制竞争法》关于经营者集中申报门槛的规定,德国联邦卡特尔局通常只对具有充分的宏观经济重要性的经营者集中进行主动干预,但这可能产生以下执法“罅隙”:在不具有充分的宏观经济重要性的较小区域市场内,虽然由经营者集中导致的市场集中度呈现过高趋势,但是经营者集中却不受监管,竞争机制也缺乏有效保护。[②] 由于这一原因,按照德国《反限制竞争法》第十一次修订部长级草案的规定,德国现行《反限制竞争法》第39a条“对未来经营者集中进行登记之要求”将被废止,虽然其主要内容被部长级草案第32f条第2款所承袭,但是部长级草案第32f条第2款并没有保留德国现行《反限制竞争法》第39a条中关于触发经营者集中申报义务的一项前提条件:“企业在德国境内经济行业商品、服务供给市场或需求市场占据的份额至少为15%。”起草机构在部长级草案中进行这一调整的预期目标是:能够更好地管控在较小型区域市场内生成的呈现威胁性的市场集中度提升趋势。[③] 德国《反限制竞争法》第十一次修订政府草案基本承袭了部长级草案对于经营者集中的上述监管规定。[④]

德国《反限制竞争法》第十一次修订的范式转换不仅引发德国国内激烈争议,

① Torsten Körber, Die 11. GWB - Novelle zwischen freiem und verwaltetem Wettbewerb, in: ZRP 2023,5,8.

② BMWK, Referentenentwurf des Bundesministeriums für Wirtschaft und Klimaschutz, Bearbeitungsstand: 15.09.2022, S. 25.

③ Christian Bürger, Maxim Kleine, Katja Maria Weiß, Tobias Teichner, Metehan Uzunçakmak, Die 11. GWB - Novelle - Neue Eingriffsbefugnisse für das Bundeskartellamt, LEGAL UPDATE, Kartellrecht, Köln/Hamburg, 30.09.2022, S. 2.

④ Bundesregierung, Entwurf eines Gesetzes zur Änderung des Gesetzes gegen Wettbewerbsbeschränkungen und anderer Gesetze, 2023, S. 5 f.

而且面临合宪性审查问题。迄今为止，德国联邦卡特尔局仅在经营者集中监管层面具有分拆企业的权限。不过，依据德国《反限制竞争法》第十一次修订部长级草案及政府草案，即使企业没有实施垄断行为，德国联邦卡特尔局也可以为了重塑市场竞争机构而分拆企业。①

由于这一规定涉及对企业自由权和财产权的处置，因而它可能需要依据德国宪法《基本法》(GG)第12条(自由选择职业条款)与第14条(财产权条款)进行合宪性审查。例如，德国《基本法》第14条第1款规定：“所有权与继承权应获保障。内容和限制应当由法律规定之。”②德国《反限制竞争法》第十一次修订部长级草案及政府草案设置德国联邦卡特尔局的新型干预权限，允许它对没有实施垄断行为的企业进行无偿的客观分拆，这一规定不仅涉嫌侵害相关企业受到《基本法》第14条保护的财产权，而且可能恶化德国的整体经济生态，对德国的竞争、投资、创新环境产生破坏性影响。③ 进一步而言，这一规定还可能违反《欧盟运行条约》、《数字市场法》及欧盟其他相关法律文件，侵蚀欧盟立法机关在特定领域享有的排他性立法权限，甚至可能损害商品贸易自由、服务供给自由、从业自由等欧盟法律保护的基本权利。④

综上所述，德国《反限制竞争法》第十一次修订部长级草案和政府草案的出台是德国构建新型的更为积极的竞争政策的重要步骤，也是德国《反限制竞争法》从“经典反垄断法”向“反垄断监管法”范式转换的最新进展。在修订进程中，德国《反限制竞争法》第十一次修订机构聚焦于突破“经典反垄断法”范式的限制，强化德国反垄断法律制度的执行，这一激进的修法举措不仅有可能引发德国《基本法》层面的合宪性审查，而且也可能触犯欧盟法律法规的禁止性条款。⑤ 更进一步来说，对

---

① Maxim Kleine, Entwurf für 11. GWB – Novelle, Newsdienst Compliance 2022, 120033.

② Grundgesetz für die Bundesrepublik Deutschland vom 23. Mai 1949 (BGBl. S. 1), zuletzt geändert durch Artikel 1 des Gesetzes zur Änderung des Grundgesetzes (Artikel 82) vom 19. Dezember 2022 (BGBl. I S. 2478).

③ Torsten Körber, Die 11. GWB – Novelle zwischen freiem und verwaltetem Wettbewerb, in: ZRP 2023, 5, 8.

④ en2x, en2x – POSITION zum Referentenentwurf vom 15. September 2022 eines Gesetzes zur Verbesserung der Wettbewerbsstrukturen und zur Abschöpfung von Vorteilen aus Wettbewerbsverstößen (Wettbewerbsdurchsetzungsgesetz / 11. GWB – Novelle), Datum: 07.10.2022, S. 3.

⑤ 参见翟巍：《德国〈反限制竞争法〉第十一次修订部长级草案述评》，载《竞争政策研究》2023年第1期。

反垄断规制范式的迅速转换可能会反噬反垄断法律制度的自洽性和稳定性,因而这一范式转换有必要以更加长期、稳健与合理的方式推行。

然而,这种反垄断规制范式转换的导向正确性是毋庸置疑的。从横向比较视角分析,在反垄断规制范式转换背景下,英国、希腊、墨西哥、南非、冰岛的反垄断执法机构都已获得重塑市场结构权限,而且英国竞争与市场管理局在这方面的执法实践成绩斐然。① 从纵向比较视角分析,在德国《反限制竞争法》第十一次修订进程中,这种反垄断规制范式转换并非孤立地、突兀地出现,它是对该部法律沿革历史上被反复提及的理念的功能性复活,也是对数字经济时代强化反垄断监管需求的制度性回应。

① Christian Bürger, Maxim Kleine, Katja Maria Weiß, Tobias Teichner, Metehan Uzunçakmak, Die 11. GWB – Novelle – Neue Eingriffsbefugnisse für das Bundeskartellamt, LEGAL UPDATE, Kartellrecht, Köln/Hamburg, 30. 09. 2022, S. 3.

德国对网络不正当竞争行为的法律应对研究

——兼评我国《反不正当竞争法》的第三次修改

肖昱堃*

引　言

随着互联网经济迅速发展，技术手段和商业模式日新月异，市场竞争异常激烈，爆发了大量不正当竞争纠纷。如何有效规制网络环境下的不正当竞争行为，中德两国在《反不正当竞争法》的立法和法律适用上给出了不同的解决方案。2017年我国通过首次修订《反不正当竞争法》引入了第12条网络不正当竞争行为条款（以下简称互联网专条），通过案例群类型化的方式对实践中常见的三种新型不正当竞争行为予以禁止性规定。① 继2019年《反不正当竞争法》第二次修订之后，为了进一步规范治理新经济、新业态、新模式发展中出现的扰乱竞争秩序的行为，国家市场监督管理总局于2021年12月启动了《反不正当竞争法》新一轮修订工作，并于2022年11月22日公布了《反不正当竞争法（修订草案征求意见稿）》（以下简称《反法征求意见稿》）向社会公开征求意见。德国《反不正当竞争法》（Gesetzgegen den unlauterenWettbewerb，UWG）虽以通过案例群方式发展一般条款著称，但是并没有尝试在立法层面对网络不正当行为案例群进行类型化，而是综合使用其法律体系内的规制手段。在欧盟加强数字时代消费者保护的"消费者新政"（new deal for consumers）中一系列立法举措的影响下，2022年德国也修订完善了互联网环境下有

---

* 肖昱堃，同济大学上海国际知识产权学院助理教授，德国慕尼黑大学法学博士。

① 参见蒋舸：《〈反不正当竞争法〉网络条款的反思与解释：以类型化原理为中心》，载《中外法学》2019年第1期。《反不正当竞争法》（2017年）第12条意图在立法层面固定司法判例对某些网络竞争行为的否定评价，属案例群类型化思路的典型体现。

利于消费者权益保护的条款。①

我国互联网专条生效之后适用效果不佳,实务界则仍遵循适用一般条款的规则,对大量不正当竞争行为进行认定。《反法征求意见稿》保留了互联网专条的内容并进行了扩充,大大增加了整套规定的复杂性和解释难度。针对我国在应对网络不正当竞争行为方面的不足,笔者希望通过对德国经验的考察为我国在规制手段和发展类型化条款方面提供有益的参考。

笔者详细梳理和考察德国处理网络不正当竞争行为争议的法律适用路径,分析和反思我国在类型化网络不正当竞争行为过程中出现的问题。基于中德法律的比较,笔者最后提出对我国《反不正当竞争法》规范网络不正当竞争行为的完善建议。

一、德国对网络不正当竞争行为的体系应对

UWG 并未设置专门条款来规制网络不正当竞争行为,然而,这并不意味着这些行为能逃避法律的约束,司法实践中也并未出现"向一般条款逃逸"的现象。在法律实践中,用现行的规制机制应对网络环境下的所谓新型不正当竞争行为被证明是可行且有效的。下文首先梳理 UWG 法律适用的三个层次,揭示 UWG 体系下规制网络不正当竞争行为的法律工具。其次按照法律适用的层次,先介绍"黑名单"中涉及互联网商业模式的商业行为,再分别详细阐述不正当妨碍行为和不作为误导行为两个具体条款的适用情况。在规制妨碍其他经营者的网络不正当竞争行为方面,竞争者保护条款中的不正当妨碍类型化条款与我国互联网专条有相通之处,因此德国的法律适用经验可以作为借鉴。另外,我国《反不正当竞争法》中并未设置类似于不作为误导行为的规定,因此这方面的德国法律规定可以作为我国在规制网络不正当竞争行为手段方面的一种参考。

---

① 2022 年 5 月 28 日名为"加强竞争法和商法中的消费者保护法"(Gesetz zur Stärkung des Verbraucherschutzes im Wettbewerbs – und Gewerberecht)的 UWG 修订案正式生效。该法案旨在加强法律确定性,增强互联网商业环境的透明度,加强与数字商业模式有关的消费者保护。参见德国联邦政府 UWG 修订草案说明 BT – Drs. 19/27873。此次修订最主要的动因是落实欧洲议会与欧盟委员会第 2019/2161 号《关于欧盟消费者保护规则之优化执法与现代化指令》的要求。该指令对包括欧盟《不公平商业行为指令》在内的涉及消费者保护规则的多部法律文件都做出了修改。指令的目标是全面实现消费者保护的现代化,改善消费者保护规则执法,提高消费者权利保护水平。

（一）一般条款统领下的三层适用体系

UWG将消费者保护与竞争者保护作为同等的保护目标。① 为符合以保护消费者利益为目的的欧盟《不公平商业行为指令》②的要求，UWG从一般条款至整个结构体系明显地区分为针对消费者的商业行为（business - to - consumer）和针对竞争者（及其他市场参与者）的商业行为。UWG第3条第1款为一般条款，由“不正当”和“商业行为”两个规范要件构成，并规定了“禁止”的法律结果。“不正当”的确切含义通过具体条款进行阐释，符合具体条款构成要件的商业行为，即满足“不正当”这一核心要件。UWG第3条第3款指向附录中绝对禁止的针对消费者的商业行为（“黑名单”）。“黑名单”条款也是对“不正当”的具体化。

在这样的体系架构下，按照反不正当竞争法从具体条款到一般条款的适用顺序，法院认定网络不正当竞争行为呈现以下三个层次。③ 第一层次：对于直接针对消费者的商业行为，法院首先应当就该行为是否属于附录中绝对禁止的商业行为进行判断。如果商业行为符合附录中的规定，法院不需要也不被允许再根据其他的标准如“显著性损害”等，或进行个案利益衡量来判断商业行为的不正当性。④ 第二层次：对于未落入“黑名单”的商业行为或者商业行为是针对竞争者和其他市场主体的，法院适用对应的具体条款进行认定。实践中较多的网络不正当竞争行为涉及第4条第4项不正当妨碍竞争者条款，以及第5a与5b条的隐瞒关键信息的不作为误导行为条款。此外还可能涉及第4a条攻击性的商业行为、第5条误导性商业行为。第三层次：如果争议行为不能落入具体条款的射程范围，即便通过扩大解释或者类推的方法也不能被涵盖，那么法院可以依据第3条第1款的一般条款作为

① 德国自2004年开始反不正当竞争法的现代化改革，首次将消费者保护作为与竞争者保护同等的保护目标予以规定，并删除了一般条款中的“违背善良风俗”要件，改为“不正当商业行为”。关于2004年UWG的重要改革参见郑友德、万志前：《德国反不正当竞争法的发展与创新》，载《法商研究》2007年第1期。

② Directive 2005/29/EC of The European Parliament and of the Council of 11 May 2005 concerning unfair business - to - consumer commercial practices in the internal market.

③ 一般条款“不正当”要件具体化的三个层次参见曾琦、方小敏：《德国反不正当竞争法一般条款具体化研究》，载《孝感学院学报》2011年第3期。

④ “没有价值保留的禁止”参见2008年德国联邦政府UWG草案说明BT - Drucksache 16/10145，p. 22 - 30。

兜底条款进行进一步判定。①

法院应当优先适用具体条款,只有在不能适用具体条款的情况下,认为确有必要对争议行为加以规范,才可以援引一般条款。按照判例,还需要对相关利益进行全面综合的评估,②认定该行为的不正当内容与法律规定的不正当行为相当③或者与工商业领域诚实惯例相违背。④

(二)针对消费者的商业行为"黑名单"

禁止针对消费者的不正当商业行为"黑名单"包括误导性的商业行为(irreführende geschäftliche handlungen)和攻击性的商业行为(aggressive geschäftliche handlungen)两类。⑤"黑名单"对各项绝对禁止的商业行为进行了具体而准确的规定,对企业和消费者而言这些规定比一般条款和具体条款的法律判例更清楚更容易理解,也利于企业合规。对于法院而言,黑名单降低了涵摄难度,认定属于"黑名单"的行为不需要像适用其他具体条款和一般条款那样进行个案全面的利益考量。因而"黑名单"有利于创造更大的法律适用的确定性,确保高水平的消费者保护。⑥

2022年新修订的"黑名单"中增加了互联网技术和商业模式下一些典型的不正当商业行为,以提高网络市场的透明度。(1)搜索结果中的隐性广告(UWG附录第11a项):根据消费者的在线搜索查询显示搜索结果,却不明确披露付费广告或为实现更高排名而支付了特别费用的信息。(2)在用户点评的真实性上误导消费者(UWG附录第23b项):声称某商品或服务的评论来自实际购买或使用该商品或服务的消费者,而没有采取合理和相称的步骤来核实这些评论的真实性。(3)伪造消费者评论(UWG附录第23c项):以促销为目的,传播或委托他人伪造消费者评论或推荐,以及在社交媒体上虚构消费者评论或推荐。

---

① Köhler/Bornkamm/Feddersen/Köhler,41. Aufl. 2023,UWG § 4 Rn. 0.4.

② BGH GRUR 2009,1080 Rn. 13 – Auskunft der IHK; BGH GRUR 2013,301 Rn. 26 – Solarinitiative; BGH WRP 2018,424 Rn. 27 – Knochenzement Ⅰ.

③ BGH GRUR 2006,426 Rn. 16 – Direktansprache am Arbeitsplatz Ⅱ; BT – Drs. 18/6571,14,15.

④ BGH GRUR 2006,1042 Rn. 29 – Kontaktanzeigen; BGH GRUR 2009,1080 Rn. 13 – Auskunft der IHK; Köhler/Bornkamm/Feddersen/Köhler,41. Aufl. 2023,UWG § 3 Rn. 2.21.

⑤ 与《不公平商业行为指令》第5 V 1条一致。

⑥ 参见2008年德国联邦政府UWG草案说明BT – Drs. 16/10145,p.30。

(三)不正当妨碍行为

UWG 第 4 条"竞争者保护"条款对损害竞争者利益的规制包含四个类型化条款:贬低商誉、商业诽谤、不正当模仿和不正当妨碍。[①] 司法实践中出现的很多网络不正当竞争行为是直接针对竞争者主体的(而非消费者或者市场其他参与者),因而落入竞争者保护条款尤其是第 4 款的规制范围,即有针对性地阻碍竞争者主体的不正当行为。[②]

"有针对性地阻碍竞争者"这一条款因其内容的概括性也被视为竞争者保护的"小型一般条款"。[③] 从法条文本的措辞看,行为人的主观意图似乎是判定行为不正当性的关键,但是德国联邦法院明确否定了以主观要件为主的认定方法,认为行为人是否存在主观上的阻碍意图并不是判定争议行为是否构成具有针对性的阻碍行为的必要条件。[④] 因此德国法院在裁判中是从客观方面考察行为的性质。[⑤] 根据司法判例,认定构成有针对性地阻碍竞争者的行为需要从以下几个方面来分析。首先,有针对性的阻碍行为损害竞争者的竞争机会。[⑥] 只要争议行为足以损害竞争对手的竞争机会就可认定为符合这一条件,而不一定要实际产生阻碍的后果。[⑦] 对竞争机会的损害可能涉及销售、采购、广告、生产、研究、开发、计划、融资、人员聘用等。[⑧] 因为经营者之间的竞争自然会带来此消彼长的影响,所以不正当妨碍行为对他人竞争机会的限制必须超出任何正常竞争可能带来的损害,并具有其他的不正

---

① UWG 第 4 条的具体内容以及经营者保护方面德国法与中国法的比较参见安斯加尔 · 奥利、范长军:《比较法视角下德国与中国反不正当竞争法的新近发展》,载《知识产权》2018 年第 6 期。

② 参见 MüKoUWG/Jänich,3. Aufl. 2020,UWG § 4 Abs. 4 Rn. 63. UWG 第 4 条第 4 款规定:有针对性地阻碍竞争者主体,是为不正当。也有译作"有目的地阻碍竞争者",参见张飞虎:《〈德国反不正当竞争法〉视角下广告屏蔽软件的合法性问题》,载《电子知识产权》2018 年第 7 期。

③ 参见 Beater: Das gezielte Behindern i. S. von § 4 Nr. 10 UWG,WRP 2011,7。

④ BGH GRUR 2007,800 Rn. 22 – Außendienstmitarbeiter; BGH GRUR 2009,685 Rn. 41 – ahd. de; BGH GRUR 2014,393 Rn. 42 – wetteronline. de; Ohly/Sosnitza/Ohly,8. Aufl. 2023,UWG § 4 Rn. 4/11.

⑤ BGH GRUR 2007,800 Rn. 21 – Außendienstmitarbeiter; Ohly/Sosnitza/Ohly,8. Aufl. 2023,UWG § 4 Rn. 4/9; Köhler/Bornkamm/Feddersen/Köhler,41. Aufl. 2023,UWG § 4 Rn. 4. 11.

⑥ BGH,GRUR 2001,1061 (1062) – Mitwohnzentrale. de; BGH GRUR 2002,902 (905) – Vanity – Nummer; BGH GRUR 2004,877 (879) – Werbeblocker I.

⑦ BGH GRUR 2018,317 Rn. 34 – Portierungsauftrag.

⑧ BGH GRUR 2004,877 (879) – Werbeblocker I.

当性特征。[①] 其次,行为人实施有针对性的阻碍行为主要不是为了增强自己的竞争优势,而是为了妨碍竞争对手展开市场竞争。[②] 即便争议行为的直接目的是促进自己的销售等业务展开,但是实现这一目的是通过不合理地损害竞争者才能达成的,争议行为仍然可构成有针对性的阻碍行为。[③] 对竞争者不合理的损害表现为竞争者无法通过自己的努力以适当的方式在市场上继续提供自己的商品或服务。[④] 最后,法院对前述条件的分析需要根据个案情况进行整体评估,同时对涉及的竞争者、消费者或其他市场参与者以及公众的利益进行权衡。[⑤]

互联网技术包裹下的竞争行为纷繁多变、表现各异,网络经营者之间的竞争有时也表现为不同商业模式之间的冲突。法院认定网络竞争行为不正当性的难点在于,如何剥开竞争行为的技术外衣认清其实质,依据何种价值标准来评判竞争行为对其他竞争者的损害是竞争固有的还是不合理的。网络不正当竞争案件通常还涉及原告被告以外的广大互联网用户的利益,这也为法院进行利益权衡增加了难度。以下两个典型案例可以体现德国法院对这些难点问题的处理。

以德国联邦法院的拼写错误域名案为例,原告通过域名为"www. wetteronline. de"(中文译名:天气在线)的网站提供在线天气服务,被告注册了一个比原告域名少最后一个字母的相似域名,互联网用户因为拼写错误而访问被告的网站,随即会被转向能为被告带来收益的私人医疗保险广告页面。被告利用拼写错误域名的行为实际是以不合理拦截客户的方式有针对性地阻碍竞争者。根据以往判例,如果行为人为了赢取客户,通过某种方式将自己置于竞争对手和客户之间,对本来属于竞争对手的客户施加不合理的影响,迫使他们改变使用竞争对手产品的决定,这种情况就是不正当拦截客户。本案中,意图访问原告域名的用户本来期待的是与天

---

① BGH GRUR 2014,785 Rn. 23 – Flugvermittlung im Internet; BGH WRP 2017,51 Rn. 82 – Segmentstruktur.

② BGH GRUR 2007,800 Rn. 23 – Außendienstmitarbeiter; BGH GRUR 2008,621 Rn. 32 – AKADEMIKS; Köhler/Bornkamm/Feddersen/Köhler,41. Aufl. 2023,UWG § 4 Rn. 4.8.

③ OLG Frankfurt NJW – RR 2022,978 Rn. 31; Köhler/Bornkamm/Feddersen/Köhler,41. Aufl. 2023,UWG § 4 Rn. 4.10 –4.11a.

④ BGH GRUR 2010,346 Rn. 12 – Rufumleitung; BGH WRP 2010,764 Rn. 53 – WM – Marken; BGH GRUR 2011,1018 Rn. 65 – Automobil – Onlinebörse; BGH GRUR 2017,92 Rn. 14 – Fremdcoupon – Einlösung; OLG Frankfurt NJW – RR 2022,978 Rn. 31.

⑤ BGH GRUR 2014,393 Rn. 42 – wetteronline. de; BGH WRP 2018,1322 Rn. 23 – Werbeblocker II; BGH GRUR 2021,497 Rn. 51 – Zweitmarkt für Lebensversicherungen.

气有关的服务,而不是保险广告。用户在地址栏或者搜索引擎中直接输入原告网址,就已经在直接通向该网站的路上。被告利用输入地址时常见的疏忽,将这些用户引向自己的广告网站,是不正当拦截。被告的利益相比于竞争者和用户的利益不值得保护,被告这种利用网址的方式构成不正当妨碍行为。①

又如德国联邦法院的另一个涉及广告拦截软件的判例,原告是一家通过网站提供免费内容服务的出版社,收入来自网站广告。被告销售 AdBlock Plus 程序,用户在安装和启用该程序之后,就可以自动屏蔽网站上的广告。被告以有偿提供将网站广告列入解禁白名单的方式来创收。在必要的整体评估中,法院权衡了原告媒体公司、被告广告拦截软件开发者以及互联网用户的利益。在权衡享有职业自由基本权利的原被告利益时,法院认为新闻自由的权利保护不能使媒体公司免于市场自由竞争,原告也必须应对市场竞争的挑战,采取应对措施来抵消竞争对手行为的负面影响。法院认为可以合理期待原告运用技术措施来屏蔽那些使用广告拦截软件的用户免费观看网站内容,原告还可以通过引入付费优惠浏览网站来获得收入。原被告双方的利益冲突下,法院指出互联网用户免于干扰性广告的利益同样值得被顾及和保护。自愿选择使用网站免费内容的用户不能避免烦人的广告,因为免费的网站服务依赖于广告收入。反过来,媒体公司如果自己不采取应对广告拦截软件的技术措施,也就无权要求用户必须接受广告并且不能安装广告拦截软件。广告拦截软件服务是为市场竞争所容许的,服务于互联网用户的选择利益。因此通过整体评估,法院认为广告拦截软件不违反有针对性的阻碍行为之禁止规定。②

(四)不作为误导行为及信息披露义务

商家在网络虚拟环境下更容易对其商业宣传行为进行伪装,让公众认为获得的是来自独立第三方的中立和客观的信息,从而提高广告的说服力和可信度。③ 不作为的误导行为之禁止以及它包含的信息披露义务可以防止违背诚信原则的不公平竞争行为,有利于提高网络市场环境的透明度、规范网络市场行为。

---

① BGH GRUR 2014,393 Rn. 34 – 40,48 – wetteronline. de. 本案中,德国联邦法院还审查了注册域名本身是否构成不正当阻碍竞争者,答案是否定的。因此法院没有支持删除域名的请求,指出具有不违法的方式下具体使用域名的可能性。BGH GRUR 2014,393 Rn. 51 – 55 – wetteronline. de.

② BGH GRUR 2018,1255 Rn. 35 – 41 – Wereblocker Ⅱ.

③ Ohly/Sosnitza/Sosnitza,8. Aufl. 2023,UWG § 5a Rn. 67.

在提高消费者保护水平的修法目标下,2022年UWG修订重组和完善了不作为误导行为及信息披露义务的法律规定。根据第5a条,不作为的误导行为是指行为人通过隐瞒关键信息误导消费者或其他市场参与者的行为,导致他们作出原本不会作出的商业决定。消费者或其他市场参与者在特定情况下作出知情的商业决定所需要的信息就是关键信息。隐瞒关键信息除了直接隐藏信息,还包括以不清楚、不可理解或模棱两可的方式提供关键信息以及未及时提供关键信息。第5a条的最后一款规定了不标明"商业目的"(der kommerzielle zweck)而构成不正当商业行为的情形。除非商业目的在交易环境中是显而易见的,否则必须标明。2022年UWG修订还对商业目的条款进行了补充,吸收了司法判例关于判断社交媒体"网红"(influencer)营销是否存在商业目的的认定标准。[①] 在有利于其他企业的行为中,如果行为人没有从其他企业收到或者被承诺任何报酬或类似的对价(佣金、行为人可以使用或保留的赠品),则不存在商业目的。法条还规定,一般推定行为人收到或被承诺给付对价,除非行为人提出相反证明。

2022年UWG新增的第5b条规定对影响消费者决定的"关键信息"作出了具体阐释。为了适应新媒体的变化发展,该条款还特别明确了线上交易市场、搜索排名和用户评价三种具体情形的信息标识义务。(1)线上交易市场[②](online – marktplatz)为消费者提供与其他经营者或消费者缔结远程合同的服务,可以是网站、网站的一部分或应用程序。这个定义包括了众多销售商品或服务的互联网平台,如亚马逊或者eBay,也包括消费者可以直接签订合同服务的点评和比较商品的门户网站。[③] 线上交易市场有义务披露商品或服务的提供方是否为公司的关键信息。(2)"排名"(ranking)是指由经营者作出的商品或服务显示的相对位置,无论经营者使用何种技术手段。[④] 提供搜索功能的线上商品或服务提供者,[⑤]无论交易在哪里达成,均须告知消费者确定排名的主要参数,以及这些参数所占比重。(3)发布

① BGH, Urt. v. 9.9.2021, Az. I ZR 126/20, I ZR 125/20 und I ZR 90/20. 关于网红营销的不正当竞争问题,参见张飞虎:《德国对网红带货营销的反不正当竞争法规制及其启示》,载《德国研究》2021年第4期。

② 定义见UWG第2条第6项。

③ 只提供自己的商品或服务的网上商店,或者只提供价格比较或点评的网站也不包括在内。参见德国联邦政府UWG修订草案说明BT – Drs. 19/27873, p.33。

④ 定义见UWG第2条第7项。

⑤ 仅销售自己商品的线上商店以及搜索引擎不适用该条规定,它们根据其他法律规定负有特别的信息披露义务。

商品或服务的用户点评的经营者,有义务提供有关用户点评真实性的相关信息的义务。经营者需要告知用户是否以及如何确保所发布的评论来自实际购买或使用过该商品或服务的消费者。

二、我国对网络不正当竞争行为的法律应对及反思

(一)《反不正当竞争法》的互联网专条适用情况及主要问题

在 2017 年《反不正当竞争法》增加互联网专条前,司法实践中大量的网络不正当竞争行为无法被当时的《反不正当竞争法》中的类型化条款(虚假宣传、商业秘密、商业诋毁)所涵盖,法院主要依赖《反不正当竞争法》第 2 条一般条款进行规制。① 但是这一现象在互联网专条生效之后没有得到改变。根据一项关于互联网领域《反不正当竞争法》一般条款司法适用的实证研究,2020 ~ 2022 年在互联网不正当竞争纠纷中适用一般条款的案件数量接近 2002 ~ 2019 年 17 年内案件数量的总和,并呈现出倍速增长的趋势。② 根据另一项截至 2022 年 8 月 19 日的案件数据检索,用互联网专条三项子类型条款的案件数量为个位数,尤其适用恶意不兼容条款的案件最少。③ 实证考察反映出互联网专条无法有效涵盖不断发展变化的新型不正当竞争行为,说明类型化条款周延性不足。

互联网专条文本本身也存在内涵和外延不确定的问题,在解读构成要件中有很多分歧和争议,不仅没有提高法律适用的可预期性,反而增加了涵摄的难度。首先,技术手段要件方面,立法者本意是将利用技术手段作为与其他不正当竞争行为的区别性特征。④ 因此技术手段须是网络环境特有的专门技术手段,如插入链接、网页跳转、插件弹窗、关键词标签、数据抓取等。多数观点倾向于对“利用技术手段”采狭义解释,不应扩大至所有与网络场景相关的技术措施,需与具体示例中的

① 北京海淀区人民法院《关于网络不正当竞争纠纷的调研报告(2012 - 2016)》。

② 参见叶明、周珊珊:《互联网领域〈反不正当竞争法〉一般条款司法适用实证研究》,载《竞争政策研究》2022 年第 6 期。

③ 参见刘维:《“网络不正当竞争专条”的体系优化》,载《中国市场监管研究》2023 年第 1 期。经过作者的筛选,“北大法宝”数据库的检索结果显示适用三项具体示例条款的案件数量分别为 6 件、8 件和 0 件,在“知产宝”数据库的检索结果显示适用三项具体示例条款的案件数量分别为 9 件、11 件和 3 件。

④ 参见孔祥俊:《网络恶意不兼容的法律构造与规制逻辑——基于〈反不正当竞争法〉互联网专条的展开》,载《现代法学》2021 年第 5 期;王瑞贺主编:《中华人民共和国反不正当竞争法释义》,法律出版社 2018 年版,第 42 ~ 43 页。

技术手段在性质和程度上相当。该条中关于三项具体行为的描述具有强烈的技术色彩,学界和司法实践对技术术语的法律解释存在很多争议。① 其次,影响用户选择要件方面,互联网专条所禁止的不正当竞争行为是以影响用户选择或者其他方式实施。互联网专条第一项的强制跳转,第二项的"误导、欺骗、强迫用户修改、关闭、卸载"他人产品或服务,第三项的不兼容他人产品或服务,都是影响用户选择的方式。根据文义,影响用户选择至少应包含违背用户意愿的要素。② 但是否将用户的自主意愿作为考量因素,在法院案例中有不同的做法。③ 法条原文中的"其他方式"语义不明,有观点认为这是兜底功能的表述,可以涵盖不涉及影响用户选择的方式,④也有观点认为"其他方式"应当与影响用户选择有类似效果。⑤ 最后,妨碍或破坏他人经营行为要件方面,网络不正当竞争行为在结果上必须妨碍、破坏其他经营者合法提供的网络产品或者服务。⑥ 有观点将这种妨碍或破坏的结果理解为既可以是已经发生,也可以是具有发生的可能性。⑦ 妨碍、破坏的对象是其他经营者合法提供的正常运行的网络产品或者服务,有论者指出其中包含的各项概念存

---

① 参见蒋舸:《〈反不正当竞争法〉网络条款的反思与解释:以类型化原理为中心》,载《中外法学》2019年第1期;刘维:《论网络不正当竞争一般条款的价值取向》,载《交大法学》2021年第3期;黄武双、谭宇航:《〈反不正当竞争法〉第十二条类型化条款适用研究》,载《科技与法律(中英文)》2023年第2期;徐俊:《互联网不正当竞争的法律适用范式研究——以支付宝唤醒策略网络不正当竞争纠纷案为切入》,载《法律适用》2023年第5期。

② 关于支持观点,参见蒋舸:《〈反不正当竞争法〉网络条款的反思与解释:以类型化原理为中心》,载《中外法学》2019年第1期。

③ 例如,在适用《反不正当竞争法》第12条第2款第1项时,北京知识产权法院在杭州迪火科技有限公司诉北京三快科技有限公司不正当竞争纠纷案中认为,即便被告软件"美团小白盒""美团收款"是由用户自主授权而运行,但因为被告软件插入并强制进行目标跳转的行为未经原告同意,因此构成不正当竞争的行为。参见杭州迪火科技有限公司与北京三快科技有限公司不正当竞争纠纷案,北京知识产权法院(2018)京73民初960号。而杭州市中级人民法院认为"美团收款"只是向用户提供了各项功能选项,由有相应需求的用户自行进行选择,因此不满足"利用技术手段,通过影响用户选择或者其他方式"的前提。参见杭州迪火科技有限公司与北京三快科技有限公司不正当竞争纠纷案,浙江省杭州市中级人民法院(2018)浙01民初3166号。

④ 参见徐俊:《互联网不正当竞争的法律适用范式研究——以支付宝唤醒策略网络不正当竞争纠纷案为切入》,载《法律适用》2023年第5期。

⑤ 参见焦海涛:《互联网不兼容行为的规制路径选择》,载《财经法学》2020年第5期。

⑥ 参见祝建军:《网络不正当竞争侵权成立的考量因素》,载《人民司法》2019年第10期;焦海涛:《互联网不兼容行为的规制路径选择》,载《财经法学》2020年第5期;徐俊:《互联网不正当竞争的法律适用范式研究——以支付宝唤醒策略网络不正当竞争纠纷案为切入》,载《法律适用》2023年第5期。

⑦ 参见焦海涛:《互联网不兼容行为的规制路径选择》,载《财经法学》2020年第5期。

在多义性和相互矛盾的可能性,[①]还有观点质疑以损害其他经营者的合法经营作为判断不正当性的标准是否草率,在商业模式冲突时受损一方是否具有天然的可受保护性值得商榷。[②]

设置互联网专条的初衷是回应在处理互联网领域不正当竞争纠纷时缺乏明确的法律依据和可预见性的问题,但是从对司法适用情况的考察和文本解读的争议可以看出,互联网专条的实施情况远远无法达到预期的目的。

(二)《反法征求意见稿》互联网条款评述

为了涵盖实践中新出现的网络不正当竞争行为,增强认定不正当竞争行为的可预见性和执法的规范性,国家市场监督管理总局的《反法征求意见稿》在现行互联网专条的基础上进行了扩充。[③] 首先,《反法征求意见稿》将现行法第 12 条拆分为第 15 条和第 16 条。第 15 条在现行法第 12 条第 1 款的基础上设置了第 2 款具有总括性质的"小一般条款":经营者不得利用数据和算法、技术以及平台规则等,通过影响用户选择或者其他方式,扰乱市场公平竞争秩序。在第 3 款列举了"影响用户选择"的三种具体方式,包括违背用户意愿和选择权、增加操作复杂性、破坏使用连贯性。第 16 条成为单独的一类网络不正当竞争行为,包括现行法第 12 条第 2 款的三项子类以及新增的不合理引流、不正当拦截两种行为类型。其次,《反法征求意见稿》增加了四条平行于第 16 条的网络不正当竞争类型化条款(第 14 条[④]、第 17 条至第 19 条)。最后,《反法征求意见稿》增设了规制网络不正当竞争行为的总兜底条款(第 20 条)和判定网络不正当竞争行为的考量因素(第 21 条)。

《反法征求意见稿》仍然延续了《反不正当竞争法》第一次修订时采用的以技术手段为特征的案例群类型化思路和方法,但是在增加类型化行为的同时却没有注意厘清各类型化条款之间的体系界限。不同类型化条款的构成要件存在交叉重叠的情况,比如《反法征求意见稿》第 16 条第 4 项(现行法第 12 条第 2 款第 3 项)的恶

① 参见郑友德、王活涛:《新修订反不正当竞争法的顶层设计与实施中的疑难问题探讨》,载《知识产权》2018 年第 1 期;蒋舸:《〈反不正当竞争法〉网络条款的反思与解释:以类型化原理为中心》,载《中外法学》2019 年第 1 期。

② 参见李扬:《互联网领域新型不正当竞争行为类型化之困境及其法律适用》,载《知识产权》2017 年第 9 期;张占江:《论反不正当竞争法的谦抑性》,载《法学》2019 年第 3 期。

③ 参见国家市场监管总局关于《反不正当竞争法(修订草案征求意见稿)》的说明。

④ 该征求意见稿第 14 条禁止通过恶意交易妨碍、破坏其他经营者的正常经营的行为,但其内容主要针对的是互联网交易情形。

意不兼容似乎与新增的第14条恶意交易行为有重合,都属于恶意阻碍其他经营者正常经营的行为。而该项“对其他经营者合法提供的网络产品或者服务实施不兼容”与第17条“排斥、妨碍其他经营者合法提供的产品或者服务的接入和交易”似乎只是同类行为的不同描述方式而已。

《反法征求意见稿》似乎单纯着眼于提高法条的“覆盖率”,而忽视了提高文本的清晰度以增强法条适用的确定性。《反法征求意见稿》除了增加类型化行为,还在各类型化条款中分别设置兜底条款,并增设了单独总兜底条款,在形式上充分体现了“用兜底规则弥补类型化规则遗漏”的惯性思维。[①] 但在类型化条款本身存在语义不明、构成要件模糊问题的前提下,兜底条款的适用将面临同样的法律解释难题。《反法征求意见稿》增设了判断不正当性的考量因素。其中,有的因素不够具体,如第21条第1项和第3项是一般条款包含的开放性要件;有的因素不够恰当,如公平、合理、无歧视的原则最常被引用的场景是标准必要专利权的行使,用该原则辅助认定网络环境竞争行为的不正当性未免过于严苛。设定这样的考量因素条款恐怕很难为法律适用提供帮助和指引,更不利于构建统一的稳定的网络不正当竞争行为分析范式。

(三)网络不正当竞争行为类型化方式之反思

互联网专条和《反法征求意见稿》相关条款无法对网络不正当竞争行为进行充分、准确地涵盖,这可以归咎于条款内容的不完备或解释的不准确,但深入挖掘,会发现问题的根源在于类型化的方式本身。因此有必要对网络不正当竞争行为的类型化方式进行深入反思,审视其不足之处,为探索更加恰当有效的解决路径做准备。

首先,以技术手段为主要特征进行条款类型化本身就具有难度,而且有过度干预互联网技术发展之虞。通过提取技术手段公因式方式进行条款类型化容易陷入法律的滞后性和网络快速发展之间的沟壑。随着互联网技术日新月异地发展,商业模式不断推陈出新,竞争手段也在更新迭代。第一,围绕过往的执法和司法经验中发现的“问题技术”来进行类型化,是无法跟上互联网发展的步伐和节奏的,始终面临着无法覆盖新出现的不正当行为类型的问题。第二,虽然技术手段的发展催

① 参见蒋舸:《〈反不正当竞争法〉网络条款的反思与解释:以类型化原理为中心》,载《中外法学》2019年第1期。

生了大量不正当竞争纠纷，但市场本身具有优化资源配置和优胜劣汰的功能，有些竞争手段也因技术和商业模式的发展逐渐消亡或被市场淘汰。[①] 因而以问题技术手段作为特征的类型化条款还面临着因技术过时而失效的危险。第三，法律规定若以技术的具体形式作为区别对待的依据有悖技术中立原则，不利于技术发展，有过度干预互联网经济发展的危险。[②] 网络不正当竞争行为的类型化不应歧视任何特定的技术或技术形式。反观德国立法，没有将实施某种技术手段或采用某种商业模式本身作为禁止性要件。“黑名单”尽可能具体和准确地描述绝对禁止的商业行为，而且 UWG 还对适用的商业模式进行了定义，以避免对技术术语的误读，确保法律适用的确定性。在不作为的误导行为的规制框架下，UWG 其实是以设定信息披露义务的方式来规范互联网不诚信的商业行为，而不包含任何对商业模式的法律评价。从前文举例的广告拦截软件判例可以看出，法院没有全盘否定涉案争议技术或商业模式，而是考量了技术措施对抗的合理可能性。因为反不正当竞争法本身不是保护市场参与者免于竞争，不应对利益受到损害的市场参与者给予无条件的优先保护。法律适用中“损害即不正当”的思维倾向，很可能会扼杀商业创新和技术进步的空间。[③]

其次，技术手段和方式要件的规定流于行为表面，欠缺与“不正当性”的紧密和必然的联系，难以作为网络不正当竞争行为的法律评价依据。竞争本来就需要借助多种多样的工具和措施，且以争夺潜在消费者为目的，因而对竞争行为“不正当性”的认定还需要设置更多的限定性前提条件，这些条件对行为的负面效果有一定程度上的要求，要具有“不正当性”的特征。例如，我国现行《反不正当竞争法》第 8 条禁止的引人误解的商业宣传，其中“引人误解”体现了程度和结果上的要求。又如，德国 UWG 规制不作为误导行为，要求隐瞒关键信息须是会导致消费者做出本来不会做出的商业决定的行为。再如，德国“拼写错误域名案”中认定争议行为的不正当性要构成不合理的客户拦截。

最后，网络不正当竞争行为各类型化条款缺乏清晰的规范目的，导致类型化条

① 参见李扬：《互联网领域新型不正当竞争行为类型化之困境及其法律适用》，载《知识产权》2017 年第 9 期。

② 参见李明德：《关于〈反不正当竞争法〉修订的几个问题》，载《知识产权》2017 年第 6 期；孔祥俊：《论反不正当竞争的基本范式》，载《法学家》2018 年第 1 期。

③ 参见李扬：《互联网领域新型不正当竞争行为类型化之困境及其法律适用》，载《知识产权》2017 年第 9 期；孔祥俊：《论反不正当竞争的基本范式》，载《法学家》2018 年第 1 期。

款内部缺乏统一性,各类型化条款之间存在交叉重合。以互联网专条和《反法征求意见稿》第16条为例,子类型化条款对如何利用技术手段进行了描述,还规定有特别的限定要件"未经其他竞争者的同意""虚假操作、欺骗、误导""误导、欺骗、强迫""恶意""无正当理由"等,它们有的是客观要件,有的是主观要件,有的是从侵害消费者利益的角度入手,有的是从妨碍其他经营者的角度入手。仅从文义上看,列举的具体行为未能完全指向概括性条款和兜底条款所包含的要件,不能被小一般条款和兜底条款完全涵盖。该类型化条款究竟是要保护消费者免受误导还是保护其他经营者免受妨碍模糊不清。又如前文提到的《反法征求意见稿》第14条、第17条与第16条的重合问题,源于三个条款似乎都是为了禁止妨碍其他经营者正常提供产品或服务的行为。因为法条规范目的的不清楚导致内容重复的问题还存在于互联网专条(及《反法征求意见稿》的网络不正当竞争行为条款)与其他类型化条款如虚假宣传、商业诋毁之间。类型化条款如果缺乏清晰的规范目的,只会成为杂乱无章的行为罗列,令法律适用者难以把握其要旨。如果文本尤其是技术术语还具有不完全性和模糊性,法律适用者就无法从一致的立场进行法律解读,更加无从遵循统一的裁判规则。

三、对我国规范网络不正当竞争行为的启示

中德两国反不正当竞争法都采用了一般条款加类型化条款的模式,基于本土实践发展出的不同具体不正当竞争行为类型,在应对网络不正当竞争纠纷上,呈现出了不同的法律发展路径。德国综合运用了法律体系内的规制手段,修订完善了涉及消费者保护的条款以适应互联网商业模式的发展,发展了既有的成熟类型化条款的判例,来应对网络环境下直接侵害消费者利益和阻碍市场竞争主体的不正当竞争行为。德国的应对路径和经验能够为我国更加合理地适用和优化《反不正当竞争法》应对网络不正当竞争纠纷提供以下三点启示。

首先,未来立法者在修改互联网专条时,要警惕过度类型化,[①]对网络不正当竞争行为的类型化处理不能急于对技术手段或工具进行简单的公因式提取,应以尊重技术中立原则为前提,避免对技术和商业模式的创新做过多法律干预。为有效发挥类型化条款在降低涵摄难度和提高法律适用确定性方面的作用,立法涉及互

① 关于不正当类型化的弊端,参见蒋舸:《〈反不正当竞争法〉网络条款的反思与解释:以类型化原理为中心》,载《中外法学》2019年第1期。

联网技术和商业模式的禁止性行为,应当对文本做精细化处理,对技术术语给出法律定义,对行为做尽可能具体的描述,避免文本的多义性。参考德国的错误拼写域名案和广告拦截软件案,互联网技术本身既不是适用具体条款的障碍,也没有成为认定不正当性的决定性因素。我国有必要等待司法实践积累大量案例,对网络不正当竞争行为的类型化处理要更多地关注案例中确认行为"不正当性"的实质性要件,而不是那些阶段性的技术或商业模式的冲突。

其次,我国可以考虑借鉴德国法不作为误导行为的规制手段,引入符合我国互联网环境的信息披露义务。我国《反不正当竞争法》没有误导行为这种单独的不正当竞争行为类型,不过类型化条款中也包含了作为形式的误导行为,如第 6 条混淆行为、第 8 条虚假和引人误解的商业宣传行为以及互联网专条中误导用户修改、关闭、卸载其他经营者合法提供的网络产品或者服务的规定。我国没有对不作为的误导行为进行规制。① 在德国法部分已经阐述过这项规制制度对于维护互联网市场竞争秩序以及消费者利益的积极作用,而且以信息披露义务为主要内容的规制手段保证了法律适用的确定性和可操作性。

最后,处理网络不正当竞争行为法律纠纷应综合发挥法律体系内的规制手段,坚持从具体条款到一般条款的法律适用。德国构建了"黑名单"—具体条款——一般条款的适用体系,分别对应的是绝对禁止的法律后果、利益衡量的全面分析和谨慎严格的法律适用。这样的适用体系和应对路径较为有效地化解了所谓新型网络竞争行为带来的法律规制困境。在同样是一般条款与类型化条款相结合的法律体系下,我国运用《反不正当竞争法》处理网络不正当竞争纠纷有严重依赖一般条款的问题。互联网专条并非处理的唯一法律依据。对于"传统"不正当竞争行为在网络环境的延伸,要尽量运用既有的成熟类型化条款。② 面对新型的网络不正当竞争纠纷,应首先穷尽具体条款的解释适用和类推适用,参考并遵循最高人民法院发布的典型案例,谨慎援引一般条款作为禁止某个争议行为的依据。确有必要援引一般条款的,应当注意规制网络不正当竞争的特别价值取向,多方位、动态性考量竞争效果,进行综合利益衡量。③

① 也有观点认为我国类型化条款规制的误导情形应当既包含积极的作为也包括消极的不作为。参见张飞虎:《德国对网红带货营销的反不正当竞争法规制及其启示》,载《德国研究》2021 年第 4 期。

② 参见蒋舸:《〈反不正当竞争法〉网络条款的反思与解释:以类型化原理为中心》,载《中外法学》2019 年第 1 期。

③ 参见孔祥俊:《论反不正当竞争的基本范式》,载《法学家》2018 年第 1 期。

美国平台经济领域的反垄断法监管及其借镜

张卫东*

引　言

随着互联网、大数据、人工智能等技术加速创新，数字经济蓬勃发展，超级平台迅速崛起。通过打造独一无二的网络和市场地位，平台对于经济发展具有扩张性效果。① 从全球来看，数字经济规模已经达到32.6万亿美元，占GDP比重为43.7%。其中，美国数字经济规模为13.6万亿美元，中国数字经济规模为5.4万亿美元。② 在数字经济中，数字平台基于自我增强的规模经济、数据驱动的范围经济和高质量的算法系统，通常会形成赢家通吃市场的强大网络效应。在此情形下，数字经济领域的竞争问题逐步凸显，平台"二选一""算法歧视""数据垄断""扼杀式并购"等垄断行为层出不穷，迫切需要创新监管手段，维护平台市场有效竞争。

在经过反垄断强监管之后，我国平台经济监管进入新阶段。国务院反垄断委员会发布《关于平台经济领域的反垄断指南》（以下简称《反垄断指南》），国家反垄断局挂牌成立，新的《反垄断法》修订通过，增加数字平台条款，对平台经济实施常态化监管。党的二十大明确提出，我们要构建高水平社会主义市场经济体制，加快建设网络强国、数字中国。在这种背景下，面对中美的竞争博弈加剧和动荡的国际经济形势，我国经济形势愈加严峻，是否还需要对平台经济进行反垄断监管？如何

---

* 张卫东，浙江理工大学副教授、浙江省丽水市人民检察院工作人员，法学博士，主要从事反垄断法研究。本文系2018年度国家司法部法治与法学理论研究项目课题"互联网平台竞争的法律规制研究"（批准号：18SFB2047）的阶段性研究成果。

① 参见[美]亚历克斯·莫塞德、尼古拉斯·L.约翰逊：《平台垄断：主导21世纪经济的力量》，杨菲译，机械工业出版社2018年版，第105页。

② 中国信息通信研究院政策与经济研究所：《平台经济与竞争政策观察（2021年）》，载中国信通院网，http://www.caict.ac.cn/kxyj/qwfb/ztbg/202105/t20210528_378126.htm。

落实数字平台反垄断条款？美国作为世界反垄断法的诞生地和数字革命的重要发源地，以司法为主导，推动对大型科技公司的反垄断诉讼，探索平台经济领域反垄断监管的新举措，积累了较多有益经验。

本文通过分析美国平台经济领域的垄断协议、滥用市场支配地位和经营者集中三个方面的反垄断监管实践，研究美国数字平台反垄断监管路径和规律，以期推动我国平台经济领域反垄断监管体系的完善，促进我国数字经济做强做优做大，提升我国数字经济的国际竞争力。

一、平台垄断协议的反垄断法规制挑战

为了减少竞争压力和在竞争中居于不败之地，数字平台可能会与竞争对手达成共谋，或者与平台内经营者签订垄断协议。与传统的垄断协议不同，平台经济领域中达成垄断协议的一方往往是拥有市场支配地位的大型平台。并且，大型平台达成垄断协议的行为既可能构成非法垄断协议，也可能构成滥用市场支配地位行为。即使是垄断协议，也不仅是单纯的横向垄断协议或者纵向垄断协议，还可能是同时包含这两种协议的轴辐协议。如果这些垄断协议基于大数据达成，或者运用算法实施，那么更会增加垄断协议认定的复杂性以及反垄断法适用的困难。

（一）最优惠待遇条款与轴辐协议的交织

在美国，平台最优惠待遇（most - favored nation，MFN）条款可能构成《谢尔曼法》第 1 条的限制贸易协议，也可能构成《谢尔曼法》第 2 条的垄断或企图垄断。两者的适用区别在于，前者需要证明经营者之间存在协议，后者则需要证明经营者存在行使垄断权力行为或有实现垄断危险的可能性。最优惠待遇条款有广义和狭义之分，广义的最优惠待遇条款是要求供应商不得在所有其他平台（包括供应商自己的网站）上设定较低的价格，狭义的最优惠待遇条款是阻止供应商在其自己的网站上设定较低的价格。作为一项合同条款，最优惠待遇条款通常不会受到禁止。在线上旅游公司（OTA）酒店预订反垄断案①中，消费者对连锁酒店和线上旅游公司提起集体诉讼，指控它们在客房预订网站之间实施价格平价共谋，消除了品牌内竞争。法院认为，最优惠待遇条款应受合理原则约束，由于原告未能提出支持其主张的事

① In the Online Travel Company（OTC）Hotel Booking Antitrust Litigation，1997 F. Supp. 2d 526（N. D. Tex. 2014）.

实,法院驳回了该诉讼。当然,如果最优惠待遇条款实质上限制了竞争,这种条款也会被禁止。2021年5月25日,美国华盛顿特区起诉亚马逊公司①,指控其通过平台最优惠待遇条款,要求第三方卖家在线上零售市场的任何地方提供其商品的价格,不得低于其在亚马逊公司线上零售平台上提供的价格,并设定了销售商品的价格下限。

如果经营者通过最优惠待遇条款实现了横向定价共谋,即使轴辐协议中存在纵向限制,这种行为也应当适用本身违法原则。在美国诉苹果公司电子书案②中,亚马逊公司采用批发分销模式,向出版商支付批发价并设定零售价,向用户收取低价。鉴于亚马逊公司占有90%的电子书零售市场,苹果公司采用价格上限和最优惠待遇条款相结合的代理分销模式,分别与五家领先的出版商签订纵向协议,制定高于亚马逊公司Kindle版本的最低转售价格。按照最优惠待遇条款,如果亚马逊公司或其他电子书零售商销售的特定书籍价格低于出版商为苹果公司的电子书店(iBookstore)设定的价格,出版商必须降低该特定书籍在苹果公司的电子书店内的价格,这有效地迫使出版商的其他电子书零售商将经营模式转变为代理模式。在该模式下,出版商可以自由设定电子书零售价,但需要向苹果公司支付30%的佣金。地区法院认定,在苹果公司的积极鼓励和帮助下,出版商同意共同努力消除电子书零售价格竞争,提高电子书价格,并且在苹果公司的知情和参与下实现他们的计划。从根本上讲,这是一种横向价格限制。无论是按照纵向价格限制处理,还是仅仅从传统的轴辐协议角度来看,该协议都是不合法的。上诉法院维持了地区法院的判决,认定该共谋由苹果公司精心策划,引起了电子书价格的显著上涨,构成了本身违法的操纵价格共谋行为。在联邦最高法院驳回苹果公司的上诉请求后,苹果公司向美国消费者和各州赔付了4.5亿美元。

(二)定价算法与垄断共谋的契合

运用定价算法可以更好地监控竞争对手价格、提高价格调整速度和惩罚降价者,促进垄断共谋。在算法共谋案件中,经营者之间达成垄断协议,算法是执行协议的手段和设定共谋价格的促进机制。美国适用反垄断法的判例主要涉及相对简单

① D.C. v. Amazon.com, Inc., Case No. 2021 - CA - 001775 - B (D.C. Super. Ct., May 25, 2021).

② United States v. Apple Inc., 791 F.3d 290 (2015).

的静态定价算法，市场参与者所采用的策略也被视为传统的反竞争策略。在美国诉航空运价出版公司(ATP)案①中，六家航空公司使用共同拥有的计算机在线预订系统，通过航空运价出版公司建立和实施非法定价协议。尽管航空运价出版公司为航空公司提供了一种向公众发布票价信息的方法，但它也为航空公司提供了一个就票价进行私人对话的平台。该系统的某些功能使航空公司能够达成公开的固定价格协议，并促进在没有固定价格的情况下普遍协调航空公司票价。

美国司法部2015年首次针对算法共谋行为提起了刑事诉讼，指控两名公司高管利用定价算法软件，监控和调整亚马逊市场上的海报销售价格，这使得相同的线上产品价格一致，构成了定价共谋。其中，在美国诉托普金斯(Topkins)案②中，托普金斯是A公司时尚部门的负责人，A公司通过各种在线市场直接向美国用户销售海报。美国司法部指控托普金斯采取以下手段达成和实施共谋：托普金斯和他的同谋者与其他海报销售公司代表进行对话和沟通，讨论商定海报(agreed - upon posters)的价格；在这些对话和沟通中，托普金斯和他的同谋者同意固定、提高、维持和稳定商定海报的价格；为了实施该协议，托普金斯和他的同谋者同意对商定海报采用特定的定价算法，以协调各自的价格变化；为了推进共谋，托普金斯编写了计算机代码，指示A公司基于算法软件，设定符合协议的商定海报价格；为达成价格协议，以及强制遵守已达成的协议，并监控定价算法的有效性，托普金斯及其同谋者收集、交换、监控和讨论了商定海报的价格和销售信息；根据达成的协议，托普金斯及其同谋者在亚马逊市场上以串通的、非竞争性的价格出售、发行商定海报并接受付款。托普金斯对上述罪行供认不讳，同意支付20 000美元的刑事罚款。在美国诉阿斯顿(Aston)案③中，美国司法部基于同样的理由指控阿斯顿在亚马逊市场上操纵在美国销售的某些海报的价格。2016年8月11日，阿斯顿对操纵价格的指控表示认罪，被判处6个月的监禁。

(三)反引导条款与附加费的联动

美国法院允许平台经营者与零售商达成协议，限制零售商引导消费者转向其

① United States v. Airline Tariff Publishing Co. ,836 F. Supp. 9 (D. D. C. 1993).

② United States v. David Topkins, Case3:15 - cr - 00201 - WHO, filed: 6 April 2015.

③ United States v. Danjel William Aston and Trod Limited, d/b/a Buy 4 Less, d/b/a Buy For Less, d /b/a Buy - For - Less online, Case 3:15 - cr - 00419 - WHO, filed: 27 August 2015.

他经营者,或者限制零售商向消费者收取附加费。但是,当这种约定限制了竞争或消费者选择时,则可能被判定为违法。2010年的《多德—弗兰克法案》禁止有关借记卡的反引导规则(antisteering rules),该法案规定商家在法律上有权提供折扣或其他实物激励措施,以鼓励其客户使用借记卡。[①] 然而,美国金融法规并未禁止有关信用卡的反引导规则。美国司法部于2010年与Visa和Mastercard达成协议,要求两家公司不得限制商户的经营行为,包括商户引导消费者从一个信用卡或交易方式转向另一个信用卡或交易方式,但允许无附加费规则,即不禁止两家公司在某些情况下与商户签订不向消费者收取附加费的合同。[②] 在俄亥俄州诉美国运通公司(AmEx)案[③]中,美国联邦最高法院首次将反垄断法上的合理原则应用于双方平台上的限制竞争行为,认为美国运通公司与商户在合同中约定的反引导条款[④]并不违反反垄断法。在该案中,美国运通公司采用特定的商业模式,提供比其他平台更好的奖励,鼓励持卡人消费。法院将交易平台的双边界定为一个相关市场,认为即使出现亏损,经营者也可以通过双边收入最大化的策略而赚取利润。法院认为,反垄断关注的是整个市场的交易量,而不仅仅是某个特定平台促成的交易量。由于只有在持卡人和商户都愿意使用其网络的情况下,该公司才能销售产品,并在信用卡市场上展开竞争,因此应当从整体上分析信用卡交易的双边市场。双边交易平台一边的价格上涨并不能作为证据证明存在反竞争行为,除非原告能够证明美国运通公司的反引导条款将信用卡交易的成本提高到高于竞争水平,减少了信用卡交易的数量,或者以其他方式阻遏了信用卡双边市场的竞争。有趣的是,持反对意见的布雷耶(Breyer)大法官指出,购物者可能会从"引导"中受益,无论是因为商家会鼓励他们使用较便宜的信用卡,还是以零售价格整体较低的形式。由于反引导条

---

① See the Dodd - Frank Wall Street Reform and Consumer Protection Act of 2010, Pub. L. No. 111 - 203, § 1075, 124 Stat. 1376, 2068 (codified in relevant part in 15 U. S. C. § 1693o - 2), and its enabling regulations, in 12 C. F. R. ch. 235.

② *Justice Department Sues American Express, Mastercard and visa to Eliminate Rules Restricting Price Competition; Reaches Settlement with Visa and Mastercard*, U. S. Department of Justice Office of Public Affairs(Oct. 4, 2010), https://www. justice. gov/opa/pr/justice - department - sues - american - express - mastercard - and - visa - eliminate - rules - restricting.

③ Ohio v. Am. Express Co., 138 S. Ct. 2274 (2018).

④ 相较于其他公司的信用卡来说,美国运通公司向商户收取的费用更高。为了避免这些费用,商户可能会劝阻持卡人不要使用美国运通公司的信用卡。美国运通公司为了应对这种情况,在其与商户的合同中加入了反引导条款,禁止商户引导持卡人使用其他公司的信用卡。

款的存在,整个经济体的消费者支付了更高的零售价格。商家通常会将接受信用卡的成本分摊给所有客户,无论他们使用何种支付方式,而使用信用卡的好处只能属于持卡人。在 Epic 公司诉苹果公司案①中,法院认为,苹果公司的反引导条款隐藏了重要信息,剥夺了应用程序用户的选择权,是反竞争和非法的。因此,苹果公司需要改变其应用商店政策,放松对应用程序内付费内容的控制。例如,该公司不得禁止应用开发者与用户就替代性支付和订阅选项进行沟通。也就是说,应用开发者可以提供一个链接,引导用户离开应用商店,并将他们引导至应用开发者的网站,以购买或者订阅数字内容。

二、平台滥用市场支配地位的反垄断法控制路径

超级平台扮演着多重角色,既是向商户提供销售场所的中介,也是向消费者提供商品和服务的零售商。这些平台在确定规则时常常会扮演一种监管者的角色,消费者、商户和辅助服务提供商等用户根据这些规则实现互动。角色叠合使得数字市场倾向于只有一家或两家大公司,市场竞争过程从“市场中的竞争”转变成“为争夺市场而竞争”。② 由于拥有网络效应和获得用户数据的特权,在没有用户多栖性、协议和数据互操作性或差异性的情况下,超级平台比新进入者具有更大的竞争优势。它们往往会利用这些优势扩张其服务生态系统,不断增加新服务,提高用户的转换成本。高进入壁垒又会增加新公司挑战现有公司的难度,进一步破坏竞争过程并维持现有公司的主导地位。

(一)全面评估数字平台垄断权力

根据《谢尔曼法》第 2 条,垄断、企图垄断或共谋垄断“几个州之间或与外国的贸易或商业的任何部分”都是非法的。拥有垄断权和收取垄断价格本身并不违反反垄断法。相反,当且仅当一个经营者拥有垄断权,并且从事排他性行为,以实现、维持或增强该权力时,才会被认定为垄断。③ 垄断权是经营者控制价格或排除竞争

---

① Epic Games Inc. v. Apple Inc. ,No. 4:20 - cv - 05640 - YGR.

② Democratic Majority of the Subcommittee on Antitrust, Commercial and Administrative Law of the Committee on the Judiciary of the U. S. House of Representatives, *Investigation of Competition in Digital Markets: Majority Staff Report and Recommendations*(2020), https://judiciary. house. gov/uploadedfiles/competition_in_digital_markets. pdf.

③ United States v. Grinnell Corp. ,384 U. S. 563,570 - 71 (1966).

的权力,可以通过直接证据或者间接证据两种方式来确定。直接证据是经营者收取的价格显著超过竞争水平、产量明显少于竞争水平或者质量显然下降的证据。如果平台故意减少平台一边的积极网络效应强度或者故意降低向用户提供服务的质量,那么可以被视为具有市场力量的表现。间接证据是证明经营者在相关市场拥有大量份额,以及经营者受到进入壁垒保护的证据。原告除了确定被告拥有支配性市场份额外,通常还必须证明被告的支配地位可能是持久的,即证明被告与潜在竞争对手之间存在重大进入壁垒。由于平台两边的用户群体不同,他们购买的是互补商品而不是替代商品,平台对他们收取的价格也不同,使用间接证据来证明双边平台市场力量较为困难。在美国诉微软公司案①中,哥伦比亚特区巡回上诉法院同时依赖直接证据和间接证据,认为微软公司可以在不考虑竞争对手价格的情况下自由设定 Windows 价格,没有垄断权的公司做不到这一点。

由于直接证据很难获得,法院通常会审查市场结构,以寻找垄断权的间接证据。司法部和州检察长提出,由于谷歌公司在通用搜索服务市场的市场份额接近88%,在搜索广告市场和通用搜索文本广告市场的市场份额也超过70%,所以谷歌公司在这些市场拥有垄断权。② 然而,仅有市场份额的证据并不能确证经营者拥有垄断权。由于联邦贸易委员会(FTC)无法提出足够的直接证据和间接证据来合理地确定脸书公司在个人社交网络(PSN)服务市场上拥有垄断权,2021 年 6 月 28 日,美国哥伦比亚特区地方法院驳回了联邦贸易委员会以及 46 个州、哥伦比亚特区和关岛的检察长对脸书公司提起的反垄断诉讼。③ 在该案中,原告指控脸书公司非法垄断个人社交网络服务市场:采取政策阻止脸书公司与其认为存在威胁的其他应用程序之间的互操作性,以挫败潜在的或实际的竞争对手,违反了《谢尔曼法》第 2 条。法院指出,联邦贸易委员会仅仅提出脸书公司已经拥有并且仍然拥有"该市场的主导份额(超过60%)"是不够的,它需要提供确定这个市场份额的具体证据。由于个人社交网络服务是免费使用,联邦贸易委员会不能简单地通过收入或销售量等传统指标来衡量市场份额。8 月 19 日,联邦贸易委员会提交了修改后的起诉书,提供详细的统计数据证明脸书公司在美国个人社交网络市场拥有主导市场份额,有能力控制价格或排除竞争,强调脸书公司采取非法购买或埋葬(buy - or -

---

① United States v. Microsof Corp. ,253 F. 3d 34,56 - 58 (D. C. Cir. 2001).

② 载 Https://www. justice. gov/opa/press - release/file/1328941/download。

③ FTC v. Facebook,Inc. ,No. 20 - 3590 (JEB).

bury)计划来维持其主导地位。在 Epic 公司诉苹果公司案中,Epic 公司根据苹果公司的内部操作系统来界定相关市场,主张苹果公司创造和培育的 iOS 设备及其生态系统构成了一个“围墙花园”。法院认为,虽然认定苹果公司享有超过 55% 的可观市场份额和极高利润率,但是仅这些因素并不能确定苹果公司的行为构成垄断行为,审判记录需要其他关键因素的证据,如相关市场的进入壁垒和产量降低或者创新减少。

(二)整体考量双边市场网络效应

分析数字平台的市场支配地位需要考虑双边市场竞争。数字平台为双边用户提供服务,形成一个相互依存的互联网生态系统。网络效应取决于网络的规模,[①] 随着一边用户数量的增加,平台对另一边用户更具有吸引力。在俄亥俄州诉美国运通公司案中,地方法院将相关产品市场界定为向商户提供信用卡服务的市场。联邦最高法院裁定,相关反垄断市场只能包括其他双边平台,信用卡服务的相关市场必须包括持卡人端和商户端。这意味着原告不但需要证明美国运通的反引导条款对商户造成了损害,而且需要证明该条款同时对持卡人和商户都造成了损害。由于双边平台向一边收取低于或高于成本的价格这一事实反映的是双边需求弹性的差异,而不是市场力量或反竞争定价,所以不能简单地将平台交叉补贴视为掠夺性定价,而要考虑各相关市场的价格总和是否低于经营成本,平台将来是否有机会将价格提高到竞争水平以上,以弥补之前的经营损失。

在搜索平台中,更多的搜索会产生更多的用户数据,从而实现更精准的广告投放和更好的商品推荐,促进市场创新和增进消费者福利。与此同时,网络效应也可以巩固主导平台的市场权力,数字交易平台的地域和商业广度拓展了它们的商业影响,为进入者和较小的竞争对手创设了更高的进入壁垒和扩张壁垒。平台的价格设定和服务提供考虑了市场双边用户之间的网络效应和相互依赖性,谷歌公司是从广告和数据中获得收入,而不是向用户收取搜索费用。搜索次数越多,谷歌公司获得的广告和数据收入就越多。

---

① 参见[美]杰奥夫雷 G. 帕克等:《平台革命:改变世界的商业模式》,志鹏译,机械工业出版社 2017 年版,第 23 页。

(三)严格确定平台滥用性行为

在认定平台滥用性行为时,反垄断执法机构更加关注商品或服务质量及其对消费者的影响。平台向消费者免费提供服务,获取有价值的个人数据,帮助经营者理解消费者的行为和偏好,并相应地改进自己的商品或者服务,帮助广告商定向投放广告。为取得或维持垄断权,平台有动力限制竞争对手访问自己的数据。针对有关谷歌公司搜索歧视的投诉,一是谷歌公司引入"通用搜索"框,在竞争对手网站上方突出显示该内容;二是谷歌公司操纵其搜索算法,以降低其搜索结果中竞争对手的排名,从而使谷歌公司的内容享有特权。联邦贸易委员会经过调查,认为谷歌公司为其内容提供特权的主要目标是快速回应用户的搜索查询并提高其搜索结果的质量,因此最终拒绝了对谷歌公司提起诉讼的请求。① 不过,2020年10月20日,司法部联合11个州的检察长向哥伦比亚特区地方法院提起了反垄断诉讼,指控谷歌公司通过如下方式非法维持搜索和搜索广告方面的垄断:(1)签订独家协议,禁止预安装任何竞争性搜索服务;(2)签订捆绑协议和其他安排,强制在移动设备的主要位置预安装其搜索应用程序,并使它们不可被删除,而不管消费者的偏好如何;(3)与苹果公司签订长期协议,要求谷歌搜索引擎成为苹果公司流行的Safari浏览器和苹果公司的其他搜索工具上默认的、事实上独家的通用搜索引擎;(4)通常利用垄断利润,在设备、网络浏览器和其他搜索接入点上,为其搜索引擎购买优惠待遇,形成持续不断、自我强化的垄断循环。②

分析这种行为时,通常按以下规则转移举证责任:原告证明被告在相关市场拥有垄断权,并从事了损害竞争的滥用性行为后,被告必须提供其行为促进竞争的理由,即非借口性地支持其行为是一种基于优点的竞争形式。倘若被告不能提出这样的证据,则支持原告的诉求。在美国诉微软公司案中,由于网景公司浏览器的广泛采用降低了"应用程序市场的进入壁垒",对微软公司视窗的主导市场份额构成竞争威胁,微软公司于是采取新的运营模式,使用户在视窗操作系统上使用网景公司的浏览器变得既不方便又成本高昂,结果导致网景公司在浏览器市场上的市场

① FTC, Statement of the Federal Trade Commission Regarding Google's Search Practices, In the Matter of Google Inc., FTC File Number 111 - 0163, January 3, 2013, S. 3. 1730.

② Justice Department Sues Monopolist Google for Violating Antitrust Laws, U. S. Department of Justice Office of Public Affairs(Oct. 20, 2020), https://www.justice.gov/opa/pr/justice-department-sues-monopolist-google-violating-antitrust-laws.

份额急剧萎缩。因为微软公司不能证明其行为具有促进竞争的正当理由,法院支持了司法部的主张,即微软公司将网景公司浏览器排除出浏览器市场是违反《谢尔曼法》第2条的垄断行为,并且认定微软公司的运营设计特点,以及微软公司与第三方的一些合同条款更多的是为了排斥网景公司的竞争,维持微软公司的垄断地位,而不是让视窗用户受益。假使被告提出了其行为促进竞争的正当理由,那么举证责任就会转移到原告身上,由原告证明该行为是反竞争行为,即原告要么以被告可以使用对竞争造成较小损害的手段实现经济效率来反驳他们,要么证明被告行为所造成的反竞争损害超过了任何促进竞争的好处。值得注意的是,在 Verizon Communications Inc. 诉 Law Offices of Curtis V. Trinko, LLP 案①中,联邦最高法院给予科技行业一项更有价值的豁免。法院认为,尽管联邦《电信法》要求 Verizon 公司与供应商互连,但作为 AT&T 垄断的部分继承者,Verizon 公司没有与竞争性电信供应商进行交易的反垄断义务。

三、平台经营者集中的反垄断法审查政策

数字平台通过并购能够提高平台生态系统的创新性和竞争力,提升经济效率和消费者福利。但是,大型数字平台不断收购互补性或者可替代公司,尤其是可能会成为其竞争对手的初创公司,也会产生潜在的反竞争损害。并且,当这些平台控制下的消费者数据的范围和数量显著增加时,也可能会增加隐私风险。在这种背景下,扼杀式并购防范、大数据整合和隐私权考量成为平台经营者集中审查的三大关键问题。

(一)扼杀式并购的评估防范

平台经济领域的合并通常以平台收购创新的竞争对手为特征,亚马逊公司在25年间实施了121起收购,苹果公司在34年间进行了128起收购,脸书公司在18年间开展了97起收购,谷歌公司在21年间从事了270起收购。② 美国联邦贸易委员会和司法部等联邦当局并没有阻止这些收购,直到2020年12月,联邦贸易委员会才针对脸书公司2012年收购 Instagram 公司和2014年收购 WhatsApp 公司提出禁令和公平救济。在扼杀式并购中,在位数字平台通过收购拥有处于开发初期创

① Verizon Commc'ns Inc. v. Law Offices of Curtis V. Trinko, LLP, 540 U. S. 398, 402 (2004).

② See https://www.economicliberties.us/big-tech-merger-tracker/#last visited on May 8, 2023.

新项目的潜在竞争对手,终止目标创新项目的开发,以避免替代效应。通过这样做,现有平台消除了可能威胁其市场地位的创新公司的竞争。如果被收购的初创公司的项目被整合进收购方的"生态系统"或他们的现有产品中,通常因为创新互补服务融合而具有合理效率理由,不构成扼杀式并购。对于扼杀式并购,除了根据《克莱顿法》第7条进行审查外,联邦贸易委员会还可以根据《谢尔曼法》第2条禁止试图获得或维持垄断的规定进行调查。《克莱顿法》第7条禁止"可能会大大减少竞争,或倾向于形成垄断"的并购。该条款授予反垄断执法机构在合并完成之前通过提起诉讼,阻止合并的权力,从而将拟议交易可能引起的任何竞争问题消除在萌芽状态。它还允许反垄断执法机构挑战并寻求拆除已经完成的合并,将该合并恢复到合并前的状态。就事后干预的时间而言,美国是唯一没有法定时限的司法管辖区。2020年2月11日,联邦贸易委员会要求谷歌公司、苹果公司、脸书公司、亚马逊公司和微软公司提供10年内的收购信息,对过去的合并进行事后评估。①

由于《横向合并指南》没有涉及多边市场,法院往往会以联邦最高法院在俄亥俄州诉美国运通公司等案件中的裁定来界定相关市场。如果反垄断执法机构提出了其初步证据,被告则需要通过证明市场集中的特有影响不适用或者合并促进竞争的好处大于其反竞争的影响,来反驳合并可能会削弱竞争的假设。在美国诉Sabre公司等案②中,Sabre公司是向旅行社提供航班机票预订软件的双边平台,该平台同时向航空公司提供机票预订等数据处理服务。Farelogix公司开发出新的分销能力技术,该技术优化了航空公司和旅行社之间的应用程序接口连接。通过新的分销能力技术,旅行社可以使用航空公司的各种产品,包括行李托运、预先分配的座位、登机特权等辅助服务。法院指出,虽然Sabre公司和Farelogix公司之间存在竞争,合并之后Sabre公司受到的市场竞争压力减少,但是,由于Sabre公司所在的相关市场中的竞争对手只能是其他双边平台,而Farelogix公司仅在单边市场经营,所以两公司合并不会损害市场竞争。对横向并购而言,只要反垄断执法机构提供了拟议合并的经营者拥有大量市场份额的证明,就可以推定其可能会创造或增强市场力量或促进市场力量的行使。在这种情况下,合并方需要提供证据反驳这种

---

① FTC Media Release, *FTC to Examine Past Acquisitions by Large Technology Companies*, Federal Trade Commission(Feb. 11,2020), https://www.ftc.gov/news-events/press-releases/2020/02/ftc-examine-past-acquisitions-large-technology-companies.

② United States v. Sabre Corporation, Sabre Glbl Inc., Farelogix, Inc., & Sandler Capital Partners V, L. p.(2020a). United States District Court, Delaware. Case No. 1:19-cv-001548-LPS. Opinion.

推定。如果合并方提供了反驳证据,反垄断执法机构就要证明该合并损害了消费者利益。[①] 在美国诉 Bazaarvoice 公司案[②]中,Bazaarvoice 公司和 PowerReviews 公司在合并之前是评级和评论平台市场最大的两家供应商,司法部提供初步证据证明:合并后 Bazaarvoice 公司的市场份额从大约 40% 提高到 60%,Bazaarvoice 公司的市场力量显著增强,市场进入和扩张不太可能削弱 Bazaarvoice 公司通过合并新获得的市场力量,以及合并的效率不足以抵消可能对消费者造成的损害。法院认为,尽管 Bazaarvoice 公司无可争议地在一个充满活力和不断发展的领域中经营,但收购 PowerReviews 公司消除了其在美国评级和评论平台市场上"唯一有意义的商业竞争对手",并且没能提供证据表明市场本身不断发展的性质排除了合并可能产生的反竞争影响,所以合并违反了反垄断法。

与横向并购不同,纵向并购或在潜在竞争对手收购中不存在结构性推定或其他反竞争推定的法律规则。反垄断执法机构要反对数字平台的拟议收购或者已经完成的收购,不但要证明被收购公司是潜在的进入者,而且需要证实相较于被收购而言,潜在进入者的市场进入可能会产生显著的促进竞争效果。在美国诉谷歌案[③]中,ITA 公司拥有一种领先的软件产品,该产品允许旅游网站为消费者提供复杂的和定制的航班搜索功能。在被收购之前,ITA 公司已经将其 QPX(Quahog Parasite Organism X)定价和购物(P & S)系统授权给航空公司和领先的在线旅游中介(OTI)。虽然合并双方并不存在直接竞争关系,但谷歌公司有能力也有意愿开发一种包含 QPX 技术的比较航班搜索的服务产品。司法部确定了两个相关产品市场,即定价和购物系统市场,以及比较航班搜索市场,这两个市场的地域范围都是美国。司法部强调,对在线旅游中介来说,QPX 是一个关键的航班搜索工具,目前没有合适的替代品。司法部确定了谷歌公司的合并动机,即取消或削弱竞争性在线旅游中介对 QPX 的访问权,这将会导致旅游网站的创新减少,以及不公平地提高竞争对手成本和损害消费者选择。司法部将定价和购物系统市场的进入壁垒描述为"极高",因为两家初创公司未能获得任何有意义的在线旅游中介市场份额,并且谷歌开发出自己的定价和购物系统需要一定时间。此外,司法部提出,通过让潜在进入者无法获得 QPX 的方式,该合并交易将提高比较航班搜索市场的进入壁垒。

---

① United States v. Phila. Nat'l Bank,374 U. S. 321,362 – 63 (1963).

② U. S. v. Bazaarvoice Inc. ,13 – cv – 00133 – WHO,slip op. at 8 (N. D. Cal. ,Jan. 8,2014).

③ United States v. Google,Inc. ,76 Fed. Reg. 21,017,21,017 (DOJ Apr. 14,2011) (compl.).

2022年7月27日,联邦贸易委员会起诉Meta公司收购流行的应用程序创建者Within Unlimited公司。① 联邦贸易委员会认为,Meta公司是虚拟现实专用健身应用市场的潜在进入者,拥有所需的资源和合理的可能性,可以构建自己的虚拟现实应用程序,以便在该领域竞争。但它没有进入该领域,而是选择尝试购买Within Unlimited公司及其流行的虚拟现实专用健身应用程序Supernatural。Meta公司的独立进入可以增加消费者选择,增加创新,激励额外竞争以吸引最优秀的员工,并产生其他竞争优势。与之不同,Meta公司对Within Unlimited公司的收购将消除这类进入的好处,抑制未来的创新和竞争。

(二)大数据的竞争价值

由于计算和统计分析的进步,数据对经营者更具竞争意义和战略价值,能够增强该经营者与其市场竞争对手之间的竞争强度。例如,2008年,谷歌公司通过收购Doubleclick,能够追踪更广泛的消费者偏好数据,从而创造出更有针对性的营销产品。② 合并很可能抑制或消除数据这一重要的竞争维度,反垄断执法有助于确保合并不会破坏或阻碍竞争和创新的良性循环。

当两家公司合并涉及数据,尤其是竞争对手无法从其他来源获得的相关数据时,合并后的新实体可能会取得无法复制的市场地位,从而导致竞争对手逐渐被边缘化,并最终被驱逐出市场。在评估大数据的潜在意义或价值时,美国通常会将数据视为其他资产,数据可以是商品或服务的投入品,本身也可以成为商品。在2008年Reed Elsevier收购其竞争对手ChoicePoint的案件③中,联邦贸易委员会将数据视为关键投入品。联邦贸易委员会指出,"执法客户的电子公共记录服务"构成相关市场,其中LexisNexis(Reed Elsevier的子公司)和ChoicePoint是迄今为止最大的两家供应商。电子记录包括个人和企业的公开和非公开记录,如信用数据、犯罪记录、机动车辆记录、财产记录和就业记录。LexisNexis和ChoicePoint将其各自的记录数

---

① https://www.ftc.gov/news-events/news/press-releases/2022/07/ftc-seeks-block-virtual-reality-giant-metas-acquisition-popular-app-creator-within.

② "Statement Concerning Google/Doubleclick" Federal Trade Commission, FTC File No 071-0170 (20 December 2007) <https://www.ftc.gov/system/files/documents/public_statements/418081/071220googledc-commstmt.pdf>.

③ Reed Elsevier NV et al., File No. 081-0133 (filed Sept. 16, 2008), https://www.ftc.gov/sites/default/files/documents/cases/2008/09/080916reedelseviercpcmpt.pdf.

据库与强大的数据分析技术相结合,使执法客户(law enforcement customers)能够发现以前未知的个人利益信息,并为他们的调查提供线索。联邦贸易委员会认为,拟议合并可能会导致 LexisNexis 和 ChoicePoint 难以在提供适合其执法客户需求的信息服务方面开展激烈竞争。尽管竞争对手可以很容易地从相同的政府和私人来源获得电子记录,但联邦贸易委员会认为,由于开发类似服务和获得客户认可需要较长时间和较大成本,所以竞争对手很难进入这个市场。特别是,竞争者需要将电子记录转化为客户认为有价值的服务分析工具,才能开展竞争。最终,双方选择将 ChoicePoint 的电子公共记录服务剥离给 Thomson Reuters 来解决竞争问题。

在 2010 年 Dun & Bradstreet 收购 Quality Education Data 和 QED 的案件①中,联邦贸易委员会将数据作为商品或服务。联邦贸易委员会指控通过整合十二年级(K-12)的教育营销数据,收购将大大降低了幼儿园市场的竞争。该 K-12 数据包括联系方式、人口统计信息以及与教师、管理人员、学校和各个学区相关的其他信息。QED 和 Dun & Bradstreet 的客户使用这些数据,通过直邮和电子邮件向教师、管理人员和其他学校人员推销他们的产品和服务。联邦贸易委员会认定双方的客户并未将其他营销数据来源视为相近的替代品。凭借其独有的特征,这些数据比其他数据集(datasets)对客户具有更大的效用和价值。因此,联邦贸易委员会将双方各自的 K-12 数据产品组合视为增强了 Dun & Bradstreet 的市场力量。收购之后,只有一个竞争对手提供 K-12 数据,但其数据集在规模、广度或覆盖范围方面无法与合并的任何一方比拟。经过 4 个月的行政诉讼,该案件通过同意协议得到解决,协议要求 Dun & Bradstreet 更新和增强 K-12 数据库,以及将 QED 品牌和相关知识产权剥离给竞争对手 Mailings Clearing House。

当合并涉及大数据作为投入品或商品时,执法机构特别关注对创新的潜在影响。在 Reed Elsevier 案中,LexisNexis 和 ChoicePoint 之间的激烈竞争,促使 ChoicePoint 推出了专为执法客户设计的新的先进电子公共记录服务。同样,在 Dun & Bradstreet 案中,来自 QED 的竞争促使 Dun & Bradstreet 提高其产品质量,包括开发新产品功能。

---

① Dun & Bradstreet Corp. ,Dkt. No. 9342 (filed May 7,2010),https://www.ftc.gov/sites/default/files/documents/cases/2010/05/100507dunbradstreetcmpt.pdf.

(三)隐私的角色定位

早在2006~2007年,联邦贸易委员会就开始考虑基于隐私的竞争在其审查合并中的潜在相关性。[①] 竞争包括价格竞争和非价格竞争,消费者选择、质量改进和创新是主要的非价格竞争维度。在价格受到限制的情况下,当经营者免费提供商品或者服务时,质量变得更加重要。质量包括隐私保护,隐私也被视为非价格的质量竞争参数。隐私权倡导者担忧潜在的数据整合会引起隐私问题,提出了反对Google/DoubleClick合并的请求。[②] 联邦贸易委员会回应强调,合并审查的唯一目标是识别和质疑损害竞争的交易。尽管调查主要集中在合并对在线广告市场的影响上,但联邦贸易委员会也会将交易可能对消费者隐私产生的不利影响视为竞争的非价格维度。大多数委员拒绝使用合并审查来保护隐私,认为这超出了反垄断法的范围,因此超出了该机构的管辖范围。少数委员认为该合并已经威胁到了消费者隐私,如果联邦贸易委员就此结束调查,不对合并附加任何条件,那么就不能充分解决竞争和消费者的隐私利益问题。[③]

鉴于大数据的分析、操纵和使用在不断发展,联邦贸易委员会认为,在分析涉及大数据的合并时要考虑隐私问题,并研究新的损害理论。[④] 在Facebook/WhatsApp合并时,联邦贸易委员会的隐私执法部门向合并方发出警告,提醒双方在合并后有义务遵守数据隐私法。尽管有此警告,但州执法部门随后提起的反垄断诉讼称,合并后,脸书公司和WhatsApp公司服务中的用户数据组合导致了隐私损害。[⑤] 在2021年修改后的起诉书中,联邦贸易委员会也提出,WhatsApp公司采用以隐私为重点的产品和设计,脸书公司收购WhatsApp公司阻止了其他移动消息应用程序进入个人社交网络市场。脸书公司滥用用户数据,侵犯用户隐私,降低用户体验,充

---

① FTC, Statement of FTC Concerning Google/DoubleClick, FTC File No. 071-0170, 2-3 (Dec. 20, 2007), https://www.ftc.gov/system/files/documents/public_statements/418081/071220googledc-commstmt.pdf.

② Complaint and Request for Injunction, Request for Investigation and for Other Relief, The Electronic Privacy Information Center in the Matter of Google, Inc. and DoubleClick, Inc. (20 April 2007).

③ Pamela Jones Harbour, Dissenting Statement in the matter of Google/DoubleClick (20 December 2007).

④ Edith Ramirez speech, "Deconstructing the Antitrust Implications of Big Data" (43rd Annual Fordham Conference on International Antitrust Law and Policy, New York, 22 September 2016).

⑤ Complaint, State of New York v. Facebook, Inc., No. 1:20-cv-03589 (D.D.C. Dec. 9, 2020).

分表明其具有市场主导力量。与竞争激烈的市场中必须提供的隐私和数据保护服务质量相比，在没有竞争的情况下，脸书公司提供的服务质量水平更低。①

四、美国平台经济领域反垄断监管经验的借镜

我国平台经济快速发展，在经济社会发展中的地位和作用日益凸显。与此同时，超级平台凭借数据、技术、资本优势达成垄断协议，滥用市场支配地位，采取协议控制架构规避监管，不依法申报违法实施经营者集中。针对这些问题，我国一方面强化反垄断执法，防止资本无序扩张；另一方面不断完善平台法律法规，及时弥补规则空白。2021 年，国家市场监督管理总局依法对阿里巴巴集团"二选一"等行为处以 182.28 亿元罚款，开出了反垄断法实施以来的最大罚单。国家市场监督管理总局依法对腾讯控股有限公司作出责令解除网络音乐独家版权等处罚，成为我国反垄断法实施以来对违法实施经营者集中采取必要措施恢复市场竞争状态的第一案。2021 年 10 月 29 日，国家市场监督管理总局发布了《互联网平台分类分级指南（征求意见稿）》和《互联网平台落实主体责任指南（征求意见稿）》。2022 年 6 月 27 日，为贯彻落实新修订的《反垄断法》，国家市场监督管理总局又发布了一部行政法规和五部部门规章的征求意见稿，即国务院《关于经营者集中申报标准的规定（修订草案征求意见稿）》、《禁止垄断协议规定（征求意见稿）》、《禁止滥用市场支配地位行为规定（征求意见稿）》、《禁止滥用知识产权排除、限制竞争行为规定（征求意见稿）》、《制止滥用行政权力排除、限制竞争行为规定（征求意见稿）》和《经营者集中审查规定（征求意见稿）》。2023 年 3 月 10 日，国家市场监督管理总局发布了《制止滥用行政权力排除、限制竞争行为规定》《禁止垄断协议规定》《禁止滥用市场支配地位行为规定》《经营者集中审查规定》四部反垄断法配套新规，为平台经营者合法经营提供了明确的行为指引。

与美国相比，我国超百亿美元数字平台的数量虽达到了 36 家，首次超越美国，但价值总额仅为 3.1 万亿美元，约为美国的 1/3，差距仍然显著。而头部平台与美国差距则在不断扩大。2017 ~ 2020 年，我国 Top5 平台价值之和占美国 Top5 平台

① The United States District Court For the District of Columbia. 2021. Case 1:20 - cv - 03590 - JEB Document 75 - 1, https://www. ftc. gov/system/files/documents/cases/ecf_75 - 1_ftc_v_facebook_public_redacted_fac. pdf.

价值之和的比重从45.3%下降到26.6%,差距越发明显。① 尽管中国也出现了一些大型互联网公司,但这些公司基本上还属于技术应用类型,缺少原创性技术。对中国来说,监管体系不仅需要考虑互联网行业的健康发展,更需要考虑生存发展问题。② 因此,我国在加大反垄断执法力度,解决平台垄断和竞争失序等问题的同时,还需要从构筑国家竞争新优势的战略高度出发,优化平台经济发展的政策环境。在此背景下,美国平台经济领域有益的反垄断司法经验,对我国数字平台的反垄断监管具有一定的借镜意义。

(一)厘清数字平台垄断协议

根据《反垄断法》,横向垄断协议除了可以按照该法第20条申请个别豁免外,实质上适用本身违法原则。纵向垄断协议适用安全港规则,并允许经营者通过证明"不具有排除、限制竞争效果"进行效率抗辩。然而,平台经济领域的共谋变幻莫测,如通过最优惠待遇条款达成轴辐协议,通过定价算法监控和调整彼此的价格,算法日益复杂和不透明,需要更多研究来评估竞争问题和量化经济损害。无论是对所有横向垄断协议适用本身违法原则,还是让纵向垄断协议的经营者来证明不具有排除、限制竞争效果,都过于严苛。我国可以借鉴美国的做法,除了固定价格、划分市场和联合拒绝交易三种横向垄断协议外,其他垄断协议适用合理原则,由原告或者反垄断执法机构来证明协议具有排除、限制竞争效果。《禁止垄断协议规定》新增了利用数字经济手段达成的算法协议。算法可分为静态算法和动态算法。静态算法遵循由函数定义的用于执行单个任务的操作计划,该操作计划在创建后不会更改。动态算法可以根据授予它们的充分自由,进一步发展或完全规避先前定义的过程,并且不使用明确赋予它们的参数。例如,自主学习算法会发现数据中的模式并独立地找到解决方案,而不是简单地遵循预先编程的规则,这种算法的操作计划不仅是可变的,而且不一定是人类可以解释的。借鉴美国的经验,我国可以先处理静态算法达成的垄断协议,待积累一定执法经验和对动态算法有更全面认识后,再对动态算法达成的垄断协议开展执法行动。

《反垄断指南》分别规定了最优惠待遇条款和轴辐协议,但没有规定包含最优

① 中国信息通信研究院政策与经济研究所:《平台经济与竞争政策观察(2021年)》,载中国信通院网,http://www.caict.ac.cn/kxyj/qwfb/ztbg/202105/t20210528_378126.htm。

② 参见郑永年:《大型互联网公司的垄断与监管》,载《特区经济》2021年第4期。

惠待遇条款的轴辐协议。最优惠待遇条款既不总是反竞争,也不总是促进竞争。这种条款的影响取决于市场的特定事实,有必要进行个案分析,并着重考量该条款是否限制了上游供应商的经营活动。如果平台之间竞争激烈,则可以在阻止广义的最优惠待遇条款的同时,允许狭义的最优惠待遇条款。如果平台之间竞争较弱,平台的竞争压力仅来自平台内经营者自己网站上直接销售的商品或者服务,则需要阻止狭义的最优惠待遇条款。若要证明算法共谋构成垄断协议,需要有接触形式和作为这种接触结果的协同行为方面的证据。除了关注协同意思,还要确定有关经营者是否了解该类软件的使用及其在竞争方面对价格的影响。在由于算法而较难识别垄断协议的情况下,可以借鉴美国对亚马逊海报定价共谋案件的处理经验,综合运用《反垄断法》第56条第3款的宽大制度和第67条的刑事处罚制度,激励平台经营者与执法机构合作。《反垄断法》第1条新增了"鼓励创新",评估竞争损害需要考量经济效率、创新、消费者利益和社会公共利益等多重目标。这样一来,与平台"二选一"相同,反引导条款与附加费约定在我国是不合法的,因为这些条款损害了保护消费者利益目标。当前对平台企业的高强度执法,更多是追求非经济效率目标的结果。[①] 由于非经济效率目标难以量化,对这种目标的过度考虑会增加反垄断法实施的不确定性,甚至窒息经营者创新。尽管备受批判,但美国联邦最高法院对运通公司案的判决对竞争机制和经济效率的分析仍值得借鉴,能够帮助明确经济效率目标的内涵。

(二)遏制超级平台滥用市场支配地位

《反垄断法》第22条通过"不公平""没有正当理由"对滥用市场支配地位行为进行限定,但没有对这些术语进行具体解释。《禁止滥用市场支配地位行为规定》第22条尝试明确这些术语,但也仅仅是《反垄断法》第1条立法宗旨的具体化。《反垄断法》第22条虽然新增了第2款,即"具有市场支配地位的经营者不得利用数据和算法、技术以及平台规则等从事前款规定的滥用市场支配地位的行为",但这个条款又存在与《反垄断法》第9条重复的嫌疑。并且,如果这些行为促进竞争的好处远远大于限制竞争的坏处,是否仍然需要禁止,法律也没有作出规定。从鼓励创新角度出发,可以借鉴美国认定滥用性行为的举证规则,先由原告证明被告在

---

① 参见李剑:《平台经济领域的反垄断法实施——以经济效率目标为出发点》,载《中外法学》2022年第1期。

相关市场拥有垄断权,并从事了滥用市场支配地位行为,然后被告承担举证责任对其行为具有正当性进行抗辩,即由被告证明其行为促进了市场竞争,如果被告不能提出这样的证据,则支持原告的诉讼请求。假使被告提供了这样的证据,则由原告证明被告可以使用对竞争造成较小损害的替代手段,或者被告行为所造成的反竞争损害超过了促进竞争的好处。

我国反垄断执法更多地关注平台"二选一"、大数据杀熟、资本无序扩张行为,但对美国等法域普遍存在的超级平台自我优待等行为关注较少。《反垄断指南》将平台"二选一"作为一种限定交易行为进行规制。然而,如果平台之间通过协议进行约定,这种行为也可能构成垄断协议。并且,有些法院也根据《反不正当竞争法》作出了判决。所以,我国既需要做好《反垄断法》的内部协调,也需要做好《反垄断法》与其他法律的外部协调。《反垄断指南》明确大数据杀熟可能会构成差别待遇行为,并对考虑因素进行了列举。除此之外,我国还需要阻止数据平台随意收集、使用、加工、传输用户数据,并且禁止超级平台滥用数据优势排斥竞争者等其他数据滥用行为。自我优待是大型科技公司同时作为监管者和市场参与者,利用他们的权力,给予他们自己产品和服务更加优惠的待遇,如上述美国司法部指控谷歌公司给予其搜索引擎优惠待遇。《禁止滥用市场支配地位行为规定》在第12条规定平台经济领域经营者市场支配地位认定因素的基础上,在第21条重申了这些经营者不得利用数据和算法、技术以及平台规则等从事滥用市场支配地位行为。根据美国微软公司案等判例,具有市场支配地位的平台经营者只有在消除新生竞争威胁或者垄断下游市场两种情况下,实施自我优待才是非法的。我国可以借鉴美国做法,除了规定不得无正当理由对自身商品给予优先展示或者排序外,还要规范平台经营者在搜索、预安装、激活默认设置等方面的自我优待行为,前提是平台经营者的目的是排除竞争,维持其垄断地位,或者将市场优势延伸到附属市场。

(三)强化大型平台经营者集中审查

《反垄断法》第26条降低了执法门槛,对未达到国务院规定的申报标准,但有证据证明具有或者可能具有排除、限制竞争效果的经营者集中,赋予了国务院反垄断执法机构调查权,国务院《关于经营者集中申报标准的规定(修订草案征求意见稿)》第4条又对未达到规定申报标准的经营者集中创造性地增加了补充标准,有助于防止扼杀式并购。但是,这些条款没有解决收购方核心产品市场是否存在潜在竞争的问题。在这里,需要分析合并产生的竞争条件与没有合并的竞争条件。例如，如果初创企业不被现任者收购，其他公司是否真的有兴趣收购目标公司，以及目标公司是否能够自立地、竞争性地在市场中生存和发展，并成为该市场上的实际竞争者。《反垄断法》第65条对经营者集中反垄断行政复议和行政诉讼作出了原则性规定，可以借鉴美国做法，增加横向并购中市场力量推定制度。在反垄断执法机构根据大量证据确定相关市场后，合并各方需要提供明确和令人信服的证据来对该市场界定提出异议。一旦反垄断执法机构确立了结构性推定，合并各方就需要提供明确和令人信服的证据来反驳该推定。在非横向并购中，降低反垄断执法机构在基于"潜在竞争"损失的合并案件中获胜所必需的证据要求。这样可以降低大型平台在潜在竞争对手成长为实际竞争对手之前进行收购的能力，并且不会阻止他们通过收购改善其产品或挑战其他拥有稳固地位的公司。

《反垄断指南》规定了"参与集中的一方经营者为初创企业或者新兴平台"的经营者集中，并要求在评估"经营者对市场的控制力"时可以考虑经营者掌握和处理数据的能力、对数据接口的控制能力等因素，在评估"经营者集中对市场进入的影响"时可以考虑经营者获得数据等必要资源和必需设施的难度，用户在数据迁移等各方面的转换成本，并将剥离数据作为结构性救济措施、将开放数据等基础设施作为行为性救济措施。与《反垄断指南》不同，《经营者集中审查规定》明确在评估"经营者集中对市场进入的影响"时，数据是与关键技术、关键设施并列的考虑因素，而不要求数据必须构成必要资源和必需设施。借鉴美国经验，当数据造成竞争对手很难进入市场，并影响市场创新时，才涉及评估数据，以及采取相应的救济措施。假若涉及数据的收购对有效竞争产生重大阻碍的同时，也创造了大量的效率，应当允许经营者进行效率抗辩，即经营者可以证明合并带来的效率抵消了对竞争的不利影响，其服务的用户将会获得更具吸引力的服务，以及能够受益于更大的网络效应。

根据《反垄断指南》，评估经营者集中对消费者的影响时，可以考虑集中后经营者是否有能力和动机通过降低商品质量、不恰当使用消费者数据等方式损害消费者利益。与之不同，《经营者集中审查规定》则要求考虑经营者集中对产品或者服务的数量、价格、质量、多样化等方面的影响。然而，《反垄断指南》和《经营者集中审查规定》均没有明确将用户隐私作为经营者集中审查的考量因素。借鉴美国的做法，我国可以将隐私作为消费者选择和质量改进的非价格竞争维度，仅当隐私损失是由竞争损失引起，即有证据表明经营者集中导致竞争减少，结果消费者的隐私偏好得不到满足，那么就需要识别与隐私相关的消费者损害。

结　语

竞争是平台经济发展的核心动力。数字市场的竞争能够激励现有经营者和新进入者开发新技术和改进业务流程,刺激资本投资并促进经营者提高产品质量。数字市场的网络效应、用户转换成本、数据自我增强优势和规模收益递增等特征,使平台经济容易成为赢家通吃的经济。我国的《反垄断法》对平台经济领域出现的垄断问题进行了充分回应,禁止经营者利用数据和算法、技术、资本优势以及平台规则等从事垄断行为。美国主要通过司法判例解释和丰富传统反垄断法,赋予平台经济领域反垄断监管新的内涵。借鉴美国平台经济领域反垄断分析的方法和工具,结合我国数字经济发展实际,运用好反垄断法立法资源,对数字平台分类分级和常态化监管,既要惩处一般数字平台达成垄断协议,也要制止超级平台滥用市场支配地位,还要规范大型平台经营者集中,防范扼杀性并购,推动我国数字经济向纵深发展。

著作权集体管理组织相互代表协议的竞争损害辨析

尚立娜*

引　言

在著作权集体管理领域,曾经发生过香港特区的歌手在内地表演自己创作或者香港特区作者创作的歌曲时,演唱会主办方被中国音乐著作权协会(以下简称"音著协")起诉的案件,如2007年张学友杭州演唱会①、2016年陈奕迅宁波演唱会②等。在这些案件中,"音著协"的权利来源为其与香港特区作曲家与作词家协会(以下简称"香港协会")签订的相互代表协议。根据该协议,"香港协会"等著作权集体管理组织不享有其会员作品在内地的授权许可、收费、维权等权利,该等权利由"音著协"等内地的相关著作权集体管理组织独占性享有。相互代表协议(the reciprocal representation agreements)是指著作权集体管理组织之间所订立的,明确双方相互代表对方在本法域内管理对方会员著作权的协议,包括授权许可、收取使用费用及进行维权等。签订相互代表协议的结果是每个著作权集体管理组织在特定的地域内享有独占地位,在该地域内的所有商业使用者均要获得其授权许可。

我国《著作权法》第2条第2款规定:"外国人、无国籍人的作品根据其作者所属国或者经常居住地国同中国签订的协议或者共同参加的国际条约享有的著作权,受本法保护。"《著作权集体管理条例》第22条第1款规定:"外国人、无国籍人

---

* 尚立娜,上海交通大学凯原法学院讲师,法学博士。

① 参见樊煜:《张学友杭州演唱会表演权侵权案例分析》,载中国音乐著作权协会网,http://zhan.mcsc.com.cn/imC-36-547.html,最后访问日期:2023年5月7日。

② 参见董小芳、陶琪姜:《2014年的陈奕迅宁波演唱会被诉侵权》,载中国宁波网,http://news.cnnb.com.cn/system/2016/04/12/008493203.shtml。

可以通过与中国的著作权集体管理组织订立相互代表协议的境外同类组织,授权中国的著作权集体管理组织管理其依法在中国境内享有的著作权或者与著作权有关的权利。”“著作权集体管理制度一直被视为解决大规模授权与降低授权成本并扩大著作权作品许可范围的最佳规则。”[①]它能确保版权所有者和商业用户的经济利益和规模经济,[②]同时确保被授权的作品能够顺利传播到最终用户。相互代表协议通过利用已有的著作权集体管理组织实现作品的最低成本的域外授权,在促进作品跨区域传播的同时,实现著作权人收益最大化。因此,相互代表协议是各国、各地区著作权集体管理组织之间建立联系的普遍做法[③]和主要方式,在著作权管理方面起到了举足轻重的作用。

由此可知,相互代表协议不仅是我国著作权集体管理组织之间的常见制度安排,也是国际著作权集体管理组织之间的惯常操作。虽然相互代表协议具有加强不同地区著作权集体管理组织相互协作的功能,但其一方面强化了著作权集体管理组织本就垄断的市场地位;另一方面也使各地区著作权集体管理组织紧密联系起来,形成了市场地位更加强大的“全球性”著作权集体管理组织。由此产生的问题是,这样的组织一旦形成,是否会对市场机制产生损害;进言之,若产生损害应当如何对之进行规制,尤其是如何在《反垄断法》的框架下进行有效控制。

一、相互代表协议的构成

一般来说,著作权集体管理组织之间为了方便管理,都通过相互代表协议建立跨国或者跨地区的网络合作关系,让本地著作权集体管理组织以此取得域外著作权集体管理组织所管理的作品权利并进行本地授权,让权利人的著作得以在其本地以外的区域受到有效保护。签订相互代表协议使各著作权集体管理组织的代理权得以扩展和延伸,本地的著作权集体管理组织也可以避免跨区域设置据点,无须再增设自己的网络与使用者签订合同以及开展当地监督,[④]从而减少其运营成本,这正是著作权集体管理组织的价值所在。世界上第一个相互代表协议是1914年英国的表演权协会(Performing Right Society, PRS)和法国的作曲家协会(Society of

---

① 陈可欣、林秀芹:《英国引入延伸性集体管理的论争及其启示》,载《东南学术》2016年第6期。

② 参见崔国斌:《著作权法——原理与案例》,北京大学出版社2014年版,第542页。

③ 参见崔国斌:《著作权法——原理与案例》,北京大学出版社2014年版,第549页。

④ 参见[美]丹尼尔·热尔韦编著:《著作权和相关权的集体管理》,马继超、郑向荣、张松译,商务印书馆2018年版,第162页。

Authors, Composers and Publishers, SACEM)之间签订的。PRS 在英国代为管理 SACEM 会员的作品，收取使用费并交付给 SACEM, SACEM 也在法国也承担着相同的任务。1926 年国际作者和作曲者协会联合会（The International Confederation of Societies of Authors and Composers, CISAC）的成立，则在加强和发展各著作权集体管理组织的国际协作机制、设计各著作权集体管理协会之间的协议标准条款、加强各协会之间的协同工作能力、建立中央数据库以使各协会得以高效交换信息方面起到了关键的作用。

相互代表协议基本上使协议双方处于一个双赢的状态，[①]其内容涉及通过协议使代表方在其本地享有独占性授权地位，代表方可能与其所管理的其他作品共同编制成作品库并进行“一揽子”许可；代表方只能对作品在本地进行授权，不得有超出本地地域范围的授权许可；对于相互代表协议各方，只能接受本地著作权人加入著作权集体管理组织成为会员，不得接受域外著作权人，或者不得在未经域外著作权集体管理组织同意的情况下，接受域外著作权人成为本地集体管理组织的会员。这些主体之间的具体法律关系如图 1 所示：

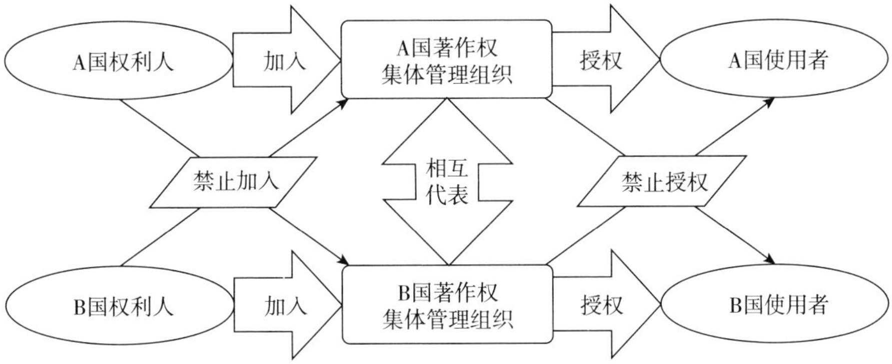

图 1　著作权集体管理组织涉及主体之间的法律关系

在相互代表协议框架下，存在“禁止域外著作权人加入本地著作权集体管理组织”和“禁止向本地以外的使用者进行授权”的情况，从而使对相互代表协议进行反垄断规制的呼声越来越高。类似的域外相关案例也不断出现，如欧盟委员会曾经

① See Martin Miernicki, *Collective Management of Copyrights between Competition, Regulation, and Monopolism: A Comparison of European and U. S. Approaches to Collective Management Organizations*, Nomos Verlagsgesellschaft, 2017, p. 231.

通过判决要求CISAC将原有的相互代表协议的内容进行调整,目的是符合竞争规制的要求,维护市场经济秩序。[①] 原则上看,相互代表协议作为具有"一致性行动"特点的行为,可能会限制或减少市场上的竞争,但是考虑到共同市场利益、消费者福利等因素,我们还需要考察该一致性行动是否以妨碍、限制或扭曲共同市场内的公平竞争为目的或者产生了该效果,如有,则须加以禁止。[②] 综合各地发生的与相互代表协议相关的纠纷,其反垄断规制主要集中在独占性授权条款、会员入会资格限制条款和地域限制条款等方面。

相互代表协议是在各方有明示的合意表示基础上完成的有关著作权集体管理和授权的协议。著作权集体管理涵盖了著作权人版权管理服务的市场、著作权集体管理组织版权管理服务的市场,在某些类型的集体管理中,还包括许可商业用户通过卫星、有线电视、网络传播等方式进行公众表演的市场[③]。在这些市场中,在著作权集体管理组织固有的垄断地位之下,相互代表协议的授权扩大了著作权集体管理组织的权利集合性的作品范围,加上著作权人与著作权集体管理组织之间的独占性授权,无疑使著作权集体管理组织在相关市场上具有支配地位。

二、独占性授权的竞争损害分析

著作权集体管理行为涉及对相关著作权的授权许可、使用费的收取,以及对未经授权或者未支付使用费的行为人提出权利请求或者提起诉讼。为了实现集体管理的利益最大化,最初的相互代表协议基本都是专属互惠协议(exclusive reciprocal licensing agreements),即域外的著作权集体管理组织通过相互代表协议只能授权本地的、唯一的一家著作权集体管理组织代为管理该域外著作权集体管理组织会员的作品。

独占性授权是著作权集体管理组织的特点,也是交易成本理论下著作权集体管理的优势所在。独占性授权主要表现为著作权人和著作权集体管理组织之间的独占性授权,以及著作权集体管理组织之间的独占性授权。本部分涉及的是著作

① See Gadi Oron, *CISAC Case: Analysis of Court Ruling* (2013), https://members.cisac.org/CisacPortal/consultArticle.do?id=1676.

② See Graham Smith, *Internet Law & Regulation*, Sweet & Maxwell, 2019, p. 1138 - 1139.

③ See Martin Miernicki, *Collective Management of Copyrights between Competition, Regulation, and Monopolism: A Comparison of European and U.S. Approaches to Collective Management Organizations*, Nomos Verlagsgesellschaft, 2017, p. 234.

权集体管理组织之间的独占性授权,但大部分的独占性授权会涉及两个类别的独占性授权,即存在双重的独占性授权问题,加之著作权集体管理组织往往具有法定的或者天然的市场支配地位,因此对独占性授权行为的分析及规制变得更加复杂。

(一)独占性授权在相互代表协议中的表现

独占性授权是相互代表协议的基础,也是著作权集体管理制度的核心内容。代表方在其领域内获得了被代表方作品目录的专有代理权,代表方对域外著作权相关权利行使的是和管理本地会员著作权相同的管理职能。本地的著作权集体管理组织所获得的是独占性授权,任何想要使用域外著作权的人只能与本地的著作权集体管理组织进行接洽才能取得授权。①

《公共表演及表演权、广播权协议》对相互代表协议的各方作出了下列规定:"相互代表协议的各国著作权管理组织在其管理的领域内,有权排除其他组织根据协议内容所作出的行为。"另外,我国"音著协"与"香港协会"签订的《相互代表合同》第1条约定:"香港协会"授予"音著协"在后者管辖区内,依据国家法、双边协定和多边国际公约有关作者权(著作权、知识产权等)的规定,对受保护的带词或者不带词的音乐作品的所有公开表演的权利进行授权。第2条约定:各自在辖区内以自己的名义或者以有利益关系的作者的名义,许可或者禁止公开表演对方协会作品库中的作品,并给予这些表演必要的授权;以自己的名义或者以有利益关系的作者的名义,向应对有关作品的非法表演负责的所有自然人或法人和所有行政的或其他的当局提出法律交涉。

独占性授权在相互代表协议中具体表现在以下几个方面:

1. 会员和著作权集体管理组织之间的独占性授权

在各国、各地区,为了便于授权管理,著作权法或著作权集体管理组织的会员章程中往往规定有独占性授权条款,即要求著作权人只能将某一类或某几类作品独占性地授权给一个著作权集体管理组织进行管理,而会员自己也被要求放弃该类作品的相关著作权。

---

① See Martin Miernicki, *Collective Management of Copyrights between Competition, Regulation, and Monopolism: A Comparison of European and U. S. Approaches to Collective Management Organizations*, Nomos Verlagsgesellschaft, 2017, p. 245.

2. 著作权集体管理组织之间的独占性授权

通过相互代表协议,各国、各地区著作权集体管理组织之间也进行了独占性授权——根据协议,本地的著作权集体管理组织接受域外同类著作权集体管理组织的独占性授权,代表该域外著作权集体管理组织在本地行使著作权集体管理职责,即代为管理该域外著作权集体管理组织会员作品的相关著作权。这样就使本地著作权集体管理组织所管理的作品范围扩大,增强了本国著作权集体管理组织的市场控制力。

3. 独占性授权与"一揽子"许可相结合

在相互代表协议的内容中,独占性授权条款往往与"一揽子"许可内容相结合。由于相互代表协议扩大了本地著作权集体管理组织所管理的作品范围,"一揽子"许可方式可能会实际上增加使用人的支出成本。①

4. 独占性授权条款与会员入会资格条款、地域限制条款并存

在相互代表协议的内容中,独占性授权条款往往与会员入会资格条款或地域限制条款并存。其造成的结果是,本地使用人只能从本地的著作权集体管理组织获得所有该类作品的使用许可,别无他路。在数字技术高度发达的时代,这人为地限制了使用者的选择权。

(二)独占性授权的反垄断违法性分析

相互代表协议本身不构成垄断行为,但是协议里一旦出现了排他性条款或者共谋类条款,则会有构成垄断行为的可能。独占性授权兼具正面效应和负面效应,加之网络环境对数字音乐行业市场竞争的影响,导致其整体社会效益十分复杂。②一般来说,独占性授权实际上是强制交易的一种手段,是处于市场支配地位的企业利用自己的优势或支配地位,以强迫、利诱或威胁等不正当方式迫使对方从事或不从事一定的交易活动的行为。独占性授权的目的是以自己的支配地位限制、阻止对方的交易自由和有效竞争,从而强化和巩固自己的垄断地位和经济上的优势力量,以获得垄断利益。独占性授权的对象是具有市场支配地位的企业之外的任何

---

① 参见[美]丹尼尔·热尔韦编著:《著作权和相关权的集体管理》,马继超、郑向荣、张松译,商务印书馆2018年版,第161页。

② 参见王岩:《数字音乐版权独家授权的反垄断法规制——以纵向非价格垄断协议为分析进路》,载《出版发行研究》2020年第7期。

竞争者或消费者。可见,独占性授权违背了平等自愿和公平交易的原则。

1.独占性授权条款的垄断协议违法性问题

与著作权人授权著作权集体管理组织进行管理不同,著作权集体管理组织之间的相互独占性授权条款存在"共谋"或"一致性行动"的特点。从各国实践来看,交易成本理论为相互代表协议提供了强有力的理论支撑,因此,虽然单纯的独占性授权条款具有形式上的"共谋",但是其垄断协议违法性问题并未在实践中达成共识。独占性授权条款不是我国《反垄断法》中明示性的垄断协议,但依其性质属于纵向垄断协议中的"国务院反垄断执法机构认定的其他垄断协议"。

虽然我国尚未有按照纵向垄断协议处理独占性授权条款的案例,但曾经出现过以滥用市场支配地位来处理此类行为的案件,即平台经济领域的三大案件:"阿里案"①"美团案"②"食派士案"③。这些案件中出现的垄断行为在民间被称为"二选一",也即这些平台要求其商家只能在该平台进行交易,不得在竞争对手的平台进行交易。不过,从本质而言,这些行为在学理上属于独占性销售的范畴,也即与本文所研究的独占性授权条款属于同一种垄断行为。这些案件的出现为我们探知独占性授权行为的法律定性提供了极佳的参考资料。

独家交易本身并非破坏市场秩序的行为;相反,其在多数情形中具有促进市场竞争的效果。若平台完全允许商家在多个平台同时入驻,那么经营同等业务的平台就会呈现完全相同的经营模式。由于互联网存在"赢者通吃"的网络效应,如此竞争的结果将是规模最大的平台最终占领整个市场,反而不利于竞争的发展和消费者的保护。而平台与商家达成独家交易之后可以逐步打造自己的特色,将规模竞争转变为特色竞争。此外,商家也可以通过独家交易获得平台更多的资源倾斜,从而更为有效地提升自己的竞争力。独家交易不但使平台和商家都能找到适合自己发展的空间,也可以让消费者获得更多的选择权。从学理上来说,造成垄断的独家交易的违法性主要表现在两个方面。一方面是独家交易协议的期限。独家交易协议的期限越长,则越能产生限制竞争的效果。因此,为了促销而签署的短期独家交易协议往往不会严重限制竞争。另一方面是签署独家交易协议的商家的市场份额。与某个平台签署独家交易协议的商家的市场份额越高,则其他平台的有效竞

---

① 参见国家市场监督管理总局行政处罚决定书国市监处〔2021〕28号。

② 参见国家市场监督管理总局行政处罚决定书国市监处罚〔2021〕74号。

③ 参见上海市市场监督管理局行政处罚决定书沪市监反垄处〔2020〕06201901001号。

争空间越小。根据这两个要件,执法机构可以分析涉案行为的排除限制竞争效果。

此外,学界与实务界也提供了分析排除限制竞争效果的基本原则,也即“同等效率竞争者测试”。“同等效率竞争者测试”由波斯纳(Posner)提出,其认为垄断行为的违法性是因为其“可能会把(与垄断主体相比)同样有效率或者更有效率的竞争者排挤出市场”①。在“食派士案”中,执法机构在分析食派士的行为是否具有排除限制竞争效果时认为:“当事人无论在合作餐厅商户数量还是订单数量规模方面,都明显高于其他竞争对手,这使得当事人可以在不降低合作餐厅商户佣金、用户配送费的情况下,就能够吸引餐厅商户选择与当事人合作,而放弃其他竞争对手。此种情形下,竞争对手必须保证提供与当事人平台同等规模的订单量,或者大幅度补贴商户,才能维持商户上线数量,竞争难度明显增大,竞争能力也随之下降。”②虽然我国的执法机构未使用“同等效率竞争者测试”的措辞,但这种分析背后暗含的逻辑正是同等效率的竞争者无法与食派士公司进行有效竞争,从而会被排挤出市场。独占性授权协议也可以按照此种方法进行分析。

2. 独占性授权条款下的著作权集体管理组织具有市场支配地位

对于以使用人为对象的授权许可市场来说,著作权集体管理组织在这个过程中以自己的名义与使用人就作品的使用进行谈判,向使用人发放许可、收取使用费。著作权集体管理组织与作品使用人之间的合同关系的定性虽然简单而明确,但这种简单法律关系的建立过程却是相当复杂的。由于作品的独创性特点,无论是垄断型著作权集体管理组织,还是竞争型著作权集体管理组织,都在市场上具有独占地位。如果使用人想要获得作品的许可使用,在著作权人向著作权集体管理组织专属授权的情况下,使用人只能向著作权集体管理组织请求授权;而在法律上禁止著作权人向著作权集体管理组织专属授权,由著作权人保留授权的情况下,著作权人由于对单个授权的积极性不高,因此在使用人请求许可时,往往不予理睬;而对于需要使用多个作品的使用人来说,如果其分别向多个著作权人请求许可,也会耗费大量的人力物力,因此向著作权集体管理组织请求许可就成为高效、直接的方式。著作权集体管理组织在进行许可的时候,往往是自己确定收费标准后公布

---

① 参见[美]理查德·A.波斯纳:《反托拉斯法》,孙秋宁译,中国政法大学出版社2003年版,第227页。

② 参见上海市市场监督管理局行政处罚决定书沪市监反垄处〔2020〕06201901001号。

在官网,或者在著作权许可使用合同中设定标准。这些都由著作权集体管理组织单方来完成,几乎不存在和使用人进行协商的成分,或者说使用人根本没有讨价还价的能力。因此从这个角度来说,在授权许可市场,著作权集体管理组织具有非常强的市场控制能力。例如,著作权集体管理组织与使用人经常会对使用费的收取标准问题产生分歧,尤其是对于采用“一揽子”许可的方式还是单独许可的方式,以及收费标准如何确定著作权集体管理组织为了维护广大著作权人的利益往往采用对自己有利的标准甚至提高标准,索取高额使用费。①

3. 独占性授权条款下的滥用市场支配地位问题

实践中,占市场支配地位的企业实施独占许可,构成违法行为的构成要件包括如下几点:(1)法律或者事实上的排他义务。法律上的排他性义务指独家购买或者独家销售协议。(2)大范围封锁市场。认定违法的独家交易时,执法机关应考虑这些法律上或事实上的排他行为影响竞争对手的范围和程度。(3)排他行为不具有客观合理性。即便一个排他性交易对市场竞争有不利影响,如果占市场支配地位的企业能够证明,这个排他性交易在经济上能够产生效率,这样的协议就可能得到豁免。且该专属授权的作品范围往往包含在“一揽子”许可的节目单中,因此相互代表协议的专属授权,会出现与“一揽子”许可同时使用的情况,那么对于使用人来说则存在被拒绝许可或者利益受损的可能。②

在 Tournier 案中,因为原告经营的舞厅中大多只播放来自英国、美国的音乐作品,因此为了节省授权费用,原告便曾向 SACEM 要求希望能够只针对 SACEM 所管理的英国、美国的音乐著作进行授权,以减少授权许可费,但却遭到拒绝,且由于英国、美国的音乐管理组织都跟 SACEM 签订了互惠协议,约定让 SACEM 代替自己对法国使用人进行授权,所以原告无法直接向英国、美国的管理组织申请取得授权。所以原告主张 SACEM 用了不合理的费率标准,并只提供“一揽子”许可让使用人必须购买其他不需要的著作,以 SACEM 违反联合行为与滥用独占地位的规定为由向法国法院提出控诉,之后法国法院再将此案转由欧盟法院进行审理。法院从合理原则出发来分析相互代表协议的限制竞争效果。法院通过利弊衡量,认为“一

---

① See Martin Miernicki, *Collective Management of Copyrights between Competition, Regulation, and Monopolism: A Comparison of European and U. S. Approaches to Collective Management Organizations*, Nomos Verlagsgesellschaft, 2017, p. 127.

② See, Herbert Hovenkamp, *IP and Antitrust Policy: A Brief Historical Overview* (2005), https://papers. ssrn. com/sol3/papers. cfm? abstract_id = 869417, last visited on June 11 2023.

揽子"许可虽然可能会剥夺使用人在选择著作上的自由,但同样地,也可以有效维护权利人的权益,让权利人的著作得以在本国以外的区域受到保护,并减轻管理组织在实务运作中的成本支出。在本案中,欧盟法院不强制要求管理组织必须要提供使用人除了概括授权以外的其他选择,只要管理组织能够证明除了"一揽子"许可之外没有其他授权方式可以同样达到维护权利人权益、又无须过度增加管理费用等目的,那么此时管理组织对使用人提供概括授权的行为即可合法,而不会构成一种滥用独占地位的行为[①]。

在美国司法部对美国作曲家、作家和出版商协会(The American Society of Composers,Authors and Publishers,ASCAP)的几十年追诉中,与独占性授权有关的内容颇多。尤其是在1947年6月23日美国司法部提起的第二次追诉中,其指控ASCAP借由与其他外国的著作权集体管理组织相互之间签署专属相互代表协议的方式,让其他国家只能将著作"专属授权"给ASCAP进行管理,阻止了其他著作权集体管理组织获取域外著作权人音乐作品,[②]限制了著作授权市场上的竞争。之后双方又达成同意判决,禁止ASCAP取得域外著作权集体管理组织著作的"专属授权",也要求ASCAP不得去干涉、介入域外著作权人与国内使用人之间的授权,同意让域外的著作权集体管理组织也可对国内的使用人进行授权,并且要求ASCAP不可以与国外著作权集体管理组织签订超过12个月的授权协议。[③]

三、限制会员入会资格条款的竞争损害分析

(一)限制会员入会资格条款的内容

相互代表协议的实施,是通过阻止某一领域内的著作权人加入域外著作权集体管理组织的方式实现的,从而将著作权人锁定在已经被相互代表协议捆绑在一起的相关著作权集体管理组织内。[④] 根据相互代表协议,在未经著作权人作为会员

---

① See Case C-395/87,Ministere Public v. Jean-Louis Tournier[1989] ECR 2521.

② See United States v. American Soc. of Composers,Authors and Publishers,129 F. Supp. 2d 327 (S.D.N.Y. 2001).

③ See United States v. American Soc. of Composers,Authors and Publishers,129 F. Supp. 2d 327 (S.D.N.Y. 2001).

④ See Martin Miernicki, *Collective Management of Copyrights between Competition, Regulation, and Monopolism: A Comparison of European and U.S. Approaches to Collective Management Organizations*, Nomos Verlagsgesellschaft,2017,p.237.

所属的本地著作权集体管理组织同意的情况下,域外的著作权集体管理组织不能接收该著作权人成为会员,该会员必须取得自己所在地的著作权集体管理组织的同意,才能加入另一地的著作权集体管理组织。这也被称为“会员资格限制”。

1. 本地的著作权集体管理组织只能接受本地著作权人加入申请

根据相互代表协议,一方著作权集体管理组织一般不得接受另一方著作权集体管理组织成员的加入申请,也不得接受具有另一方著作权集体管理组织所在国家的国籍的自然人、公司或者其他组织的加入申请,该著作权人应当隶属于其永久居住地国家的著作权集体管理组织。

2. 域外著作权人附条件加入本地著作权集体管理组织

域外著作权人要想加入本地著作权集体管理组织,需要征得其所在地的同类作品的著作权集体管理组织的同意,否则该著作权人无法成为非永久居住地著作权集体管理组织的会员。这无形地降低了会员转会的可能性,限制了著作权人的入会选择权。

3. 限制会员退出本地著作权集体管理组织

著作权集体管理组织为了保证自己所管理的作品数量的最大化,强化自己的谈判能力,常常为会员退出设置各种各样的障碍。[①] 在各国、各地区的会员章程中,为了保证对外授权许可的延续性,各国、各地区的著作权集体管理组织往往会设置限制会员退出条款或者要求会员退出后保留一定期限的作品许可使用权,这种限制往往成为会员退出著作权集体管理组织的实际障碍。例如,在 BRT v. SABAM 案中,欧洲法院认为在会员退出后保留长达五年的作品授权是不公平的,损害了会员转会的权利,妨碍了会员处理自身权利的自由。[②]

《公共表演及表演权、广播权协议》规定,国际作者作曲者协会联合会(The International Confederation of Societies of Authors and Composers,CISAC)中的著作权集体管理组织不得接受其他集体管理组织的会员,甚至具有其他国籍的著作权人,其第 11 条第 2 款规定:“一旦合同生效,合同的任何一方集体组织在未经另一方允许的情况下,不得接受另一方集体组织的成员或者具有另一方集体组织所在国家的国籍的自然人、公司或者其他组织作为会员。”在欧盟范围内,有相当数量的著作权集体管理组织的双边协议中包含了该条款并得到了有效的执行。

---

① 参见崔国斌:《著作权集体管理组织的反垄断控制》,载《清华法学》2005 年第 1 期。

② 参见崔国斌:《著作权集体管理组织的反垄断控制》,载《清华法学》2005 年第 1 期。

对于著作权集体管理组织有关表演权的国际合作,国际表演者权集体管理协会的政策和指导方案中有下列限制性规定:"考虑到用户和著作权人双方的利益,经验表明对于表演者权的管理应当通过合理并高效的方式进行,即同一国的著作权人隶属于唯一一个集体管理组织,并授权该组织在其他国家行使权利。国际表演者权集体管理协会的成员组织达成了下列原则:(一)一个著作权人应当尽可能地成为集体管理组织的会员;(二)一个著作权人只能选择成为一个国家的集体管理组织的会员;(三)该著作权人应当隶属于其永久居住地的国家的集体管理组织。"另外,国际表演者权集体管理协会仅允许著作权人在其领域内没有著作权集体管理组织的情况下加入其他组织,而其领域内一旦建立了集体管理组织,著作权人仍然被要求加入该组织。①

(二)限制会员入会资格条款的反垄断违法性表现

限制会员入会资格条款限制了会员自由地与他们所选择的著作权集体管理组织签订合同的权利,使他们需要按照相互代表协议的约定进行,同时排除了作者在不同地域管理自己的权利,作者无法自由选择成为哪一个著作权集体管理组织会员,或者同时成为不同国家著作权集体管理组织会员。综合来看,主要表现为以下几个方面:

1. 会员入会资格条款限制了竞争

首先,该条款限制了著作权集体管理组织在为权利人提供服务的市场中的竞争。其次,影响著作权集体管理组织所持有曲目的同时可能影响著作权集体管理组织在商业用户权利许可的市场中的竞争。这些条款更容易将每个组织的曲目限制在同一国家的权利人所持有的权力的范围内,与非此种情形相比,该情形下曲目库具有更强的互补性。因此在许可各自的曲目时,这种限制更容易减少著作权集体管理组织间的竞争。在对地域限制进行评估时必须要考虑到会员资格限制,该地域限制使著作权集体管理组织的活动受限于欧洲经济区国家内。每个单独著作权集体管理组织越多的曲目可被替换,那么就会有越多的地域限制阻碍竞争,否则在没有双边互惠代表协议的情况下竞争才会发生。因此,会员入会资格条款限制了著作权集体管理组织之间为会员提供服务方面的竞争,也限制了著作权集体管

① 参见赵湘乐、杨辉:《欧盟著作权跨国集体管理模式改革研究》,载《安徽大学法律评论》2013年第1期。

理组织在向商业用户进行许可方面的相互竞争。①

2. 会员入会资格限制条款构成滥用市场支配地位

在会员入会资格限制条款下，本地的著作权集体管理组织往往迫不得已拒绝域外权利人的入会申请，尤其是在该著作权集体管理组织具有市场支配地位的情况下的拒绝加入行为，限制了著作权人的选择权，也最终导致本地的使用人无法直接通过本地的著作权集体管理组织获得该作品的许可。在德国邻接权组织（The German Organisation for the Management of Neighbouring Rights，GVL）案②中，欧盟委员会认为GVL只管理德国作家的相关权利，拒绝管理非德国作家的著作权并且拒绝保护那些作家在德国的权利。法院认为GVL在德国的管理市场上有支配地位，拒绝管理域外作家的著作权，构成国籍方面的歧视，权利所有者被限制在德国使用他们的权利，有区分共同市场的影响，限制了提供服务的自由。

3. 会员入会资格限制条款增加了会员的支出成本

在会员入会资格限制条款下，著作权人入会的自由被限制，会导致会员无法加入自己作品的主要使用区域所在地的著作权集体管理组织，而被迫加入本地的著作权集体管理组织，再经由相互代表协议授权实现其在该主要使用区域的授权，这无疑增加了会员的授权成本。这种限制在前互联网时代具有一定的意义。前互联网时代设置此类行为的主要目的是防止侵犯知识产权的行为，如盗版。但在互联网时代，这些行为都可以通过严格执行知识产权法得以保护。并且，经过互联网经济近三十年的成熟发展，各国均已形成了相对完善的互联网知识产权保护体系。因此，在当前数字技术与法律高度发达的背景下，这种限制并无必要。

四、地域限制条款及其反垄断违法性

根据相互代表协议，一个著作权集体管理组织不得将其作品目录授权许可其管理领域外的人使用，在对商业用户授权方面享有绝对的本地领域内的管理权，包括对协议其他地区成员作品的管理权，这就限制了著作权集体管理组织在本地领

① 参见［美］丹尼尔·热尔韦编著：《著作权和相关权的集体管理》，马继超、郑向荣、张松译，商务印书馆2018年版，第167页。

② See Case C－7/82，GVL v. Commission［1983］ECR 483.

域外的授权,被称为著作权集体管理的“地域限制”[①]。

(一)地域限制条款的内容

根据相互代表协议,地域限制条款要求著作权集体管理组织在它建立的地域范围内,在商业用户的授权方面,享有绝对的管理权,包括对协议其他国家成员作品的管理权。地域限制条款的主要内容包括:

1. 著作权集体管理组织的管理权利仅限于其所在地域

著作权集体管理组织一般都是依照各地的知识产权法成立,因此其管理的权利范围仅限于该地的法律效力范围。如此,在地域限制条款下,一地的著作权集体管理组织的管理服务只限于其本地领土内部,其无权进行会员作品的域外授权,作为互惠条件,该域外授权由相互代表协议项下的他地著作权集体管理组织享有。

2. 著作权集体管理组织在本地享有绝对的排他权

由于域外著作权集体管理组织与本地著作权集体管理组织间相互代表协议的排他性条款,本地的著作权集体管理组织在本地享有独家的域内和域外作品的管理权,即同时限制该域外著作权集体管理组织在其本地内从事业务的权利。经过如此安排,各国的著作权集体管理组织形成一个紧密的连接体,并且每个著作权集体管理组织均在自己的管理区域内部构成绝对的垄断地位,也对于其在本地的各项安排具有绝对的排他权。

(二)地域限制条款的反垄断违法性表现

在地域限制条款框架下,各地的著作权集体管理组织在各自的地域范围内在向其他域外组织提供服务方面都占据着垄断地位。地域限制条款在相互代表协议中采取了协商一致的、明确的排他形式,阻碍了为商业用户授予表演权的协议各方之间的竞争,[②]因此极其容易导致《反垄断法》中所禁止的违法行为的出现,也曾经出现过对市场主体通过协议来限制竞争的行为作出严厉的反垄断审查的情况。[③]

---

① See Martin Miernicki, *Collective Management of Copyrights between Competition, Regulation, and Monopolism: A Comparison of European and U. S. Approaches to Collective Management Organizations*, Nomos Verlagsgesellschaft, 2017, p. 247.

② Case COMP/C2/38.698, *CISAC*, OJ C 327/32, December 20, 2008.

③ 参见李明德等:《欧盟知识产权法》,法律出版社2010年版,第151~152页。

1. 地域限制在本质上造成了划分市场的结果

各地的著作权集体管理组织之间通过相互代表协议对各自的集体管理市场进行了预设，限定了各自的管理地域范围，排除了使用人自行向域外著作权集体管理组织请求授权的权利。[①] 这实质上是按照知识产权的法律效力范围进行分割市场的操作。我国《反垄断法》第 17 条第 3 项禁止具有竞争关系的经营者实施分割销售市场或者原材料采购市场的行为。各地著作权集体管理组织的相互代表协议涉嫌违反该条的规定，可能会产生排除、限制竞争的效果。

2. 限制了域内著作权使用者获得域外授权的自由

在相互代表协议框架下，一地的著作权集体管理组织对于域外使用人的授权申请，无法直接进行授权，这就限制了使用人直接从域外著作权集体管理组织取得授权的机会，对于使用人的影响重大，甚至可以说会出现"以不公平的高价销售商品"的价格垄断，[②]也可以说，地域限制条款进一步放大了集体管理组织的垄断效果。[③]

在 Tournier 案中，法院认为"相互代表协议本身不限制竞争，但如果协议中规定排他性条款，即著作权集体管理组织不能直接授权给国外的使用者，那么该协议就会限制竞争"。地域限制会产生划分相关市场的影响，并且限制提供服务的自由，构成了违反条约的理由之一。另外，法院认为"成员国内一国著作权集体管理组织拒绝授权给另一成员国的使用者是反竞争的"。因此得出适用《欧洲共同体条约》第 81 条（现在是《欧盟运行条约》第 101 条）的结论：协议和协同行为限制了共同市场的竞争，影响成员国之间的贸易。[④]

但是，对于地域限制条款，欧盟法院在 2013 年的相关判决中对 CISAC 的抗辩主张进行了正面答复，认为各著作权集体管理组织有充分的理由授权在每个域外地域设立一个在当地运作的单一著作权集体管理组织，而且特别承认有必要确保一个著作权集体管理组织成员的权利得到适当保护和对侵权者的追责。因此地域限制条款更有利于著作权集体管理，便于当地的著作权集体管理组织接近使用者

---

① 参见［美］丹尼尔·热尔韦编著：《著作权和相关权的集体管理》，马继超、郑向荣、张松译，商务印书馆 2018 年版，第 168 页。

② 参见倪静：《论著作权集体管理组织反垄断规制的新思路——兼论〈著作权集体管理条例〉的完善》，载《西南民族大学学报（人文社会科学版）》2013 年第 6 期。

③ 参见崔国斌：《著作权集体管理组织的反垄断法控制》，载《清华法学》2005 年第 2 期。

④ See Case C – 395/87, Ministere Public v. Jean – Louis Tournier［1989］ECR 2521.

并监测其市场上的任何未经授权的使用,这是完全合乎逻辑的。

鉴于世界范围内对反竞争行为进行规制的呼声和行动不断加强,著作权集体管理领域的反垄断法规制也越来越被重视。虽然欧盟法院曾经指出:如果不能证明有协同做法,则此类协议不属于《欧盟运行条约》第101条第1款规定的情形,但是随着数字网络环境的出现,受著作权法保护的作品可以同时到达全世界,也可以被远程监管,①欧盟委员会特别反对通过集体管理中的相互代表协议来强化集体管理在国内的垄断地位,以及阻止潜在的竞争者进入这类市场的网络效应的做法。②因此著作权集体管理组织之间的相互代表协议中的独占性授权条款、会员入会资格限制条款及地域限制条款无论在垄断协议构成还是滥用市场支配地位方面存在反垄断违法的可能性很大,各地在实践中也都对相互代表协议中的反垄断违法进行了相应的规制,并产生了积极的效果。

结　语

各地的著作权集体管理组织之间签订互惠协议的做法首先是值得肯定的。因为相互代表协议大体上有以下作用:第一,让权利人的著作得以在其本地以外的区域受到有效保护;第二,让本地的著作权集体管理组织可以避免跨区域设置据点,减少其运营成本。但是,著作权集体管理组织不可以在互惠协议中设定排他条款,要求使用人不可以向域外的著作权集体管理组织直接申请授权。因此,除非有合理正当的理由,否则域外的著作权集体管理组织需允许直接授权给其他地区使用人。由于域外著作权集体管理组织与本地著作权集体管理组织间的相互代表协议的排他条款,除了独家授予域内特定著作权集体管理组织代理权外,同时限制该域外著作权集体管理组织不得在域内从事业务,致使域内著作权利用人无法直接从域外著作权集体管理组织取得授权的机会,对于利用人的影响重大。也可以说,不同地区的著作权集体管理组织之间签署协议,进一步放大了著作权集体管理组织的垄断效果。③ 因此,德国和欧盟其他国家大部分的意见都认为,相互代表协议在性质上也是一种卡特尔契约,应先申报取得许可,以保障利用人可以享有跨区域自

① 参见[美]丹尼尔·热尔韦编著:《著作权和相关权的集体管理》,马继超、郑向荣、张松译,商务印书馆2018年版,第163页。

② 参见[德]约瑟夫·德雷克舍、吴玉岭:《市场支配地位的滥用与知识产权法——欧洲最新发展》,载《环球法律评论》2007年第6期。

③ 参见崔国斌:《著作权集体管理组织的反垄断法控制》,载《清华法学》2005年第2期。

由取得音乐使用权利。

在数字技术高度发达的今天，当初签订相互代表协议的条件都已经发生了改变，尤其是在线音乐授权许可模式方面发生了转型或者说巨大的变化，[①]因此从竞争法的角度重新审视并进行规制已经有了迫切性和可能性。[②] 2020 年 7 月 30 日，世界知识产权组织（WIPO）和国际作家和作曲家协会联合会（CISAC）签署了进一步合作协议，允许著作权集体管理组织利用 CISAC 的 CIS – Net 国际作品数据库来管理并与域外著作权集体管理组织分享其作品。根据该协议，使用 WIPO Connect 的 CISAC 成员著作权集体管理组织将能获取方便其参与 CISAC 国际信息系统网络的强化解决方案，扩大了著作权集体管理组织的国际覆盖面，提升权利由这些著作权集体管理组织所管理的创作者和出版商的收入。

数字技术的飞速发展为著作权许可提供了便利，尤其是在跨境许可方面，但同时也将产生反垄断法或者竞争法规制著作权集体管理行为方面的问题，各国或者相关区域已经意识到并试图改变。例如，基于相互代表协议的地域限制，各国已经开始着手去解决其与网络传播有关的问题，欧盟曾经出台了相关的规定，对于在线音乐作品的著作权管理问题，其成员国的著作权集体管理组织授权的地域性扩大到整个欧盟范围。未来，著作权集体管理组织之间的相互代表协议的内容也会发生变化。

① 参见熊琦：《音乐著作权许可模式的转型路径选择》，载《法学家》2014 年第 1 期。

② 参见熊琦：《大规模数字化与著作权集体管理制度创新》，载《法商研究》2014 年第 2 期。

学位论文选登

平台经济领域的经营者集中风险

贺斯迈*

引 言

随着全球化的发展，世界各国之间的资本流动日渐增多，而频繁地对初创竞争者实施并购是平台企业的主要投资策略。在某些情况下，占主导地位的平台企业以收购新生的或潜在的竞争对手为目的，意在消除竞争威胁或维持和扩大公司的主导地位，主流的研究结论将之称为扼杀式并购（killer acquisitions），它可以有效地扩大投资者的投资范围，增加投资收益，但也产生了显而易见的竞争风险。2020年美国众议院的《调查报告》显示，Facebook、Apple、Amazon、Google四家公司在近十年内平均每家收购80个中小经营者；其中，尤以Google收购了超过200个经营者为最。这些频繁的并购行为都有利用扼杀式并购打压竞争对手、收取超高服务费或者迫使中小企业签订合约等垄断行为。在一些案例中，占主导地位的平台公司收购中小公司以后会关闭或完全停止其基础产品的生产。例如，在Facebook的近100笔收购中，联邦贸易委员会（Federal Trade Commission）只对一笔收购进行了广泛调查：2012年Facebook收购Instagram。而针对初创竞争者实施的经营者集中被视为有损竞争的扼杀式并购。这一表述非常准确地捕捉到了主导平台在参与市场竞争时的优势和强势，同时关注到了中小企业被收购以后的市场竞争和创新程度的减损。① 平台巨头为了维持和扩大其在在线社交平台市场的垄断地位，采取打压，甚至复制竞争对手的产品、服务来达到收购竞争者的目的。对互联网巨头实施

* 贺斯迈，深圳市中级人民法院环境资源审判庭法官助理。

① See U. S. House Committee On The Judiciary, Investigation of Competition in Digital Markets Majority StaffReport and Recommendations, p. 437 –451.

扼杀式并购的调查,反映出平台经济时代的垄断与反垄断的拉锯又进入了新的位面。

一、数字平台的并购风险与挑战

(一)扼杀式并购的定义

平台企业并购是指平台企业发起的兼并活动。与传统单边市场类似,双边市场中的平台企业并购也分为横向和纵向并购两类。一方面,在双边市场中交叉网络外部性非常重要,双边平台必须达到临界规模才能正常运营和盈利,且往往会出现“赢者通吃”(winner - take - all)的现象。因此,一个稳定或成熟的双边市场一般只能容忍少数几家平台企业共存。另一方面,相对于市场集中度较低时的平台企业并购,反垄断执法机构更关注市场集中度较高情形中的平台企业并购。此类并购存在福利损害的可能,会引起更高的竞争关注。

数字平台扼杀式并购产生的风险——杀伤区大致可以分为两个维度①,一是存在切实损害竞争的“效率杀伤区”;②二是现有的并购监管制度无法对这种“效率杀伤”进行有效的约束,③因此存在规制的“真空区”。二者的同时存在引发了数字平台并购治理的最大挑战。并购是经营者应对商业模式变化最快速获取资源的直接反应。④ 因此,经营者以并购为竞争手段实现扩张、发展是一条常规路径,在平台经济环境下,这种情况更甚。美国反垄断法协会指出,目前头部的数字平台几乎都是通过并购形成了现有的数字生态。⑤ 由于平台经济是建立在数字技术的架构之上,绝大部分属于“轻资产”的运营模式,⑥因此通过并购来实现整合市场力量具有非常显著的优势。针对这类并购行为有多种定义,如先发制人的并购(pre - emptive

① 参见郭传凯:《数字经济领域扼杀性并购的反垄断规制》,载《上海财经大学学报》2023 年第 1 期。

② 参见王伟:《平台扼杀式并购的反垄断法规制》,载《中外法学》2022 年第 1 期。

③ 参见冯鑫煜:《超级平台扼杀式并购的反垄断规制》,载《南方金融》2022 年第 9 期。

④ See Ahuja G & Katila R. , *Technological Acquisitions and the Innovation Performance of Acquiring Firms: A Longitudinal Study*, 22 Strategic Management Journal 197(2001).

⑤ See Diana Moss et al. , *Market Power and Digital Business Ecosystems*, American Antitrust Institute Paper, 2021, p. 4.

⑥ 参见陈银飞、邓雅慧、茅宁:《数字化、轻资产运营与企业成长》,载《会计与经济研究》2022 年第 3 期。

merger)、杀手型并购[1]、掐尖式并购、初创竞争并购[2]等。这些定义存在细微的差异,但是都旨在描述具有一定市场力量的经营者将具有竞争威胁或潜质的企业,在其萌芽发展的阶段就进行并购,以实现抢占未来竞争优势的过程。[3] 而作为一种常见的竞争手段,并购行为同时存在明显的正面和负面效果。

目前学界普遍认为,柯林·坎宁安(Colleen Cunninghan)等提出的扼杀式并购的概念能够捕捉到数字平台对初创经营者并购形成的微妙影响。[4] 扼杀式收购这一概念最早源于2018年针对医药行业的实证研究,它通过实证研究的数据表明,医药行业中的大型企业会收购具有发展潜力的新型公司。尤其是当收购企业的研发领域或产品与被收购者存在重叠时,收购方更倾向于在并购后停止该产品的研发而非采纳或推进工作。但是在平台经济领域借用扼杀式并购这一概念,需要与医药行业作出两点区分。一是二者的科技成果转化率不同。医药行业与互联网行业相比,其创新成果有更高的瓶颈性和利益转化率,并且由于医药产品在疾病预防、治疗等临床活动的不可替代性,在药品研发、创新成功以后往往会获得巨大的商业价值。此外,因为医药领域对民生有特殊的影响,还需要考虑社会福利等基础价值。因此,并购后暂停或终止研发活动的决策对医药行业和民生福利产生的不利影响不言而喻。二是医药行业与数字产业存在实体经济与虚拟经济的属性差别,二者整合资源的方式差异极大。因此,要产生平台经济中扼杀式并购的消极影响,远不止关停研发中的项目这一种选择。大数据活动的抽象性对于我们准确识别扼杀性损害会形成挑战,这意味着认定平台实施扼杀式并购,要满足较高标准的竞争分析结果。

平台实施扼杀式并购的目的无外乎两种:一是主导平台希望持续巩固或扩大已有的市场力量;二是意识到竞争威胁而对其以收购的方式进行化解。主导平台企业为防范被中小企业超越,必然会选择在潜力企业规模较小的时候进行收购,由此可以获得被收购企业进一步发展的空间,转移他方的竞争优势,降低被初创企业

---

① See De Lamo & D. ,*Assessing "Killer Acquisitions": An Assets and Capabilities—Based View of the Start - Up*, Antitrust Chronicle 51(2020).

② See Yun, J. M. , *Potential Competition, Nascent Competitors, and Killer Acquisitions*, The Global Antitrust Institute Report on the Digital Economy, 2020.

③ See OECD, *Start - Ups, Killer Acquisitions and Merger Control—Background Note*, http://www.oecd. org/daf/competition/start - ups - killer - acquisitions - and - merger - control. htm.

④ See Colleen Cunninghamy, Florian Ederer & Song Ma, *Killer Acquisitions*, 129 Journal of Political Economy 649(2021).

引发倾覆效应取而代之的可能性。但若收购不成功,其往往会采取一系列的封锁措施。而后者对于市场竞争的整体状态而言是一种无谓效率损失,此即扼杀式并购"杀伤性"的体现。仅就商业竞争的角度而言,这种行为目标和方式都无可厚非,也不必然违反竞争法,但是进入平台经济以后,商业模式的创新价值被前所未有地肯定,扼杀性并购对市场创新和竞争环境潜移默化的改变就引起学界和实务界的高度关注。这类并购行为可能在极短的时间内改变市场的竞争态势,但是执法、司法机构却无法及时对这种行为进行有效约束。因此有必要对此类并购进行系统的考察,对既有并购审查中的法律要件进行反思。①

平台实施的扼杀式并购与传统市场上界分经营者并购的不同之处在于,并购双方的关系维度不能作单一判断,其可能既不构成横向关系的竞争者,也不属于纵向关系的上下游经营者,更多地属于混合并购,由此被描述为普遍的"跨界融合"。②随着世界各国强化反平台垄断的趋势已成,扼杀式并购这一概念被越来越多的学者肯定并在此基础上开展系统研究。平台数字活动的抽象性、高度动态性以及成功的颠覆性创新是平台领域经营者集中审查发生变化的关键所在,它使市场格局和经营者更新迭代的变化速度远远超过传统市场的发展规律。值得注意的是,平台在收购竞争对手之后关停业务——纯粹以消灭竞争对手而并购与自己毫无关联的企业的情形并不多,绝大部分的并购仍然是希望通过并购优势实现强化自己市场力量的目的,旨在消灭竞争对手的并购往往发生在寻求合作失败之后。除此而外,被主导平台并购也是初创企业退出市场的重要渠道,在重构审查标准的过程中要关注到这种情形,防范对扼杀式并购的矫枉过正。

(二)存在效率"杀伤区"

效率"杀伤区"的损害具体表现为两点。其一,相关领域的经营者减少。其由竞争者退出导致的直接数量减少以及风险投资大量撤出导致竞争者数量减少这两个方面共同作用形成。美国众议院在《数字市场竞争调查报告》中指出,在Facebook或谷歌等科技巨头实行收购行为之后,社会资本对同一领域初创企业投资下

① 参见韩伟主编:《数字市场竞争政策研究》,法律出版社2017年版,第47页。

② 参见王伟:《平台扼杀式并购的反垄断法规制》,载《中外法学》2022年第1期。

降了40%以上，交易数量在随后的三年内下降了95%以上。① 并且，主导平台在完成并购后的发展目标也会影响市场整体的创新活力，而平台实施的扼杀式并购多体现为混合式并购，混合并购的本质是平台势力的延伸。由于超级平台在某一领域具有核心影响力，因此实际控制着这一领域的流量入口。在注意力经济的模式下，控制流量入口意味着可以最大化地对用户注意力进行有效分配。由此超级平台对初创企业有极大的吸引力，主导平台在发起收购的过程中往往不会遇到太大阻力。② 其二，相关领域的创新程度减少。扼杀式并购可能对创新造成直接的损害。很多平台在达到一定的规模之后，意识到可以通过收购那些具有创新性的企业来弥补创新不足或创新失败的缺口，甚至可以直接通过并购来消灭它们带来的威胁时，其自身的创新动力就会被大幅度削弱。③

最为大众所熟知的成功收购就是Facebook收购Instagram和WhatsApp。2011年，Facebook关注到了刚刚成立的Instagram，并迅速意识到其对Facebook可能构成潜在的威胁，因此启动开发一款与Instagram功能类似的产品Facebook Camera，同时迅速发起对Instagram的收购攻势。④ 2014年Facebook以190亿美元的要约价格收购社交软件WhatsApp，在收购获批之后，社交媒体领域的风险投资数量和金额自2016年开始下降。分析结果显示，一旦主导平台对初创企业成功收购后，与被收购者相似的企业收到的风险投资金额、投资数量都会显著下降。⑤ 此外，主导平台往往将类似的并购作为经营策略频繁地实施，合并后再选择是否关停相关业务。据统计，2008年至2018年，Google、Amzon和Facebook总共进行了299笔收购。⑥ Amzon、Facebook与Google三家平台企业分别收购了60家、71家、168家初创企业。⑦ 2018年至2020年，Google、Amzon、Facebook与Microsoft四家互联网巨头共

① See U. S. House Committee On The Judiciary, *Investigation of Competition in Digital Markets Majority StaffReport and Recommendations*, https://judiciary. house. gov/uploadedfiles/competition_in_digital_markets. pdf.

② 参见张静：《超级数字平台猎杀式并购监管难题及监管政策应对》，载《宏观经济研究》2022年第4期。

③ 参见陈永伟：《扼杀式并购：争议和对策》，载《东北财经大学学报》2022年第1期。

④ 参见王伟：《平台扼杀式并购的反垄断法规制》，载《中外法学》2022年第1期。

⑤ See House report competition in digital markets, p. 46 – 49.

⑥ See OECD(2020), *Start – Ups, Killer Acquisitions and Merger Control*, www. oecd, org/daf/competition/start – ups – killer – acquisitions – and – merger – contriol – 2020/pdf.

⑦ See Elena Argentesi et al. , *Merger Policy in Digital Markets: An Ex – Post Assessment*, DIW Berlin Discussion Paper No. 1836 (2019), https://ideas. repec. org/p/ces/ceswps/_7985. html.

计实施了175项并购,其中的105项在并购后一年内便被中止。[①] 美国《数字市场竞争调查报告》显示,Amazon、Facebook 和 Google 等主导平台长期监控其潜在的竞争对手,一旦发现目标企业,便会采取"高溢价收购与复制扼杀二选一"策略发起并购攻势。[②]

不难看出,主导平台会频繁地发起相似的并购,并且并购对象往往是那些创立时间不长、尚未构建起成熟盈利模式但其核心业务具有潜在竞争力的初创企业。Argentesi 等学者[③]通过研究 Google、Apple、Facebook、Amzon 等企业的大量并购发现,有60%并购的目标企业成立时间都在四年之内,规模也都不大。这些目标企业在现阶段的盈利能力通常较弱,但其主营的一两个极具竞争力的业务会对主导平台的市场地位形成潜在挑战。通过不断地对初创竞争者实施收购,平台巨头的收购行为最终可以在特定领域内产生限制竞争的效果,即以被收购平台为中心,相似业务的新平台融资都会受到负面影响的"杀伤区"。[④] 主导平台并没有采取传统的反竞争手段,只是通过集中行为本身使市场资本产生了避免与之竞争的"逃离竞争效应"[⑤],借助网络外部性在结果上避免了平台与市场中竞争者产生新的竞争。同时,也因为网络外部性的存在,客观解释了传统理论在分析数字平台的并购策略时为何会失灵。

划分是否存在"杀伤区"的意义还在于评估某一产品/研发创意在与大型平台合并以后,这个细分赛道是否还能维持充分的竞争并获取市场资源。[⑥] 因为除了平台已有的技术和市场优势,其进行特定的投资活动还会形成类似于"风向标"的效应——平台作为资本的影响显现。一方面,使其他同类创意产品的竞争者产生"无法与之竞争"的消极态度;另一方面,市场中的风险投资认为不足以与主导平台在资本和技术双重环境下竞争获胜而选择撤离这个细分赛道,由此可能使该细分市

① See Axel Gautier and Joe Lamesch, *Mergers in the Digital Economy*, 54 Information Economics and Policy 8 (2021).

② 参见王伟:《平台扼杀式并购的反垄断法规制》,载《中外法学》2022年第1期。

③ See Argentesi et al., *Merger Policy in Digital Markets: An Ex-Post Assessment*, CEPR Discussion Working Papers, 2019.

④ 参见陈永伟:《扼杀式并购:争议和对策》,载《东北财经大学学报》2022年第1期。

⑤ See Carlos Chavez, *The Long-term Effects of Trade Liberalization on Innovation: The Escape Competition Effect* (Oct. 6, 2022), https://ssrn.com/abstract=4225025.

⑥ 参见严国帆:《数字平台扼杀式并购行为反垄断规制》,载《中国价格监管与反垄断》2022年第8期。

场完全成为主导平台"护城河内"的业务而导致独立竞争市场消失。在这种效应的作用下,如果被收购的初创竞争者创新失败,主导平台和市场都不会承受极大的损失。但是一旦创新成功,创新的发展成果将会成为超级平台的独有成果,主导平台的市场力量就会得到巩固或扩大,这也是主导平台往往不遗余力地采取多线投资策略的根本原因——投资失败的损失要远低于错失投资的损失。

(三)形成规制"真空区"

平台巨头频繁实施扼杀式并购的竞争损害不能在现有反垄断法框架内解决。平台收购初创企业,可以将小众市场整合到其生态系统中,以求在细分领域开拓,在获取创新性资源的同时实现业务多样化。在此过程中,平台企业也期望通过市场力量的延伸形成"赢者通吃"的反竞争效果。在互联网领域,由于初创企业或者新兴平台体量通常尚小,未完全实现盈利,营业额与市场份额往往没有达到反垄断合并审查的申报标准,由此形成了寡头格局的市场雏形。经营者集中的监管从程序上属于反垄断执法的事前监管。事后审查包括垄断协议和滥用市场支配地位两个部分,事前审查也称经营者集中控制,主要考虑经营者集中可能产生的单方效应以及协同效应。① 当前对数字平台并购的监管产生了一个空白区域,即并购交易不满足事前审查的标准而可能免予合并申报,但是事后审查又力所不及或产生过高的执法成本而导致无法有效纠偏。因此规制"真空区"的问题具体表现在两个维度,一是法定审查标准的实用性降低;二是理论分析工具的使用不足。

第一,法定审查标准实用性降低。首先是强制申报标准脱离实际。出于有效量化和便于执行的考虑,传统反垄断法会选择将某一区间的营业额设置为申报标准以进行并购控制,从而过滤因市场影响力较低不会引发反竞争效应的并购行为。申报标准作为并购控制的分流机制,承载了合理配置执法资源、筛查交易风险等重要的制度价值。② 这是因为经营者集中是事前审查制度,并且营业额可以反映经营者的市场规模。但是,数字平台的交易价值往往无法通过营业额表现出来。即使有所体现,其反映的也是经营者的现在市场价值而非未来价值——因此往往不满足法定申报标准,而未来价值潜力才是主导平台发起交易的目的所在。此外,数字经

---

① 参见李剑:《经营者集中强制申报制度的实效与转变》,载《交大法学》2021 年第 4 期。

② 参见叶明、冉隆宇:《数字平台并购的反垄断法规制疑难问题研究》,载《电子政务》2022 年第 8 期。

济形态给了头部平台技术和信息优势,其往往在初创企业的价值被市场认可之前就可以精准捕获,如前述 Facebook 收购 Instagram 和 WhatsApp 的交易都因为未达到强制申报标准而未进行审查。这两项收购成功地巩固了 Facebook 在社交媒体领域和互联网平台市场的地位,但同时消灭了 Instagram 和 WhatsApp 独立发展成新巨头的可能。我国 2022 年修订完成的《反垄断法》没有对数字平台的并购监管作出实质性修改。虽然此前《关于平台经济领域的反垄断指南》第 19 条第 3 款规定了国务院反垄断执法机构对未达申报标准但具有或者可能具有排除、限制竞争效果的,可以依法进行调查处理,但这只意味着扼杀式并购可能通过这一途径得到审查,没有对分析框架和执法规则作出规定。

第二,理论分析工具的使用不足。在实践中主要应用三种直接竞争损害效应来评估经营者集中的行为效果,但是这种分析不能清晰地判断出混合并购的损害效果。这三种效应分析分别是协同效应、单边效应和封锁效应。反垄断经济学已经证明这三种竞争损害都与高集中度的市场有直接的关系。高集中度的市场并购可以便利经营者实现合谋、提高单边市场势力行为效果以及促进支配企业实施其他的排他性封锁行为。[①] 其中,协同效应主要针对经营者之间横向关系可能导致的损害,单边效应和封锁效应则更关注纵向交易关系中的问题。区分不同并购类型的意义在于判断是否会出现对应的损害效应。但数字平台对初创企业的并购,多呈现为复杂的混合并购,这就使损害理论的适用有较大不确定性,并很难用一种损害理论对并购进行分析。

此外,潜在竞争损害理论(loss of potential competition)没有及时捕捉到并购行为引发的非价格效率流失。潜在竞争损害理论是混合并购审查中经常援引的一种损害理论,由"实际的"潜在竞争理论(actual potential entrant the theory)和"感知的"潜在竞争理论(perceived potential entrant theory)构成。在面临潜在竞争者进入的威胁时,除了将价格限制在边际成本上以排挤潜在竞争者,现存企业还可以对潜在进入者进行并购。[②] 还有一种较为激进的观点认为,扼杀式并购的本质特征就是通过收购初创竞争者以消灭潜在竞争,将扼杀式并购视为"潜在竞争的缺失"。这一观点只论及了并购行为可能存在的消极效果,并不能说明并购实际产生了消极

① 参见唐要家、林梓鹏:《数字平台并购控制的"结构推定"研究》,载《财经论丛》2022 年第 6 期。

② 参见吴汉洪、孟剑:《潜在竞争理论及其对我国并购反垄断审查的适用》,载《经济学动态》2013 年第 7 期。

的损害效果，因为任何并购交易都是以放弃某一个或几个企业未来完全独立发展为代价的，这种独立价值不足以证明交易扼杀了某种积极效果。目前，主要解决方案集中在三个要点上。其一，增加、完善现有的申报标准，即完善事前监管细则。其二，采取举证责任倒置规则，要求满足规模条件的经营者举证其集中行为不会产生排除、限制竞争的效果。其三，补充、优化事后监督规则，或称为从静态监管向动态监管的转变。①

二、监管平台并购的国际经验

（一）明确平台的集中申报标准

目前，世界排名前20位的数字巨头企业几乎全部来自美国和中国。② 欧盟和美国③在逐步将看门人理论与平台反垄断治理的制度融合，与反垄断法进行制度上的衔接。中国虽然拥有庞大的市场，但是在制度建设上却有严重不足。因为平台拥有极大的社会影响力和跨市场整合资源的能力，对平台的监管也应当考虑到其具有的公共属性。基于对平台经济规模效应的观察，结构性救济的选择开始重回大众视野，随着新布兰戴斯学派的兴起，主张严格监管的执法者也进入核心部门和核心岗位。自2019年以来，扼杀式并购所带来的竞争隐忧已引起了全球各地反垄断机关的高度警觉。为了扩大事前审查权限并形成持续性监管，在数字平台并购审查领域，美欧两大主要反垄断法辖区相继出台了针对性的法案，初步形成了“划定特殊主体＋义务范围扩大”的治理模式，以监管传统标准下未达到审查门槛却隐含着未来反竞争风险的扼杀式并购。

欧盟的《数字市场法》就通过划定平台规模限制平台的行为。《数字市场法》于2022年获得通过，《数字市场法》第3条和第4条规定了看门人的认定标准，第5条至第13条规定了守门人的义务。判定守门人是否具有重大影响的具体条件是，守

① 参见胡飞：《平台企业并购反垄断规制研究》，载《中国物价》2022年第7期。

② See statista, *Market Capitalization of the Largest Internet Companies Worldwide as of June* 2022, https://www.statista.com/statistics/277483/market-value-of-the-largest-internet-companies-worldwide/.

③ 参见陈莹莹：《美国Sabre扼杀式并购的认定问题》，载《中国价格监管与反垄断》2022年第9期。

门人至少控制着一个或多个“核心平台服务”(core platform services)[①]。规模条件是平台经营者应当在过去三个财务年度在欧洲经济区实现的年营业额等于或高于75亿欧元,或在上一财务年度的平均市值或等值公平市场价值至少达到750亿欧元,在至少三个成员国提供核心平台服务;运营的核心平台服务是企业用户接触终端用户的重要通道——该经营者提供的核心平台服务在上一财务年度拥有在欧盟建立或位于欧盟内的月活跃终端用户超过4500万,且在欧盟境内年活跃企业用户超过1万。与欧盟竞争法控制经营者集中的制度不同,《数字市场法案》要求被认定为“看门人平台”的企业在数字领域拟进行收购时,无论是否应当根据欧盟《合并条例》进行申报,都须通知欧盟委员会。

此外,德国还针对平台经济修改了点击率、访问用户数等判断主体规模的指标。美国也采取了类似的平台身份认定模式。美国众议院司法委员会修订并批准了对扼杀式并购的规制法案,即《平台竞争和机会法案》。法案提出了“覆盖平台”(covered platform)的概念,覆盖平台具体是指直接或间接拥有或控制同时满足特定规模条件的在线平台的经营者,具体分为三个阈值区间的标准。(1)在美国至少拥有50 000 000名月活跃用户;在美国至少拥有100 000个月活跃企业用户;(2)由年销售额或市值超过6000亿美元的主体拥有或控制;(3)是销售或提供被规制的平台上提供的或与被规制的平台直接相关的任何产品或服务的重要贸易伙伴。美国众议院司法委员会在2021年6月23日批准了六项反垄断法案,其中《平台竞争和机会法案》针对覆盖平台规定了举证责任倒置制度,要求覆盖平台企业对拟进行的并购不存在反竞争效果进行举证,否则将承担举证不利后果。[②] 但从立法表述而言,《平台竞争和机会法案》较《数字市场法案》更为严格,它要求满足条件的平台承担并购实施效果的“反事实”举证责任。

(二)前置“反事实”的举证责任

从《数字市场法》中可以看出欧盟对平台看门人持强化监管的观点,看门人平台因为拥有极强的市场影响力和跨界整合能力,享有稳固且持久的地位,对这类主

---

① 如在线中介服务(包括如网络卖场、应用商店和其他移动、运输或能源领域的在线中介服务)、在线搜索引擎、社交网络、视频共享平台服务、不用号码的人际电子通信服务、操作系统、云服务、广告服务等。

② See *H. R.* 3826 – *Platform Competition and Opportunity Act of* 2021, https://www.congress.gov/bill/117th-congress/house-bill/3826/text.

体发起的并购的审查就应当特别规定。欧委会依据《数字市场法案》第 12 条对"守门人"可能进行的对基于业务模式而营业额未达到申报阈值的初创企业的扼杀式并购进行规制,并对未按照第 12 条进行申报的守门人处以最高上一财政年度总营业额 1% 的罚款。《数字市场法案》第 12 条规定,如守门人拟进行第 139/2004 号条例(EC)第 3 条意义上的集中,且该集中涉及另一核心平台服务提供者或在数字领域提供任何其他服务的服务提供者,守门人应当在实施此类集中之前通知欧委会。这种事前申报的义务暗含了对此类集中的风险监管,需要通过"批准—实施"的模式进行交易。①

美国也就平台垄断问题提出了众多法案,2021 年总统拜登签发了《关于促进美国经济竞争的行政令》。该行政令指出过去美国竞争执法机构对旨在消除潜在竞争威胁的扼杀式并购没有进行及时的阻止、限制或展开有意义的审查,此后会对这类并购加以重视并强化对交易的竞争分析。以《平台竞争和机会法案》为代表的五部平台反垄断立法,最终确立了美国反垄断法下"看门人"的标准——"覆盖平台",当收购方的资产或市值超过 1000 亿美元且被收购方的资产或市值超过 5000 万美元,并购标的超过 50 亿美元时,需要进行单独审查,除非收购方能证明交易是正当的,并且不会带来反竞争后果。审查的标准从要求原告证明收购的影响"可能会大大减少竞争",降低为只要求证明合并"会产生显著减少竞争的明显风险"。②

《平台竞争和机会法案》还提出,覆盖平台直接或间接取得其他经营者全部或部分股权或资产才涉嫌违法,除非该被规制的平台运营者能够举证证明收购行为是《克莱顿法案》第 7A(c)款认可的交易或者其他足以证明并购存在积极效率和合理性的条件。③ 法案实际上增加了企业的举证责任,被规制的平台运营者所进行的并购将被推定为违法。据此,该法案一旦通过,此前 FTC 就 Facebook 采取扼杀式并

① See DMA, Chapter Ⅲ, *Practices of Gatekeepers That Limit Contestability or Are Unfair*, Article 14 obligation to inform about concentrations, p. 42.

② 参见李勇坚、刘奕:《全球数字经济平台反垄断:现状、趋势及启示》,载《全球化》2022 年第 2 期。

③ 《克莱顿法案》第 7A 条规定:"被收购的资产或被收购股票的发行人:A. 不与被规制的平台相竞争或与被规制的平台运营者就销售或提供任何产品或服务相竞争;B. 不构成与被规制的平台相竞争或与被规制的平台运营者就销售或提供任何产品或服务方面的新兴的或潜在的竞争;C. 不会提高或增进被规制的平台或被规制的平台运营者在下述方面的市场地位:销售或提供被规制的平台上提供的或与被规制的平台直接相关的任何产品或服务方面;或 D. 不能提高或增进被规制的平台或被规制的平台运营者在下述方面的保持其市场地位的能力:销售或提供被规制的平台上提供的或与被规制的平台直接相关的任何产品或服务方面。"

购提起的反垄断诉讼所须履行的举证责任就会大大降低,此类并购被认定为违法的概率也将大幅提升。扼杀式并购或将被直接视为违法,任何个人、公司、组织均可据此寻求司法救济。虽然立法提案规定得较为严苛,但是美国参众两院就新法达成一致并最终通过还有很漫长的道路。

鉴于此,从欧盟和美国立法趋势可以看出"达到规模 + 推定违法"规则的初步确立。数字经济的高集中度市场结构和市场势力维持的有效性给平台经济的并购控制提供了结构推定的产业基础。因此,对其竞争损害的审查更多是一种"反事实"的分析逻辑。① 综上所述,主要辖区在面对主导平台的初创型并购时确立了"推定违法"的严格责任审查规则。因此,看门人制度通过对平台市场力量的分析进行可执行的量化规定,突破了原来相关市场界定进路的分析框架。

(三)超大平台实施集中的限制

从前述分析以及主要反垄断辖区的应对方案来看,现阶段对数字平台并购的治理集中在判别主导平台对初创企业的高频收购是否会削弱在位企业以及伤害中小企业的自主研发、创新积极性。主导平台是否可以通过利用技术和资金优势经资本运作而非提升效率、实现创新本身来维持市场头部地位。数字经济、平台经济的深度普及确实已对现有竞争政策产生了挑战。而主要反垄断法辖区也已经采用了行业监管的治理方式,对达到特定规模条件的平台并购交易采取"严格申报 + 推定违法"的监管策略,并由交易方承担集中具有积极效率或者不存在排除、限制竞争效果的举证责任。自20世纪70年代以来,以芝加哥学派为代表的"效率主义"理论观点为学界和实务界认可并成为主流学说,但是,"效率主义"的监管政策设计评价标准仍然采用了静态指标,而平台竞争力主要表现为创新力。② 在具体的治理过程中,反垄断法应当维持其既有的适法原则和分析方式,对于预期的治理目标交由行业监管实现。③

欧盟与美国目前提出的监管方案确实表现出类似于结构主义回归的迹象。有关这一理论回归的立法体现,以德国在2017年《反对限制竞争法》第九修正案中对

① 参见唐要家、林梓鹏:《数字平台并购控制的"结构推定"研究》,载《财经论丛》2022年第6期。

② 参见张静:《超级数字平台猎杀式并购监管难题及监管政策应对》,载《宏观经济研究》2022年第4期。

③ 参见张晨颖:《公共性视角下的互联网平台反垄断规制》,载《法学研究》2021年第4期。

经营者集中申报标准的规定为例，该法规定交易额达到 4 亿欧元的并购案需要申报。欧盟《数字市场法》第 3 条第 2 款中还设置了四项参考特征，包括依赖数字平台服务接触用户的规模、访问数据的能力、平台收益者的规模和用户的锁定效应。由此可见，需要根据数字经济时代的技术特征对事前并购审查调整基于交易价值的申报门槛。[①] 但是美国的立法要经历漫长的辩论和反复博弈的委员会投票环节，因此该法案最终是否能以现阶段版本生效是一个极不确定的问题。

综上，笔者认为，通过前述分析可以将数字平台的并购监管定位为介于滥用市场支配地位和经营者集中之间的问题。因为虽然平台合并是一种经营者集中的行为，但是引起竞争关注的扼杀式并购，交易一方在并购要约的条件中往往会伴随一些压力性措施，使交易变得难以拒绝。[②] 这在 Facebook 收购 Instagram 一案中已有公开报道的证据。马克・扎克伯格曾在邮件中多次暗示 Instagram 首席执行官凯文・斯特罗姆（Kevin Systrom）：倘若 Instagram 拒绝收购要约，Facebook 将综合利用其庞大的用户资源与推广渠道，推动旗下竞品 Facebook Camera 与 Instagram 展开竞争。最终，Instagram 以 10 亿美元的价格与 Facebook 达成了交易。[③] 并且，针对扼杀式并购的竞争监管也应当聚焦于此类存在交易压力的并购。如果交易双方基于自由且积极的合意达成交易，只要不存在协同效应并且市场集中度指数 HHI 和集中前后的 CRN 指数未超过法定标准，原则上不应当进行干预。总体而言，这类扼杀式并购具有交易一方有较强市场势力的特征，而只有当交易双方的"合意"体现并不充分时，我们才认为存在"扼杀式"损害效果。所以有学者认为，现阶段的扼杀式并购可以被视为性质介于经营者集中和滥用市场支配地位之间的一种行为，采取"宽进严出"的监管原则。

经营者集中制度是反垄断法中唯一的事前干预制度，其设立的目标是希望通过强制申报来解决事后审查的救济不足以及可能出现巨额执法成本的问题。因为一旦集中交易已经完成，即使发现其具有损害竞争的后果也很少真正采取恢复原状的剥离措施。因为经营者集中交易完成以后，对其竞争效果的评估就不再是对

---

① 参见张静：《超级数字平台猎杀式并购监管难题及监管政策应对》，载《宏观经济研究》2022 年第 4 期。

② See A. Douglas Melamed, *Mergers Involving Nascent Competition*, (Jan. 14, 2022), https://ssrn.com/abstract=4009229.

③ 参见陈永伟：《如何看待大型科技企业对创业企业的并购》，载《经济观察报》2020 年 12 月 14 日，第 36 版。

集中行为本身是否存在限制竞争效果的判断,而是与剥离措施产生的社会成本进行对比,由此使这种事后执法的成本大幅提高。因此,通过事前的强制申报让反垄断执法机构对交易进行评估,通过附条件批准或禁止的方式可以避免对具有限制竞争效果的集中进行是否采取剥离措施的评估。此外,严格的强制审查是可以通过威慑效果实现对损害竞争的集中交易的阻止。① 这是设置事前干预制度的目的,也是制度收益。② 但事前干预制度是对市场主体的经营活动进行"反事实"证明基础上的有决定性影响的决策,并且主要执法辖区已经初步确立了"规模认定 + 推定违法"的监管思路。这就可能出现门槛较低而执法更严的局面。要落实"宽进严出"的监管思路,可以通过拓展强制申报范围,增加竞争评估要素等方式实现"严格"得出禁止或附条件批准的结果。这种方式一方面可以保持与国际监管路径的接轨;另一方面聚焦于评估执法过程中的可控性,可以防止对市场活动可能形成的过度压制。

三、我国市场条件下的并购规则

经营者集中申报的制度中,核心的问题在于设置科学的申报标准。申报标准可以起到初筛竞争风险、划定监管范围、明确申报义务、便利守法经营等作用。申报标准的确定需要与本国或地区的经济发展水平和市场竞争状况相匹配,在消除潜在竞争风险和减轻企业负担之间取得平衡。过低会增加企业经营的制度性交易成本,也会造成执法资源的浪费;过高则会导致损害竞争的集中不需要申报,不利于预防和制止垄断行为。③ 一般来说,平台实施扼杀式并购的治理举措包括如下三类:第一,明确代表目标公司利益机构的权利,执行合规性审查;第二,确保利益受影响的机构能够对被收购公司进行尽职调查;第三,确定适当的交易估值和期权报酬。

虽然我国的《互联网平台分级分类指南(征求意见稿)》(以下简称《平台分级分类指南》)对平台的规模认定进行了规定,但是《互联网平台落实主体责任指南(征求意见稿)》(以下简称《平台主体责任指南》)并未对满足规模条件的平台进行

---

① See Jo Seldeslachts, Joseph A. Clougherty & Pedro Pita Barror, *Settle for Now but Block for Tomorrow: The Deterrence Effects of Merger Policy Tools*, 52(2) Journal of Law and Economics 607(2009).

② 参见李剑:《经营者集中强制申报制度的实效与转变》,载《交大法学》2021 年第 4 期。

③ 参见王先林:《合理确定经营者集中申报标准精准高效预防和制止垄断行为》,载中国经济网 2022 年 6 月 27 日,https://baijiahao.baidu.com/s?id=1736756120612999893&wfr=spider&for=pc。

集中的进一步限制,从针对平台出台的反垄断新规来看,国务院反垄断委员会《关于平台经济领域的反垄断指南》(以下简称《平台反垄断指南》)对平台的经营者集中行为进行了市场范围界定、市场影响力以及竞争效果分析三个部分的要件扩展,加入了可以体现平台经济特点的认定要素。而《平台反垄断指南》延续了反垄断法的规制逻辑,并未同《平台分级分类指南》所主张的行业监管规制路径连接起来。因此我国的数字平台并购监管并未建立起如欧美一样同现行反垄断法接轨的行业规制体系。因此,对平台经济领域的经营者集中需要结合域外经验和现有规则进行局部补充、完善。

（一）设置科学的申报标准

设置科学、合理的平台经营者集中申报标准,如新增特定交易额和用户规模认定标准。反垄断法对经营者集中规定的申报门槛主要是考虑控制权和营业额这两个要素,其中以营业额为核心标准。但是随着平台经济跨界整合实力增强和盈利周期拉长的变化趋势,营业额标准已不能准确反映合并双方经营者的市场力量。以价格理论为核心的营业额标准更符合传统经济模式下对企业市场规模的判断,这种单一量化标准的审查制度随着平台经济呈现出的价格重要性削弱、创新重要性增强等特征而变得不再精准,平台双边市场经营和交叉补贴广泛存在的新业态变化进一步放大了营业额标准所带来的弊端。① 目前,主流观点认为最优的可替代选择是交易额标准。但是现行的核心规范和部门规章都将关注焦点集中在参与合并的经营者及其关联方之间的联系以及营业额是否存在重复计算。如国家市场监督管理总局反垄断局《关于经营者集中申报的指导意见》、国务院《关于经营者集中申报标准的规定》(以下简称《申报标准》)以及 2020 年征求意见的《经营者集中审查暂行规定(征求意见稿)》。上述规定对营业额的计算组成及营业额标准是否反映平台经营者市场力量没有明确定义。

由于立法规定和理论分析的不足,平台领域的并购控制面临的主要问题是执法不足以及进一步提升准确识别竞争隐患能力的需要。斯蒂格勒中心 2019 年的研究报告结论也重申了这一观点:平台经济下的并购反垄断控制问题可能是执法不

① 参见王迪:《数字平台市场大型科技企业并购初创企业的违法性判定及规制路径》,载《上海法学研究》2021 年第 2 期。

足而非执法过度。[1] 但是,在分析框架没有改变的情况下,现行法律不能对平台并购的动机进行准确认定。而"扼杀式"并购的动机又往往被精心掩盖和伪装而非常模糊,执法机构由此很难准确地判断和界定到底什么是扼杀式并购。尤其是,在具体的执法实践中,实施并购的双方和控制并购的监管者之间存在严重的信息不对称。而监管者在经营者集中的审查中需要得出初步的"反事实"结论,因此属于博弈中的劣势一方。[2] 因此,要通过"宽进严出"的方式和多要素考虑的框架筛查出高竞争风险的并购,避免出现假阳性或假阴性"两类错误"。

有效地回应实践需求,就意味着适法对象发生了变化。具体到数字平台的并购活动,可以总结该经济的关键特点,以分辨初创竞争者的并购与传统经营者集中的风险有什么不同。鉴于此,可以横向比较我国在金融行业的集中申报中所作的特别规定,《金融业经营者集中申报营业额计算办法》第3条规定,银行业金融机构的营业额要素包括以下项目:(1)利息净收入;(2)手续费及佣金净收入;(3)投资收益;(4)公允价值变动收益;(5)汇兑收益;(6)其他业务收入。[3] 在不改变营业额表述的前提下,可以增加交易额、用户规模以及平台流量等标准予以补充。事实上,在我国的现行立法对于平台型企业的扼杀式并购已经给予了竞争关注。如《平台反垄断指南》第19条规定重申了《申报标准》第4条反垄断执法机构在未达申报标准时主动调查的情形,并细化了拟关注的交易类型:集中一方经营者为初创企业或者新兴平台、采取免费或者低价模式导致营业额较低等。但是,这种程度的竞争关注缺乏调节实践的功能效果,需要结合执法机构的实际情况增补竞争评估要素。

此外,我国《反垄断法》在2022年进行了全面修订,经营者集中的制度进行了相应调整。第一,对于"未达到国务院规定的申报标准,但有证据证明该经营者集中具有或者可能具有排除、限制竞争效果"的经营者集中,该次修订的修正草案规定的是"国务院反垄断执法机构应当依法进行调查",修订后将其调整为"国务院反垄断执法机构可以要求经营者申报"。第二,修订后的《反垄断法》将修正草案第32

---

① See Fiona Scott Morton & Stigler, *Center for the Study of the Economy and the State Report of the Committee for the Study of Digital Platforms: Markets Structure and Antitrust Subcommittee*, The University of Chicago Booth School of Business, 2019; Crémer, Montjoye & Schweitzer, *Competition Policy for the Digital Era*, Publications Office of the European Union, 2019.

② 参见杨楠:《哈佛学派视角下平台经济猎杀式并购的反垄断规制》,载《互联网周刊》2022年第17期。

③ 中华人民共和国商务部、中国人民银行、中国银行业监督管理委员会、中国证券监督管理委员会、中国保险监督管理委员会令2009年第10号。

条第2项的“出现对经营者集中审查具有重大影响的新情况、新事实,需要进行核实”修改为“出现对经营者集中审查具有重大影响的新情况、新事实,不经核实将导致审查工作无法进行”。[①] 同时国务院《关于经营者集中申报标准的规定(修订草案征求意见稿)》(以下简称《申报标准征求意见稿》)首先提高了营业额标准,对全球合计营业额、中国境内合计营业额和单方中国境内营业额的要求,由100亿元、20亿元和4亿元分别提高到120亿元、40亿元和8亿元。其次优化了申报标准,对于在中国境内营业额超过1000亿元的企业开展的经营者集中,符合一定条件的,纳入审查范围。最后配套《反垄断法》修订,对未达申报标准但符合《反垄断法》相关情形的集中进行了相应规定。

鉴于此,除了明确合理的申报标准,要实现平台经济领域的经营者集中科学监管,可以从以下几个方面进行考虑:(1)建立完善的法律法规体系,加强对平台经济的综合监管;(2)建立适用的行政审批制度,有效防止和遏制在平台经济经营过程中可能出现的违规行为;(3)积极推动公职人员依法履职,及时发现、及时引导市场秩序;(4)建立完善的风险防控体系和严格的行业自律体系,确保企业正常经营;(5)加强公众参与,建立有效的社会监督机制,丰富社会公共服务,改善社会就业环境。

(二)评估交易的竞争效果

数字市场的边界受数字服务提供商竞争活动的影响而不断地被重新界定,这种动态特征使执法中的竞争分析存在较大不确定性。换言之,在数字市场的视角下,市场力量或竞争优势是一个动态概念,因而竞争主管机构应该将更多的注意力放在企业的商业模式上,侧重于企业如何盈利以及其他企业如何能争取到该等利润,从商业模式出发理解市场主体的竞争思路和行为。

此外,与传统分析中利用市场份额和利润率形成市场力量的评估不同,竞争主管机构应当更侧重于能够呈现可竞争性的相关指标,如是否存在能够接触终端用户的替代路径、交易中可能存在的非善意动机。[②] 在强化平台经济领域的反垄断事业这一大背景下,平台领域对初创企业的扼杀式并购可能会成为效率和福利损失的真正“重灾区”。因为平台作为市场组织者、服务提供者以及技术革新者,同时扮

① 参见时建中:《新〈反垄断法〉的现实意义与内容解读》,载《中国法律评论》2022年第4期。
② 参见韩伟主编:《数字市场竞争政策研究》,法律出版社2017年版,第51页。

演着资本的角色。主导平台在掌握领先技术的同时,维持着极强的用户黏性和网络效应,同时在已有的信息不对称的基础上通过资本杠杆加大市场力量的差距。平台的身份随着其触及的业务种类和烦琐的商业模式变得前所未有的复杂,对平台活动的治理应当有清晰的认知,明确动态市场的特点和变化,充分利用分析工具的灵活性和创新性实现有效市场和有为政府的治理方针。

域外的监管经验表明,针对主导平台的并购监管可以采取"规模化认定+推定违法"的规制方式。我国《平台分级分类指南》与《平台主体责任指南》按照这一思路对平台的规模和平台义务进行了初步规定。但是,我国的立法目前只能实现识别主体规模的目的,对于满足条件的平台行为应当如何治理还处于相对空白的状态,尤其是对并购交易的积极干预,基本上只体现为原则性和兜底性规定。此外,"规模化认定+推定违法"的监管路径容易出现假阳性错误,或者导致过度干预市场引发寒蝉效应。因为当合并一方具有极强的市场力量时,基于商业活动的复杂性,其对被收购方可采取的措施非常多。

因此,笔者认为可以重点观察是否存在以下几类行为要素,以此为出发点考量并购交易中的市场竞争影响。如此前微软发现网景成功地捕捉到浏览器作为互联网市场入口的机会,立刻向网景提出了合作。在谈判破裂后微软针对网景浏览器采取了一系列复制模仿和围追堵截的技术措施,最后网景在微软联合操作系统的优势合围之下市场份额迅速萎缩,并最终退出了市场。[①] 一些主导平台会专门建立分析部门来分析和识别潜在竞争对手。例如,Facebook 就在 2013 年收购了分析公司 Onavo,根据其提供的 VPN 和手机优化信息数据来识别用户对各种应用的下载和使用情况,[②]以此来判别潜在竞争者并进行收购与否的决策。同时通过开发竞品的形式给目标企业制造交易压力,迫使其接受收购要约。[③] 因此,观察交易前合并双方是否存在博弈,是否有明显的技术跟踪痕迹,以及博弈后是否有一方作出了妥协,是衡量交易是否善意的重要维度。但是这种对特定经营者的围追堵截仅限于具有市场力量的经营者直接采取技术措施进行施压的行为。

此外,判断交易的潜在竞争效果还有两个额外的要素应当关注。首先,是执法

---

① See Benjamin Klein, *The Microsoft Case: What Can a Dominant Firm Do to Defend its Market Position?*, 15 The Journal of Economic Perspectives 2 (2001).

② 参见陈永伟:《扼杀式并购:争议和对策》,载《东北财经大学学报》2022 年第 1 期。

③ See Motta, M & Shelegia, S., *The "Kill Zone": Copying, Acquisition and Start - Ups&Apos, Direction of Innovation*, CEPR Discussion Working Paper, 2021.

机构需要结合平台经济的特点考虑并购实际发生或被禁止的竞争效果。不可否认的是,对于一部分初创企业而言,其开展研发创新活动的目标就是被大型平台收购,实现快速退出和资金回笼。在这种目的的指导下,即使收购方是为消除竞争威胁而发起的并购,但对于被收购方而言,交易目的具有合意的双向性,那么此时依然属于善意交易。其次,是被收购方对并购交易的期待程度。中小经营者积极推动并购交易还可能是基于对大型平台资金技术支持的期待。大型平台收购中小经营者以后,可以为小企业的研发和创新提供足够的资金或市场支持,在很多情形下确实实现了行业技术的革新和产业升级,与此同时,大型平台的市场地位也得到了扩张和巩固。此时的问题在于,成功创新带来的竞争优势是否应当由大型平台或者小企业单独享有。大型平台并购小企业后给予的资金和技术支持是否可以成为获得这种竞争优势的充分对价。

综上所述,中小企业希望得到主导平台的优势和支持,如斗鱼在成为核心游戏直播平台之前的很长一段时间都希望能获得腾讯的投资。执法机构在面对上述两类情形的时候需要正确识别交易双方的目的,避免出现类似假阳性的错误执法。平台企业建立初期为培养用户基础进行的价格补贴并不能培养真正的忠诚用户,此前在网约车市场,滴滴出行通过补贴的方式大量消耗市场融资,占据了专车市场超过90%的市场份额,而自从2017年10月美团打车试点南京,实行仅8%的佣金提成与乘客补贴后,滴滴出行就在双边市场都面临了不少用户的流失。① 但是,提供有效的用户增值服务也能够达到提升市场占有率的效果。

(三)事后监管的持续监督

事后监督的持续监管过程,属于应当符合优化服务原则的市场监管权的配置过程。扼杀式的并购往往体现为数字平台并购发起方具有市场支配地位或极强的市场力量,并频繁地实施相似的并购。由于交易一方具有较显著的市场力量,初创竞争者在面对并购选择时会出现“两害相权取其轻”的心态,这是扼杀式并购最早受到监管机构关注的核心原因。而要实施有效的压力策略需要经营者具有一定的市场力量,对交易相对方形成难以拒绝的压迫感。但是这种违法性认定已经接近于滥用市场支配地位的认定逻辑,此前也有学者认为应当通过滥用行为的规制思

---

① 参见雷辉、熊丹:《双边平台投资行为对竞争市场均衡的影响研究》,载《经济管理》2018年第4期。

路对平台领域的初创并购给予一段观察效果的时间,即以强化事后干预的方式解决此类竞争隐患。欧盟和美国目前也是遵循滥用行为的分析思路来处理平台间对初创竞争者并购的问题。

因为交易中存在有显著市场势力的竞争者而产生竞争隐患被禁止交易,存在一个特殊但显示出影响力重要性的案例,即虎牙斗鱼合并案。如果这一并购交易中不存在一个共同的上游市场控制者,或许交易并不必然被禁止,该案本质上是对平台混合业态的经营限制。虎牙和斗鱼的经营范围有游戏直播、娱乐直播、电商直播和短视频等业务,二者的经营范围存在高度重合,属于横向合并。因此,合并引起竞争关注属于情理之中,但是,虎牙和斗鱼的核心业务是游戏直播,将相关市场划定为游戏直播市场的可能性微乎其微。并且,在此案中国家市场监督管理总局已经界定了除游戏直播市场以外的多个相关产品市场,并在文书中明确对合并以后的上下游市场,即纵向效果进行了考虑:“从参与集中的经营者在相关市场的市场份额及其对市场的控制力、相关市场的市场集中度、集中对下游用户企业和其他有关经营者的影响等方面,深入分析了此项经营者集中对市场竞争的影响。”①因此,执法机构在分析此类合并的竞争风险时,应当深入思考此类并购具体可能产生的限制竞争效应。

从产业结构来看,虎牙和斗鱼基于版权的限制,事实上都受控于同一个上游主体。执法机构对此次合并的禁止,更多地意味着限制纵向部分交叉所有权的并购,防止有市场力量的经营者过度整合市场势力。② 仅从我国对经营者集中审查的法律规定来看,斗鱼和虎牙的合并交易甚至可能属于“免予申报”的情形。我国《反垄断法》第27条规定,“经营者集中有下列情形之一的,可以不向国务院反垄断执法机构申报:(一)参与集中的一个经营者拥有其他每个经营者百分之五十以上有表决权的股份或者资产的;(二)参与集中的每个经营者百分之五十以上有表决权的股份或者资产被同一个未参与集中的经营者拥有的”,《经营者集中审查暂行规定》中也有相关规定。由此,虽然虎牙和斗鱼合并一案属于典型的横向并购,但是从本案考虑的限制竞争效果来看,禁止合并意在限制平台跨界势力的延伸。

具有某一市场显著势力的经营者直接进行风险投资活动,在参与竞争的同时

---

① 参见齐雅蕾:《经营者集中之合并交易的控制权研究》,载《全国流通经济》2021年第21期。

② 参见于左、王昊哲、陈听月:《数字平台纵向部分交叉所有权并购对竞争的影响——以腾讯收购虎牙、斗鱼部分所有权为例》,载《当代经济科学》2023年第1期。

还扮演投资者角色,表现为竞争与资本融合的双重身份。传统具有双边市场关系的平台组织多是以维持沟通作用、撮合交易达成为主要业务,因此是以收取居间费作为获取报酬的主要途径。[①] 平台经济这种典型的双边市场结构模式使平台可以通过设置两套运行规则调配资源。因此,其与传统经济相比最大的区别在于平台在实际经营中必然同时扮演多种角色,在不同的行为场景下有不同的身份。当具有核心业务/技术的平台亲自参与投资、孵化企业时,其本身拥有的核心业务就会对行业的竞争和创新风向造成影响,由此平台作为资本的引导力就会显现。以阿里巴巴和腾讯为代表的平台经营者在互联网领域扮演成熟的投资者角色,这一点在公开的财报中可见端倪。从现金流量表、联营公司以及重大项目投资和参股/控股的独角兽企业名单中可以看出企业经营的战略方向。[②] 其营收的绝大部分都用于投资而非创新研发,这样的经营策略定位是通过投资购买来获得创新还是直接创新是需要深思的。

针对平台同时扮演投资者和竞争者这一问题,产业经济学家一针见血地指出了"产融分离是促进资本规范健康发展的关键"这一观点。在平台企业和数字经济方面,虽然产融结合是机遇但也是问题,更多是对市场竞争带来不利的影响。经济学概念中的数字资产具有"非竞争性",资源使用不是竞争的。[③] 如开发一个软件有固定成本,但在复制数据产品、传播使用时,可变成本就变得很低几乎为零。[④] 无论对初创竞争者的并购初衷是什么,最先因为这种非良性并购而利益受损的往往是消费者。典型例子就是 2015 年滴滴和快的合并,以滴滴、快的为代表的大批共享汽车出行服务商此前在经历了长期的"烧钱补贴"和"教育市场"的阶段以后,一方面使用户培养起了固定的消费习惯;另一方面淘汰掉了市场中融资能力较弱的竞争者。此后,滴滴成为市场中最大的共享出行服务商,随之而来的就是报复性涨价。如今滴滴的价格相比出租车几无差别,但不同在于,出租车营收的一部分作为经营管理费交给了的士运营公司(后者需给政府支付牌照费用),而滴滴司机的抽成则

---

① 参见王少南:《双边市场与反垄断——平台优势滥用及其规制研究》,武汉大学出版社 2020 年版,第 83 页。

② 参见陶娟:《收割者:腾讯阿里的 20 万亿生态圈》,载新财富网 2020 年 11 月 13 日,http://www.xcf.cn/article/5f929c8a254b11ebbf3cd4c9efcfdeca.html。

③ 参见洪银兴、彭文生等:《资本的特性、行为规律与发展规范》,载《国际经济评论》2022 年第 4 期。

④ 参见洪银兴、彭文生等:《资本的特性、行为规律与发展规范》,载《国际经济评论》2022 年第 4 期。

变为平台的营收。这种“低价格补贴战—淘汰竞争者—合并—提价”的模式构成了互联网经济的典型收割之道。

在传统工业时代,生产、成本与收益之间几乎是线性对应模式,但平台经济打破了这种可预期的投入—产出模式。成功的破坏性创新和倾覆效应使正确的投资可能出现指数增长的回报。滴滴与快的合并后涨价符合古典经济学对寡头市场行为的基本预判,是一种最基本的价格行为选择。而因为平台具有跨界整合资源的能力,所以还有许多通过占据大量免费边市场获得交叉补贴的商业模式。平台经济以双边市场为基本特点之一,由此也使平台在多个有利益冲突的领域通过双重身份实际上拥有了“上帝视角”。从平台权力异化的方面可以看到平台企业通过并购快速扩张对社会带来的冲击,为理解平台企业的本质提供了一个崭新的视角。①平台的存在多重身份导致利益冲突的问题本质上是公共属性和私有属性之间权责不清的矛盾。

① 参见陈红玲、张祥建、刘潇:《平台经济前沿研究综述与未来展望》,载《云南财经大学学报》2019年第5期。

反垄断法规制滥用著作权限制竞争的基础问题研究

詹馥静*

一般而言，经营者按照著作权法行使著作权的行为不在反垄断法的适用范围内。如果经营者滥用著作权①对竞争秩序造成损害，那么反垄断法将对著作权不当行使行为予以纠正，使之恢复到正常的法定垄断范围。② 要确定哪些行为属于正当行使著作权行为，哪些属于滥用著作权限制竞争行为，无疑需要从分析著作权领域竞争限制的成因开始。基于著作权的法定垄断属性，对滥用著作权限制竞争的反垄断法评价存在适用除外、责任豁免以及责任追究三种观点。

在反垄断法体系内规制滥用著作权限制竞争行为，需要在反垄断法的立法宗旨下，结合著作权领域自身特点以及维护竞争秩序的实际需求合理界定规制的目标。在明确规制目标的前提下，进一步探讨反垄断法规制滥用著作权限制竞争的分析原则。从分析规制原因到选择规制进路，再到明确规制目标和分析原则的具体内容，层层递进厘清反垄断法规制滥用著作权限制竞争的一般性问题，对证明规制体系建构的合理性、合法性至关重要。

---

* 詹馥静，上海交通大学凯原法学院、比利时鲁汶大学联合培养博士。

① 一般认为，"著作权"是大陆法系作者权(author right)体系的称谓，而版权则属于英美法系版权(copyright)体系的叫法。我国《著作权法》虽采取了"著作权"的基本称谓，但在立法设计上等同看待两种模式，明确了"著作权即版权"的立法思路。因此，本文并不严格区分"著作权"与"版权"这两个概念，在整体叙述上尊重我国现行立法的称谓，采用"著作权"，而在涉及域外法律，尤其是英美版权体系的相关立法、判例和学术文献时，本文仍保留"版权"的表述。

② 参见冯晓青：《论知识产权法与竞争法在促进有效竞争方面的平衡与协调》，载《河北法学》2008年第7期。

一、著作权领域的竞争限制及其成因

著作权的专有性或法定垄断性决定了不当行使著作权往往会涉及限制竞争问题。① 但著作权领域的竞争限制又不仅仅局限于著作权的不当行使。随着著作权产业链的扩张与整合,著作权资源逐渐朝特定产业主体集聚并逐步筑高了著作权相关市场的进入壁垒,进而诱发了著作权滥用和市场垄断的结构性风险。此外,为克服著作权市场失灵而创设的著作权集体管理组织,虽然可以提高生产效率、降低交易成本,但由于"公物"②本身的联盟属性和市场支配力也可能对市场竞争造成损害。

(一)不当行使著作权造成的反竞争效应

著作权是一种合法垄断权,著作权的行使本身是对竞争和市场的一种合法限制,不构成市场力的滥用。但如果行使著作权超出法定范围,与竞争法所保护的公平自由竞争秩序相冲突,竞争法就需要对著作权行使行为加以必要限制。超出著作权的法定范围或正当界限行使权利,并对他人和社会公共利益造成损害的行为,即构成著作权滥用。有学者在全面考察美国的司法判例演进后,总结出不当行使著作权构成滥用的三种行为类型,分别是"著作权人通过许可协议限制竞争的行为"、"著作权人限制竞争对手合理使用作品的行为"和"著作权人超出著作权法保护领域主张权利保护的行为"。③

国内学者王先林根据不当行使著作权造成的不同后果,将其进一步区分为造成一般损害的著作权滥用和造成竞争损害的著作权滥用两大类型。前者包括:(1)超出著作权自身权利范围的行为;(2)限制合理使用范围导致的滥用;(3)法律实践中过高的著作权要求等具体行为。后者反竞争的著作权滥用行为则包括:(1)滥用市场支配地位的行为;(2)版权领域的联合限制竞争行为;(3)经济力量不

① 参见杨惠玲:《著作权滥用的反垄断法控制研究》,载《现代经济探讨》2009年第2期。

② 公物是由行政主体(包括国家及地方政府、公共团体)所直接管理的,用于维护与促进社会公共利益的财物,包括公用物和共用物。前者是直接供诸行政机关及其工作人员执行公务时使用的物品,后者是直接供诸社会民众生活或生产时使用的物品。本文的著作权集体管理组织即为"共用物"的一种。参见周刚志:《公物概念及其在我国的适用——兼析〈物权法草案(征求意见稿)〉相关条款》,载《现代法学》2006年第4期。

③ 参见林欧:《美国版权滥用原则的演进与反思》,载《科技与法律》2010年第3期。

当集中的行为;(4)不正当竞争意义上的著作权滥用行为等几大类。[①] 国外学者John T. 和 Peter K. 将不当行使著作权引发反竞争效应的滥用类型划分为以下四类:(1)迫使被许可方让步(exacting concessions from the licensee);(2)限制被许可方与其竞争对手的交易能力(limiting the licensees ability to deal with competitors);(3)限制他人的竞争能力(limiting another's ability to compete);(4)滥用司法制度限制竞争(anticompetitive use of the Judicial system)。[②]

不当行使著作权之所以会造成排除、限制竞争的不良影响,一方面是因为著作权人利用知识产权的自然垄断力和法定垄断属性取得市场支配力,并滥用这种市场力量破坏市场竞争秩序;另一方面则源于著作权制度因应传媒技术发展和利益集团俘获,不断扩张著作权的合法垄断边界,加强了著作权人的市场力量。有学者指出,随着新传媒技术的出现以及越来越多新著作权保护客体的纳入,著作权的保护范围不断得到扩张。与此同时,格式合同、技术保护措施和反规避措施的广泛应用一同大大加强了著作权所有人的市场力量。[③] 美国学者劳伦斯·勒西也认为,对著作权产生的各种衍生权利进行的过度保护以及给予著作权过长的保护期限最终反而阻碍了竞争。

(二)数字经济叠加版权集聚效应引致的竞争损害

著作权产业在西方国家属于高度集中的典型行业。录音,电影、电视制作,营利性学术期刊和图书出版业等行业均处于大型媒介巨头的资本控制之下。[④] 中国的著作权市场虽未出现这种由上游内容生产商寡头垄断的行业格局,但在互联网媒体技术的发展助推下,相关市场也呈现出高度集中的市场结构,少数几个占据主导地位的内容聚合平台在著作权市场上的市场力量不断提高。[⑤] 通过独家授权模式的排他性采购,市场中海量数字音乐、学术文献、电子书籍或流媒体视听内容的信

---

① 参见王先林:《知识产权与反垄断法:知识产权滥用的反垄断问题研究》,法律出版社2008年版,第285~308页。

② SeeJohn T. Cross & Peter K. Yu, *Competition Law and Copyright Misuse*, Drake L Rev., Vol. 56, p. 427(2008).

③ See Peter K. Yu, *Five Disharmonizing Trends in the International Intellectual Property Regime*, Vol. 73, 2006.

④ See Compaine, Benjamin M. & Douglas Gomery, *Who Owns the Media? Competition and Concentration*, in the Mass Media Industry, NJ: Lawrence Erlbaum, 2000.

⑤ 参见王伟:《数字内容平台版权集中的法律规制研究》,载《政治与法律》2020年第10期。

息网络传播权均流向单一或少数巨头平台。这种版权集聚效应逐渐变成了其他平台难以逾越的版权壁垒。在网络效应、赢家通吃、多边市场以及大数据匹配效应等多种市场特性的综合影响下,数字内容巨头得以形成较强的市场力量乃至足以影响上下游相关市场的市场支配力。

特别需要指出的是,在注意力经济背景下,数字内容平台正从单一内容发行/分销平台转型成为多场景、多领域、多市场竞争的综合性平台生态系统。为了最大化利用内容消费积累的用户数据和流量,头部平台通过打通上下游内容生态链、投资并购关联业务等扩张方式,①将现有数据、流量和算法优势延伸到相邻市场,推出新产品新服务,与基础性内容产品与服务共同打造平台的生态商业模式。② 在平台生态系统中处于绝对强势地位的基础性内容平台,一方面对具有竞争关系的交易方实施拒绝转授权、价格歧视和差别待遇等排他性滥用行为,不断侵蚀竞争对手的市场份额;另一方面则通过签订独家合作协议、采取数字封禁技术和版权技术保护措施等方式对交易相对方实施剥削性滥用行为,在限制版权内容提供商交易条件和版权收购议价的同时,提高消费者终端的版权产品使用价格。平台生态模式叠加版权集聚效应,使得基础性内容平台的市场力量和支配范围不断强化,逐渐形成"生态型垄断",并带来市场力量过度集中、市场竞争固化封锁、消费者权益受损等市场风险,进而引发反垄断法的介入。③

(三)弥补著作权市场失灵产生的竞争限制

著作权具有非竞争性和非排他性,生产版权产品除作品创作成本之外,还需要付出监督权利使用的社会成本。与此同时,著作权权能的琐碎化和权利主体的分散性,导致著作权市场交易过程中搜寻成本、磋商成本等交易成本大幅增加。为了克服这些问题,权利人通过缔结合同的方式创建集体管理组织等著作权"公物",从而使分散的权利集合起来,消除内部边界并共同维持对外边界。④ "公物是一种能够以共享方式最有效加以利用的资源。"⑤由于查明和维护个体边界的成本超过使

① 参见刘晓春:《数字平台生态系统的反垄断法定位与规制》,载《思想战线》2022 年第 1 期。

② 参见殷继国:《长视频平台版权滥用行为的反垄断法规制》,载《政治与法律》2023 年第 2 期。

③ 参见殷继国:《长视频平台版权滥用行为的反垄断法规制》,载《政治与法律》2023 年第 2 期。

④ 参见兰磊:《创新视角下的知识产权——反垄断法关系》,载《电子知识产权》2013 年第 5 期。

⑤ Christina Bohannan & Herbert Hovenkamp, *Creation Without Restraint: Promoting Liberty and Rivalry In Innovation*, Oxford University Press, 2012, p. 425.

用公物进行生产的成本，市场上会自发形成公物以提高生产效率，降低交易成本。但“公物”本身的联盟属性和市场支配力，也可能使其成为掩盖非法卡特尔和滥用市场力量的天然幌子，对市场竞争造成损害。为此，监管者通常会设计一个包括反垄断审查在内的竞争机制以抑制集体管理组织的垄断属性和反竞争效应。①

与西方国家集体管理组织由权利人自发构建且始终在市场环境中运作②不同，我国著作权集体管理组织是在国家主导下创制的，其成立和运营过程中皆缺乏市场实践的支撑。比如在市场准入方面，我国《著作权集体管理条例》严格限制了著作权集体管理组织的设立门槛，既不允许其他组织和个人从事著作权集体管理活动，还要求设立时不得“与已经依法登记的著作权集体管理组织的业务范围交叉、重合”。设立程序上采取行政许可主义，要求经版权局和民政局先后批准后方可设立，十分强调集体管理组织的“全国性”和“唯一性”。③ 故此，我国著作权集体管理组织也未能像西方国家那样在市场逻辑演化中发展出一套抑制公物垄断属性的竞争机制。尤其是进入互联网分销时代后，作品使用方式和商业模式发生了巨大更迭，著作权集体管理组织的限制竞争问题越发凸显。

一方面，新技术使追溯作品使用范围和频率成为可能。在作品交易成本降低且可精确计算的情况下，个性化授权需求逐渐高于一站式打包的概括许可。集体管理组织对作品库内所有作品以无区别的版税标准实行一站式打包定价，导致权利人无法依照作品质量和供求差异决定价格，使用者则须为其本不需要的作品支付对价。无论构成价格歧视还是捆绑搭售，都将对版权领域的市场竞争造成不当减损。另一方面，中国的著作权市场进入分众时代，不同版权作品的市场价值和消费需求差异巨大。集体管理组织统一费率、实行无差别概括式许可，同时排斥著作权人自行对外许可，可能涉嫌滥用市场支配地位垄断定价以及实施固定价格或交易条件的横向卡特尔。④

① 自 20 世纪 30 年代起，美国司法部针对音乐行业在内的多个集体管理组织发起多起反垄断审查，最终围绕版权作品的版税标准、概括许可的定价机制等与集体管理组织达成和解协议，促使集体管理组织和权利人根据市场变化不断调整版税标准和许可类型，通过差异化定价机制和多元化授权渠道确保版权市场的竞争。参见崔国斌：《著作权集体管理组织的反垄断控制》，载《清华法学》2005 年第 2 期；熊琦：《著作权集体管理组织市场支配力的法律规制》，载《法律科学（西北政法大学学报）》2016 年第 1 期。

② 参见熊琦：《著作权集体管理制度本土价值重塑》，载《法制与社会发展》2016 年第 3 期。

③ 参见我国《著作权集体管理条例》（2013）第 6 条、第 9 条、第 10 条。

④ 参见尚立娜：《著作权集体管理组织的反垄断法规制研究》，上海交通大学 2017 年博士学位论文。

二、滥用著作权限制竞争的反垄断法评价

有关著作权法和竞争法之间的互动关系,在知识产权学界和竞争法学界一直是一个经久不息的研究议题。学者从不同司法辖区的立法例和判例研究中总结出了“绝对主义理论”、“例外主义理论”以及“互补性理论”等学说观点,由此衍生出对滥用著作权限制竞争的三种不同的反垄断法评价:适用除外、责任豁免、责任追究。

(一)反垄断法适用除外说

反垄断法适用除外说对应著作权反垄断的“绝对主义理论”(the theory of absolutism)。绝对主义理论又称绝对豁免理论,该理论将包括著作权在内的知识产权视为竞争海洋中法定的垄断岛屿,赋予知识产权所有者绝对的自由,使其可以在不承担任何反垄断责任的情况下行使其权利。[①]

著作权从诞生之初就与垄断和市场竞争有着千丝万缕的联系。[②] 早期著作权以垄断特权形态出现,绝对的排他权使著作权被排除在竞争法的适用范围之外。被称为现代知识产权法起源的《安妮法案》(1710年),缘起自商人在出版领域垄断地位的特许权之争。控制印刷设备的行会和出版商,借助这种垄断特许权来对抗其他市场竞争者,推衍产生了最早的版权形态。[③] 由于垄断特权的本质是排除他人进入市场,行使版权必然产生限制竞争的后果,而竞争法则最大限度地促进竞争,两种制度路径的差异导致在法律实施上可能产生适用冲突。因此,为了解决法律体系的内在冲突,早期的著作权被绝对排除在市场公平交易法例的适用范围之外。

随着著作权立法从以印刷术为主的“前现代版权时期”跨越至广播电视技术高

---

① See Käseberg, T., *Intellectual Property, Antitrust and Cumulative Innovation in the EU and the US*, Oxford/Portland, OG: Hart Publishing, 2012.

② 参见熊琦:《知识产权法与民法的体系定位》,载《武汉大学学报(哲学社会科学版)》2019年第2期。

③ 参见郑成思:《版权法》,中国人民大学出版社1990年版。

度发展的“现代版权时期”，再到全球数字化传媒技术兴起的“后现代版权时期”，①著作权已经从绝对排他的垄断特权演化成为具有现代财产权性质的知识产权的一种。著作权绝对豁免适用竞争法的观点已经不合时宜，“绝对主义理论”也逐渐消亡，只剩下理论层面的讨论意义。此外，绝对主义理论衍生出了多种附属理论，其中最具代表性的有“固有性理论”“例外主义理论”等，后文将结合著作权反垄断的豁免适用观点展开论述。

（二）反垄断法责任豁免说

世界范围内，很多司法辖区的反垄断法规则中都存在知识产权豁免适用的条款。著作权领域的反垄断责任豁免，包括行使著作权的一般豁免和特定著作权市场行为的例外豁免。其背后的理论根基可溯源至著作权反垄断的固有性理论和例外主义理论。

1. 行使著作权的一般豁免

固有性理论（the theory of inherency），根据 Liannos 和 Dreyfuss 的定义，是指“行使知识产权的固有做法免受竞争法的适用”。② Drexl 对此进一步解释，固有性理论主张，只有在权利被用于限制排他性权利范围以外的竞争时才允许适用竞争法。③ 有许多司法辖区的立法例都遵循了固有性理论的核心要旨，将著作权等知识产权的正当行使排除在反垄断法的适用范围之外。比如日本《反垄断法》第 21 条④规定，该法的规定不适用于行使《著作权法》、《专利法》、《实用新型法》、《设计法》

① 美国著名版权法学者萨缪尔森（Pamela Samulson）根据不同技术要素对版权制度演化的关键作用，以及不同时期版权的制度意涵、权利本质着手总结了版权法的代际演化特征，进而将版权法的历史划分为“前现代版权时期”、“现代版权时期”和“后现代版权时期”三个阶段。See Pamela Samuelson, *Copyright and Freedom of Expression from a Historic Perspective*, Journal of Intellectual Property Law, Vol. 10, p. 319 – 344(2003).

② See Liannos, I. & R. C. Dreyfuss, *New Challenges in the Intersection of Intellectual Property Rights with Competition Law – A View from Europe and the United States*, CLES Working Paper Series, 4/2013.

③ See J. Drexl, *Research Handbook on Intellectual Property and Competition Law*, Munich: Max Planck Institute for Innovation and Competition, 2008.

④ < Act on Prohibition of Private Monopolization and Maintenance of Fair Trade > *Chapter VI Exemptions; Article* 21 The provisions of this Act do not apply to acts found to constitute an exercise of rights under the Copyright Act, Patent Act, Utility Model Act, Design Act or Trademark Act, https://www.jftc.go.jp/en/policy_enforcement/21041301.pdf.

或《商标法》所承认的权利的行为。韩国《公平交易法》第59条①规定,该法的规定不适用于被视为行使《著作权法》、《专利法》、《实用新型法》、《设计法》或《商标法》所规定权利的任何行为。巴拿马第45号竞争法(2007年)第4条第2款②规定,该规定行使法律承认的知识产权和工业产权,在一定时间内允许著作权和相关权利的持有人行使其权利,以及授予发明人对其发明的独家使用权不被视为法律意义上的垄断行为。我国2022年修正的《反垄断法》③第68条也规定:"经营者依照有关知识产权的法律、行政法规规定行使知识产权的行为,不适用本法……"表明我国《反垄断法》承认并充分尊重包括著作权法在内的知识产权法所赋予的合法垄断权。④

2. 特定著作权市场行为的例外豁免

与固有性理论相对的另一种理论是"例外主义理论"(the theory of exceptionalism)。该理论主张只有在例外的"特殊情况"下,竞争法才可适用于与知识产权相关的市场行为。⑤ 在理论适用层面,例外主义论对应的是竞争法的"严格适用说",主张如无法律文本意义上明确的责任设定,与知识产权相关的市场行为不适用竞争法的一般规定。由是观之,例外主义理论承袭了绝对主义理论的观念内核,具有强烈的天赋人权、功利主义或结果主义导向。因此,支持例外主义理论的法域并不多见。

不过,部分司法辖区在著作权豁免的条款设计上,反向采用了例外主义理论的法律设置模式,规定反垄断法的规制范围包括与著作权相关的市场行为,但在"例

① < Fair Trade Act of the Republic of Korea > *Chapter XII Exemptions*, *Article* 59 (Exercise of Right to Intangible Property) The provisions of this Act shall not apply to any act deemed to be an exercise of rights under the Copyright Act, Patent Act, Utility Models Act, Design Act, or Trademark Act. https://ftc.go.kr/eng/cop/bbs/selectBoardList.do? key = 2835&bbsId = BBSMSTR_000000003631&bbsTyCode = BBST11.

② <Panama Competition Law No. 45 (2007)> *Article* 4, *No.* 2: the exercise of the rights of intellectual and industrial property that the law recognises to their holders, the grant for a certain time to the holders of the copyright and related rights for the exercise of their rights and the granting to inventors for the exclusive use of their inventions" is not considered a monopolistic practice in the sense of the Law.

③ 《反垄断法》于2007年8月30日第十届全国人民代表大会常务委员会第二十九次会议通过,经2022年6月24日第十三届全国人民代表大会常务委员会第三十五次会议修订通过,2022年8月1日起正式生效。修订后法律参见http://lawdb.cncourt.org/show.php? fid = 153220。

④ 参见王先林:《竞争法视野的知识产权问题论纲》,载《中国法学》2009年第4期。

⑤ See Ahlborn, C., D. S. Evans & A. J. Padilla, *The Logic and Limits of the "Exceptional Circumstances Test" in Magill and IMS Health*, Fordham International Law Journal, Vol. 28, p. 1108 – 1156(2004).

外情况”下,特定著作权市场行为不适用反垄断法。比如日本《禁止垄断法》第23条第4款规定,书籍、杂志和报纸,以及音乐唱片、磁带和CD等著作权产品的转售价格维持不适用反垄断法。德国、丹麦、挪威与匈牙利等国也规定了出版物市场转售价格维持的反垄断法适用豁免。[①] 法国甚至在图书市场引入了法定的转售价格维持制度,要求零售商尊重出版社确定的零售价格。[②]

还有一些国家规定著作权集体管理组织豁免适用反垄断法,比如德国的《反对限制竞争法》在2005年修正之前,规定著作权集体权利管理组织及其协议的设立不受限制性协议的禁止。另一个值得提及的例子是俄罗斯。根据俄罗斯《民法典》第1244条第2款、第3款规定,凡获得俄罗斯官方认证的著作权集体管理组织的相关行为将免予适用竞争法。由于未获认证的著作权集体管理组织仍然适用竞争法,这种立法上的区别对待引发了诸多争议。尽管如此,一些苏联成员国,如阿塞拜疆等国家,仍旧仿效俄罗斯立法,规定经认证的著作权集体管理组织豁免适用反垄断法。

(三)反垄断法责任追究说

从绝对主义理论的除外适用主张,到固有性理论和例外主义理论下豁免适用的延伸与发展,可以看出,著作权领域的反垄断法适用始终因应不同时代和地区立法、司法技术的发展进行不断调整。随着著作权领域竞争执法的深入,越来越多司法辖区形成的共识性理解是,经营者按照著作权法律行使知识产权的行为不适用反垄断法,但是经营者滥用著作权实施排除、限制竞争的行为仍应受到反垄断法的规制。[③] 比如我国《反垄断法》第68条同时规定:“……经营者滥用知识产权,排除、限制竞争的行为,适用本法。”

但对于更多的司法辖区而言,知识产权豁免条款的存在造成了一个误区,即著作权领域是可寻求反垄断豁免的特殊领地,或者说,著作权等知识产权领域免受反垄断法的干预。在这种误区之下,许多司法辖区的反垄断执法和司法有意绕开著

---

① 参见李剑:《出版物多样性保护与反垄断法的转售价格维持规制》,载《中外法学》2013年第2期。

② See Loi n° 81 - 766 du 10 août 1981 relative au prix du livre.《1981年8月10日关于图书价格的第81-766号法律》。

③ 参见王先林:《从微软垄断案看知识产权滥用的反垄断控制》,载《法学家》2001年第3期。

作权案件,避免将著作权相关市场争议纳入反垄断监管框架中。① 要从根本上解决这一问题,需真正理解著作权法和竞争法之间并不存在根本性的内在冲突,而是互为补充、相互促进和平衡的关系。②

"互补性理论"(the theory of complementarity)的出现有助于解决知识产权豁免条款所带来的困惑,从而在著作权领域的反垄断责任追究上凝聚共识。互补性理论认为,反垄断规则和知识产权保护是一套互补的市场机制,二者服务于共同的宗旨和目标——鼓励创新。③ 从立法价值取向上看,著作权法通过授予权利人排除竞争对手的权利促进作品投资和创新产出,而竞争法则通过促进市场竞争来达到保护和增进创新的目的。从两部法律的作用机制上看,著作权保护是竞争系统的一部分。著作权法阻止竞争对手通过模仿进行竞争的行为,虽在一定程度上限制了竞争,却促使竞争对手在竞争压力下提供替代产品,从而促进了动态竞争。

互补性理论强调在个案中全面评估著作权相关市场行为的反竞争效应和促进竞争的有利影响,有效缓和了反垄断法适用于著作权领域的紧张关系。随着越来越多法域对著作权领域市场竞争的关注和重视,互补性理论从绝对主义理论、固有性理论以及例外主义理论等传统观点中脱颖而出,逐渐成为著作权领域反垄断法适用的主流理论。④

三、反垄断法规制滥用著作权限制竞争的价值目标

现代社会法学的奠基人庞德曾指出,价值问题是所有法律体系都不能回避的,

① Max Planck Institute for Intellectual Property and Competition Law, *Copyright, Competition and Development*, issued on December 2013, p. 4 - 6, https://www.wipo.int/export/sites/www/ip - competition/en/studies/copyright_competition_development.pdf.

② 参见[英]史蒂文·D.安德曼编:《知识产权与竞争策略》,梁思思、何侃译,电子工业出版社2012年版,第6页。

③ See Kolstad, O., *Competition Law and Intellectual Property Rights - Outline of an Economics - based Approach*, in J. Drexl ed., Research Handbook on Intellectual Property and Competition Law, Munich: Max Planck Institute for Innovation and Competition, 2008.

④ 在20世纪80年代之前,主流观点是反垄断法和知识产权法之间相互冲突,因为前者保护竞争,而后者允许垄断。法院和学术界都认为知识产权是反垄断法的例外,只能在例外情况下严格适用。到20世纪末,这种观点已经被互补性理论所取代——反垄断法和知识产权法是互补的,而非相互冲突,二者的共同目标是促进创新和最大限度地提高消费者福利。See Marina Lao, *Unilateral Refusals to Sell or License Intellectual Property and the Antitrust Duty to Deal*, CORNELL J. L. & PUB. PoL'v, Vol. 9, p. 193 (1999).

即使是最粗糙、草率、反复无常的关系调整或行为安排,也蕴含着评价各种互相重叠之利益的某种准则。[①] 适当的价值目标确保反垄断政策的实施与社会实践相符合,避免反垄断规则在实施过程中与立法主旨和社会现实脱节。因此,对反垄断法规制滥用著作权限制竞争的体系建构,需要从明确反垄断法的规制目标开始。

(一)确定规制目标的主要依据

在反垄断法体系内规制滥用著作权限制竞争行为,规制目标自然需要在反垄断法的价值目标下针对著作权领域的具体特点作出明确界定。版权市场中竞争的普遍性和重要性为确定规制目标提供了实践依据和现实基础。与此同时,从学理层面阐明促进竞争与追求创新二者在长期目标上的一致性,有助于明确著作权领域反垄断规制的短期目标与长期目标,进而在宪法的框架下说明反垄断法规制滥用著作权限制竞争的合法性与合理性。

1. 实践依据:版权市场中竞争的普遍存在

"市场经济隐含着竞争"[②]。著作权制度的主要功能是确认及分配知识市场化所衍生的利益。[③] 而竞争,则是动态反映市场需求与市场主体利益博弈的核心机制。日本学者富田彻男曾经指出,"知识产权全面反映了'技术开发—产业—消费者'这一市场结构的情况,若与这种结构不相适应,知识产权制度就不会带来任何实效"[④]。换言之,包括著作权在内的知识产权制度是知识成为市场要素的结果,支撑该制度的核心利益诉求不是来自创造者,而是源于以知识为市场要素的产业需求和竞争结果。

回顾我国版权产业兴起与发展的历史变迁脉络,竞争无疑是促使以计划为核心的出版管理体制走向以市场为导向的现代版权制度的最大推动力。20 世纪 90 年代末至 21 世纪初,随着社会主义市场经济体制的确立和版权法治建设的正式推进,[⑤]文化经济和版权交易市场初露端倪。此后十余年,随着市场经济的优越性凸

---

① 参见[美]罗斯科·庞德:《通过法律的社会控制》,沈宗灵译,商务印书馆 1984 年版,第 55 页。

② 金善明:《竞争治理的逻辑体系及其法治化》,载《法制与社会发展》2020 年第 6 期。

③ 参见李琛:《著作权基本理论批判》,知识产权出版社 2013 年版,第 25 页。

④ [日]富田彻男:《市场竞争中的知识产权》,廖正衡等译,商务印书馆 2000 年版,第 252 页。

⑤ 1990 年颁布的《著作权法》宣告了一个新时代的到来。在规则体系上,著作权相关实施条例和配套法律规章相继制定,中国还加入《世界版权公约》等三个国际条约。具体变迁历史参见蔡晓宇:《当代中国版权管理体制历史变迁的特点与启示》,载《现代出版》2017 年第 5 期。

显,版权作为核心竞争要素的市场价值也逐步显现。作者、传播者和社会公众等多方主体围绕版权所产生的利益博弈和竞争开始成为推动制度变迁的根本动力。辐射至立法场域,标志性事件是2010年《著作权法》的第二次修订和颁布。此轮修订首次回应和释放了版权经济相关市场主体的利益需求。[①] 与此相对应,版权经济的管制秩序也开始迎来体制性松绑,版权管理开始从单一的权利关系管理向产业发展服务延伸。[②]

竞争是一个普遍存在的过程,其渗透于每一个经济环节中,在产业链的两个方向上均发挥作用。[③] 从上游的著作权许可到下游的终端产品销售,竞争广泛存在于著作权产业链的每一个交易环节中。在市场经济背景下,竞争的普遍性和重要性决定了各国版权市场以竞争政策为主导的监管方向。维系和促进版权市场的自由竞争和公平竞争成为新时代版权经济发展与繁荣的重要前提。

2. 学理依据:促进竞争与追求创新在长期目标上的一致性

从立法宗旨和制度目标上看,反垄断法以保护和促进竞争为己任,而著作权制度则以促进和鼓励创新为最高追求。由于反垄断政策的核心问题是价格和产量,相比于追求创新等长期目标,反垄断法似乎更加关注效率目标和经营者策略性行为的短期效果。[④] 这种方法论上的差异使得反垄断法在促进创新方面颇受质疑。著作权等知识产权和反垄断法在鼓励创新方面的殊途同归,可以用一个"胡萝卜与大棒"的比喻形象地说明:著作权法用有限的排他性及由此获得的利益的"胡萝卜"鼓励初始创新,而反垄断法则挥舞竞争市场的"大棒"(不创新即被淘汰)来维系鼓励初始创新的市场结构。[⑤] 宾格曼因此总结道"强大的知识产权与有力的反垄断政策在促进创新的共同目标上属于同一枚硬币的两面"[⑥]。

反垄断法对竞争市场的促进和改善,从长期看可以有效地促进作品创作和创

---

① 《著作权法》立法和2000年第一次大修的基本动因是国际压力驱使下考虑发展全局所做的战略抉择,因此未能够真正体现中国版权产业自身发展的问题与需求。

② 参见蔡晓宇:《当代中国版权管理体制历史变迁的特点与启示》,载《现代出版》2017年第5期。

③ 参见[比]保罗·纽尔:《竞争与法律:权力机构、企业和消费者所处的地位》,刘利译,法律出版社2004年版,第73页。

④ 参见[英]史蒂文·D. 安德曼编:《知识产权与竞争策略》,梁思思、何侃译,电子工业出版社2012年版,第184页。

⑤ 参见王先林:《竞争法视野的知识产权问题论纲》,载《中国法学》2009年第4期。

⑥ Anne Bingaman, *The Role of Antitrust in Intellectual Property*, In Speech before the Federal Circuit Judicial Conference, Vol. 16, 1994.

新，最终提高消费者福利。与专利市场相比，创新在著作权和创意产品领域意味着多样性文化和差异化作品。著作权的排他性排除了模仿竞争，这就迫使创造性生产的投资者依靠其自身创造力或所雇用人员的创造力，生产出能够满足不同消费者需要的不同作品。快速模仿会降低创新的商业价值，侵蚀投资动机，最终损害消费者利益。而反垄断法通过禁止可能损害现有或潜在市场竞争的行为来维持创新市场的竞争结构，可以大大促进创新和消费者福利。[①]

3. 宪法依据：《反垄断法》与《著作权法》适用冲突的调和

"市场经济秩序的构造必须以整个经济体内部的最大化的合意为基础，所有的制度安排都需围绕促进和保护竞争的目标，这就需要宪法的最高权威将维护竞争秩序作为一种合意固定下来，确保政府制度构造的统一。"[②]当《反垄断法》对市场机制的调整与《著作权法》对产权的法定安排发生冲突时，虽然可以从立法价值的取舍安排寻找司法解释的弹性空间，但更为重要的是，在宪法层面确立统领市场精神的规范性依据。

我国《宪法》第 15 条第 1 款规定，"国家实行社会主义市场经济"。市场在资源配置中发挥决定性作用。市场主体的竞争自由、交易自由和契约自由等与竞争行为有关的经济自由都被纳入宪法明确列举的基本人权原则以及兜底性基本权利条款的保护范围中。[③] 这意味着无论是《著作权法》的法定安排还是版权主管部门干预经济的决策考虑，都应该客观、充分地衡量对竞争秩序的影响，在宪法法治范围内保障市场主体经济自由，最大限度地降低相关措施对竞争秩序的损害。此外，根据我国《宪法》第 51 条的规定，为了"国家的、社会的、集体的利益"，可以对基本权利进行限制。[④] 若著作权人不当行使权利损害了公共利益和竞争秩序，反垄断法可以在上述宪法原则和精神的指引下作出对著作权滥用进行限制的规定。

在版权经济运行过程中，市场主体的产权保护、市场运行的游戏规则乃至宏观运行监测等制度机制需要且只能由超越市场的外部力量来提供和维护。[⑤] 宪法法

---

① See U. S. Department of Justice & Federal Trade Commission, *Antitrust Guidelines for the Licensing of Intellectual Property*, US Department of Justice Federal Trade Commission, 1995, para. 1.0.

② 张占江：《政府行为竞争中立制度的构造——以反垄断法框架为基础》，载《法学》2018 年第 6 期。

③ 参见张占江：《论政府反竞争行为的反垄断法规制体系建构》，载《法律科学（西北政法大学学报）》2015 年第 4 期。

④ 参见张翔：《基本权利限制问题的思考框架》，载《法学家》2008 年第 1 期。

⑤ 参见金善明：《竞争治理的逻辑体系及其法治化》，载《法制与社会发展》2020 年第 6 期。

治原则、基本人权原则和经济中立原则以及相关规范依据共同构成统领经济领域市场精神的宪法权威，赋予了著作权领域推进竞争治理的法治基础。宪法对市场机制和基本权利的兜底性保障，为著作权市场主体的竞争自由提供了切实的宪法依据。与此同时，作为统领市场和法治精神的最高权威，宪法将反垄断法干预版权市场运行的全过程纳入竞争法治的评价范围，为构建版权经济领域的竞争秩序塑造了良好的制度环境。

(二)反垄断法规制滥用著作权限制竞争的目标界定

竞争法尤其是反垄断法的根本任务是维护自由、公平的竞争秩序，因此反垄断法的基本价值蕴含在保护竞争的根本目标之中。① 反垄断法规制滥用著作权限制竞争的目标，需要在反垄断法的目标体系之下，结合著作权领域的立法宗旨、政策目标进行综合考量和界定。

1. 反垄断的一元多层次目标与版权政策的多元目标

尽管现代竞争法已有百余年历史，并已成为许多国家和地区甚至国际组织法律体系中的重要部分，但竞争法的政策目标一直没有一个统一的模式。② 世界上第一部反垄断法——美国《谢尔曼法》滥觞于自由主义经济时期，制定之初一度承载着政治经济社会等多重目标。但随着经济形势的不断变化与反垄断法自身的不断调整，其目标逐渐归于“维护竞争”这一根本指向。在 Northern Pacific Railway Co. v. United States 案中，美国联邦最高法院曾指出：《谢尔曼法》的立法目标在于维护交易中的自由竞争。③ 反垄断法的一个重要目标——也有论者断言是唯一的目标——保证市场的竞争性。④ 在保护竞争的一元目标之下，存在维护消费者利益、统一大市场经济发展以及促进中小企业发展等其他目标，但其他目标的实现都是通过维护竞争、提高经济效率带来的“副产品”。因此，反垄断法的目标是一个一元多层次的体系，支柱性目标在于“保护竞争”。⑤

---

① 参见王先林：《竞争法学》(第3版)，中国人民大学出版社2018年版，第35页。

② 参见王先林：《竞争法学》(第3版)，中国人民大学出版社2018年版，第36页。

③ See Northern Pacific Railway Co. v. United States, U. S. , Vol. 330, p. 248 (1947).

④ 参见[美]赫伯特·霍温坎普：《联邦反托拉斯政策：竞争法律及其实践》(第3版)，许光耀、江山、王晨译，法律出版社2009年版，第3页。

⑤ 关于反垄断的目标是一元还是多元，哈佛学派与芝加哥学派争论了半个世纪有余，但有一点是基本可以达成共识的：反垄断法通过防止市场力量的形成和滥用维护竞争。本文无意于讨论两个学派观点孰优孰劣，而是强调竞争法的基本价值蕴含在保护竞争的核心目标之中。

相较于反垄断的一元目标,知识产权政策尤其是版权政策则有着多元目标。根据我国《著作权法》第1条规定,著作权法的立法目标包括:(1)保护文学、艺术和科学作品作者的著作权及其相关权益;(2)鼓励作品创作和传播;(3)促进文化和科学事业的发展与繁荣。第4条规定,权利人行使权利不得违反宪法和法律,不得损害公共利益,国家对作品的出版、传播依法进行监督管理。因此,版权政策的目标,既包括对作品创造者产权进行保护的直接目标,又包括维护文化产品传播秩序以促进文化多样性的间接目标,还包括抑制文化产品消极作用、促进精神文明健康的公共利益目标。①

反垄断法规制滥用著作权限制竞争问题,需要在保护竞争的一元目标与版权政策的多元目标之间进行取舍和权衡。竞争被认为是权力机构实现社会整体目标的最佳手段。② 一般情况下,不能单纯为了版权政策目标而限制竞争。版权政策目标并非出于经济考虑,但其实现本身需要经济资源的支撑,而只有竞争才能够约束行为主体更好地利用资源。换言之,竞争为实现文化、政治和社会等其他性质的目标提供了一个绝佳机制。只有在保护竞争的目标前提下,才能更好地实现版权政策的其他目标。

此外,相较于版权政策的目标而言,竞争和效率标准为市场行为提供了更为准确的分析工具。对竞争的保护建立在价格、数量、成本和产出等可度量因素的分析基础之上,而版权政策目标则更多是文化管理部门自由裁量的结果,缺乏可供执行的明确尺度。因此,在反垄断法规制滥用著作权限制竞争问题时,过度强调版权政策目标,一方面可能使反垄断法的分析复杂化;另一方面则可能损及反垄断法的可预期性和稳定性,进而损害反垄断法的公正性和客观性。当然,在具体个案的限制竞争豁免中,仍然可以根据个案情况考虑版权保护、文化多样性、抑制文化产品消极影响等版权政策目标。

2. 维护竞争秩序的直接目标与间接目标

作为直接调整特定经济关系的法律,反垄断法较其他法律而言更加体现效率的价值。"在市场经济条件下,效率主要通过竞争来实现。反垄断法通过对人为地

---

① 参见胡开忠:《文化多样性的弘扬与知识产权保护》,载《法律科学(西北政法学院学报)》2007年第3期。

② 参见[比]保罗·纽尔:《竞争与法律:权力机构、企业和消费者所处的地位》,刘利译,法律出版社2004年版,第31页。

破坏竞争的非法垄断行为的禁止,维持合理的市场结构,保证有效的竞争,从而促进和保障市场竞争机制充分有效地发挥其功能,最终促进社会整体效率的提高。"① 反垄断法规制滥用著作权限制竞争的直接目标,是促进著作权市场效率的提高。这种效率并不局限于个别市场主体的运行效率,而且着眼于经济运行的整体效率;不只强调市场运行的经济效率,而且兼顾社会运转和文化传播的效率。在实现竞争活力与规模经济效益统一的前提下,维护著作权市场的竞争秩序,也能间接促进文化市场的实质公平、分配正义,进而实现更高层次的公平和正义。当然,在公平、正义与效率之间,也可能存在矛盾或冲突的情况,这就存在一个更优先的价值目标的选择问题。②

一般情况下,为了实现效率目标,反垄断法将尽可能地维护著作权市场竞争的平等和自由。比如,鼓励产业结构的适度集中以及支持企业扩大生产以实现规模经济效益。但是,一项授权创设联合企业和大型联合企业的法规虽然会增进商业活动的自由和自主性,与此同时却会扩大经济上的不平等。③ 比如,音乐产业链上下游的经营者集中,使音乐版权作品的授权、生产和分销都集中到行业巨头手中,市场力量的集中导致下游音乐使用者和终端消费者的议价能力显著下降。为了体现包含自由、平等的公平、正义,反垄断法就需要对著作权市场主体单纯追求效率的行为加以限制。④ 因此,反垄断法规制滥用著作权限制竞争行为,表面上看,是维护竞争秩序以提高市场运行效率,但其深层次的目标仍旧是以社会根本的、整体的利益和需要为导向。换言之,维护竞争秩序的直接目标是提高市场效率,间接目标则是维护社会整体效率基础上的公平和正义价值。

3. 著作权反垄断的短期目标与长期目标

著作权制度是通过授予私权来实现"创新"和消费者利益等长期目标的。正如美国联邦最高法院所阐述的:"美国版权制度的直接作用是要确保作者从其创作劳动中获得公平合理的收益。其最终目的是通过提供这种经济上的刺激因素,激发艺术创作的动力,从而惠及整个社会。"但是,保护过当或者保护不足都有可能产生

---

① 王先林:《竞争法学》(第3版),中国人民大学出版社2018年版,第35页。

② 参见王先林:《竞争法学》(第3版),中国人民大学出版社2018年版,第36页。

③ 参见[美]E.博登海默:《法理学:法律哲学与法律方法》,邓正来译,中国政法大学出版社1999年版,第297页。

④ 参见王先林:《竞争法学》(第3版),中国人民大学出版社2018年版,第36页。

相反结果，即牺牲掉累积创新或增值创新这两项重要的市场竞争因素。[①] 因此，需要反垄断法介入以实现私权保护与公共利益保护的平衡。

相较于著作权法考虑经营者行为促进创新的长期效果，反垄断政策更加关注经营者策略性行为的短期效果。[②] 由于反垄断法的核心问题是价格与产量，在技术操作层面，对滥用著作权限制竞争行为的反垄断执法通常采用静态的分析方法。这就造成了一种错觉，反垄断法只解决短期内著作权市场的效率问题，而不关注长期的创作创新目标。

对此，马普所的研究报告指出，著作权法在本质上取决于分销渠道和不同分销层级上版权相关市场的运作，而反垄断法在创造和维持具有竞争力和效率的分销市场方面发挥着至关重要的作用。如果这些被授权使用的版权市场无法正常运行，消费者可能会被煽动从合法复制转向非法复制。因此某种程度上，反垄断法对竞争的促进可以有力打击盗版。[③] 换言之，反垄断法规制滥用著作权限制竞争，从长远看也将有助于实现著作权法促进创新的长期目标，从而惠及社会公共利益。

四、反垄断法规制滥用著作权限制竞争的分析原则

从特伦顿陶业案开始，美国法院就在反垄断案件中区分了“本身违法”和“合理原则”两种分析模式。[④] 在本身违法原则下，对于一类特定的行为无须对涉案实体事实问题进行详细调查即可被宣告违法。[⑤] 而合理原则则要求法院或执法机关在一项行为的反竞争后果与促进竞争的利益之间进行权衡。[⑥] 因此，合理原则通常应用于可能产生竞争性损害但又有可能带来社会收益的某些行为。相较之下，如果

---

① 参见［英］史蒂文·D.安德曼编：《知识产权与竞争策略》，梁思思、何侃译，电子工业出版社2012年版，第124～125页。

② 参见［英］史蒂文·D.安德曼编：《知识产权与竞争策略》，梁思思、何侃译，电子工业出版社2012年版，第184页。

③ See Max Planck Institute for Intellectual Property and Competition Law, *Copyright, Competition and Development*, issued on December 2013, https://www.wipo.int/export/sites/www/ip-competition/en/studies/copyright_competition_development.pdf.

④ 参见［美］赫伯特·霍温坎普、兰磊：《论反垄断法上的合理原则（上）》，载《竞争政策研究》2018年第6期。

⑤ See Phillip E. Areeda and Herbert Hovenkamp, *Antitrust Law: An Analysis of Antitrust Principles and Their Application*, (2d ed. 2003), p.1507-1508.

⑥ See Phillip E. Areeda and Herbert Hovenkamp, *Antitrust Law: An Analysis of Antitrust Principles and Their Application*, (2d ed. 2003), p.1509-1511.

有足够的经验认定某类行为是反竞争的而又不对社会利益有所补偿时,烦琐且成本高昂的合理分析则没有太大必要,可直接适用本身违法原则。[①] 在著作权等知识产权领域的反垄断规制中,尽管本身违法原则和合理原则都会得到适用,但相较而言,合理分析占据主导地位,适用本身违法原则的情况较少。[②]

(一)合理分析原则的核心地位

在著作权领域广泛适用合理原则进行反垄断分析,主要有以下几方面原因。其一,滥用著作权的主要行为,集中在著作权许可交易和著作权产品分销环节中。这种许可与被许可、上下游分销的关系,“很大程度上属于一种纵向或垂直关系,发生于其中的纵向或垂直限制原本就属于反垄断法中的合理分析范畴”[③]。相较于专利纠纷经常产生于横向竞争者之间,[④]著作权的实施和执行通常不会针对存在横向竞争关系的创作者,更多是针对那些“倘若不存在侵权则将成为购买者的人”[⑤]。而在限制竞争的风险上,纵向协议的风险远不及横向协议。因此大部分情况下不应适用本身违法原则直接宣告违法。

其二,相较于本身违法原则对短期行为的关注,合理原则更加强调长期效应。这使得著作权政策的创新追求和对消费者动态需求的满足可以被涵摄于现有分析框架中。具体来说,合理分析原则的适用,要求结合复杂经济事实对影响市场竞争的各项要素进行权衡、分析、评估和判断,从而客观、合理地确定著作权行使行为所造成的竞争损害和对社会公共利益的影响。[⑥] 由于需要在具体个案中协调著作权人的私人利益与竞争所代表的社会公共利益,合理分析原则更有助于实现前述著作权领域反垄断规制的价值目标。例如,对于出版物市场的转售价格维持等纵向

---

① 参见[美]赫伯特·霍温坎普等:《知识产权纠纷的反竞争性和解》,孙瑜晨、张卓媛译,载《竞争政策研究》2021年第5期。

② 参见吕明瑜:《论知识产权垄断法律规制的一般原则》,载《法商研究》2008年第5期。

③ 吕明瑜:《论知识产权垄断法律规制的一般原则》,载《法商研究》2008年第5期。

④ “因为这些竞争者通常生产相同或相似的产品,而专利可能只覆盖某一产品的组成部分,而不是覆盖实际上的商业产品……因此专利权人常常发现他们自己就是彼此阻碍的专利的所有人。”参见[美]赫伯特·霍温坎普等:《知识产权纠纷的反竞争性和解》,孙瑜晨、张卓媛译,载《竞争政策研究》2021年第5期。

⑤ [美]赫伯特·霍温坎普等:《知识产权纠纷的反竞争性和解》,孙瑜晨、张卓媛译,载《竞争政策研究》2021年第5期。

⑥ 参见吕明瑜:《论知识产权垄断法律规制的一般原则》,载《法商研究》2008年第5期。

限制，包括丹麦、挪威、匈牙利等在内的许多国家在适用竞争法时，都会采用合理分析原则以兼顾竞争自由和出版物多样性。这样既避免了对出版物市场的转售价格维持豁免反垄断责任可能带来的不利竞争影响，又能将图书零售价格维持体系、有效遏制文化产品盗版、促进文化多样性等公共利益属性考虑在内。[①]

其三，合理原则的分析框架呈现“三要素＋四阶段举证责任转移”的基本结构，意即在具体个案中考虑竞争损害、正当理由和限制性更小替代方案三大要素，以及通过证明责任的分配和举证责任在四个阶段的来回移转筛选案件事实、充分挖掘各方论据的分析模式。[②] 某种程度上，著作权人和交易相对人在市场竞争中的不平衡地位，通过这一精细复杂的分析框架得到了校正。此外，垄断行为包含的“竞争损害”要件是一个须经填补的标准。[③] 要全面且深入地了解滥用著作权的竞争损害内涵，特别是不同滥用行为类型的竞争影响，就必须向法院或者竞争执法机构提供尽可能多的裁判和处理机会。合理原则的现代分析框架及其对反竞争效果的考察要求为具体个案中著作权的不当行使与竞争分析提供更多论证空间，避免反垄断的“大棒”对文化和创意市场不当干预导致不必要的“寒蝉效应”。

（二）本身违法原则的辅助适用

合理原则考虑到了市场环境的复杂多变以及商业行为实际效果的不确定性，有助于仔细甄别行为对竞争的影响。但另外，合理原则因过度依赖经济学理论与市场数据使得竞争分析变得过于复杂，加重了个案分析的经济负担和制度成本。[④] 相较之下，本身违法原则因其清晰性和确定性，在案件查处成本、行政成本和错误成本上具有显著优势。[⑤] 因此，对滥用著作权限制竞争行为的分析也不能完全依赖合理原则，而应当结合本身违法原则的辅助适用，在控制反垄断规制成本的同时有

---

① 参见崔保国、钱丽花：《日本报刊发行的价格体系管理——“零售价格维持制度”研究》，载《中国报业》2005 年第 10 期。

② 参见兰磊：《重估合理原则的制度成本——兼评〈制度成本与规范化的反垄断法〉》，载《经贸法律评论》2020 年第 3 期。

③ 参见兰磊：《重估合理原则的制度成本——兼评〈制度成本与规范化的反垄断法〉》，载《经贸法律评论》2020 年第 3 期。

④ 参见李剑：《制度成本与规范化的反垄断法——当然违法原则的回归》，载《中外法学》2019 年第 4 期。

⑤ 参见李剑：《制度成本与规范化的反垄断法——当然违法原则的回归》，载《中外法学》2019 年第 4 期。

效提高反垄断的规制效益。

值得说明的是,著作权政策本身包含了一系列权衡短期市场竞争和长期创新激励的判断。本身违法原则借助确定的规则体系将这种判断落实到法律适用层面,避免反垄断规制破坏著作权政策内在的逻辑自洽性。通过对著作权领域的不同商业行为类型进行精细区分、归纳和设置相应的处理方式,可以为著作权市场的相关主体提供更具可预见性和明确性的清晰指引。比如,对于著作权分销市场上横向竞争者之间的限制竞争协议,无须进一步分析实际竞争效果即可宣告违法。诚如霍温坎普所言,"一项被恰当界定的本身违法原则代表了一种司法判断,即某一特定的限制极可能是反竞争的,也就是说短期内产量减少和价格上涨,这不值得再去麻烦法院对市场力量和可适用的抗辩进行全面的调查"①。

结　语

经济学领域的竞争是指参与者之间内有动力、外有压力的持续不断的市场较量过程。② 从法律调整的角度看,这种竞争主要体现为市场主体之间的竞争行为。反垄断法对具体经济领域的竞争促进就是从鼓励合法竞争行为、规制和干预不当竞争行为着手的。本文着力于反垄断法规制滥用著作权限制竞争的诸多一般性问题,如法律评价、价值目标和分析原则等。尽管这些问题尚未触及滥用著作权的行为分析,对于著作权领域反垄断规制的实体分析来说却是必不可少的。

---

① [美]赫伯特·霍温坎普等:《知识产权纠纷的反竞争性和解》,孙瑜晨、张卓媛译,载《竞争政策研究》2021年第5期。

② 参见陈秀山:《现代竞争理论与竞争政策》,商务印书馆1997年版,第4页。

研究咨询报告

中国反垄断行政执法年度报告(2022年)

林　文*

第一部分　2022年度反垄断行政执法情况

第一节　2022年度反垄断行政执法整体情况

2023年2月9日,全国市场监管系统反垄断工作会议暨民生领域反垄断执法专项行动部署会议指出,2022年,全国依法办结各类垄断案件187件,罚没金额7.84亿元,其中包括73件滥用行政权力排除、限制竞争(行政垄断)案件。根据国家市场监督管理总局和各省级市场监督管理局公布的反垄断行政处罚信息,2022年全年共有123件反垄断行政处罚案件,①其中横向垄断协议105件、纵向垄断协议9件、滥用市场支配地位13件,②涉及公用事业、石油化工、医药器械、建筑材料、培训服务等多个行业(见表1)。

* 林文,北京金诚同达(上海)律师事务所合伙人。

① 本报告在统计执法机构查处的垄断案件数量时,以案件当事人为统计标准,一位受罚当事人计一件案件(便于后续分析执法机构在反垄断执法时适用没收违法所得、罚款等行政处罚的情况)。此外,行政垄断案件73件(实际统计到68件),其数量单独统计分析。因经营者集中未申报案件逐年增多,本报告不再将其纳入。

② 共计127件,因为有4件系横向和纵向垄断协议混合型案件,此处重复计算,扣除4件,总数为123件。

表1　2022年反垄断行政处罚案件

序号	案号	案件名称	执法机构
1	国市监处罚〔2022〕87号[1]	同方知网(北京)技术有限公司滥用市场支配地位案	国家[2]
2		同方知网数字出版技术股份有限公司滥用市场支配地位案	国家
3		《中国学术期刊(光盘版)》电子杂志社有限公司滥用市场支配地位案	国家
4	京市监垄罚〔2022〕06001号	盖思特利商贸(北京)有限公司限定最低转售价格垄断协议案	北京[3]
5	京市监垄罚〔2022〕06002号	北京凯瑞联盟教育科技有限公司垄断协议案	北京
6	京市监垄罚〔2022〕06003号	士卓曼(北京)医疗器械贸易有限公司垄断协议案	北京
7	苏市监反垄断案〔2022〕1号	射阳县大米协会垄断协议案	江苏
8	浙市监案〔2022〕3号	绍兴柯桥供水有限公司滥用市场支配地位案	浙江
9	浙市监案〔2022〕4号	绍兴市上虞区供水有限公司滥用市场支配地位案	浙江
10	浙市监案〔2022〕6号	浙江省民用爆破器材行业协会垄断协议案	浙江
11	浙市监案〔2022〕7号	浙江物产民用爆破器材专营有限公司垄断协议案	浙江
12	浙市监案〔2022〕8号	浙江新联民爆器材有限公司垄断协议案	浙江
13	浙市监案〔2022〕9号	浙江利化民爆股份有限公司垄断协议案	浙江
14	浙市监案〔2022〕10号	浙江顺源化工有限公司垄断协议案	浙江
15	皖市监竞争处字〔2022〕1号	凤阳县益民供水有限责任公司滥用市场支配地位案	安徽
16	皖市监竞争处字〔2022〕2号	芜湖湾沚中燃城市燃气发展有限公司滥用市场支配地位案	安徽
17	皖市监竞争处字〔2022〕3号	黄山市黄山区太平湖游船发展有限责任公司垄断协议案	安徽

续表

序号	案号	案件名称	执法机构
18	皖市监竞争处字〔2022〕4号	黄山金鼎太平湖游船发展有限责任公司垄断协议案	安徽
19	皖市监竞争处字〔2022〕5号	黄山市黄山区龙门乡情缘水上旅游有限公司垄断协议案	安徽
20	皖市监竞争处字〔2022〕6号	黄山市黄山区平湖神珠游船有限公司垄断协议案	安徽
21	皖市监竞争处字〔2022〕7号	黄山区绿水游船有限公司垄断协议案	安徽
22	皖市监竞争处字〔2022〕8号	黄山市黄山区太平湖农家乐游船有限公司垄断协议案	安徽
23	皖市监竞争处字〔2022〕9号	黄山市黄山区太平湖盘龙游船有限公司垄断协议案	安徽
24	云市监竞处字〔2021〕1号	云南创鑫防伪印章有限公司红河分公司垄断协议案	云南
25	云市监竞处字〔2021〕2号	红河顺达舜防伪印章有限公司垄断协议案	云南
26	云市监竞处字〔2021〕3号	红河成溪防伪印章有限责任公司垄断协议案	云南
27	云市监竞处字〔2021〕4号	红河州红卫防伪印章有限公司垄断协议案	云南
28	云市监竞处字〔2021〕5号	蒙自世昌防伪印章有限责任公司垄断协议案	云南
29	云市监竞处字〔2021〕6号	红河州钟灵防伪印章有限公司垄断协议案	云南
30	云市监竞处字〔2022〕01号	大姚县锦星机动车驾驶培训有限公司垄断协议案	云南
31	云市监竞处字〔2022〕02号	大姚县农机校汽车驾驶员培训站垄断协议案	云南
32	云市监竞处字〔2022〕03号	大姚一乘驾驶培训服务有限公司垄断协议案	云南
33	云市监竞处字〔2022〕04号	大姚县金辉机动车驾驶培训有限公司垄断协议案	云南
34	黔市监价处〔2022〕1号	遵义百江燃气有限公司垄断协议案	贵州

续表

序号	案号	案件名称	执法机构
35	黔市监价处〔2022〕2号	遵义市玉宇阳光燃气有限公司垄断协议案	贵州
36	黔市监价处〔2022〕3号	遵义市播州区宏图燃气有限公司垄断协议案	贵州
37	黔市监价处〔2022〕4号	云南中石化燃气有限公司遵义分公司垄断协议案	贵州
38	黔市监价处〔2022〕5号	遵义市九洲燃气有限公司垄断协议案	贵州
39	黔市监价处〔2022〕6号	绥阳县宏峰液化气站垄断协议案	贵州
40	黔市监价处〔2022〕7号	遵义市富利燃气有限责任公司垄断协议案	贵州
41	黔市监价处〔2022〕8号	贵州汇祥瑞能源开发有限公司垄断协议案	贵州
42	黔市监价处〔2022〕9号	贵州水投水务集团威宁有限公司滥用市场支配地位案	贵州
43	黔市监价处〔2022〕10号	贵州周富承物流有限公司滥用市场支配地位案	贵州
44	渝市监处字〔2022〕300号	重庆永康燃气有限公司滥用市场支配地位案	重庆
45	桂市监反垄断〔2022〕1号	永福县供水公司滥用市场支配地位案	广西
46	宁市监处〔2022〕2号	宁夏长燃天然气有限公司滥用市场支配地位案	宁夏
47	晋市监价监罚字〔2022〕54号	朔州市蓝天机动车检测有限公司垄断协议案	山西
48	晋市监价监罚字〔2022〕55号	朔州市旺鑫源机动车检测有限公司垄断协议案	山西
49	晋市监价监罚字〔2022〕56号	朔州俊驰机动车检测有限公司垄断协议案	山西
50	晋市监价监罚字〔2022〕57号	朔州市朔平车辆测试有限公司垄断协议案	山西
51	晋市监价监罚字〔2022〕58号	朔州市安泰机动车检测有限公司垄断协议案	山西

续表

序号	案号	案件名称	执法机构
52	晋市监价监罚字〔2022〕59 号	朔州市长运机动车检测有限公司垄断协议案	山西
53	晋市监价监罚字〔2022〕60 号	朔州市鼎通车辆测试有限公司垄断协议案	山西
54	吉市监处〔2022〕4 号	辽源市东升汽车检测有限公司垄断协议案	吉林
55		辽源市旭日汽车检测有限公司垄断协议案	吉林
56		东辽县东升汽车检测有限公司垄断协议案	吉林
57		辽源市通安汽车检测有限公司垄断协议案	吉林
58	吉市监处〔2022〕5 号	辽源市快通机动车检测有限责任公司垄断协议案	吉林
59	吉市监处〔2022〕6 号	辽源市锡源机动车检测有限公司垄断协议案	吉林
60	吉市监处〔2022〕7 号	辽源市通达机动车检测有限公司垄断协议案	吉林
61	吉市监处〔2022〕8 号	辽源市通利机动车检测有限公司垄断协议案	吉林
62	吉市监处〔2022〕9 号	辽源市铠达汽车检测有限公司垄断协议案	吉林
63	吉市监处〔2022〕10 号	辽源市龙山区利民机动车安全性能检测有限公司垄断协议案	吉林
64	吉市监处〔2022〕11 号	东辽县运安车辆检测有限公司垄断协议案	吉林
65	陕市监反垄断处字〔2022〕1 号	陕西生态水泥股份有限公司垄断协议案	陕西
66	陕市监反垄断处字〔2022〕2 号	陕西声威建材集团有限公司垄断协议案	陕西
67		铜川声威建材有限责任公司垄断协议案	陕西
68	陕市监反垄断处字〔2022〕3 号	尧柏特种水泥集团有限公司垄断协议案	陕西

续表

序号	案号	案件名称	执法机构
69	陕市监反垄断处字〔2022〕4号	陕西金隅冀东水泥经贸有限公司垄断协议案	陕西
70		冀东海德堡(泾阳)水泥有限公司垄断协议案	陕西
71		冀东海德堡(扶风)水泥有限公司垄断协议案	陕西
72	陕市监反垄断处字〔2022〕5号	礼泉海螺水泥有限责任公司垄断协议案	陕西
73		乾县海螺水泥有限责任公司垄断协议案	陕西
74		陕西铜川凤凰建材有限公司垄断协议案	陕西
75		宝鸡市众喜金陵河水泥有限公司垄断协议案	陕西
76		宝鸡众喜凤凰山水泥有限公司垄断协议案	陕西
77		千阳海螺水泥有限责任公司垄断协议案	陕西
78	陕市监反垄断处字〔2022〕6号	陕西省水泥协会垄断协议案	陕西
79	闽市监稽字〔2022〕001号	福建广夏混凝土有限公司垄断协议案	福建
80	闽市监稽字〔2022〕002号	杭德(建阳)混凝土有限公司垄断协议案	福建
81	闽市监稽字〔2022〕003号	南平市建阳区华盛混凝土有限公司垄断协议案	福建
82	闽市监稽字〔2022〕004号	福建省武夷建达混凝土有限公司垄断协议案	福建
83	闽市监稽字〔2022〕005号	福建武夷沥青混凝土有限公司垄断协议案	福建
84	闽市监稽字〔2022〕006号	南平市建阳区永固混凝土有限公司垄断协议案	福建
85	闽市监稽字〔2022〕007号	福建省云信混凝土有限公司垄断协议案	福建
86	鲁市监行处字〔2022〕120号	日照市水务集团供水有限公司滥用市场支配地位案	山东
87	琼市监处罚〔2022〕32号	海南伊顺药业有限公司垄断协议案	海南

续表

序号	案号	案件名称	执法机构
88	湘市监反垄断处字〔2022〕1号	新田县龙泉机动车驾驶员培训学校垄断协议案	湖南
89	湘市监反垄断处字〔2022〕2号	新田县远程机动车驾驶员培训学校垄断协议案	湖南
90	湘市监反垄断处字〔2022〕3号	新田县民兴机动车驾驶员培训学校垄断协议案	湖南
91	湘市监反垄断处字〔2022〕4号	新田县新和机动车驾驶员培训学校垄断协议案	湖南
92	湘市监反垄断处字〔2022〕5号	新田县阳光机动车驾驶员培训学校垄断协议案	湖南
93	豫市监处罚〔2021〕2－1号	河南省信用建设促进会垄断协议案	河南
94	豫市监处罚〔2021〕2－2号	中岂认证中心有限公司垄断协议案	河南
95	豫市监处罚〔2021〕2－3号	河南中泰信用评价有限公司垄断协议案	河南
96	豫市监处罚〔2021〕2－4号	鑫诚信用管理有限公司垄断协议案	河南
97	豫市监处罚〔2021〕2－5号	河南瑞华信用评估有限公司垄断协议案	河南
98	豫市监处罚〔2021〕2－6号	河南征信信用评估有限公司垄断协议案	河南
99	豫市监处罚〔2021〕2－7号	河南信用评估咨询有限公司垄断协议案	河南
100	豫市监处罚〔2021〕2－8号	河南中惠誉信用评估有限公司垄断协议案	河南
101	豫市监处罚〔2021〕2－9号	河南讴路企业服务有限公司垄断协议案	河南
102	豫市监处罚〔2021〕2－10号	河南博诚信用评估有限公司垄断协议案	河南
103	豫市监处罚〔2021〕2－11号	河南兆诚信用评估有限公司垄断协议案	河南
104	豫市监处罚〔2021〕2－12号	中鑫征信有限公司垄断协议案	河南
105	豫市监处罚〔2021〕2－13号	河南鼎信企业信用评估有限公司垄断协议案	河南
106	豫市监处罚〔2021〕2－14号	河南天安信用评估有限公司垄断协议案	河南
107	豫市监处罚〔2021〕2－15号	河南省金茂信用评估有限公司垄断协议案	河南
108	豫市监处罚〔2021〕2－16号	河南公信企业管理咨询有限公司垄断协议案	河南

续表

序号	案号	案件名称	执法机构
109	豫市监处罚〔2021〕2-17号	河南兆丰信用评估咨询有限公司垄断协议案	河南
110	豫市监处罚〔2021〕2-18号	郑州万方企业信用评估有限公司垄断协议案	河南
111	豫市监处罚〔2021〕2-19号	河南众信信用评估有限公司垄断协议案	河南
112	豫市监处罚〔2021〕2-20号	三信国际检测认证有限公司垄断协议案	河南
113	豫市监处罚〔2021〕2-21号	河南千业信用评估有限公司垄断协议案	河南
114	豫市监处罚〔2021〕2-22号	河南金石信用评估有限公司垄断协议案	河南
115	豫市监处罚〔2021〕2-23号	中金信用管理有限公司垄断协议案	河南
116	豫市监处罚〔2021〕2-24号	河南诚合信用评估有限公司垄断协议案	河南
117	豫市监处罚〔2021〕2-25号	河南省绩效和信用评价有限公司垄断协议案	河南
118	豫市监处罚〔2021〕2-26号	河南中安环信用评估有限公司垄断协议案	河南
119	豫市监处罚〔2021〕2-27号	河南千盛信用评估有限公司垄断协议案	河南
120	豫市监处罚〔2021〕2-28号	河南誉泰企业信用评估有限公司垄断协议案	河南
121	豫市监处罚〔2021〕2-29号	河南禾晨信用评估有限公司垄断协议案	河南
122	豫市监处罚〔2021〕2-30号	河南柏兰嘉安信用评估有限公司垄断协议案	河南
123	豫市监处罚〔2021〕2-31号	河南润合企业信用征信有限公司垄断协议案	河南

[1]下文称为“知网滥用市场支配地位案”。
[2]指国家市场监督管理总局,以下表格同。
[3]指北京市市场监督管理局,以下表格中其他省、区、市执法机构均以其省、区、市之名代称。

第二节 2022年度反垄断行政执法特点

2022年反垄断执法呈现以下四个方面的特点。

一、推动平台经济健康发展

对于平台经济,反垄断执法机构一直坚持依法规范和促进发展并重的监管思路。平台经济创新发展需要公平竞争的市场秩序,市场自身无法有效维护,政府的有形之手应发挥政府监管的作用。在“知网滥用市场支配地位案”中,国家市场监督管理总局依法作出责令当事人停止违法行为并处以8760万元行政罚款的决定,与此同时,要求其围绕解除独家合作、减轻用户负担、加强内部合规管理等方面进行全面整改。对知网实施独家合作和不公平高价的行为开展反垄断调查并加以行政处罚的决定及时纠正了知网限制知识获取渠道、提高知识获取成本的违法行为,是恢复和维护相关市场竞争、保护用户合法利益的必要之举,是促进我国学术文献网络数据库服务质量和水平提升、增进社会整体福利的必要之举。

近年来,平台经济处于创新和竞争相互冲突的发展过程中,《反垄断法》为企业的创新发展提供了必要的法治空间。因此,平台企业在创新经营模式和业务发展中必须平衡创新发展与竞争者秩序、消费者利益之间的关系,在国家法治框架内开展商业活动。

二、加强涉及国计民生领域执法

党的二十大报告提出“增进民生福祉,提高人民生活品质”“健全基本公共服务体系,提高公共服务水平”等要求。供水供电供气等公用事业作为民生“刚需”,关系市场主体经营发展,与人民群众日常生活息息相关。2022年国家市场监督管理总局和各省级市场监督管理局查处的行政处罚案件多数涉及公用事业、医药、建材等涉及国计民生领域。国家市场监督管理总局于2022年11月发布多篇反垄断执法观察的文章,总结医药、公用事业和建材领域近10年的执法工作经验。

公用事业领域案件主要集中在供水、供气两个行业,其中“绍兴柯桥供水有限公司滥用市场支配地位案”涉案当事人被处罚2246万元,“芜湖湾沚中燃城市燃气发展有限公司滥用市场支配地位案”涉案当事人被处罚889万元。这显示我国反垄断执法机构紧紧抓住人民最关心、最直接、最现实的利益问题,强化公用事业领域反垄断执法,助力增进民生福祉。

北京市市场监督管理局对“士卓曼(北京)医疗器械贸易有限公司垄断协议案”中的涉案当事人处以3438万元的行政罚款,筑牢维护公平竞争市场秩序的防线。陕西省市场监督管理局对“陕西省水泥协会组织13家水泥企业达成并实施垄断协议案”中的涉案13家企业开出共计4.51亿元行政罚款的“天价罚单”,并通过制发行政指导书的方式,督促涉案当事人严格依照反垄断法的规定实施全面整改,实现依法合规经营的目标。反垄断执法机构通过上述一系列反垄断执法措施,落实党中央重大决策部署,推动形成统一开放、竞争有序的市场体系,引导涉及国计民生领域相关行业增强自主创新能力,助力高质量发展。

三、规制行业协会垄断行为

作为政府与企业之间的桥梁,行业协会在服务企业创新、加强行业自律、引导规范发展等方面扮演重要角色。垄断协议是经济领域最普遍、对市场竞争危害最严重、表现形式最隐蔽的垄断行为。党的十八大以来,根据反垄断执法机构查处的垄断协议案件数据,一些行业协会并未成为加强行业自律的“帮手”,反而组织经营者达成垄断协议,成为实施垄断行为的“推手”。

例如,在“陕西省水泥协会组织13家水泥企业达成并实施垄断协议案”中,当事人与其他具有竞争关系的涉案企业在陕西省水泥协会的组织或自发组织下,多次协商并达成统一上调水泥销售价格的垄断协议,排除、限制陕西省关中区域水泥市场的竞争,损害消费者利益和社会公共利益。又如,在“浙江省民用爆破器材行业协会组织会员企业达成并实施垄断协议案”中,浙江省民用爆破器材行业协会组织浙江省民用爆破器材生产企业、总经销企业达成并实施了具有限制民用爆破器材生产销售种类、价格、产量及销售市场等内容的垄断协议。行业协会达成的垄断协议相较于一般的垄断协议,具有更加稳固、更能有效执行的特点。立法机关通过新修订《反垄断法》增加行业协会的责任类型,增加了行业协会的违法成本,为反垄断执法机构有效查处行业协会涉嫌垄断行为提供法治保障。

四、强化涉知识产权反垄断监管

近年涉及知识产权反垄断案件数量逐渐增多,案情趋向疑难复杂。根据2022年反垄断执法案件数据统计,知识产权领域反垄断案件不仅涉及与专利权有关的固定转售价格垄断协议的问题,而且涉及滥用与著作权有关的市场支配地位的问题。面对该情况,为贯彻落实修订后的《反垄断法》,2022年6月27日国家市场监督管理总局发布关于公开征求《禁止滥用知识产权排除、限制竞争行为规定(征求意见稿)》意见的通知。

回顾2022年知识产权领域反垄断执法监管工作,在“海南伊顺药业有限公司垄断协议案”中,当事人通过限定其独家产品“莲芝消炎滴丸”的最低转售价格,排除、限制市场竞争;在“知网滥用市场支配地位案”中,当事人滥用市场支配地位排除、限制其他平台的公平竞争,以不公平的高价提供学术文献数据服务,损害了用户的合法利益。

知识产权法与反垄断法并非相互冲突,而是互相补充的关系。知识产权法鼓励和保护重要的商业和文化资产,反垄断法则关注市场垄断和限制竞争行为,规制知识产权资产的使用方式。因此,知识产权领域反垄断执法监管并非一概而论,需要结合个案具体分析,准确理解相关市场的竞争状况,维护公平竞争的市场秩序,从而推动知识创作和技术创新的繁荣发展。

第三节　2022 年度反垄断行政执法典型案例

一、知网滥用市场支配地位案

【案号】国市监处罚〔2022〕87 号

【案例详解】知网作为学术平台,主要业务是向高校、科研院所、公共图书馆等用户销售网络数据库服务,同时提供学术不端检测等增值服务。2022 年 5 月,国家市场监督管理总局依法对知网涉嫌实施滥用市场支配地位的行为立案调查。经调查认定,知网自 2014 年以来通过独家合作的方式维持、巩固、强化其在中文学术文献网络数据库服务市场的支配地位,并滥用该市场支配地位以不公平的高价销售数据库服务,损害相关用户的合法利益。2022 年 12 月 26 日,国家市场监督管理总局依法责令知网停止违法行为,并处以 8760 万元的行政罚款。

【典型意义】学术文献集中表达了人类文明的智力成果,具有不可替代的重要作用。知网作为学术文献资源库,销售的产品与一般商品不同,经营者滥用市场支配地位的行为阻碍了中文学术文献网络数据库服务市场的技术进步和创新发展,影响了学术资源的交流与传播,破坏了良好的科研学术生态环境。在该案中,除行政处罚外,知网还作出承诺,将严格落实国家市场监督管理总局的要求,包括与期刊、高校解除独家合作协议,数据库价格三年内下调 30% 以上等 15 项整改措施。国家市场监督管理总局通过对知网垄断案件的处罚,实现修复我国中文学术文献网络数据库服务市场的有效竞争机制、维护公平竞争秩序、营造良好学术生态,以及切实保护相关消费者合法权益的目标。

二、士卓曼(北京)医疗器械贸易有限公司垄断协议案

【案号】京市监垄罚〔2022〕06003号

【案例详解】士卓曼作为全球种植牙的行业领袖,1954年在瑞士成立,并于1999年进入中国,2017年通过全资收购美国德州ClearCorrect进入正畸市场。作为国际知名齿科器械企业,士卓曼(北京)医疗器械贸易有限公司通过与下游经销商达成固定转售价格、限定最低价格垄断协议的方式排除、限制市场竞争,损害消费者利益和社会公共利益。执法机构认为,士卓曼公司的行为导致经销商无法根据市场情况自由定价,既限制经销商之间的价格竞争,也导致终端口腔机关和患者只能接受较高的垄断价格。2022年12月28日,北京市市场监督管理局依法作出行政处罚,责令当事人停止违法行为,并处以罚款3438万余元。

【典型意义】随着种植牙技术的发展与成熟,越来越多的患者呈现接受和认可的积极态度。在实践中,受到学习背景、使用习惯和对品牌熟悉程度等因素的影响,为保证种植的成功概率,口腔种植手术医生一般不会寻求替代品牌。士卓曼公司利用其优势地位,采取各种措施维持涉案商品高价,致使终端口腔机构和患者只能接受较高的垄断价格,妨碍了消费者从市场公平竞争中获得利益,其行为有违国家高值医用耗材领域改革的初衷。通过该案的处罚,能够在一定程度上矫正行业乱象,维护消费者利益和社会公共利益。

三、绍兴柯桥供水有限公司滥用市场支配地位案

【案号】浙市监案〔2022〕3号

【案例详解】绍兴柯桥供水有限公司作为绍兴市柯桥区(马鞍街道除外)内唯一的城市公共自来水供水企业,滥用市场支配地位,实施了限定供水工程交易,限定二次供水设施、设备及部件的品牌和供货厂商等多项垄断行为,排除、限制了其他合法经营者参与供水工程建设市场竞争,并限制了交易相对方的自主选择权。2022年6月2日,浙江省市场监督管理局依法作出行政处罚,责令当事人停止违法行为,并处罚没款约2246万元。

【典型意义】供水、供气等公用事业行业与人民群众的日常生活密切相关,反垄断执法机构始终将其作为反垄断执法的重点领域。公用事业行业的垄断行为具有明显的区域性特征,其主要原因是供水、供气等公用事业的经营区域限于管道等基础设施覆盖范围,相关企业通过与地方政府签订特许经营协议等方式成为本地唯

一提供对应服务的经营者。这类企业如果缺乏反垄断合规意识,极易利用其独占地位实施垄断行为,从而获取高额利润。各地市场监管部门理应通过对此类违法企业的行政处罚,为区域内公共事业单位的不当行为敲响警钟。

四、陕西省水泥协会组织 13 家水泥企业达成并实施垄断协议案

【案号】陕市监反垄断处字〔2022〕1 号~6 号

【案例详解】经查,2017 年 7 月~2019 年 3 月,陕西省水泥协会通过组织和协调 13 家水泥企业达成“固定或者变更商品价格”的垄断协议,并在统一时间实施了相同或相近幅度的涨价行为。2022 年 6 月 28 日,陕西省市场监督管理局依法作出行政处罚,责令涉案的 13 家企业停止违法行为,罚款合计 4.51 亿元。这是目前建材行业最高的一笔反垄断罚单。

【典型意义】建材领域的经营者往往通过制定和实施垄断协议的方式排除竞争,其中行业协会涉案现象频发,成为实施垄断行为的重要“推手”。市场经济运行机制并不排斥适时的涨价行为,但反对以停供为要挟的涨价行为;如确因成本问题导致必要的提价,也应当通过合理合法的方式进行。该案的处罚结果也侧面反映国家反垄断执法机构对水泥、混凝土等建筑材料行业的反垄断执法力度,由此警示相关企业切勿实施违法行为。

五、海南伊顺药业有限公司垄断协议案

【案号】琼市监处罚〔2022〕32 号

【案例详解】海南伊顺药业有限公司成立于 2003 年 6 月,主营产品有莲芝消炎滴丸、板蓝根滴丸等。2019~2020 年,海南伊顺药业有限公司与部分经销商通过签订协议书的方式对其独家产品“莲芝消炎滴丸”限定最低转售价格。2020 年正值新冠疫情期间,国家明文规定清热解毒类药品不能超过 30% 加价销售,“莲芝消炎滴丸”属于清热解毒类药品;经调查,只有 7 家经销商确定签订协议,但均未执行协议规定价格。海南省市场监督管理局认为海南伊顺药业有限公司属于经营者尚未实施违法达成的垄断协议的情形,故依法作出责令当事人停止违法行为,并处 20 万元罚款的行政处罚。

【典型意义】为避免经销商的恶意降价等竞争行为,经营者常常通过“控销”手段加以干预,从而引发签订和实施垄断协议的不法行为。近年来,国家对于反垄断、反不正当竞争领域的监管越发严格,典型的如 2022 年修正的《反垄断法》,对于经

营者“尚未实施所达成的垄断协议”的情形加大处罚力度,由“可以处五十万元以下的罚款”修改至“可以处三百万元以下的罚款”;同时实施垄断协议“双罚制”处罚原则,即经营者的法定代表人、主要负责人和直接责任人员对达成垄断协议负有个人责任的,可以处一百万元以下的罚款。药类产品关乎民生之根本,相关企业在经营过程中需要重点防范反垄断合规风险。

第二部分　反垄断行政处罚分析

第一节　反垄断行政执法调查分析

一、反垄断行政执法授权的成效

2022年反垄断执法机构公布的123件反垄断行政处罚案件中,仅有3件是由国家市场监督管理总局查处,即“同方知网(北京)技术有限公司、同方知网数字出版技术股份有限公司、《中国学术期刊(光盘版)》电子杂志社有限公司共同运营的知网滥用市场支配地位案”,其余的120件均由省级市场监管部门负责查处。2021年反垄断执法机构共计查处46件,其中4件由国家市场监督管理总局查处,约占当年行政处罚案件数量的9%;剩余的42件均由省级市场监管部门查处,约占91%。[①]对比上述数据可知,2022年国家市场监督管理总局查处的案件数量较2021年明显减少,随着反垄断执法授权工作的逐步深化,省级市场监管部门已经成为反垄断行政执法的主要力量。

一方面,反垄断执法授权大幅提高了反垄断执法工作的效率,其主要原因如下:第一,省级市场监管部门相较于国家市场监督管理总局更加了解当地的市场竞争情况,并能够结合本地实际情况作出与违法行为相适应的行政处罚。第二,由省级市场监管部门负责当地的行政执法工作能够有效提高行政执法过程中有关案件线索查明、案件证据调查等工作,并有效促进当事人协调沟通、举证听证、文书送达等活动。第三,由省级市场监管部门负责当地的行政执法工作能够减轻国家市场监督管理总局的执法压力。2022年国家市场监督管理总局对知网滥用市场支配地

① 参见林文:《中国反垄断行政执法年度报告(2021年)》,载王先林主编:《竞争法律与政策评论》第8卷,法律出版社2022年版。

位系列案作出行政处罚,该案自 2022 年 5 月 13 日立案调查至 2022 年 12 月 26 日作出行政处罚,用了 7 个多月的调查查处时间,并最终回应社会关切,交出令人民群众满意的执法答卷。

另一方面,由省级市场监管部门主要负责各地的反垄断行政执法工作也同样面临着挑战。例如,因缺乏统一培训或指导,各地市场监管部门对法律法规的理解难以达成一致、各省级市场监管部门的反垄断执法能力和水平存在明显差异。因此,省级市场监管部门应当在国家市场监督管理总局的指导下,定期组织开展反垄断执法人员培训,并通过专家授课、交流研讨、案例剖析等多种方式,学习反垄断有关法律规定、理论基础、典型案例和执法经验,提升反垄断执法能力和水平。

二、反垄断行政处罚案件线索来源

如图 1 所示,在 2022 年公布的 123 件反垄断行政处罚案件中,案件线索有 6 种来源方式,包括举报、上级机关交办、下级机关报送、公安机关提供、依职权调查,以及未交代线索来源。其中,源于举报的案件数量最多,共 72 件,占 58%;源于上级机关交办的案件数量和依职权调查的案件数量并列排名第二,各 16 件,各占 13%。

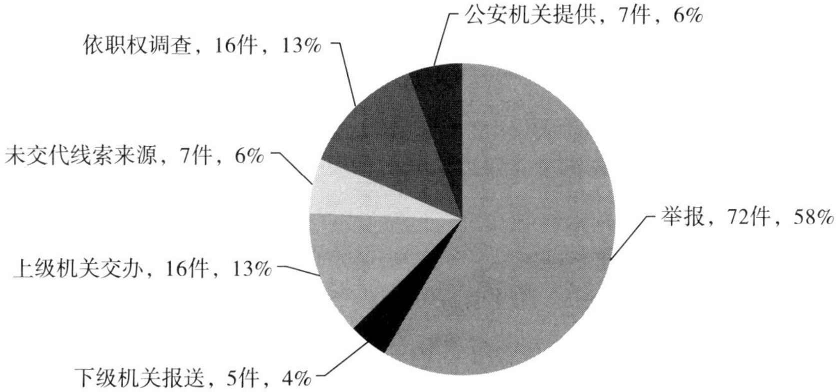

图 1　2022 年反垄断行政处罚案件线索来源

2021 年查处的 46 件案件中,源于举报的案件共计 23 件,占 50%;上级机关交办的案件共计 12 件,占 26%;由公安机关提供线索的案件共计 11 件,占 24%。[①]

① 参见林文:《中国反垄断行政执法年度报告(2021 年)》,载王先林主编:《竞争法律与政策评论》第 8 卷,法律出版社 2022 年版,第 262 页。

对比以上数据可知,举报仍是反垄断执法调查获取垄断案件线索的主要途径,社会监督和舆论监督在维护公平的市场竞争秩序中起着不可替代的重要作用。同时,2022年反垄断行政执法的案件线索来源较2021年更加多样,除举报、上级机关交办和公安机关提供外,还包括下级机关报送和依职权调查,体现出我国已经基本形成国家市场监督管理总局统一执法,经授权的省级市场监管部门积极配合,市级市场监管部门联合调查的反垄断执法格局。

三、反垄断行政处罚案件调查期限分析

如图2所示,在2022年公布的123件反垄断行政处罚案件中,案件的调查期限大多集中在12个月至24个月,共计56件;案件调查期限超出24个月的共计33件;案件调查期限在6个月至12个月的,共计27件;案件调查期限短于6个月的,仅有1件;此外,还有6件案件的行政处罚决定书未提及调查期限。

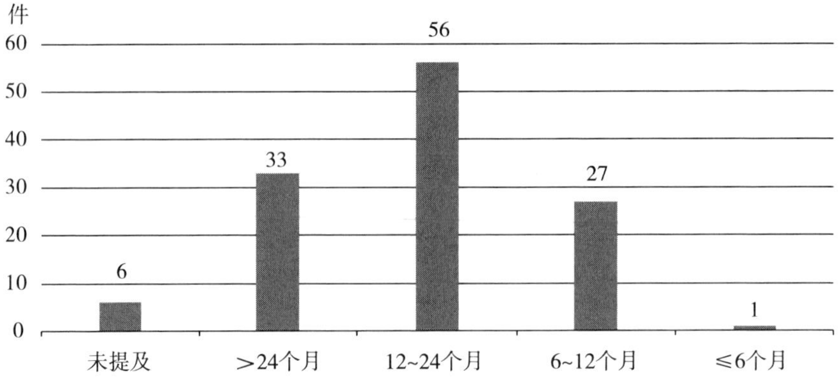

图2 2022年反垄断行政处罚案件的调查期限内的案件数量

在2021年公布的46件反垄断行政处罚案件中,案件的调查期限在12个月至24个月之间的,共计18件;案件调查期限在6个月到12个月之间的,共计7件;案件调查期限超过24个月的,共计6件;案件调查期限短于6个月的,共计5件;此外,还有10件案件的行政处罚决定书中并未提及调查期限。①

对比上述数据可知,除调查期限短于6个月的案件数量有所下降外,其余时间

① 参见林文:《中国反垄断行政执法年度报告(2021年)》,载王先林主编:《竞争法律与政策评论》第8卷,法律出版社2022年版,第262页。

幅度的案件数量均呈现上升趋势,主要原因如下:第一,随着公平竞争政策的深入实施和反垄断执法工作的不断展开,2022年反垄断行政执法查处和公布的案件数量相较于2021年大幅增加。第二,2022年查处和公布的反垄断执法案件具有涉案主体人数较多的特点,导致执法机构在调查此类案件的过程中需要消耗大量的行政执法资源,以保证行政处罚的科学性和有效性。第三,2022年多个行政处罚案件案情相对复杂。例如,在"福建广夏混凝土有限公司等7家单位垄断协议案"中,部分涉案当事人还涉及强迫交易罪等严重的刑事犯罪;又如,在"陕西省水泥协会组织13家水泥企业达成并实施垄断协议案"中,因案件的专业性较高,陕西省市场监督管理局在经过国务院反垄断委员会专家咨询组论证研究后,综合考虑案件具体情况才最终作出行政处罚决定。

四、反垄断行政处罚案件相关市场分析

(一)相关商品市场

2022年公布的123件反垄断行政处罚案件中,适用替代性分析方法界定相关商品市场的案件有27件,未适用替代性分析方法界定相关商品市场的案件有96件(见表2)。

表2　2022年适用替代性分析方法界定相关商品市场的案件

序号	案号	案件名称	执法机构	相关商品市场
1	宁市监处〔2022〕2号	宁夏长燃天然气有限公司滥用市场支配地位案	宁夏	管道燃气供应服务市场
2	皖市监竞争处字〔2022〕2号	芜湖湾沚中燃城市燃气发展有限公司滥用市场支配地位案	安徽	城市管道燃气供应服务市场
3	渝市监处字〔2022〕300号	重庆永康燃气有限公司滥用市场支配地位案	重庆	管道燃气供应服务市场
4	皖市监竞争处字〔2022〕1号	凤阳县益民供水有限责任公司滥用市场支配地位案	安徽	城镇公共供水服务市场
5	桂市监反垄断〔2022〕1号	永福县供水公司滥用市场支配地位案	广西	城市公共自来水供水服务市场
6	浙市监案〔2022〕3号	绍兴柯桥供水有限公司滥用市场支配地位案	浙江	城市公共自来水供水服务市场

续表

序号	案号	案件名称	执法机构	相关商品市场
7	浙市监案〔2022〕4号	绍兴市上虞区供水有限公司滥用市场支配地位案	浙江	城市公共自来水供水服务市场
8	黔市监价处〔2022〕9号	贵州水投水务集团威宁有限公司滥用市场支配地位案	贵州	城市公共自来水供水服务市场
9	渝市监处字〔2022〕300号	日照市水务集团供水有限公司滥用市场支配地位案	重庆	城市公共自来水供水服务市场
10	陕市监反垄断处字〔2022〕1号	陕西生态水泥股份有限公司垄断协议案	陕西	水泥市场
11	陕市监反垄断处字〔2022〕2号	陕西声威建材集团有限公司垄断协议案	陕西	水泥市场
12		铜川声威建材有限责任公司垄断协议案		水泥市场
13	陕市监反垄断处字〔2022〕3号	尧柏特种水泥集团有限公司垄断协议案	陕西	水泥市场
14	陕市监反垄断处字〔2022〕4号	陕西金隅冀东水泥经贸有限公司垄断协议案	陕西	水泥市场
15		冀东海德堡(泾阳)水泥有限公司垄断协议案		水泥市场
16		冀东海德堡(扶风)水泥有限公司垄断协议案		水泥市场
17	陕市监反垄断处字〔2022〕5号	礼泉海螺水泥有限责任公司垄断协议案	陕西	水泥市场
18		乾县海螺水泥有限责任公司垄断协议案		水泥市场
19		陕西铜川凤凰建材有限公司垄断协议案		水泥市场
20		宝鸡市众喜金陵河水泥有限公司垄断协议案		水泥市场
21		宝鸡众喜凤凰山水泥有限公司垄断协议案		水泥市场
22		千阳海螺水泥有限责任公司垄断协议案		水泥市场

续表

序号	案号	案件名称	执法机构	相关商品市场
23	陕市监反垄断处字〔2022〕6号	陕西省水泥协会组织13家水泥企业达成并实施垄断协议案	陕西	水泥市场
24	黔市监价处〔2022〕10号	贵州周富承物流有限公司滥用市场支配地位案	贵州	《网络预约出租汽车运输证》办证服务市场
25	国市监处罚〔2022〕87号	同方知网(北京)技术有限公司滥用市场支配地位案	国家	中文学术文献网络数据库服务市场
26		同方知网数字出版技术股份有限公司滥用市场支配地位案		中文学术文献网络数据库服务市场
27		《中国学术期刊(光盘版)》电子杂志社有限公司滥用市场支配地位案		中文学术文献网络数据库服务市场

其中,国家市场监督管理总局在知网滥用市场支配地位系列案的行政处罚决定书中适用替代性分析方法论证了该案的相关商品市场。首先,综合考虑平台经济的特点和案件的具体情况,将该案的相关市场界定为中国境内中文学术文献网络数据库服务市场。其次,说明中文学术文献网络数据库服务市场属于多边市场,其具有跨边网络效应的显著特征,因此需要综合考虑各边用户之间的关联影响,并主要从用户的角度进行需求替代分析,同时进行供给替代分析界定该案的相关商品市场。再次,通过需求替代分析和供给替代分析,论证中文学术文献网络数据库服务与电子图书数据库服务、学术文献网络搜索服务以及外文学术文献网络数据库服务均不具有紧密替代关系,不属于同一相关商品市场。最后,论证中文学术文献网络数据库服务无须根据数据库文献领域和文献类型不同进一步细分,中文学术文献网络数据库服务构成该案独立的相关商品市场。

(二)相关地域市场

2022年公布的123件反垄断行政处罚案件中,适用替代性分析方法界定相关地域市场的案件有27件,未适用替代性分析方法界定相关地域市场的案件有96件(见表3)。

表3　2022年适用替代性分析方法界定相关地域市场的案件

序号	案号	案件名称	执法机构	相关地域市场
1	宁市监处〔2022〕2号	宁夏长燃天然气有限公司滥用市场支配地位案	宁夏	吴忠市红寺堡区
2	皖市监竞争处字〔2022〕2号	芜湖湾沚中燃城市燃气发展有限公司滥用市场支配地位案	安徽	芜湖市湾沚区行政区域内
3	渝市监处字〔2022〕300号	重庆永康燃气有限公司滥用市场支配地位案	重庆	永川区15个镇街
4	皖市监竞争处字〔2022〕1号	凤阳县益民供水有限责任公司滥用市场支配地位案	安徽	凤阳县府城镇、临淮镇、门台经济开发区、板桥镇(凤宁产业园以西)区域内
5	桂市监反垄断〔2022〕1号	永福县供水公司滥用市场支配地位案	广西	桂林市永福县地域范围
6	浙市监案〔2022〕3号	绍兴柯桥供水有限公司滥用市场支配地位案	浙江	绍兴市柯桥区(马鞍街道除外)
7	浙市监案〔2022〕4号	绍兴市上虞区供水有限公司滥用市场支配地位案	浙江	绍兴市上虞区
8	黔市监价处〔2022〕9号	贵州水投水务集团威宁有限公司滥用市场支配地位案	贵州	威宁县城区域
9	渝市监处字〔2022〕300号	日照市水务集团供水有限公司滥用市场支配地位案	重庆	日照市主城区
10	陕市监反垄断处字〔2022〕1号	陕西生态水泥股份有限公司垄断协议案	陕西	陕西省关中区域
11	陕市监反垄断处字〔2022〕2号	陕西声威建材集团有限公司垄断协议案	陕西	陕西省关中区域
12		铜川声威建材有限责任公司垄断协议案		陕西省关中区域
13	陕市监反垄断处字〔2022〕3号	尧柏特种水泥集团有限公司垄断协议案	陕西	陕西省关中区域

续表

序号	案号	案件名称	执法机构	相关地域市场
14	陕市监反垄断处字〔2022〕4 号	陕西金隅冀东水泥经贸有限公司垄断协议案	陕西	陕西省关中区域
15		冀东海德堡(泾阳)水泥有限公司垄断协议案		陕西省关中区域
16		冀东海德堡(扶风)水泥有限公司垄断协议案		陕西省关中区域
17	陕市监反垄断处字〔2022〕5 号	礼泉海螺水泥有限责任公司垄断协议案	陕西	陕西省关中区域
18		乾县海螺水泥有限责任公司垄断协议案		陕西省关中区域
19		陕西铜川凤凰建材有限公司垄断协议案		陕西省关中区域
20		宝鸡市众喜金陵河水泥有限公司垄断协议案		陕西省关中区域
21		宝鸡众喜凤凰山水泥有限公司垄断协议案		陕西省关中区域
22		千阳海螺水泥有限责任公司垄断协议案		陕西省关中区域
23	陕市监反垄断处字〔2022〕6 号	陕西省水泥协会组织 13 家水泥企业达成并实施垄断协议案	陕西	陕西省关中区域
24	黔市监价处〔2022〕10 号	贵州周富承物流有限公司滥用市场支配地位案	贵州	兴义市
25	国市监处罚〔2022〕87 号	同方知网(北京)技术有限公司滥用市场支配地位案	国家	中国境内
26		同方知网数字出版技术股份有限公司滥用市场支配地位案		中国境内
27		《中国学术期刊(光盘版)》电子杂志社有限公司滥用市场支配地位案		中国境内

根据国务院反垄断委员会《关于相关市场界定的指南》第9条，反垄断执法机构从需求替代角度界定相关地域市场时可以考虑以下因素：

第一，需求者因商品价格或其他竞争因素变化，转向或考虑转向其他地域购买商品的证据。

第二，商品的运输成本和运输特征。相对于商品价格来说，运输成本越高，相关地域市场的范围越小。例如，在“陕西省水泥协会组织13家水泥企业达成并实施垄断协议案”中，涉案的13家企业均为销售水泥的经营者，而水泥受运输成本等因素的限制，一般运输距离为150公里左右，若超出运输范围，产品将不具有经济性，因此该案的相关地域市场为陕西省关中区域。与此同时，商品的运输特征也决定了商品的销售地域。例如，在“宁夏长燃天然气有限公司滥用市场支配地位案”中，相关商品市场为管道燃气供应服务，而管道燃气供应具有明显的地域性特征，当地居民无法选择其他地区的管道燃气供应服务，因此该案的相关地域市场为吴忠市红寺堡区。

第三，多数需求者选择商品的实际区域和主要经营者商品的销售分布。

第四，地域间的贸易壁垒，包括关税、地方性法规、环保因素、技术因素等。例如，在“贵州周富承物流有限公司滥用市场支配地位案”中，当地法规明确规定，网络预约出租车司机不能跨市经营，因此该案的相关地域市场为兴义市。

第五，特定区域需求者偏好、商品运进和运出该地域的数量等其他重要因素。从供给角度界定相关地域市场时一般可以考虑的因素，包括：其他地域的经营者对商品价格等竞争因素的变化作出反应的证据；其他地域的经营者供应或销售相关商品的即时性和可行性，如将订单转向其他地域经营者的转换成本等。

五、阻碍反垄断行政调查案件分析

2022年公布1件阻碍反垄断行政调查案件，在“宁夏长燃天然气有限公司滥用市场支配地位案”中，当事人作为宁夏长燃天然气有限公司综合管理部负责人，直接管理居民天然气销售业务及相关通气点火业务，负责报警器、波纹管的购进、付款及产品销售、收款及开支管理等工作，直接管理销售安装报警器、波纹管的业务人员，是宁夏长燃天然气有限公司违法行为的直接组织管理和实施人员，在宁夏回族自治区市场监督管理厅执法调查的过程中，故意隐瞒事实，提供虚假的报警器和波纹管价格、随货清单及其他票据，并在调查过程中指使波纹管供货商宁夏某工贸有限公司法定代表人出具虚假的销售价格、销售清单和授权委托书，阻挠执法人员调查取证。宁夏回族自治区市场监督管理厅依据修改前的《反垄断法》对其处以 5 万元的罚款。

2013～2022 年阻碍反垄断行政调查案件见表 4。

表 4　2013～2022 年阻碍反垄断行政调查案件

序号	案件名称	被处罚主体	年度	处罚机构	阻碍调查行为类型
1	宁夏长燃天然气有限公司滥用市场支配地位案	宁夏长燃天然气有限公司综合管理部负责人	2022	宁夏	故意隐瞒事实、提供虚假证据并指使他人出具虚假证据
2	扬子江药业集团有限公司垄断协议案	扬子江药业集团有限公司	2021	国家	不予配合、拖延检查进展
3	宜兴港华燃气有限公司滥用市场支配案	宜兴港华燃气有限公司	2021	江苏	不予配合、拖延检查进展
4	山东康惠医药有限公司滥用市场支配地位案	山东康惠医药有限公司及其法定代表人及 12 名员工	2020	国家	不配合、转移、藏匿、销毁和拒绝提供材料等；通过微信告知相关人员拔除 U 盘并隐匿、隐藏相关材料
		潍坊普云惠医药有限公司及其法定代表人	2020		
5	青海省民和川中石油天然气有限责任公司滥用市场支配地位案	青海省民和川中石油天然气有限责任公司	2020	国家	拒不配合调查，隐瞒事实真相，转移、藏匿并销毁与本案相关的资料，在调查期间变换手段继续从事违法活动；特别是将相关材料焚毁、焚烧达三个小时
6	广州庆丰丰田反垄断调查案	广州庆丰丰田汽车销售服务有限公司法定代表人和总经理	2018	广东省发展和改革委员会	拒绝提供材料、辱骂执法人员，指示其他人员拔掉 U 盘、电脑网线

续表

序号	案件名称	被处罚主体	年度	处罚机构	阻碍调查行为类型
7	隆舜和原料药价格垄断案	山东潍坊隆舜和医药有限公司	2017	山东省物价局	阻碍调查、扔掉执法人员收集材料U盘
8	安徽信雅达等三家密码器企业垄断协议案	信达雅系统工程股份有限公司	2017	原安徽省工商局	拒绝配合调查、未提供有关材料
9	重庆大同医药有限公司垄断案	重庆青阳医药有限公司	2016	国家发展和改革委员会	不积极配合调查,且在调查初期否认相关事实
10	海南省水晶销售企业垄断协议案	三亚铂莱晶工艺品有限公司	2013	海南省物价局	未按规定提供检查所需资料,且转移安装有收银系统、企业管理系统或财务系统的电脑设备,或删除、修改相关电脑数据
		三亚亿佳哈斯里水晶有限责任公司	2013		

第二节 反垄断行业行政处罚分析

一、反垄断行政处罚案件地域分布

将2022年公布的123件反垄断行政处罚案件按照被处罚相对人所在地区进行划分,河南省的案件数量排名第一,共31件,约占25%;排名第二的是陕西省,案件数量共计14件,约占11%;吉林省排名第三,共11件,约占9%;云南省和贵州省并列第四,各计10件,各约占8%;安徽省案件数量紧随其后,共计9件;浙江、山西和福建各计7件;北京6件;其余省份的反垄断行政处罚案件数量均在5件及以下,共计11件。(见图3)

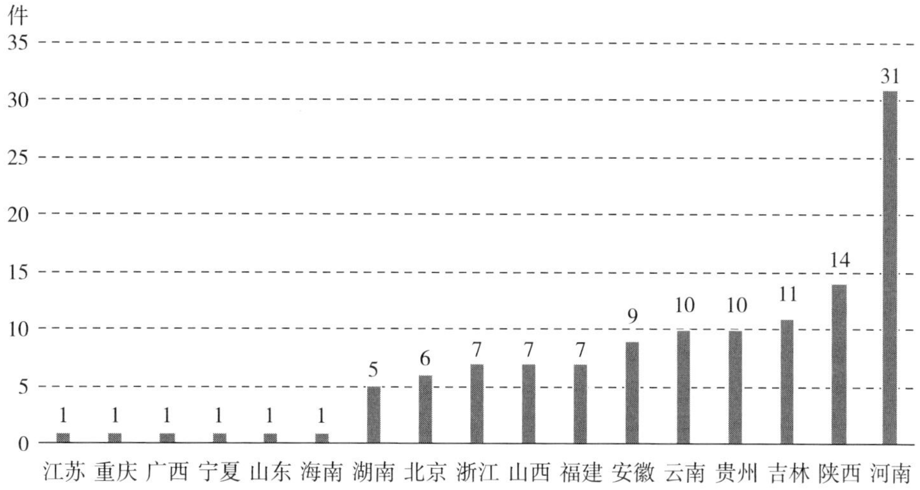

图 3　2022 年反垄断行政处罚案件地域分布

在 2022 年公布的反垄断行政处罚案件中,河南省的案件数量最多,原因是河南省市场监督管理局于 2022 年依法查处了河南省信用建设促进会组织 31 家信用评估企业达成并实施垄断协议的案件。在该案中,河南省信用建设促进会多次组织会员单位,通过签订自律公约的方式达成了固定信用评估服务价格变动幅度的垄断协议,且会员单位在之后的经营活动中实施了上述垄断协议,排除、限制了行业的竞争。陕西省的案件数量排名第二,原因是陕西省市场监督管理局于 2022 年依法查处了陕西省水泥协会组织 13 家水泥企业达成并实施垄断协议的案件。该案中,涉案的多家水泥企业在陕西省水泥协会的组织或自发组织下,达成并实施了统一上调水泥销售价格的垄断协议,排除、限制了陕西省关中区域水泥市场的竞争,破坏了建材行业公平竞争的市场秩序。

2021 年反垄断行政处罚案件共计 46 件,其中案件数量排名第一的是江西省,共计 9 件,约占 20%;排名第二的是山东省,共计 8 件,约占 18%;排名第三的是重庆市,共计 7 件,约占 15%。① 根据上述数据可知,相较于 2021 年,2022 年的反垄断行政调查处罚案件数量排名第一的地区发生了变化,由江西省转变为河南省,其他省市的案件数量也有不同幅度的变化。

① 参见林文:《中国反垄断行政执法年度报告(2021 年)》,载王先林主编:《竞争法律与政策评论》第 8 卷,法律出版社 2022 年版,第 232 页。

与2021年相比,2022年各省市行政处罚案件数量明显增多,主要原因如下:第一,2022年查处的案件多为横向垄断协议案件,此类案件具有涉案主体较多的特点,仅"河南省信用建设促进会垄断协议案"就涉及31个行政相对人,而在2021年的同类型案件中,被调查处罚对象最多的"江西省丰城市预拌混凝土协会垄断协议案"也只涉及8位当事人。第二,随着反垄断行政执法工作的展开,各地正不断加强民生领域的反垄断执法,对人民群众反映强烈的不正当竞争行为作出及时回应,形成常态化反垄断监管措施,积极维护行业秩序和社会公共利益。

二、反垄断行政处罚案件行业分布

(一)行业行政处罚总体情况

2022年公布的123件反垄断行政处罚案件分布在9个行业中,其中服务行业、建材行业、燃气行业占据了前三的地位,分别为71件、21件、11件,占比分别为58%、17%、9%,剩余的20件案件分布在其他6个行业中,约占16%(见图4)。

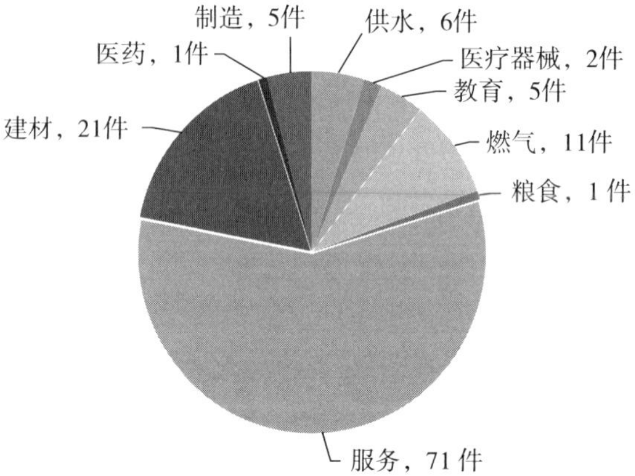

图4 2022年反垄断行政处罚案件行业分布

2021年公布的46件反垄断行政处罚案件中,建材行业数量排名第一,为19件,约占41%;其次是医药行业,为10件,约占22%;排名第三的是燃气行业,为7件,约占15%。[①] 2020年公布的143件反垄断行政处罚案件中,检测服务行业数量

① 参见林文:《中国反垄断行政执法年度报告(2021年)》,载王先林主编:《竞争法律与政策评论》第8卷,法律出版社2022年版,第233页。

排名第一,为 31 件,约占 22%;其次是汽车销售行业,为 29 件,约占 20%;排名第三的是建筑行业,为 23 件,约占 16%。①

从以上数据可知,与前两年相比,除建筑材料行业的案件数量仍位居前列外,其他行业的排名均有明显变化。最近一年以来,除往年重点关注的医药、燃气、供水等涉及国计民生领域外,反垄断执法机构也正不断加强对教育、制造等行业的查处力度,力求执法范围全覆盖,积极维护各行各业公平竞争的市场秩序和消费者的切身利益。

(二)服务行业处罚情况

服务行业作为传统行业,涉及人民群众生活的方方面面。根据 2022 年公布的反垄断行政处罚案件情况,共计处罚 71 件服务行业的垄断案件,服务行业一跃成为 2022 年反垄断行政处罚案件数量最多的行业,案件数量占 2022 年反垄断行政处罚总案件数量的 58%。其中,涉及印章刻制服务 6 件、汽车检测服务 18 件、信用评估服务 31 件、运输客运服务 8 件、驾驶培训服务 5 件,以及互联网信息技术服务 3 件。按行为类型统计,包括滥用市场支配 4 件和横向垄断协议 67 件(见表 5)。

表 5 2022 年服务行业反垄断行政处罚案件

序号	案号	案件名称	执法机构
1	云市监竞处字〔2021〕1 号	云南创鑫防伪印章有限公司红河分公司垄断协议案	云南
2	云市监竞处字〔2021〕2 号	红河顺达舜防伪印章有限公司垄断协议案	云南
3	云市监竞处字〔2021〕3 号	红河成溪防伪印章有限责任公司垄断协议案	云南
4	云市监竞处字〔2021〕4 号	红河州红卫防伪印章有限公司垄断协议案	云南
5	云市监竞处字〔2021〕5 号	蒙自世昌防伪印章有限责任公司垄断协议案	云南
6	云市监竞处字〔2021〕6 号	红河州钟灵防伪印章有限公司垄断协议案	云南

① 参见林文:《中国反垄断行政执法年度报告(2020 年)》,载王先林主编:《竞争法律与政策评论》第 7 卷,法律出版社 2021 年版。

续表

序号	案号	案件名称	执法机构
7	吉市监处〔2022〕4 号	辽源市东升汽车检测有限公司垄断协议案	吉林
8		辽源市旭日汽车检测有限公司垄断协议案	吉林
9		东辽县东升汽车检测有限公司垄断协议案	吉林
10		辽源市通安汽车检测有限公司垄断协议案	吉林
11	吉市监处〔2022〕5 号	辽源市快通机动车检测有限责任公司垄断协议案	吉林
12	吉市监处〔2022〕6 号	辽源市锡源机动车检测有限公司垄断协议案	吉林
13	吉市监处〔2022〕7 号	辽源市通达机动车检测有限公司垄断协议案	吉林
14	吉市监处〔2022〕8 号	辽源市通利机动车检测有限公司垄断协议案	吉林
15	吉市监处〔2022〕9 号	辽源市铠达汽车检测有限公司垄断协议案	吉林
16	吉市监处〔2022〕10 号	辽源市龙山区利民机动车安全性能检测有限公司垄断协议案	吉林
17	吉市监处〔2022〕11 号	东辽县运安车辆检测有限公司垄断协议案	吉林
18	豫市监处罚〔2021〕2－1 号	河南省信用建设促进会垄断协议案	河南
19	豫市监处罚〔2021〕2－2 号	中岂认证中心有限公司垄断协议案	河南
20	豫市监处罚〔2021〕2－3 号	河南中泰信用评价有限公司垄断协议案	河南
21	豫市监处罚〔2021〕2－4 号	鑫诚信用管理有限公司垄断协议案	河南
22	豫市监处罚〔2021〕2－5 号	河南瑞华信用评估有限公司垄断协议案	河南
23	豫市监处罚〔2021〕2－6 号	河南征信信用评估有限公司垄断协议案	河南
24	豫市监处罚〔2021〕2－7 号	河南信用评估咨询有限公司垄断协议案	河南
25	豫市监处罚〔2021〕2－8 号	河南中惠誉信用评估有限公司垄断协议案	河南
26	豫市监处罚〔2021〕2－9 号	河南讴路企业服务有限公司垄断协议案	河南
27	豫市监处罚〔2021〕2－10 号	河南博诚信用评估有限公司垄断协议案	河南
28	豫市监处罚〔2021〕2－11 号	河南兆诚信用评估有限公司垄断协议案	河南
29	豫市监处罚〔2021〕2－12 号	中鑫征信有限公司垄断协议案	河南
30	豫市监处罚〔2021〕2－13 号	河南鼎信企业信用评估有限公司垄断协议案	河南

续表

序号	案号	案件名称	执法机构
31	豫市监处罚〔2021〕2-14号	河南天安信用评估有限公司垄断协议案	河南
32	豫市监处罚〔2021〕2-15号	河南省金茂信用评估有限公司垄断协议案	河南
33	豫市监处罚〔2021〕2-16号	河南公信企业管理咨询有限公司垄断协议案	河南
34	豫市监处罚〔2021〕2-17号	河南兆丰信用评估咨询有限公司垄断协议案	河南
35	豫市监处罚〔2021〕2-18号	郑州万方企业信用评估有限公司垄断协议案	河南
36	豫市监处罚〔2021〕2-19号	河南众信信用评估有限公司垄断协议案	河南
37	豫市监处罚〔2021〕2-20号	三信国际检测认证有限公司垄断协议案	河南
38	豫市监处罚〔2021〕2-21号	河南千业信用评估有限公司垄断协议案	河南
39	豫市监处罚〔2021〕2-22号	河南金石信用评估有限公司垄断协议案	河南
40	豫市监处罚〔2021〕2-23号	中金信用管理有限公司垄断协议案	河南
41	豫市监处罚〔2021〕2-24号	河南诚合信用评估有限公司垄断协议案	河南
42	豫市监处罚〔2021〕2-25号	河南省绩效和信用评价有限公司垄断协议案	河南
43	豫市监处罚〔2021〕2-26号	河南中安环信用评估有限公司垄断协议案	河南
44	豫市监处罚〔2021〕2-27号	河南千盛信用评估有限公司垄断协议案	河南
45	豫市监处罚〔2021〕2-28号	河南誉泰企业信用评估有限公司垄断协议案	河南
46	豫市监处罚〔2021〕2-29号	河南禾晨信用评估有限公司垄断协议案	河南
47	豫市监处罚〔2021〕2-30号	河南柏兰嘉安信用评估有限公司垄断协议案	河南
48	豫市监处罚〔2021〕2-31号	河南润合企业信用征信有限公司垄断协议案	河南
49	黔市监价处〔2022〕10号	贵州周富承物流有限公司滥用市场支配地位案	贵州
50	晋市监价监罚字〔2022〕54号	朔州市蓝天机动车检测有限公司垄断协议案	山西
51	晋市监价监罚字〔2022〕55号	朔州市旺鑫源机动车检测有限公司垄断协议案	山西
52	晋市监价监罚字〔2022〕56号	朔州俊驰机动车检测有限公司垄断协议案	山西
53	晋市监价监罚字〔2022〕57号	朔州市朔平车辆测试有限公司垄断协议案	山西
54	晋市监价监罚字〔2022〕58号	朔州市安泰机动车检测有限公司垄断协议案	山西

续表

序号	案号	案件名称	执法机构
55	晋市监价监罚字〔2022〕59号	朔州市长运机动车检测有限公司垄断协议案	山西
56	晋市监价监罚字〔2022〕60号	朔州市鼎通车辆测试有限公司垄断协议案	山西
57	湘市监反垄断处字〔2022〕1号	新田县龙泉机动车驾驶员培训学校垄断协议案	湖南
58	湘市监反垄断处字〔2022〕2号	新田县远程机动车驾驶员培训学校垄断协议案	湖南
59	湘市监反垄断处字〔2022〕3号	新田县民兴机动车驾驶员培训学校垄断协议案	湖南
60	湘市监反垄断处字〔2022〕4号	新田县新和机动车驾驶员培训学校垄断协议案	湖南
61	湘市监反垄断处字〔2022〕5号	新田县阳光机动车驾驶员培训学校垄断协议案	湖南
62	国市监处罚〔2022〕87号	同方知网(北京)技术有限公司滥用市场支配地位案	国家
63		同方知网数字出版技术股份有限公司滥用市场支配地位案	国家
64		《中国学术期刊(光盘版)》电子杂志社有限公司滥用市场支配地位案	国家
65	皖市监竞争处字〔2022〕3号	黄山市黄山区太平湖游船发展有限责任公司垄断协议案	安徽
66	皖市监竞争处字〔2022〕4号	黄山金鼎太平湖游船发展有限责任公司垄断协议案	安徽
67	皖市监竞争处字〔2022〕5号	黄山市黄山区龙门乡情缘水上旅游有限公司垄断协议案	安徽
68	皖市监竞争处字〔2022〕6号	黄山市黄山区平湖神珠游船有限公司垄断协议案	安徽
69	皖市监竞争处字〔2022〕7号	黄山区绿水游船有限公司垄断协议案	安徽
70	皖市监竞争处字〔2022〕8号	黄山市黄山区太平湖农家乐游船有限公司垄断协议案	安徽
71	皖市监竞争处字〔2022〕9号	黄山市黄山区太平湖盘龙游船有限公司垄断协议案	安徽

“知网滥用市场支配地位案”作为 2022 年唯一由国家市场监督管理总局适用新修改的《反垄断法》作出行政处罚第一案,受到社会公众的广泛关注。知网是我国颇具市场影响力的学术文献数字化服务平台,近年来频繁出现“大学生起诉知网设最低充值金额是霸王条款”“知网不向个人提供查重服务被教授起诉”“高校学生集体吐槽收费过高的查重费用”等舆论批评声音。据此,2022 年 5 月,国家市场监督管理总局依法对知网涉嫌实施滥用市场支配地位的行为立案调查。经查,知网作为提供中文学术文献网络数据库服务的数字平台,滥用其在中国境内相关商品市场的支配地位,通过独家合作的方式限定学术期刊出版单位、高校只能向其提供学术文献数据;以免费提供学术不端检测等服务要求学术期刊出版单位、高校执行独家合作协议;以不公平的高价销售中文学术文献网络数据库服务,获得高额垄断利润。国家市场监督管理总局认为知网的上述行为排除、限制了相关市场竞争,损害了用户合法利益,阻碍了中文学术文献网络数据库服务市场技术进步和创新发展,影响了学术交流传播,破坏了良好的科研学术生态环境,遂依法责令知网停止违法行为,并处以其 2021 年度在中国境内销售额 17.52 亿元的 5% 罚款的行政处罚,共计 8760 万元。除此之外,国家市场监督管理总局要求知网围绕解除独家合作、减轻用户负担、加强内部合规管理等方面进行全面整改。在国家市场监督管理总局依法对知网作出行政处罚决定后,知网按照行政处罚决定,结合社会各方面的意见和建议,制定并对外公开了 5 个方面共 15 项整改措施,承诺接受各方监督。国家市场监督管理总局通过公开发布“知网滥用市场支配地位案”,倡导公平竞争的制度,警醒各方市场主体依照国家法律的规定建立或重整竞争合规机制,宣扬公平竞争的行业文化。

服务行业的繁荣发展是社会进步的标志和国家文明的成果,规范服务行业的行为有利于构建社会主义和谐社会,并在促进消费、提高人民群众精神文化生活水平等方面发挥着不可替代的重要作用。因此,相关企业应当加强竞争合规管理工作,促进行业规范有序地健康发展。

(三)建材行业处罚情况

2022 年,反垄断执法机构继续加强对水泥、混凝土等建筑材料行业的反垄断执法力度。根据公布的反垄断行政处罚案件情况,2022 年全年作出行政处罚的建筑材料行业垄断协议案件共 21 件(见表 6),占 2022 年行政处罚案件数量的 18%。在办结的 21 件垄断协议案件中,混凝土行业 7 件,水泥行业 14 件,均为横向垄断协议案件。

表6　2022年建材行业反垄断行政处罚案件

序号	案号	案件名称	执法机构
1	闽市监稽字〔2022〕001号	福建广夏混凝土有限公司垄断协议案	福建
2	闽市监稽字〔2022〕002号	杭德(建阳)混凝土有限公司垄断协议案	福建
3	闽市监稽字〔2022〕003号	南平市建阳区华盛混凝土有限公司垄断协议案	福建
4	闽市监稽字〔2022〕004号	福建省武夷建达混凝土有限公司垄断协议案	福建
5	闽市监稽字〔2022〕005号	福建武夷沥青混凝土有限公司垄断协议案	福建
6	闽市监稽字〔2022〕006号	南平市建阳区永固混凝土有限公司垄断协议案	福建
7	闽市监稽字〔2022〕007号	福建省云信混凝土有限公司垄断协议案	福建
8	陕市监反垄断处字〔2022〕1号	陕西生态水泥股份有限公司垄断协议案	陕西
9	陕市监反垄断处字〔2022〕2号	陕西声威建材集团有限公司垄断协议案	陕西
10		铜川声威建材有限责任公司垄断协议案	
11	陕市监反垄断处字〔2022〕3号	尧柏特种水泥集团有限公司垄断协议案	陕西
12	陕市监反垄断处字〔2022〕4号	陕西金隅冀东水泥经贸有限公司垄断协议案	陕西
13		冀东海德堡(泾阳)水泥有限公司垄断协议案	
14		冀东海德堡(扶风)水泥有限公司垄断协议案	
15	陕市监反垄断处字〔2022〕5号	礼泉海螺水泥有限责任公司垄断协议案	陕西
16		乾县海螺水泥有限责任公司垄断协议案	
17		陕西铜川凤凰建材有限公司垄断协议案	
18		宝鸡市众喜金陵河水泥有限公司垄断协议案	
19		宝鸡众喜凤凰山水泥有限公司垄断协议案	
20		千阳海螺水泥有限责任公司垄断协议案	
21	陕市监反垄断处字〔2022〕6号	陕西省水泥协会垄断协议案	陕西

2022年7月9日,国家市场监督管理总局发布"陕西省水泥协会组织13家水泥企业达成并实施垄断协议案"行政处罚决定书。在该案中,陕西省水泥协会组织关中区域的13家水泥企业通过开展行业会议、聚会、微信聊天等方式,达成统一上

调水泥销售价格的一致意见。除此之外,陕西省水泥协会还在协议实施阶段协调 13 家水泥企业上调价格,提高垄断协议的执行效率。该行业协会的组织协调行为排除、限制了陕西省关中区域水泥市场的竞争,破坏了建材行业公平竞争市场秩序,降低了经济运行效率,损害了消费者利益和社会公共利益。2022 年 6 月 28 日,陕西省市场监督管理局对该案依法查处,责令陕西省水泥协会及涉案的 13 家水泥企业停止违法行为,并处罚款合计 4.51 亿元。

在福建广夏混凝土有限公司等 7 家单位垄断协议案中,涉案的 7 家混凝土企业通过设立未经合法登记的"建阳区商砼协会"达成和实施固定或变更混凝土市场价格、分割市场的垄断协议。该垄断协议表面上表现为"商砼协会"的集体意志,实质上却是团体成员即涉案的 7 家混凝土企业个体意思协同一致的结果。上述行为使得涉案的 7 家混凝土公司得以控制、操控市场价格,导致市场资源无法进行有效、合理配置,破坏了优胜劣汰的市场规则,限制、剥夺了建阳区商品混凝土需求方的选择,损害了当地其他建筑企业的合法权益。2022 年 6 月 8 日,福建省市场监督管理局责令涉案的 7 家企业停止违法行为,并处罚款合计约 1582.9 万元的行政处罚。考虑到福建省武夷建达混凝土公司因未完全执行协会规定价格而遭受涉黑人员及其他 6 家企业的暴力制裁,对其处以 2018 年度销售额 3% 的罚款,其余 6 家企业均处以 2018 年度销售额 4% 的罚款。

建材行业作为垄断协议频发的行业,一直是反垄断执法机构重点关注的领域。水泥、混凝土等建筑材料受制于产品特性和施工要求,具有特定销售半径的特点,如水泥的公路运输距离一般不得超过 200 千米,混凝土不得超过 50 千米等,因此具有较强的区域性市场特点。辅之行业协会达成并实施固定销售价格的协议,从而引发违法垄断行为,破坏了公平竞争的市场秩序。上述两个案件,一个是由行业协会牵头组织会员单位达成并实施垄断协议,另一个则是企业为牟取利益假借行业协会的名义达成并强迫相关企业参与、实施垄断协议。可以看出,在建材领域中,行业协会涉案现象尤为突出。为整顿行业协会参与垄断行为的乱象,新修订的《反垄断法》加大行业协会违法行为的罚款数额,由过去的最高 50 万元提高 6 倍至最高 300 万元,行业协会违法成本大幅增加,或在一定程度上减少行业协会参与垄断协议案件的发生。

建材行业与国民经济息息相关,相关企业应当加强反垄断合规经营。在"陕西省水泥协会组织 13 家水泥企业达成并实施垄断协议案"中,陕西省市场监督管理局对陕西省水泥协会及 13 家当地水泥企业作出行政处罚的同时,向当事人制发行政指导书,从认真学习反垄断监管政策、全面规范自身竞争行为、完善内部竞争合规制度、维护行业良好竞争秩序4个方面提出12条行政指导意见,要求当事人严格对照《反垄断法》全面整改,为涉案企业依法合规经营提供明确指引。该行政指导书对于建材行业的其他企业也具有一定程度的借鉴意义,相关企业应当革新传统经营模式,规范企业经营行为,加强反垄断合规经营理念,推动行业形成开放、有序的公平竞争市场环境。

(四)医药行业处罚情况

医药行业主要包括医疗卫生和医药药品两个重要部分,2022年全国反垄断执法机构共计查办3件医药行业垄断案件(见表7),行为类型均为纵向垄断协议,其中1件涉及医药药品,2件涉及医疗器械。

表7　2022年医药行业反垄断行政处罚案件

序号	案号	案件名称	执法机构
1	京市监垄罚〔2022〕06001号	盖思特利商贸(北京)有限公司限定最低转售价格垄断协议案	北京
2	京市监垄罚〔2022〕06003号	士卓曼(北京)医疗器械贸易有限公司垄断协议案	北京
3	琼市监处罚〔2022〕32号	海南伊顺药业有限公司垄断协议案	海南

2022年,涉外国药企垄断协议案件2件,分别是"盖思特利商贸(北京)有限公司限定最低转售价格垄断协议案"和"士卓曼(北京)医疗器械贸易有限公司垄断协议案"。2022年11月,北京市市场监督管理局依法对盖思特利商贸有限公司涉嫌达成并实施限定最低转售价格的垄断行为开展调查。经查,盖思特利商贸有限公司作为代理商,在中国没有任何生产型业务,涉案商品全部进口自瑞士盖氏制药有限公司;通过与下游经销商达成限定价格的垄断协议并制定管理规定、建立考核评估机制、监控经销商执行限定价格情况以及处罚未执行限定价格政策的经销商等措施,保证垄断协议的实施。该案中,涉案商品属于价格相对较高、群众费用负担较重的高值医用耗材。近年来,国家制定了关于高值医用耗材的改革措施,治理价格虚高问题,目的是减轻群众负担,维护群众的健康权益。本案当事人盖思特利商贸

有限公司的上述行为使得终端消费者难以分享价格竞争带来的利益,损害消费者合法权益和社会公共利益,被处以912万元的行政罚款。在“士卓曼公司垄断协议案”中,士卓曼公司提供的口腔种植体作为国外进口产品,具有高质量、适应证范围广、种植成功率高以及稳定性强的特点,在种牙行业一度处于领先水平,并得到国内外患者的高度认可。与此同时,口腔种植手术医生为保证种植手术的成功率,通常选择与其学习背景、使用习惯和品牌熟悉程度相关度高的产品,一般不会寻求替代品牌。这就使国内经销公司只能被动接受士卓曼公司的商品定价,阻碍了国内市场价格机制正常发挥作用。

在“海南伊顺药业有限公司垄断协议案”中,海南伊顺药业有限公司与部分经销商达成关于其独家产品“莲芝消炎滴丸”的最低转售价格协议,并在协议中规定,若经销商以低于约定的零售价、终端价对外销售的,海南伊顺药业有限公司有权停止发货,经销商需承担相应的违约金责任以保障垄断协议的实施。经查,“莲芝消炎滴丸”属于清热解毒类药品,2020年新冠疫情期间,国家对清热解毒类药品明文规定,不能超过30%加价销售。涉案当事人虽与部分下游经销商达成上述垄断协议,但下游经销商尚未真正实施该协议价格。海南省市场监督管理局认为,这种限定最低转售价格的行为控制、剥夺、干预了下游经营者的自主定价权,排除、限制了经销商之间的价格竞争,破坏了正常的市场竞争秩序,同时排除了消费者以低于限定价格购买“莲芝消炎滴丸”的机会,损害了消费者的利益,遂决定对伊顺药业公司处以20万元的行政罚款。

(五)公用事业处罚情况

公用事业是城镇经济运行和社会发展的重要保障,具有鲜明的基础性、先导性和自然垄断性的特征。2022年,国家市场监督管理总局加强反垄断执法与涉企收费检查、价格监管等工作协同配合,指导各地严查加重市场主体水电气暖成本、损害中小企业和消费者合法权益的垄断行为。2022年全国反垄断执法机构共计查办17件公用事业企业垄断案件(见表8),行为类型包括滥用市场支配地位和横向垄断协议,其中8件涉及横向垄断协议,其余均为滥用市场支配地位;案件类型包括供水和供气2个行业,其中供水6件,供气11件。

表8 2022年公用事业反垄断行政处罚案件

序号	案号	案件名称	执法机构
1	皖市监竞争处字〔2022〕1号	凤阳县益民供水有限责任公司滥用市场支配地位案	安徽
2	皖市监竞争处字〔2022〕2号	芜湖湾沚中燃城市燃气发展有限公司滥用市场支配地位案	安徽
3	桂市监反垄断〔2022〕1号	永福县供水公司滥用市场支配地位案	广西
4	宁市监处〔2022〕2号	宁夏长燃天然气有限公司滥用市场支配地位案	宁夏
5	浙市监案〔2022〕3号	绍兴柯桥供水有限公司滥用市场支配地位案	浙江
6	浙市监案〔2022〕4号	绍兴市上虞区供水有限公司滥用市场支配地位案	浙江
7	黔市监价处〔2022〕1号	遵义百江燃气有限公司垄断协议案	贵州
8	黔市监价处〔2022〕2号	遵义市玉宇阳光燃气有限公司垄断协议案	贵州
9	黔市监价处〔2022〕3号	遵义市播州区宏图燃气有限公司垄断协议案	贵州
10	黔市监价处〔2022〕4号	云南中石化燃气有限公司遵义分公司垄断协议案	贵州
11	黔市监价处〔2022〕5号	遵义市九洲燃气有限公司垄断协议案	贵州
12	黔市监价处〔2022〕6号	绥阳县宏峰液化气站垄断协议案	贵州
13	黔市监价处〔2022〕7号	遵义市富利燃气有限责任公司垄断协议案	贵州
14	黔市监价处〔2022〕8号	贵州汇祥瑞能源开发有限公司垄断协议案	贵州
15	黔市监价处〔2022〕9号	贵州水投水务集团威宁有限公司滥用市场支配地位案	贵州
16	鲁市监行处字〔2022〕120号	日照市水务集团供水有限公司滥用市场支配地位案	山东
17	渝市监处字〔2022〕300号	重庆永康燃气有限公司滥用市场支配地位案	重庆

公用事业企业滥用市场支配地位行为通常表现为三类。第一类为限定工程施工单位和材料,在水电气暖报装时限定用户必须将业务委托给其指定的企业,必须购买公用企业指定品牌或厂商的设备和工程材料。例如,在"绍兴市上虞区供水有

限公司滥用市场支配地位案”中,涉案当事人限定房地产开发公司将相关供水工程委托当事人施工,限定二次供水设施、设备及部件的品牌和供货厂商,并附加额外收取费用的不合理交易条件,受到浙江省市场监督管理局罚没金额约 1095 万元的行政处罚。第二类是强制搭售非必需产品,在水电气暖开户流程中设置必需环节,强制向用户搭售报警器、燃气具、波纹管等非必需产品。例如,在“宁夏长燃天然气有限公司滥用市场支配地位案”中,涉案当事人滥用其在吴忠市红寺堡区管道燃气供应服务市场的支配地位,将购买报警器和波纹管设置为燃气开通流程中的必需环节,强制居民用户购买其销售的报警器和波纹管,受到宁夏回族自治区市场监督管理厅罚没金额约 111 万元的行政处罚。第三类是附加不合理交易条件,以预付气费、用水押金等名义强制向用户收取保证金,要求用户承担本应由公用企业承担的计量设备费等费用,以管道建设补偿费、破口水损费等名目向用户收取不合理费用,增加用户经济负担等。例如,在“绍兴柯桥供水有限公司滥用市场支配地位案”中,涉案当事人要求房地产开发企业承担建筑区划红线外的入网工程建设费用,并额外支付室外消防直接供水的管道建设补偿费,受到浙江省市场监督管理局罚没金额约 2246 万元的行政处罚。公用事业企业滥用市场支配地位实施上述违法行为,限制了其他有资质企业参与市场竞争,剥夺消费者获得质优价廉公共资源服务的权利,损害公用事业领域的公平竞争秩序。

(六)行业协会处罚情况

我国《反垄断法》明确指出,行业协会应当加强行业自律,引导本行业的经营者依法竞争,合规经营,维护市场竞争秩序。但事实上,一些行业协会并未成为加强行业自律的“帮手”,反而成为组织经营者达成垄断协议、实施垄断行为的“推手”。2022 年全国反垄断执法机构共计查办 4 件行业协会垄断案件(见表 9),行为类型涉及固定或变更商品价格、分割销售市场,以及联合抵制交易。

表 9　2022 年行业协会反垄断行政处罚案件

序号	案号	案件名称	执法机构
1	苏市监反垄断案〔2022〕1 号	射阳县大米协会垄断协议案	江苏
2	浙市监案〔2022〕6 号	浙江省民用爆破器材行业协会垄断协议案	浙江

续表

序号	案号	案件名称	执法机构
3	陕市监反垄断处字〔2022〕6号	陕西省水泥协会垄断协议案	陕西
4	豫市监处罚〔2021〕2－1号	河南省信用建设促进会垄断协议案	河南

2022年5月,在江苏省市场监督管理局查处的“射阳县大米协会垄断协议案”中,射阳县大米协会通过组织会员大会、颁布《自律公约》的形式,要求各会员单位执行公约中关于统一价格要求的条款,并定期审核会员单位对自律公约的执行情况。对于不遵守《自律公约》的会员单位,协会将停止换发射阳大米商标准用证或强制会员单位退出协会,以保证公约的有效实施。执法机构认为,射阳县大米协会作为行业协会,本应加强行业自律,引导行业经营者依据市场规律开展交易,维护正常市场竞争秩序,但其却以不合理条件作为约束,组织制定含有统一价格内容的《自律公约》,并强制会员单位参与。其上述行为违反了《反垄断法》“行业协会不得组织本行业的经营者从事本章禁止的垄断行为”的限制性规定,执法机构遂作出40万元罚款的行政处罚。

垄断行为除由行业协会主导实施外,还包括会员单位通过行业协会达成并实施垄断协议的行为。在“陕西省水泥协会垄断协议案”中,涉案的13家具有竞争关系的水泥企业通过行业协会组织或自发组织的形式,达成统一上调水泥销售价格的时间和幅度的一致意见,并实施了涨价行为。陕西省市场监督管理局认为陕西省水泥协会和涉案的13家水泥企业的行为干预了市场竞争机制有效发挥资源配置和调节价格的作用,降低了经济运行效率,损害了消费者利益和社会公共利益,遂于2022年6月对上述涉案当事人罚款合计约4.51亿元。

上述两个案件,涉案主体主要是通过固定或变更商品价格的方式实施垄断行为,而在“浙江省民用爆破器材行业协会垄断协议案”中,浙江省民用爆破器材行业协会除组织浙江省民用爆破器材生产企业达成并实施固定民用爆破器材生产企业的销售价格和总经销商转售价格的垄断协议外,还达成并实施限制民用爆炸物品生产数量或者销售数量和联合抵制民用爆炸物品交易的垄断协议。浙江省市场监督管理局于2022年9月对浙江省民用爆破器材行业协会的上述垄断行为作出40万元罚款的行政处罚。

近年来,行业协会组织或参与垄断协议案件层出不穷,其主要原因是我国行业协会严格遵守"一业一会"和"一地一会"的原则,也就是说,在同一个地域同一行业中通常只允许注册登记一个行业协会。因此,几乎所有的同业竞争者都从属于同一行业协会,这也就大大增加了行业协会组织并达成横向垄断协议的可能性和可行性。2022年修正的《反垄断法》通过增加行业协会的责任类型,增加行业协会违法处罚的方式,以期有效规制行业协会的垄断行为。与此同时,各地市场监管部门也都加大行政指导力度,通过制定行业协会反垄断合规指引的方式,提醒行业协会高度重视防范垄断行为。例如,山东发布的《行业协会反垄断合规指引》、贵州发布的《行业协会和经营者反垄断合规指引》,以及河南发布的《行业协会反垄断合规指引》。

(七)知识产权领域处罚情况

2022年全国反垄断执法机构共计查办8件涉及知识产权垄断案件(见表10),包括著作权3件,专利权3件以及商标权2件。

表10　2022年知识产权领域反垄断行政处罚案件

序号	案号	案件名称	执法机构	知识产权类型
1	国市监处罚〔2022〕87号	同方知网(北京)技术有限公司滥用市场支配地位案	国家	著作权
2		同方知网数字出版技术股份有限公司滥用市场支配地位案		
3		《中国学术期刊(光盘版)》电子杂志社有限公司滥用市场支配地位案		
4	京市监垄罚〔2022〕06001号	盖思特利商贸(北京)有限公司限定最低转售价格垄断协议案	北京	专利权
5	京市监垄罚〔2022〕06003号	士卓曼(北京)医疗器械贸易有限公司垄断协议案	北京	专利权
6	琼市监处罚〔2022〕32号	海南伊顺药业有限公司垄断协议案	海南	专利权
7	苏市监反垄断案〔2022〕1号	射阳县大米协会垄断协议案	江苏	商标权
8	京市监垄罚〔2022〕06002号	北京凯瑞联盟教育科技有限公司垄断协议案	北京	商标权

在“知网滥用市场支配地位案”中,知网作为我国唯一经国家批准正式出版博士学位论文的学术电子期刊,相较于维普、万方等其他中文学术数据库更具有竞争优势。作为常年高校学子和专家学者广泛使用的数据服务网站,知网本该成为知识产权的保护者,实现知识的有形价值,但其却滥用市场支配地位:一方面,通过签订独家合作协议等方式,限定学术期刊出版单位、高校不得向任何第三方授权使用学术期刊、博硕士学位论文等学术文献数据,并采取多种奖惩措施保障独家合作实施;另一方面,通过连续大幅提高服务价格、拆分数据库变相涨价等方式,实施以不公平的高价销售其数据库服务的行为,俨然成为知识产权的垄断者,阻碍了知识的交流与传播,破坏了学术的公平竞争环境。2022年12月26日,国家市场监督管理总局认为涉案当事人的上述行为属于《反垄断法》所禁止的垄断行为,对其处以8760万元的行政罚款的同时要求其深入自查并完成整改,实现了依法惩处侵犯知识产权人合法权益垄断行为的积极效果。

在“盖思特利商贸(北京)有限公司限定最低转售价格垄断协议案”和“士卓曼(北京)医疗器械贸易有限公司垄断协议案”中,涉案的两位当事人作为涉案医疗器械专利权的被许可人,享有国内相关商品市场的总经销资格,通过实施限定商品转售价格垄断协议的方式,排除、限制了市场竞争,损害了消费者利益和社会公共利益。在“海南伊顺药业有限公司垄断协议案”中,涉案当事人作为涉案商品“莲芝消炎滴丸”的专利权人,与部分交易相对人达成《价格管控协议书》《莲芝消炎滴丸销售合作协议》,并约定涉案商品的零售价、终端价等,属于约定商品最低转售价格的垄断协议,控制、剥夺、干预了下游经营者的自主定价权,排除了消费者以低于限定价格购买“莲芝消炎滴丸”的机会。各地市场监督管理局对上述违法垄断行为均作出行政处罚决定,体现了让创新成果更好惠及人民的行政执法理念。

在“射阳县大米协会垄断协议案”中,射阳县大米协会通过与各会员单位签订《自律公约》的方式,达成垄断协议,并以不履行公约的会员单位停止使用射阳大米商标并自行退出协会为要挟,强制协会成员履行关于涉案商品的价格约定,属于《反垄断法》所禁止的行业协会垄断行为案件,2022年5月江苏省市场监督管理局对涉案当事人依法处以40万元的行政罚款。在“北京凯瑞联盟教育科技有限公司垄断协议案”中,北京凯瑞联盟教育科技有限公司作为美国芝麻街英语的被许可人,拥有该品牌在中国的专有使用权和分许可权,其与交易相对人通过签署合作协议、发布规章制度、下发区域定价及优惠方案、统一客服答复等方式达成并实施固定课程价格的垄断协议。2022 年 7 月北京市市场监督管理局依法对涉案当事人作出 94 万元行政罚款的处罚决定，强化了对滥用知识产权的反垄断规制，不断完善竞争监管与知识产权保护的衔接协调机制。

三、垄断行为类型分析

(一)2022 年垄断行为类型整体情况

根据我国《反垄断法》的规定，垄断行为类型包括垄断协议行为、滥用市场支配地位行为和行政垄断行为(此处仅对前两者进行分析，行政垄断行为在第三章单独分析)，其中垄断协议行为又分为横向垄断协议和纵向垄断协议。在 2022 年公布的反垄断行政处罚案件中，纯横向垄断协议 105 件占比最大，其次是滥用市场支配地位 13 件，最后是纯纵向垄断协议案件 9 件；其中 4 件案件既涉及横向垄断协议，又涉及纵向垄断协议(见图 5)。

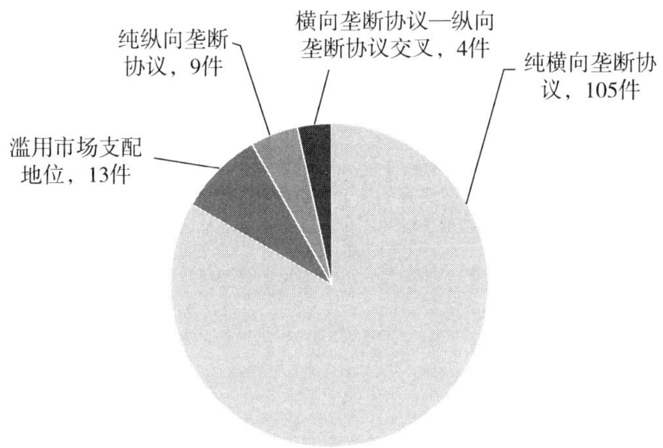

图 5 2022 年垄断行为类型

在 2021 年的反垄断行政处罚案件中，共有 33 件横向垄断协议案件，约占 72%；滥用市场支配地位垄断 11 件，约占 24%；纵向垄断的案件 2 件，约占 4%。[①]

从以上数据可以看出，2022 年横向垄断协议案件仍是反垄断执法机构查处的

① 参见林文:《中国反垄断行政执法年度报告(2021 年)》，载王先林主编:《竞争法律与政策评论》第 8 卷，法律出版社 2022 年版。

重点,主要原因如下:第一,横向垄断协议涉案当事人相较于纵向垄断协议更多。横向垄断协议一般是由具有竞争关系的经营者达成的具有排除、限制竞争的协议,即处于同一经营行业或领域的多个经营者为分割销售市场而达成的具有排除、限制竞争的目的或者效果的垄断协议,因此往往涉及较多主体。第二,横向垄断协议的涉案当事人常因垄断利益分配不均的问题产生举报或投诉行为。横向垄断协议的主体往往是处于同一经营阶段或经营领域的竞争经营者,其间既存在利益关系,又互有利益冲突,极易因垄断利益产生纠纷,引发当地市场监督管理局的关注和调查。第三,横向垄断协议因数量多、涉及面广、对市场影响较大的特点,对健康有序的市场竞争环境造成严重破坏,因而反垄断执法机构着重关注此类垄断行为的规范和查处。

此外,在2022年查处的垄断协议案件中,有4件案件既涉及了横向垄断协议,也涉及了纵向垄断协议。在"浙江省民用爆破器材行业协会组织会员企业达成并实施垄断协议案"中,浙江省市场监督管理局在作出行政处罚的过程中,准确分析涉案当事人的违法垄断行为并作出精确划分。一方面,认定涉案当事人"浙江省民用爆破器材行业协会"、"浙江新联民爆器材有限公司"、"浙江利化民爆股份有限公司"和"浙江顺源化工有限公司"不仅与具有竞争关系的经营者达成横向垄断协议,而且与交易相对人达成固定转售的纵向垄断协议。另一方面,对"浙江物产民用爆破器材专营有限公司"仅认定其实施了与交易相对人达成固定转售的纵向垄断协议行为。此举反映出我国反垄断行政执法的科学性和准确性。

(二)横向垄断协议

2022年的105件横向垄断协议案件涉及的违法行为包括固定或变更商品价格、限制商品的生产数量或销售数量、分割销售市场或原材料采购市场、联合抵制交易,其中所有横向垄断协议的涉案经营者都实施了固定或变更商品价格的行为(见图6)。

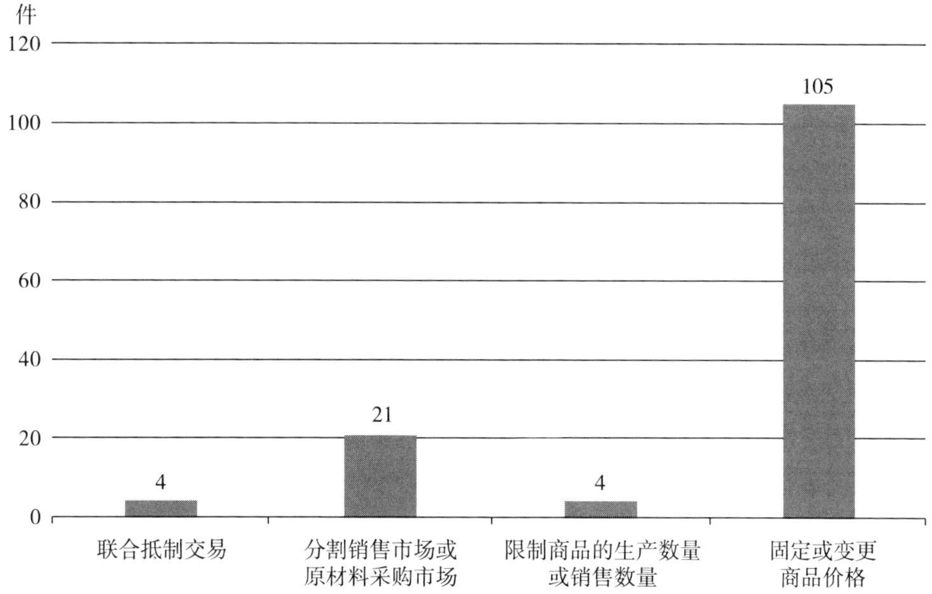

图 6　2022 年横向垄断行为类型

固定或者变更商品价格作为横向垄断协议最常见的行为类型，具有表现形式多样的特点。其中最基本的方式即经营者通过协议达成维持商品价格或提高商品价格的统一意见。例如，在"云南创鑫防伪印章有限公司红河分公司垄断协议案"等 6 家单位中，涉案的 6 家公司通过签订协议的方式，达成统一防伪印章刻制价格的一致意见。有的则通过行业协会或者假借行业协会之名颁布统一的价格标准以供实施。例如，在"射阳县大米协会垄断协议案"中，射阳县大米协会通过《自律公约》的形式，要求各会员单位必须履行公约中有关统一大米价格的条款，否则将承担停止使用射阳大米商标并退出射阳县大米协会的责任。又如，在"福建广夏混凝土有限公司等 7 家单位垄断协议案"中，涉案的 7 家混凝土公司利用未经合法登记的"建阳区商砼协会"的名义，对混凝土供应价格进行了统一调整。无论是通过何种方式达成并实施了限制竞争的不合理价格，都会导致相关消费者的收入被不公平地转移到联合抬价的经营者手中，侵害消费者的合法权益。

2022 年横向垄断协议案件见表 11。

表11 2022年横向垄断协议案件

序号	案号	案件名称	执法机构
1	云市监竞处字〔2022〕01号	大姚县锦星机动车驾驶培训有限公司垄断协议案	云南
2	云市监竞处字〔2022〕02号	大姚县农机校汽车驾驶员培训站垄断协议案	
3	云市监竞处字〔2022〕03号	大姚一乘驾驶培训服务有限公司垄断协议案	
4	云市监竞处字〔2022〕04号	大姚县金辉机动车驾驶培训有限公司垄断协议案	
5	苏市监反垄断案〔2022〕1号	射阳县大米协会垄断协议案	江苏
6	黔市监价处〔2022〕1号	遵义百江燃气有限公司垄断协议案	贵州
7	黔市监价处〔2022〕2号	遵义市玉宇阳光燃气有限公司垄断协议案	
8	黔市监价处〔2022〕3号	遵义市播州区宏图燃气有限公司垄断协议案	
9	黔市监价处〔2022〕4号	云南中石化燃气有限公司遵义分公司垄断协议案	
10	黔市监价处〔2022〕5号	遵义市九洲燃气有限公司垄断协议案	
11	黔市监价处〔2022〕6号	绥阳县宏峰液化气站垄断协议案	
12	黔市监价处〔2022〕7号	遵义市富利燃气有限责任公司垄断协议案	
13	黔市监价处〔2022〕8号	贵州汇祥瑞能源开发有限公司垄断协议案	
14	云市监竞处字〔2021〕1号	云南创鑫防伪印章有限公司红河分公司垄断协议案	云南
15	云市监竞处字〔2021〕2号	红河顺达舜防伪印章有限公司垄断协议案	
16	云市监竞处字〔2021〕3号	红河成溪防伪印章有限责任公司垄断协议案	
17	云市监竞处字〔2021〕4号	红河州红卫防伪印章有限公司垄断协议案	
18	云市监竞处字〔2021〕5号	蒙自世昌防伪印章有限责任公司垄断协议案	
19	云市监竞处字〔2021〕6号	红河州钟灵防伪印章有限公司垄断协议案	

续表

序号	案号	案件名称	执法机构
20	吉市监处〔2022〕4号	辽源市东升汽车检测有限公司垄断协议案	吉林
21		辽源市旭日汽车检测有限公司垄断协议案	
22		东辽县东升汽车检测有限公司垄断协议案	
23		辽源市通安汽车检测有限公司垄断协议案	
24	吉市监处〔2022〕5号	辽源市快通机动车检测有限责任公司垄断协议案	
25	吉市监处〔2022〕6号	辽源市锡源机动车检测有限公司垄断协议案	
26	吉市监处〔2022〕7号	辽源市通达机动车检测有限公司垄断协议案	
27	吉市监处〔2022〕8号	辽源市通利机动车检测有限公司垄断协议案	
28	吉市监处〔2022〕9号	辽源市铠达汽车检测有限公司垄断协议案	
29	吉市监处〔2022〕10号	辽源市龙山区利民机动车安全性能检测有限公司垄断协议案	
30	吉市监处〔2022〕11号	东辽县运安车辆检测有限公司垄断协议案	
31	闽市监稽字〔2022〕001号	福建广夏混凝土有限公司垄断协议案	福建
32	闽市监稽字〔2022〕002号	杭德(建阳)混凝土有限公司垄断协议案	
33	闽市监稽字〔2022〕003号	南平市建阳区华盛混凝土有限公司垄断协议案	
34	闽市监稽字〔2022〕004号	福建省武夷建达混凝土有限公司垄断协议案	
35	闽市监稽字〔2022〕005号	福建武夷沥青混凝土有限公司垄断协议案	
36	闽市监稽字〔2022〕006号	南平市建阳区永固混凝土有限公司垄断协议案	
37	闽市监稽字〔2022〕007号	福建省云信混凝土有限公司垄断协议案	

续表

序号	案号	案件名称	执法机构
38	陕市监反垄断处字〔2022〕1号	陕西生态水泥股份有限公司垄断协议案	陕西
39	陕市监反垄断处字〔2022〕2号	陕西声威建材集团有限公司垄断协议案	
40		铜川声威建材有限责任公司垄断协议案	
41	陕市监反垄断处字〔2022〕3号	尧柏特种水泥集团有限公司垄断协议案	
42	陕市监反垄断处字〔2022〕4号	陕西金隅冀东水泥经贸有限公司垄断协议案	
43		冀东海德堡(泾阳)水泥有限公司垄断协议案	
44		冀东海德堡(扶风)水泥有限公司垄断协议案	
45	陕市监反垄断处字〔2022〕5号	礼泉海螺水泥有限责任公司垄断协议案	
46		乾县海螺水泥有限责任公司垄断协议案	
47		陕西铜川凤凰建材有限公司垄断协议案	
48		宝鸡市众喜金陵河水泥有限公司垄断协议案	
49		宝鸡众喜凤凰山水泥有限公司垄断协议案	
50		千阳海螺水泥有限责任公司垄断协议案	
51	陕市监反垄断处字〔2022〕6号	陕西省水泥协会垄断协议案	
52	豫市监处罚〔2021〕2-1号	河南省信用建设促进会垄断协议案	河南
53	豫市监处罚〔2021〕2-2号	中岂认证中心有限公司垄断协议案	
54	豫市监处罚〔2021〕2-3号	河南中泰信用评价有限公司垄断协议案	
55	豫市监处罚〔2021〕2-4号	鑫诚信用管理有限公司垄断协议案	
56	豫市监处罚〔2021〕2-5号	河南瑞华信用评估有限公司垄断协议案	
57	豫市监处罚〔2021〕2-6号	河南征信信用评估有限公司垄断协议案	
58	豫市监处罚〔2021〕2-7号	河南信用评估咨询有限公司垄断协议案	
59	豫市监处罚〔2021〕2-8号	河南中惠誉信用评估有限公司垄断协议案	
60	豫市监处罚〔2021〕2-9号	河南讴路企业服务有限公司垄断协议案	
61	豫市监处罚〔2021〕2-10号	河南博诚信用评估有限公司垄断协议案	
62	豫市监处罚〔2021〕2-11号	河南兆诚信用评估有限公司垄断协议案	

续表

序号	案号	案件名称	执法机构
63	豫市监处罚〔2021〕2－12号	中鑫征信有限公司垄断协议案	
64	豫市监处罚〔2021〕2－13号	河南鼎信企业信用评估有限公司垄断协议案	
65	豫市监处罚〔2021〕2－14号	河南天安信用评估有限公司垄断协议案	
66	豫市监处罚〔2021〕2－15号	河南省金茂信用评估有限公司垄断协议案	
67	豫市监处罚〔2021〕2－16号	河南公信企业管理咨询有限公司垄断协议案	
68	豫市监处罚〔2021〕2－17号	河南兆丰信用评估咨询有限公司垄断协议案	
69	豫市监处罚〔2021〕2－18号	郑州万方企业信用评估有限公司垄断协议案	
70	豫市监处罚〔2021〕2－19号	河南众信信用评估有限公司垄断协议案	
71	豫市监处罚〔2021〕2－20号	三信国际检测认证有限公司垄断协议案	
72	豫市监处罚〔2021〕2－21号	河南千业信用评估有限公司垄断协议案	
73	豫市监处罚〔2021〕2－22号	河南金石信用评估有限公司垄断协议案	
74	豫市监处罚〔2021〕2－23号	中金信用管理有限公司垄断协议案	
75	豫市监处罚〔2021〕2－24号	河南诚合信用评估有限公司垄断协议案	
76	豫市监处罚〔2021〕2－25号	河南省绩效和信用评价有限公司垄断协议案	
77	豫市监处罚〔2021〕2－26号	河南中安环信用评估有限公司垄断协议案	
78	豫市监处罚〔2021〕2－27号	河南千盛信用评估有限公司垄断协议案	
79	豫市监处罚〔2021〕2－28号	河南誉泰企业信用评估有限公司垄断协议案	
80	豫市监处罚〔2021〕2－29号	河南禾晨信用评估有限公司垄断协议案	
81	豫市监处罚〔2021〕2－30号	河南柏兰嘉安信用评估有限公司垄断协议案	
82	豫市监处罚〔2021〕2－31号	河南润合企业信用征信有限公司垄断协议案	
83	晋市监价监罚字〔2022〕54号	朔州市蓝天机动车检测有限公司垄断协议案	山西
84	晋市监价监罚字〔2022〕55号	朔州市旺鑫源机动车检测有限公司垄断协议案	
85	晋市监价监罚字〔2022〕56号	朔州俊驰机动车检测有限公司垄断协议案	
86	晋市监价监罚字〔2022〕57号	朔州市朔平车辆测试有限公司垄断协议案	
87	晋市监价监罚字〔2022〕58号	朔州市安泰机动车检测有限公司垄断协议案	

续表

序号	案号	案件名称	执法机构
88	晋市监价监罚字〔2022〕59号	朔州市长运机动车检测有限公司垄断协议案	
89	晋市监价监罚字〔2022〕60号	朔州市鼎通车辆测试有限公司垄断协议案	
90	湘市监反垄断处字〔2022〕1号	新田县龙泉机动车驾驶员培训学校垄断协议案	湖南
91	湘市监反垄断处字〔2022〕2号	新田县远程机动车驾驶员培训学校垄断协议案	
92	湘市监反垄断处字〔2022〕3号	新田县民兴机动车驾驶员培训学校垄断协议案	
93	湘市监反垄断处字〔2022〕4号	新田县新和机动车驾驶员培训学校垄断协议案	
94	湘市监反垄断处字〔2022〕5号	新田县阳光机动车驾驶员培训学校垄断协议案	
95	浙市监案〔2022〕6号	浙江省民用爆破器材行业协会垄断协议案	浙江
96	浙市监案〔2022〕8号	浙江新联民爆器材有限公司垄断协议案	
97	浙市监案〔2022〕9号	浙江利化民爆股份有限公司垄断协议案	
98	浙市监案〔2022〕10号	浙江顺源化工有限公司垄断协议案	
99	皖市监竞争处字〔2022〕3号	黄山市黄山区太平湖游船发展有限责任公司垄断协议案	安徽
100	皖市监竞争处字〔2022〕4号	黄山金鼎太平湖游船发展有限责任公司垄断协议案	
101	皖市监竞争处字〔2022〕5号	黄山市黄山区龙门乡情缘水上旅游有限公司垄断协议案	
102	皖市监竞争处字〔2022〕6号	黄山市黄山区平湖神珠游船有限公司垄断协议案	
103	皖市监竞争处字〔2022〕7号	黄山区绿水游船有限公司垄断协议案	
104	皖市监竞争处字〔2022〕8号	黄山市黄山区太平湖农家乐游船有限公司垄断协议案	
105	皖市监竞争处字〔2022〕9号	黄山市黄山区太平湖盘龙游船有限公司垄断协议案	

(三)纵向垄断协议

纵向垄断协议是指不具有竞争关系的经营者之间达成的垄断协议,一般是上游经营者对下游经营者实施的商品定价自由的限制。① 与横向垄断协议不同,纵向垄断协议的上下游经营者之间不存在共同的竞争利益关系。2022 年查办的 9 件纵向垄断协议案件,主要表现为经营者与交易相对人达成限定最低转售价格和固定转售价格的垄断协议两种行为类型,其中 1 件既涉及限定最低转售价格,又涉及固定转售价格(见图 7)。

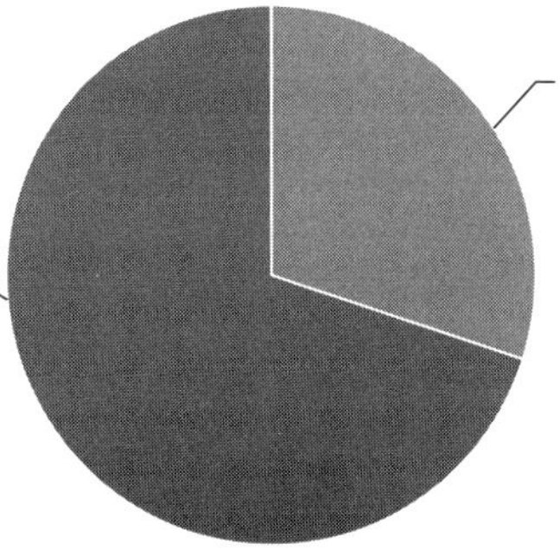

图 7　2022 年纵向垄断行为类型

在"士卓曼(北京)医疗器械贸易有限公司垄断协议案"中,士卓曼(北京)医疗器械贸易有限公司以上游经营者的身份,在与经销商、大型 DSO 客户商谈的过程中,确定经销商转售涉案商品的价格,并通过电子邮件、电话的方式将涉案商品销售价格传达给授权经销商执行,以此固定涉案商品的转售价格。与此同时,其针对公立医院、DSO 客户(不含大型 DSO 客户)、普通民营口腔机构制定不同销售区域的转售指导价,并通过面对面告知、电话、微信、电子邮件等方式将价格信息传达给经销商,要求经销商不得低于指导价进行销售。北京市市场监督管理局经审查认为,士卓曼(北京)医疗器械贸易有限公司固定转售价格和限定最低价格行为使得经销商无法根据市场情况自由定价,只能被动接受当事人制定的价格政策,排除、

① 《反垄断法》第 18 条规定:"禁止经营者与交易相对人达成下列垄断协议:(一)固定向第三人转售商品的价格;(二)限定向第三人转售商品的最低价格;(三)国务院反垄断执法机构认定的其他垄断协议。对前款第一项和第二项规定的协议,经营者能够证明其不具有排除、限制竞争效果的,不予禁止。经营者能够证明其在相关市场的市场份额低于国务院反垄断执法机构规定的标准,并符合国务院反垄断执法机构规定的其他条件的,不予禁止。"

限制了经销商之间的价格竞争,一方面遏制了经销商通过与消费者分享价格利益进而提升市场份额和经营效率的积极性;另一方面造成经销商之间价格趋同的后果,增加了经销商之间价格共谋的风险,阻碍了市场价格机制正常发挥作用,遂于2022年12月对其处以约3438万元罚款的行政处罚。

2022年纵向垄断协议案件见表12。

表12 2022年纵向垄断协议案件

序号	案号	案件名称	执法机构
1	京市监垄罚〔2022〕06001号	盖思特利商贸(北京)有限公司限定最低转售价格垄断协议案	北京
2	京市监垄罚〔2022〕06002号	北京凯瑞联盟教育科技有限公司垄断协议案	
3	京市监垄罚〔2022〕06003号	士卓曼(北京)医疗器械贸易有限公司垄断协议案	
4	琼市监处罚〔2022〕32号	海南伊顺药业有限公司垄断协议案	海南
5	浙市监案〔2022〕6号	浙江省民用爆破器材行业协会垄断协议案	浙江
6	浙市监案〔2022〕7号	浙江物产民用爆破器材专营有限公司垄断协议案	
7	浙市监案〔2022〕8号	浙江新联民爆器材有限公司垄断协议案	
8	浙市监案〔2022〕9号	浙江利化民爆股份有限公司垄断协议案	
9	浙市监案〔2022〕10号	浙江顺源化工有限公司垄断协议案	

(四)滥用市场支配地位

2022年共有13件滥用市场支配地位案件,涉及限定交易、搭售商品或附加不合理的交易条件和以不公平的高价销售商品3种行为类型,其中6件案件涉及2种滥用市场支配地位的行为,分别是"凤阳县益民供水有限责任公司滥用市场支配地位案""绍兴市上虞区供水有限公司滥用市场支配地位案""绍兴柯桥供水有限公司滥用市场支配地位案"["同方知网(北京)技术有限公司滥用市场支配地位案""同方知网数字出版技术股份有限公司滥用市场支配地位案""《中国学术期刊(光盘版)》电子杂志社有限公司滥用市场支配地位案"。]

根据图8的数据可知,2022年滥用市场支配地位案件中最常出现的行为类型是限定交易。限定交易行为是指具有市场支配地位的经营者滥用其市场支配地位,没有正当理由,限定交易相对人只能与其进行交易或者只能与其指定的经营者进行交易的行为,其最终目的是排挤竞争对手、限制市场竞争。引起人们广泛关注的“电商平台二选一”就是典型的限定交易行为。在“知网滥用市场支配地位案”中,知网自 2014 年以来通过与学术期刊出版单位、高校签订格式化独家合作协议等方式,要求学术期刊出版单位、高校向当事人独家授权使用期刊、博硕士学位论文等学术资源,不得授权其他竞争性平台使用,并以多种手段保障独家合作协议实施。知网的上述行为削弱了其他竞争性平台的竞争能力,提高了潜在竞争者进入相关市场的难度,排除、限制了相关市场竞争。

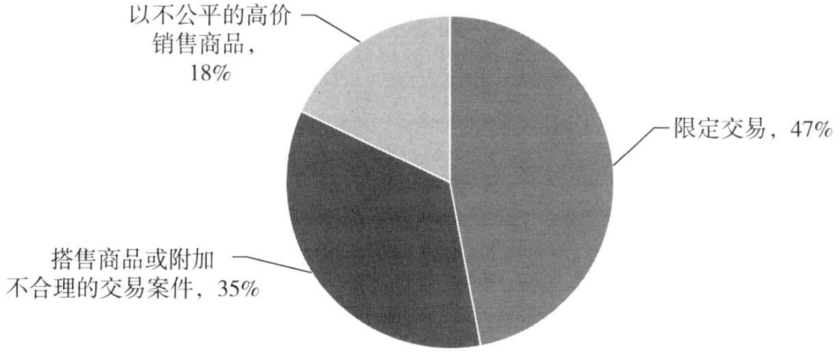

图 8　2022 年滥用市场支配地位类型

搭售商品或附加不合理的交易条件,也可以被理解为附加条件交易行为。搭售商品是指具有市场支配地位的经营者滥用市场支配地位,无正当理由要求买方购买其提供的商品或服务的同时必须购买其销售的另一种产品或服务。此时,经营者提供的第一种商品或服务为搭售商品,而提供的第二种非必要商品或服务为被搭售商品。搭售商品的目的是扩大其市场支配地位至被搭售产品的市场上,或者妨碍其他潜在竞争者进入相关市场。在“宁夏长燃天然气有限公司滥用市场支配地位案”中,宁夏长燃天然气有限公司滥用市场支配地位,将购买报警器和波纹管设置为燃气开通流程中的必需环节,强制居民用户购买其销售的报警器和波纹管。居民申请开通燃气时,必须先购买报警器和波纹管,签订《居民燃气入户及用气合同(个人)》并一次性缴纳全部费用后,才能启动安装流程,否则夏长燃天然气有限公司就会以存在安全隐患为由拒绝开通燃气。实际上,报警器和波纹管与其提供燃气供应服务的安全性之间并无关联,涉案当事人实施的上述行为就是典型的无正当理由搭售商品的行为。

2022年滥用市场支配地位案件见表13。

表13　2022年滥用市场支配地位案件

序号	案号	案件名称	执法机构
1	国市监处罚〔2022〕87号	同方知网(北京)技术有限公司滥用市场支配地位案	国家
2		同方知网数字出版技术股份有限公司滥用市场支配地位案	
3		《中国学术期刊(光盘版)》电子杂志社有限公司滥用市场支配地位案	
4	皖市监竞争处字〔2022〕1号	凤阳县益民供水有限责任公司滥用市场支配地位案	安徽
5	宁市监处〔2022〕2号	宁夏长燃天然气有限公司滥用市场支配地位案	宁夏
6	浙市监案〔2022〕3号	绍兴柯桥供水有限公司滥用市场支配地位案	浙江
7	浙市监案〔2022〕4号	绍兴市上虞区供水有限公司滥用市场支配地位案	
8	黔市监价处〔2022〕9号	贵州水投水务集团威宁有限公司滥用市场支配地位案	贵州
9	皖市监竞争处字〔2022〕2号	芜湖湾沚中燃城市燃气发展有限公司滥用市场支配地位案	安徽
10	黔市监价处〔2022〕10号	贵州周富承物流有限公司滥用市场支配地位案	贵州
11	桂市监反垄断〔2022〕1号	永福县供水公司滥用市场支配地位案	广西
12	渝市监处字〔2022〕300号	重庆永康燃气有限公司滥用市场支配地位案	重庆
13	鲁市监行处字〔2022〕120号	日照市水务集团供水有限公司滥用市场支配地位案	山东

四、反垄断行政处罚听证制度

(一)反垄断听证制度概况

反垄断听证制度在我国已存在十年之久。一方面,其能够有效调和反垄断法的抽象性、原则性与反垄断案件的综合性、复杂性之间的矛盾;另一方面,其能够提高公众参与,监督、激励反垄断执法机构依法行政、从严执法。

我国的反垄断听证制度主要依据《行政处罚法》中关于听证程序的规定。2021年修改的《行政处罚法》第63条规定了适用听证程序的适用情形,即“行政机关拟作出下列行政处罚决定,应当告知当事人有要求听证的权利,当事人要求听证的,行政机关应当组织听证:(一)较大数额罚款;(二)没收较大数额违法所得、没收较大价值非法财物;(三)降低资质等级、吊销许可证件;(四)责令停产停业、责令关闭、限制从业;(五)其他较重的行政处罚;(六)法律、法规、规章规定的其他情形。当事人不承担行政机关组织听证的费用”。反垄断执法机构在查处上述行政处罚案件类型时一般会告知当事人享有申请听证的权利。当事人通过听证程序进行陈述申辩、维护自身合法权益;执法机构通过听证程序了解案件事实、避免处罚不当的结果。

现行的《反垄断法》并未对听证制度作出规定,导致听证制度在落地实施的过程中效果并不理想,公众参与率低。因此,亟须在未来的法律修改过程中予以确认和完善。

(二)反垄断行政处罚听证现状

如图9所示,在2022年公布的123件反垄断行政处罚案件中,被调查行政相对人提出听证申请或要求的共有25件,约占20%,反垄断执法机构均依法召开了听证会;反垄断执法机构依法告知行政相对人具有提出听证申请的权利,但当事人未要求听证、在法定期限内未提出听证申请或放弃听证权利的共有54件,约占44%;不属于适用听证程序范围的案件共计37件,其中有3件案件的当事人提出书面陈述、申辩意见;除此之外,还有7件案件的行政处罚决定书中并未提及有关听证信息。

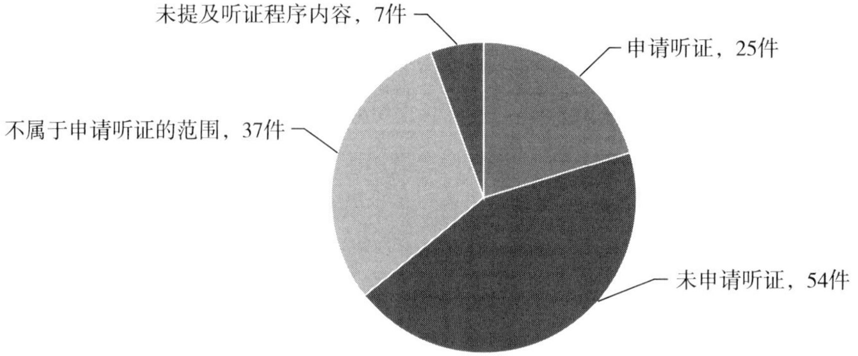

图9 处罚听证申请情况

在2021年查处的46件反垄断行政处罚案件中，被调查行政相对人申请行政听证并依法召开听证会的案件4件，约占9%；被调查行政相对人未申请行政听证的案件42件，约占91%。[①]

对比上述数据可知，随着听证程序的深入发展和不断适用，越来越多的行政处罚相对人选择提出听证申请以维护自身合法权益，法律主体意识和权利本位意识大幅提高。并且，只要当事人提出听证要求，反垄断执法机构都依法召开了听证会，一方面降低了反垄断行政处罚案件调查取证的执法成本，另一方面通过听证会的形式开展社会监督，体现执法程序的透明化。

2022年依法适用听证程序的案件见表14。

表14 2022年依法适用听证程序的案件

序号	案号	案件名称	执法机构
1	皖市监竞争处字〔2022〕1号	凤阳县益民供水有限责任公司滥用市场支配地位案	安徽
2	云市监竞处字〔2022〕01号	大姚县锦星机动车驾驶培训有限公司垄断协议案	云南
3	云市监竞处字〔2022〕04号	大姚县金辉机动车驾驶培训有限公司垄断协议案	

① 参见林文：《中国反垄断行政执法年度报告（2021年）》，载王先林主编：《竞争法律与政策评论》第8卷，法律出版社2022年版，第274页。

续表

序号	案号	案件名称	执法机构
4	闽市监稽字〔2022〕001号	福建广夏混凝土有限公司垄断协议案	福建
5	闽市监稽字〔2022〕002号	杭德(建阳)混凝土有限公司垄断协议案	
6	闽市监稽字〔2022〕003号	南平市建阳区华盛混凝土有限公司垄断协议案	
7	闽市监稽字〔2022〕004号	福建省武夷建达混凝土有限公司垄断协议案	
8	闽市监稽字〔2022〕005号	福建武夷沥青混凝土有限公司垄断协议案	
9	闽市监稽字〔2022〕006号	南平市建阳区永固混凝土有限公司垄断协议案	
10	闽市监稽字〔2022〕007号	福建省云信混凝土有限公司垄断协议案	
11	陕市监反垄断处字〔2022〕1号	陕西生态水泥股份有限公司垄断协议案	陕西
12	陕市监反垄断处字〔2022〕2号	陕西声威建材集团有限公司垄断协议案	
13		铜川声威建材有限责任公司垄断协议案	
14	陕市监反垄断处字〔2022〕3号	尧柏特种水泥集团有限公司垄断协议案	
15	陕市监反垄断处字〔2022〕4号	陕西金隅冀东水泥经贸有限公司垄断协议案	
16		冀东海德堡(泾阳)水泥有限公司垄断协议案	
17		冀东海德堡(扶风)水泥有限公司垄断协议案	
18	陕市监反垄断处字〔2022〕5号	礼泉海螺水泥有限责任公司垄断协议案	
19		乾县海螺水泥有限责任公司垄断协议案	
20		陕西铜川凤凰建材有限公司垄断协议案	
21		宝鸡市众喜金陵河水泥有限公司垄断协议案	
22		宝鸡众喜凤凰山水泥有限公司垄断协议案	
23		千阳海螺水泥有限责任公司垄断协议案	
24	陕市监反垄断处字〔2022〕6号	陕西省水泥协会垄断协议案	
25	渝市监处字〔2022〕300号	重庆永康燃气有限公司滥用市场支配地位案	重庆

五、反垄断行政处罚案件证据

在2022年公布的123件反垄断行政处罚案件中,有103件案件的行政处罚决定书中公开了反垄断执法机构作出行政处罚所依据的证据,约占84%;剩余20件案件的行政处罚决定书未公开反垄断执法机构作出行政处罚所依据的证据,约占16%(见图10)。

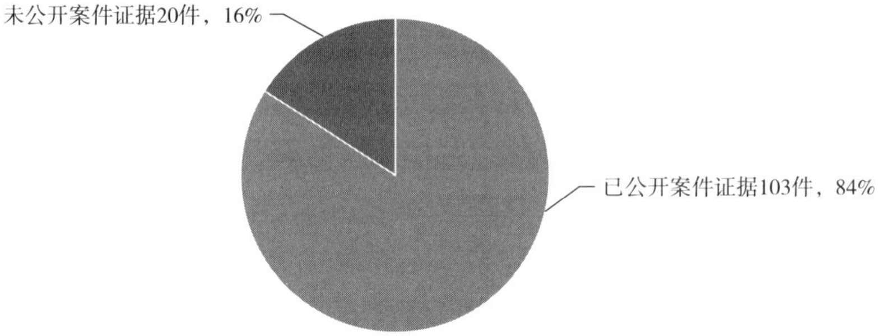

图10 2022年反垄断行政处罚案件证据公开情况

在公开行政处罚证据的103件反垄断行政处罚案件中,涉及的证据包括书证、当事人陈述、证人证言和电子数据。其中,所有的已公开行政处罚证据的案件均涉及书证和当事人陈述这两种证据,涉及证人证言证据的案件共有71件,仅有18件案件涉及电子数据证据(见图11)。

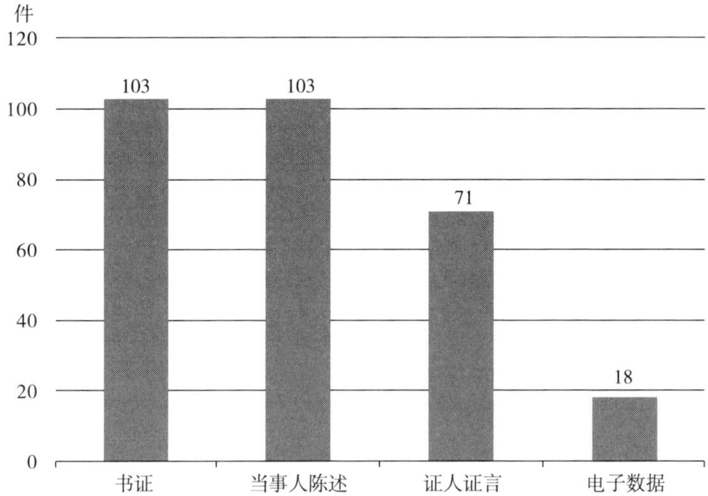

图11 2022年反垄断行政处罚案件证据类型

根据上述103件行政处罚决定书公开的证据,反垄断行政处罚案件中的书证主要包括资质证书、会议纪要、招标文件、合同或协议文本、联合声明、财务报表或审计报告、销售票据等,执法机构也多以合同或协议文本、联合声明、会议纪要等文件证明当事人达成垄断协议或滥用市场支配地位的违法事实,并依据财务报表或审计报告、销售票据等证据作出相应的行政处罚。值得注意的是,依据《禁止垄断协议规定》第37~38条的规定,经营者达成或者组织其他经营者达成垄断协议,或者为其他经营者达成垄断协议提供实质性帮助的,若主动向反垄断执法机构报告有关情况并提供重要证据,反垄断执法机构应当根据经营者主动报告的时间顺序、提供证据的重要程度以及达成、实施垄断协议的有关情况,决定是否减轻或者免除处罚。因此,违法经营者主动提供此类书证的,可以获得相应减免的行政处罚。

反垄断行政处罚案件中的当事人陈述是指当事人就案件的具体情况向执法工作人员所作的叙述。当事人作为与案件事实紧密相关的具体实施者,其陈述对于反垄断执法机构了解案件情况具有重要意义。但碍于当事人与案件有着直接的利害关系,其陈述不可避免地带有倾向性,可能隐瞒于己不利的事实或作出虚假陈述,因此反垄断执法机构在认定案件事实的过程中多对当事人陈述予以谨慎考量。

反垄断行政处罚案件中的证人证言主要是指涉案当事人以外的其他与案件有关的了解案件事实的单位或个人所作出的陈述,包括被处罚当事人单位员工、上下游企业,或者与被处罚当事人具有竞争关系的经营者的调查询问笔录、情况说明等。

随着网络信息时代的到来和电子数据生活的普及,在反垄断执法案件中,电子数据证据的数量正呈现逐年递增的态势,主要包括微信聊天截图、往来电子函件、电子邮件截图等。部分案件甚至出现不止一种电子数据证据,例如,在"北京凯瑞联盟教育科技有限公司垄断协议案"中,出现了微信聊天记录截屏、加盟商处提取的邮件截屏两种电子证据。

第三节　反垄断行政处罚案件法律责任

一、没收违法所得

违法所得,是指通过实施犯罪直接或者间接产生、获得的任何财产。在2022年公布的123件案件的行政处罚决定书中,反垄断执法机构共对21件案件作出没收违法所得的处罚决定,约占17%,其中7件案件反垄断执法机构说明了如何计算违法所得;没有没收违法所得的案件共计102件,约占83%,其中23件案件因无法计算违法所得而导致未作出没收违法所得的行政处罚。(见图12)

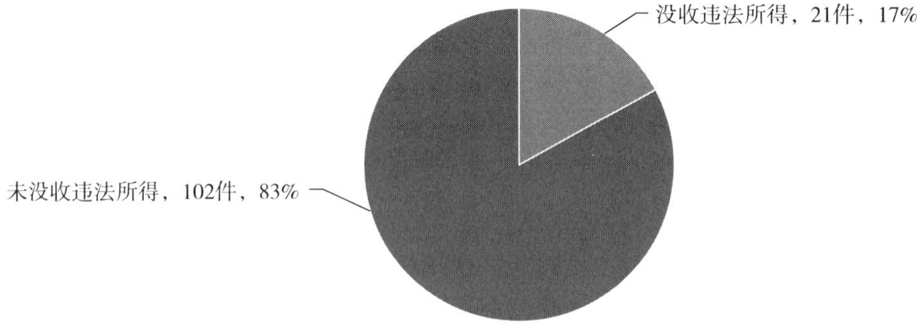

图12　2022年反垄断行政处罚案件没收违法所得情况

在2021年的反垄断行政处罚案件中,反垄断执法机构共对20件案件作出没收违法所得的行政处罚决定,约占43%,其中有15件案件说明了如何计算违法所得;未作出没收违法所得行政处罚决定的案件共计26件,约占57%。①

对比上述数据可知,2022年反垄断执法机构在行政处罚实施过程中没收违法所得的比例有所降低,由2021年的近一半减少为2022年不到1/5。主要原因如下:第一,违法所得的计算难度较大,不仅需要涉案当事人予以配合,而且需要大量证据进行佐证,在2022年未没收违法所得的102件案件中,有23件案件是因无法计算违法所得而未作出相关处罚决定的。第二,部分案件的涉案经营者虽然达成了垄断协议但尚未实施,此种情况下并不存在违法所得的问题,不具备没收违法所得的可行性条件。例如,在“海南伊顺药业有限公司垄断协议案”中,涉案当事人与部分交易相对人达成转售“莲芝消炎滴丸”最低价格的垄断协议而尚未执行,因此反垄断执法机构最终并未作出没收违法所得的行政处罚决定。第三,部分案件不具备适用没收违法所得的条件,典型的如行业协会组织并达成的垄断协议案件,行业协会多出于维护会员单位利益或保护商品价格,组织或强制会员单位达成并实施垄断协议,行业协会通常不产生违法所得的问题,因此也不具备没收违法所得的可

① 参见林文:《中国反垄断行政执法年度报告(2021年)》,载王先林主编:《竞争法律与政策评论》第8卷,法律出版社2022年版,第279页。

行性条件。第四,为避免没收违法所得产生的争议,在反垄断行政处罚案多人少的现实困境下,反垄断执法机构通常适用罚款替代没收,在一定程度上也能提高行政执法效率。

2022年没收违法所得反垄断行政处罚案件见表15。

表15　2022年没收违法所得反垄断行政处罚案件

序号	案号	案件名称	执法机构
1	皖市监竞争处字〔2022〕1号	凤阳县益民供水有限责任公司滥用市场支配地位案	安徽
2	宁市监处〔2022〕2号	宁夏长燃天然气有限公司滥用市场支配地位案	宁夏
3	浙市监案〔2022〕3号	绍兴柯桥供水有限公司滥用市场支配地位案	浙江
4	浙市监案〔2022〕4号	绍兴市上虞区供水有限公司滥用市场支配地位案	
5	浙市监案〔2022〕7号	浙江物产民用爆破器材专营有限公司垄断协议案	
6	云市监竞处字〔2021〕1号	云南创鑫防伪印章有限公司红河分公司垄断协议案	云南
7	云市监竞处字〔2021〕2号	红河顺达舜防伪印章有限公司垄断协议案	
8	云市监竞处字〔2021〕3号	红河成溪防伪印章有限责任公司垄断协议案	
9	云市监竞处字〔2021〕4号	红河州红卫防伪印章有限公司垄断协议案	
10	云市监竞处字〔2021〕5号	蒙自世昌防伪印章有限责任公司垄断协议案	
11	云市监竞处字〔2021〕6号	红河州钟灵防伪印章有限公司垄断协议案	
12	黔市监价处〔2022〕9号	贵州水投水务集团威宁有限公司滥用市场支配地位案	贵州
13	黔市监价处〔2022〕10号	贵州周富承物流有限公司滥用市场支配地位案	

续表

序号	案号	案件名称	执法机构
14	皖市监竞争处字〔2022〕2号	芜湖湾沚中燃城市燃气发展有限公司滥用市场支配地位案	安徽
15	皖市监竞争处字〔2022〕3号	黄山市黄山区太平湖游船发展有限责任公司垄断协议案	
16	皖市监竞争处字〔2022〕4号	黄山金鼎太平湖游船发展有限责任公司垄断协议案	
17	皖市监竞争处字〔2022〕5号	黄山市黄山区龙门乡情缘水上旅游有限公司垄断协议案	
18	皖市监竞争处字〔2022〕6号	黄山市黄山区平湖神珠游船有限公司垄断协议案	
19	皖市监竞争处字〔2022〕7号	黄山区绿水游船有限公司垄断协议案	
20	皖市监竞争处字〔2022〕8号	黄山市黄山区太平湖农家乐游船有限公司垄断协议案	
21	皖市监竞争处字〔2022〕9号	黄山市黄山区太平湖盘龙游船有限公司垄断协议案	

在行政处罚的过程中，没收违法所得一般优先于行政罚款适用，其主要原因是，没收违法所得使垄断经营者无利可图，能够在最大限度上打击违法垄断行为，而行政罚款因明确的法定数额或比例，罚款数额并不能全面覆盖垄断者的违法利润。在上述的21件垄断案件中，反垄断执法机构既作出没收违法所得，又作出行政罚款的案件共计18件，其中，共计12件的没收违法所得的数额超过行政罚款的数额（见表16）。

表16　2022年没收违法所得超过行政罚款数额的案件

序号	当事人	垄断行为	违法所得数额	行政罚款数额
1	宁夏长燃天然气有限公司	滥用市场支配地位	75万元	35万元
2	绍兴柯桥供水有限公司	滥用市场支配地位	1255万元	991万元
3	云南创鑫防伪印章有限公司红河分公司	垄断协议	14万元	1.6万元
4	红河顺达舜防伪印章有限公司	垄断协议	7万元	1.2万元

续表

序号	当事人	垄断行为	违法所得数额	行政罚款数额
5	红河州红卫防伪印章有限公司	垄断协议	10 万元	6000 元
6	贵州周富承物流有限公司	滥用市场支配地位	149 万元	35 万元
7	芜湖湾沚中燃城市燃气发展有限公司	滥用市场支配地位	574 万元	315 万元
8	黄山市黄山区龙门乡情缘水上旅游有限公司	垄断协议	3.2 万元	8000 元
9	黄山市黄山区平湖神珠游船有限公司	垄断协议	3.7 万元	7000 元
10	黄山区绿水游船有限公司	垄断协议	4.8 万元	1.3 万元
11	黄山市黄山区太平湖农家乐游船有限公司	垄断协议	4.1 万元	8000 元
12	黄山市黄山区太平湖盘龙游船有限公司	垄断协议	3.7 万元	8000 元

二、行政罚款

(一)反垄断行政罚款处罚概况

在 2022 年公布的 123 件反垄断行政处罚案件中,仅有 3 件未作出行政罚款的处罚决定,其中 1 件因涉案当事人上一年度无营业收入而未作出行政罚款的处罚,2 件的行政处罚决定书中未说明反垄断执法机构未作出行政罚款的具体原因;其余 120 件案件的涉案当事人均被处以行政罚款,合计约 6.68 亿元。在 2021 年的反垄断行政处罚案件中,反垄断执法机构均对涉案当事人均处以行政罚款,合计约 231.34 亿元。①

与 2021 年相比,2022 年的反垄断行政处罚数额大幅下降。这主要是因为在 2021 年度的行政处罚案件中,“先声药业集团有限公司滥用市场支配案”“阿里巴巴集团控股有限公司滥用市场支配地位案”“扬子江药业集团有限公司垄断协议案”“美团滥用市场支配地位案”的罚款金额均过亿元,其中仅“阿里巴巴集团控股有限公司滥用市场支配案”的罚款金额就高达 182.28 亿元。在 2022 年度的行政处罚案

① 参见林文:《中国反垄断行政执法年度报告(2021 年)》,载王先林主编:《竞争法律与政策评论》第 8 卷,法律出版社 2022 年版。

件中,仅"尧柏特种水泥集团有限公司垄断协议案"的罚款金额超过1亿元。

(二)"上一年度销售额"的认定

根据《反垄断法》的规定,执法机构对于违法经营者处以行政罚款需以上一年度销售额为基准,但立法并未明确"上一年度"的标准,执法机构在具体适用的过程中多以立案调查的上一年度作为行政罚款认定标准中的上一年度。

在2022年公布的作出行政罚款处罚的120件行政处罚案件中,共计115件案件的行政罚款依据上一年度销售额;剩余的5件案件中,有4件案件的涉案当事人为行业协会,行业协会因处罚基准为50万元以下的罚款,不涉及上一年度销售额的问题,还有1件案件的涉案当事人虽达成垄断协议但尚未实施垄断协议,故而也不存在上一年度销售额。

在依据上一年度销售额作出行政罚款决定的115件案件中,有35件案件以2018年的销售金额作为上一年度销售额的依据,约占30%;有41件案件以2019年的销售金额作为上一年度销售额的依据,约占36%;有36件案件以2020年的销售金额作为上一年度销售额的依据,约占31%;而仅有3件案件以2021年的销售金额作为上一年度销售额的依据,约占3%(见图13)。

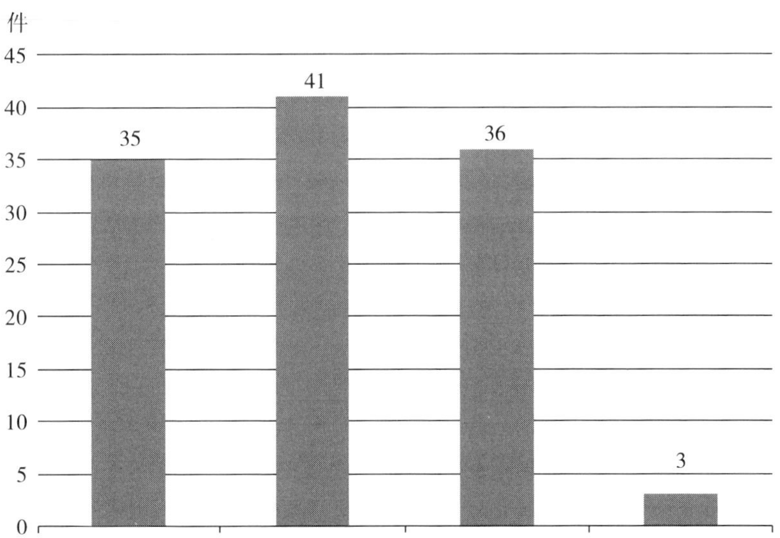

图13 2022年反垄断行政罚款"上一年度销售额"的认定年度

查阅上述 115 件依据上一年度销售额作出行政罚款的行政处罚决定书可以得出,仅有 3 件案件的行政处罚决定书未说明立案调查的时间,其余 112 件案件上一年度销售额中的"上一年度"均指的是执法机构立案调查的上一年度。

(三)罚款计算基础

在 2022 年公布的依据上一年度销售额作出行政罚款的 115 件反垄断行政处罚案件中,反垄断执法机构在行政处罚决定书中说明了罚款数额的计算基础为经营者违法年度相关市场销售额的案件共计 13 件,约占 11%;其余的 102 件案件的行政处罚决定书中,反垄断执法机构没有说明罚款数额的计算基础为经营者违法年度相关市场销售额,或仅作出笼统的计算说明(见图 14)。

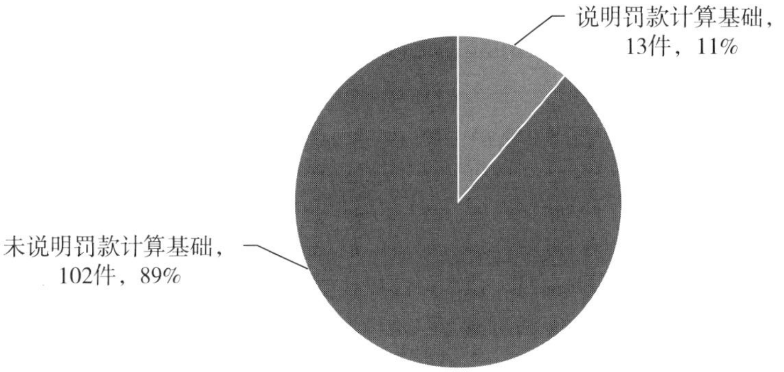

图 14　2022 年反垄断行政处罚案件罚款计算基础说明情况

在 2021 年反垄断执法机构查处的 45 件反垄断行政处罚案件中("丰城市预拌混凝土协会案"中,行业协会无罚款数额计算基础,故不计算在内),说明了罚款数额的计算基础为经营者违法年度相关市场销售额的案件共计 15 件,约占 33%;没有说明罚款数额的计算基础为经营者违法年度相关市场销售额,或者作出笼统计算说明的案件共计 30 件。[①]

与 2021 年相比,2022 年执法机构未对行政罚款计算基础进行说明的数量和比例大幅提高。这主要是因为,随着反垄断行政执法标准的明确和统一,多数案件的罚款计算基础均为违法年度的全部销售额。在 2022 年公布的反垄断行政处罚案件

① 参见林文:《中国反垄断行政执法年度报告(2021 年)》,载王先林主编:《竞争法律与政策评论》第 8 卷,法律出版社 2022 年版。

中,仅有“大姚县锦星机动车驾驶培训有限公司垄断协议案”“大姚县农机校汽车驾驶员培训站垄断协议案”“大姚一乘驾驶培训服务有限公司垄断协议案”“大姚县金辉机动车驾驶培训有限公司垄断协议案”这4件案件的行政罚款是以经营者在实施垄断行为的地域范围内涉案商品(或服务)的销售收入为基准。

(四)罚款比例

在2022年公布的依据上一年度销售额作出行政罚款的115件反垄断行政处罚案件中,罚款数额为上一年度销售额1%的共计32件,约占28%;罚款数额为上一年度销售额2%的共计21件,约占18%;罚款数额为上一年度销售额3%的共计44件,约占39%;罚款数额为上一年度销售额3.5%的和5%的均为5件,各约占4%;罚款数额为上一年度销售额4%的共计8件,约占7%(见图15)。

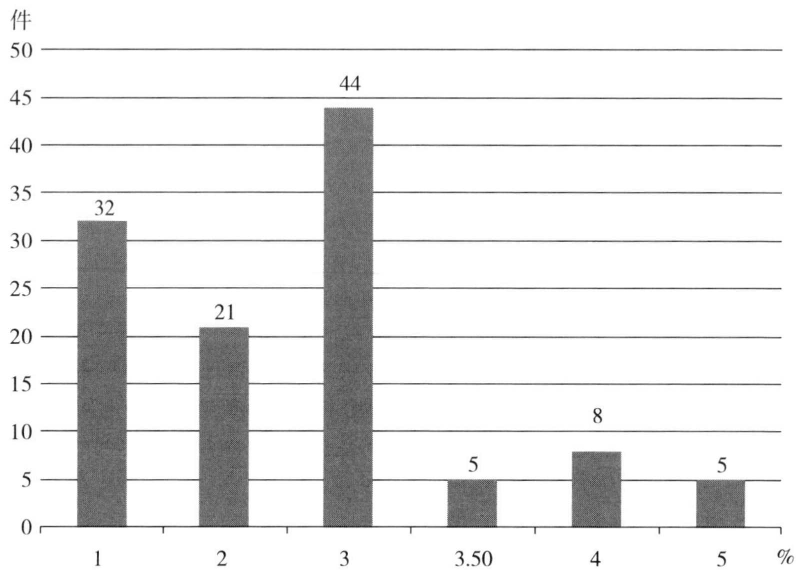

图15 2022年反垄断行政处罚案件罚款比例

从图15数据可以看出,罚款比例主要集中于违法经营者上一年度销售额的1%~3%,罚款比例普遍较低。2022年的案件主要适用修改前的《反垄断法》,即法定的罚款比例为1%~10%,而2022年的行政处罚案件并未出现顶格处罚的情形,最高的也只处上一年度销售额5%的行政罚款,其中,在“知网滥用市场支配地位案”中,反垄断执法机构对同方知网(北京)技术有限公司、同方知网数字出版技术股份有限公司和《中国学术期刊(光盘版)》电子杂志社有限公司三位涉案当事人共处 2021 年度中国境内销售总额 5% 的罚款。

为保证执法的准确性,在同一案件中,针对不同当事人,反垄断执法机构选择适用的罚款比例也有所区分。例如,在“朔州市机动车检测公司垄断协议案”中共涉及 7 位违法当事人,其中仅朔州市蓝天机动车检测有限公司被山西省市场监督管理局处以 2020 年度销售额 5% 的罚款,其余 6 位涉案当事人均被处以 2020 年度销售额 3% 的罚款。这主要是因为朔州市蓝天机动车检测有限公司的实际控制人为本案垄断协议的组织者,违法程度较高,故而被处以更为严厉的行政罚款。又如,在“黄山市黄山区太平湖游船发展有限责任公司达成并实施垄断协议案”等 7 家公司中国共涉及 7 位违法当事人,其中安徽省市场监督管理局在对黄山市黄山区太平湖游船发展有限责任公司作出行政罚款的过程中,考虑到其作为第一个主动向反垄断执法机构报告达成垄断协议的有关情况并提供重要证据的当事人,根据《国务院反垄断委员会横向垄断协议案件宽大制度适用指南》第 10 条、第 13 条和第 14 条的规定,决定在当事人 2018 年度销售额 3% 的罚款数额之上,按照其 20% 的幅度予以处罚,而剩余的 6 位违法当事人均被处以 2018 年度销售额 3% 的罚款。上述案件的处理显示出反垄断执法机构针对具体案件的不同情况分别判罚,体现了行政执法“过罚相当”的原则。

(五)罚款数额

在 2022 年公布的依法作出行政罚款的 120 件反垄断行政处罚案件中,罚款数额在 100 万元以下的案件共计 85 件,约占 71%;罚款数额在 100 万元以上 500 万元以下的案件共计 12 件,约占 10%;罚款数额在 500 万元以上 1000 万元以下的案件共计 5 件,约占 4%;罚款数额超过 1000 万元的案件共计 18 件,约占 15%(见图 16)。

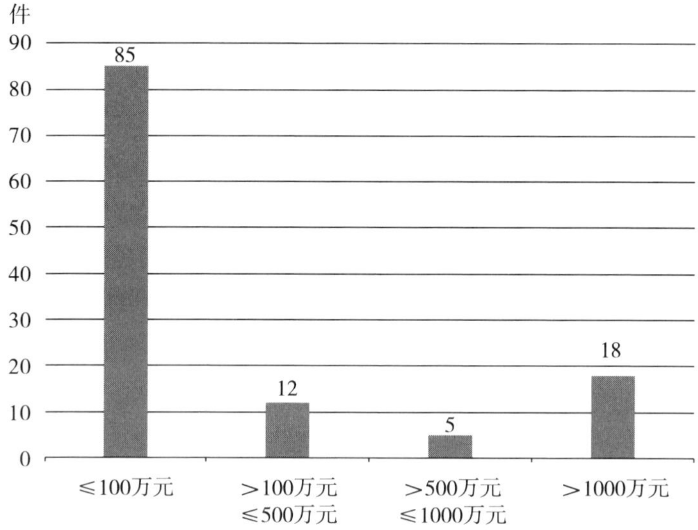

图16　2022年反垄断行政处罚案件罚款数额

从图16数据可以看出,2022年案件罚款数额大多都在100万元以下。排名第二的罚款数额区间是1000万元以上的高额罚款,其中,"尧柏特种水泥集团有限公司垄断协议案"作为2022年度最高行政罚款数额的垄断案件,涉案当事人被处以1.7亿元的行政罚款。其主要原因是涉案企业的上一年度销售额基数较高,同时反垄断执法机构在进行执法调查的过程中当事人未能如实说明相关情况,因此,在综合考虑当事人违法行为的性质、程度和持续时间的情况下作出上述高额罚款决定。该案在一定程度上反映出反垄断执法机构对于打击大型企业垄断行为的决心,同时给各行各业以警示。

2022年反垄断行政罚款1000万元以上案件见表17。

表17　2022年反垄断行政罚款1000万元以上案件

序号	案号	案件名称	罚款数额/千万元
1	陕市监反垄断处字〔2022〕1号	陕西生态水泥股份有限公司垄断协议案	2.81
2	陕市监反垄断处字〔2022〕2号	陕西声威建材集团有限公司垄断协议案	1.49
3	—	铜川声威建材有限责任公司垄断协议案	3.26
4	陕市监反垄断处字〔2022〕3号	尧柏特种水泥集团有限公司垄断协议案	17.2

续表

序号	案号	案件名称	罚款数额/千万元
5	陕市监反垄断处字〔2022〕4号	陕西金隅冀东水泥经贸有限公司垄断协议案	3.66
6	—	冀东海德堡(泾阳)水泥有限公司垄断协议案	3.11
7	—	冀东海德堡(扶风)水泥有限公司垄断协议案	2.98
8	陕市监反垄断处字〔2022〕5号	礼泉海螺水泥有限责任公司垄断协议案	3.11
9		乾县海螺水泥有限责任公司垄断协议案	1.74
10		陕西铜川凤凰建材有限公司垄断协议案	1.25
11		宝鸡市众喜金陵河水泥有限公司垄断协议案	1.49
12		宝鸡众喜凤凰山水泥有限公司垄断协议案	1.6
13		千阳海螺水泥有限责任公司垄断协议案	1.36
14	浙市监案〔2022〕7号	浙江物产民用爆破器材专营有限公司垄断协议案	1.88
15	国市监处罚〔2022〕87号	同方知网(北京)技术有限公司滥用市场支配地位案	8.76
16		同方知网数字出版技术股份有限公司滥用市场支配地位案	
17		《中国学术期刊(光盘版)》电子杂志社有限公司滥用市场支配地位案	
18	京市监垄罚〔2022〕06003号	士卓曼(北京)医疗器械贸易有限公司垄断协议案	3.44

三、反垄断行政处罚考量因素

(一)执法考量因素分析

在2022年公布的123件反垄断行政处罚案件中,有87件案件的行政处罚决定书中提及了反垄断执法机构在作出行政处罚决定时予以考量的因素,约占71%;剩余的36件案件的行政处罚决定书中并未提及反垄断执法机构在作出行政处罚决定时予以考量的因素,或者仅粗略提及"综合考虑当事人违法行为的性质、程度和持续时间",而未作详细说明,约占29%(见图17)。

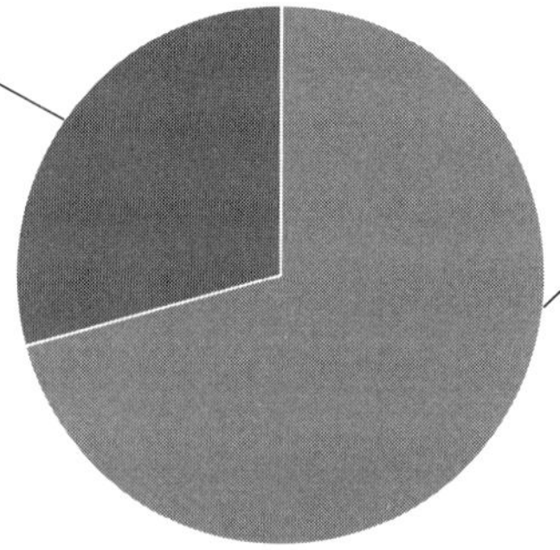

图17 2022年反垄断行政处罚考量因素提及情况

在2021年的46件反垄断行政处罚案件中,共计41件案件的处罚决定书提到了反垄断执法机构的法定考量因素,约占89%。[①] 与2021年相比,2022年反垄断执法机构提及执法考量因素的处罚决定书的数量有所下降。我国《行政处罚法》第34条第2款明确规定:"行政处罚裁量基准应当向社会公布。"因此,反垄断执法机构在制作行政处罚决定书时,应当就其作出的处罚决定的考量因素予以详细说明。

(二)考量因素行为类型

在2022年提及反垄断执法机构在作出行政处罚决定时考量因素的87件行政处罚决定书中,反垄断执法机构考虑的法定考量因素主要包括是否积极整改、是否配合调查、受到疫情影响、主动停止违法、违法严重程度和违法行为作用。其中,考虑是否配合调查因素的案件数量最多,共计70件;考虑主动停止违法行为因素的案件数量排名第二,共计43件;排名第三的是考虑是否积极整改的案件,共计32件;考虑违法严重程度因素的案件有14件;考虑受到疫情影响和违法行为作用的案件均为5件(见图18)。

① 参见林文:《中国反垄断行政执法年度报告(2021年)》,载王先林主编:《竞争法律与政策评论》第8卷,法律出版社2022年版,第289页。

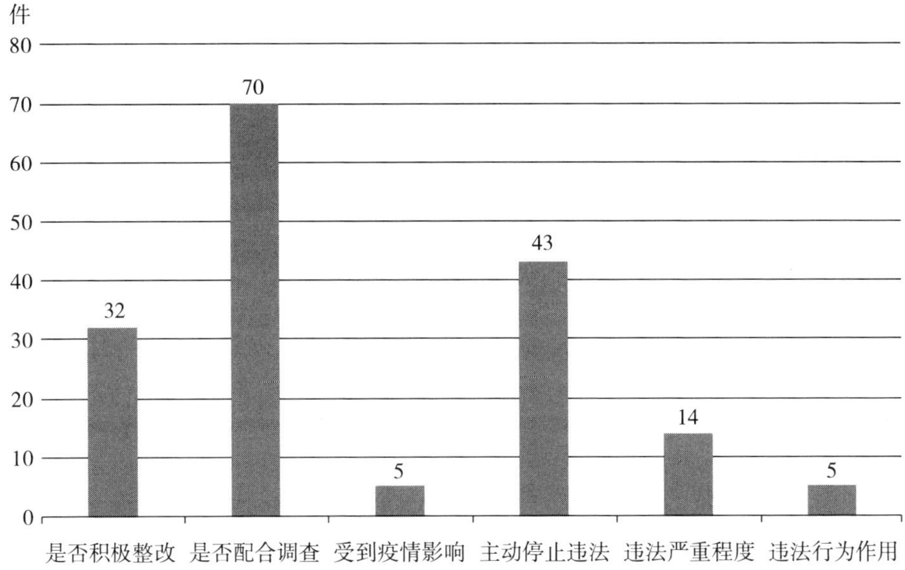

图18　2022年反垄断行政处罚考量因素行为类型

2021年反垄断执法机构查处的行政处罚案件中,反垄断执法机构的法定考量因素主要为违法行为性质、程度、持续时间、疫情影响、配合调查程度以及是否主动整改。其中,考虑配合调查程度的案件最多,为25件;考虑违法行为性质、程度的案件数量排名第二,为13件;考虑是否主动整改的案件有12件;考虑疫情影响的案件有8件;考虑违法行为持续时间的案件的有2件。①

对比上述数据可以看出,被处罚对象是否配合调查一直以来都是反垄断执法机构作出行政处罚时主要参考的因素。这主要是因为,在被处罚对象配合调查的情况下,可以在一定程度上减轻行政执法负担、提高行政执法效率。因此,一般情况下,只要被处罚对象具有配合执法调查的行为,反垄断执法机构在作出行政处罚时就会作出相应的考量。在2022年提及反垄断执法机构在作出行政处罚决定时考量因素的87件案件的行政处罚决定书中,就有70件案件将是否配合调查纳入考量范围。

除此之外,主动停止违法行为和是否积极整改这两项考量因素在2022年提及反垄断执法机构在作出行政处罚决定时考量因素的87件案件的行政处罚决定书

① 参见林文:《中国反垄断行政执法年度报告(2021年)》,载王先林主编:《竞争法律与政策评论》第8卷,法律出版社2022年版,第290页。

中,也都占了将近一半。主动停止违法行为、是否积极整改与是否配合调查均能反映被处罚对象的悔罪程度,因此,为鼓励被处罚对象在作出行政处罚前主动停止违法行为,并积极整改、消除违法行为所造成的不良后果,进而填补受害人所遭受的损失,反垄断执法机构在作出行政处罚决定时通常会考量这两项因素。

值得注意的是,反垄断执法机构在作出行政处罚决定时一般会考量多项因素。例如,在"浙江省民用爆破器材行业协会组织会员企业达成并实施垄断协议案"中,反垄断执法机构综合考量了涉案的5位当事人对案件所起作用的大小、违法行为持续的时间、是否配合调查、是否积极整改等方面的因素,最终作出行政处罚决定。这说明反垄断执法机构在决定罚款数额时通常会进行全方位的考量,以保证执法的科学性。这同时也提示经营者,在今后面对各反垄断执法机构的反垄断行政调查和处罚时,应尽可能地从主观及客观的各个角度积极寻求救济,达到从轻或减轻处罚的结果。

第四节　反垄断行政处罚豁免制度

一、垄断协议豁免制度

在2022年公布的123件反垄断行政处罚案件中,当事人申请豁免的案件共计5件(见表18),约占4%;当事人未申请豁免的案件共计118件,约占86%。

表18　2022年申请豁免的反垄断行政处罚案件

<table>
<tr><th>序号</th><th>案号</th><th>案件名称</th><th>申请豁免的依据</th></tr>
<tr><td>1</td><td>云市监竞处字〔2022〕01号</td><td>大姚县锦星机动车驾驶培训有限公司垄断协议案</td><td>2007年《反垄断法》第15条第1款第3项</td></tr>
<tr><td>2</td><td>云市监竞处字〔2022〕04号</td><td>大姚县金辉机动车驾驶培训有限公司垄断协议案</td><td>2007年《反垄断法》第15条第1款第3项</td></tr>
<tr><td>3</td><td rowspan="2">陕市监反垄断处字〔2022〕2号</td><td>陕西声威建材集团有限公司垄断协议案</td><td rowspan="2">2007年《反垄断法》第15条</td></tr>
<tr><td>4</td><td>铜川声威建材有限责任公司垄断协议案</td></tr>
<tr><td>5</td><td>京市监垄罚〔2022〕06002号</td><td>北京凯瑞联盟教育科技有限公司垄断协议案</td><td>2007年《反垄断法》第15条第1款第7项</td></tr>
</table>

在“陕西声威建材集团有限公司垄断协议案”和“铜川声威建材有限责任公司垄断协议案”中,涉案当事人均认为其达成的垄断协议并未违反《反垄断法》的规定,主要原因包括:2016 年以来相关地域水泥价格高涨是多年来水泥价格低位运行的报复性反弹;水泥价格受到国家环保政策、原燃材料成本上升、周边省份供求关系影响高位运行;铜川声威水泥销量和运转率下滑,不应该对当事人进行反垄断调查。陕西省市场监督管理局认为涉案当事人的主张不能成为其达成并实施垄断协议的合法理由,涉案的两位经营者应当证明因经济不景气,为缓解销售量严重下降或者生产明显过剩而达成垄断协议,同时经营者还应当证明所达成的协议不会严重限制相关市场的竞争,并且能够使消费者分享由此产生的利益;而涉案当事人在上调水泥价格前多次与具有竞争关系的经营者进行商议沟通,并且在随后统一实施了上调价格的行为,人为干预市场竞争机制发挥资源配置和调节价格的作用,属于实施了《反垄断法》所禁止的垄断行为。最终陕西省市场监督管理局认定当事人所提出主张或意见无法成立。

在“北京凯瑞联盟教育科技有限公司垄断协议案”中,当事人提出,作为英语教育行业商业特许经营者,其价格控制条款属于 2022 年修正前《反垄断法》第 15 条第 7 项“法律和国务院规定的其他情形”。北京市市场监督管理局经多次专家研讨会论证后认为,当事人不符合上述豁免情形,主要原因是:现行有效的涉及特许经营管理的法规及部门规章均未规定固定转售价格条款是特许经营统一商业模式中的必要组成部分;当事人引用的在线解答、合同示范文本等材料不属于法律和国务院规定的其他情形;市场价格本应是经营者充分竞争的结果,而当事人价格管控体系剥夺了加盟商作为独立经营主体的自主定价权,实施目的及实际效果不仅与《商业特许经营管理条例》自愿、公平的立法宗旨相悖,损害了加盟商利益,还对市场公平竞争秩序造成了干扰。

在 2021 年查处的 46 件反垄断行政处罚案件中,当事人申请豁免的案件有 10 件,约占 22%;当事人未申请豁免的案件有 36 件,约占 78%。[①] 与 2021 年相比,2022 年当事人主动申请豁免的案件数量总体呈现下降趋势。其主要原因是,我国现行《反垄断法》虽然对垄断协议豁免制度作出明确规定,但是在具体实践程序上仍然缺少相关立法以供明确指引。在此背景下,国家发展和改革委员会曾于 2016

① 参见林文:《中国反垄断行政执法年度报告(2021 年)》,载王先林主编:《竞争法律与政策评论》第 8 卷,法律出版社 2022 年版,第 292 页。

年发布《关于垄断协议豁免一般性条件和程序的指南(征求意见稿)》公开征求意见,但截至目前,仍未有相关立法出台。期望在不久的将来,相关制度能够真正落地,让豁免制度发挥其应有的作用。

二、垄断协议宽恕制度

2022 年公布的 123 件反垄断行政处罚案件中,仅有 1 件案件适用了宽恕制度,即“黄山市黄山区太平湖游船发展有限责任公司垄断协议案”。在该案中,黄山市黄山区太平湖游船发展有限责任公司作为“黄山市黄山区太平湖游船发展有限责任公司等 7 家公司达成并实施垄断协议案”所涉垄断协议的发起人,在垄断协议达成后,是第一个主动向反垄断执法机构报告达成垄断协议的有关情况并提供重要证据的参与者,安徽省市场监督管理局根据《国务院反垄断委员会横向垄断协议案件宽大制度适用指南》第 10 条、第 13 条和第 14 条的规定,在对其处以 2018 年度销售额 3% 的罚款的基础上适当减轻,按照 20% 的幅度予以处罚。

垄断协议宽恕制度的适用条件主要包括以下三个方面:一是主体条件,第一个向执法机构提交垄断协议有关情况的报告及重要证据的经营者,适用宽恕制度。宽恕制度的设计目的在于激励处罚的垄断协议成员主动告发,以供反垄断执法机构及时发现处于秘密状态的垄断协议,提高反垄断执法机构的执法效率。二是时间条件,告发必须是在反垄断执法机构发现该垄断协议之前,或虽已发现并开始调查,但还未获得充分证据时。三是行为条件,告发者必须立即停止违法活动,并积极、全面配合执法机构的调查工作。申请宽恕制度的经营者必须真诚、持续、全面地协助垄断协议案件的调查,将之作为取得宽恕待遇的对价;申请者必须如实向反垄断执法机构报告其掌握的有关垄断协议案件的全部信息和证据,不得存在隐瞒或毁损相关证据的情形。

三、反垄断行政处罚信息公开

2022 年修正的《反垄断法》第 52 条规定:“反垄断执法机构对涉嫌垄断行为调查核实后,认为构成垄断行为的,应当依法作出处理决定,并可以向社会公布。”2022 年修正的《市场监督管理行政处罚程序规定》第 63 条规定:“市场监督管理部门作出的具有一定社会影响的行政处罚决定应当按照有关规定向社会公开。公开的行政处罚决定被依法变更、撤销、确认违法或者确认无效的,市场监督管理部门应当在 3 个工作日内撤回行政处罚决定信息并公开说明理由。”因此,反垄断执法机构对于具有一定社会影响的案件应当公开发布处罚信息,而对于其他案件也可根据具体情况选择是否公开。

2023 年 2 月,全国市场监管系统反垄断工作会议暨民生领域反垄断执法专项行动部署会在山东省青岛市举行。会议指出,2022 年全国依法办结各类垄断案件 187 件,其中在国家市场监督管理总局或各省级市场监督管理局公布的反垄断行政处罚案件共计 123 件,也即,还有 64 件案件的处罚情况并未公布。

在 2022 年公布的 123 件反垄断行政处罚案件中,从作出处罚决定到公开的时间小于或者等于 7 天共计 5 件,占 4%;从作出处罚决定到公开超过 7 天且小于或者等于 30 天共计 98 件,占 80%;从作出处罚决定到公开的时间超过 30 天共计 20 件,占 16%(见图 19)。

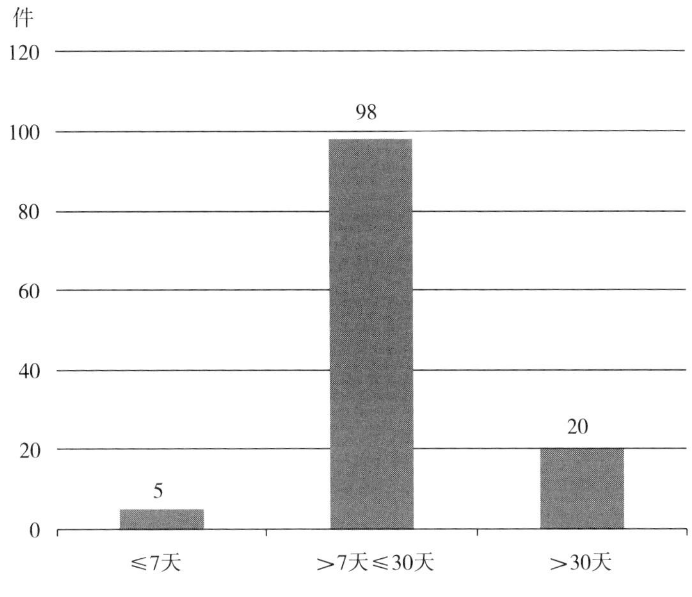

图 19　2022 年反垄断行政处罚决定公开时间

在 2021 年公布的 46 件案件中,未交代公开期限的案件 8 件,占 17%;从作出处罚决定到公开的时间小于或者等于 7 天的案件 5 件,占 11%;从作出处罚决定到公开超过 7 天且少于 30 天的案件 3 件,占 7%;从作出处罚决定到公开的时间超过 30

天的案件30件,占65%。①

对比上述数据可以看出,2022年和2021年大部分案件从作出处罚决定到公开行政处罚判决书时间超过7天,仅有少数案件作出处罚决定到公开的时间小于或者等于7天。其中,2022年的“云南创鑫防伪印章有限公司红河分公司等6家单位垄断协议案”自2021年12月22日作出行政处罚决定至2022年6月30日处罚决定书得以公开,其间历经将近7个月的时间。这反映出我国反垄断执法机构行政处罚信息公开仍有待加强。

第三部分 行政垄断处罚②

第一节 行政垄断执法整体情况

一、反行政垄断执法概况

根据国家市场监督管理总局发布的2022年工作总结,2022年共计查办滥用行政权力排除、限制竞争案件73件(见表19),其中公布了68件,剩余5件暂未公布。

表19 2022年度行政垄断案件统计

序号	案件名称	纠正情况	行业领域
1	山东省市场监管局依法调查处理高密市综合行政执法局滥用行政权力排除、限制竞争行为	责令改正	共享单车
2	浙江省市场监管局依法调查处理海宁市住房和城乡建设局等滥用行政权力排除、限制竞争行为	责令改正	保险业务
3	宁夏回族自治区市场监管厅纠正贺兰县住房和城乡建设局滥用行政权力排除、限制竞争行为	主动纠正	有线电视
4	山东省市场监管局纠正滨州市城市管理局滥用行政权力排除、限制竞争行为	主动纠正	共享单车

① 参见林文:《中国反垄断行政执法年度报告(2021年)》,载王先林主编:《竞争法律与政策评论》第8卷,法律出版社2022年版,第302页。

② 此部分延续以往惯例,不包括经营者集中案件(经营者集中案件年度报告由潘志成律师单独撰写)。

续表

序号	案件名称	纠正情况	行业领域
5	山东省市场监管局纠正惠民县综合行政执法局滥用行政权力排除、限制竞争行为	主动纠正	共享单车
6	湖南省市场监管局纠正双峰县卫生健康局滥用行政权力排除、限制竞争行为	主动纠正	医药器材
7	甘肃省市场监管局纠正白银市人民政府滥用行政权力排除、限制竞争行为	主动纠正	保险业务
8	湖南省市场监管局纠正郴州市教育局滥用行政权力排除、限制竞争行为	主动纠正	校服采购
9	湖南省市场监管局纠正衡阳县卫生健康局等部门滥用行政权力排除、限制竞争行为	主动纠正	体检
10	湖南省市场监管局纠正衡南县卫生健康局等部门滥用行政权力排除、限制竞争行为	主动纠正	体检
11	广西壮族自治区市场监管局纠正都安瑶族自治县卫生健康局滥用行政权力排除、限制竞争行为	主动纠正	医药器材
12	广西壮族自治区市场监管局纠正博白县应急管理局滥用行政权力排除、限制竞争行为	主动纠正	烟花爆竹
13	湖北省市场监管局依法调查处理十堰市郧阳区自然资源和规划局滥用行政权力排除、限制竞争行为	责令改正	矿产资源
14	福建省市场监管局依法调查处理福州市晋安区城乡建设局滥用行政权力排除、限制竞争行为	责令改正	工程建设
15	重庆市市场监管局纠正合川区农业农村委员会滥用行政权力排除、限制竞争行为	主动纠正	有机肥料
16	重庆市市场监管局纠正秀山县农业农村委员会涉嫌滥用行政权力排除、限制竞争行为	主动纠正	保险业务
17	新疆维吾尔自治区市场监管局依法调查处理吐鲁番市应急管理局滥用行政权力排除、限制竞争行为	责令改正	监控安装
18	云南省市场监管局依法调查处理昆明市西山区教育体育局滥用行政权力排除、限制竞争行为	责令改正	校园安保
19	黑龙江省市场监管局纠正七台河市住房和城乡建设局滥用行政权力排除、限制竞争行为	主动纠正	管道燃气工程

续表

序号	案件名称	纠正情况	行业领域
20	广西壮族自治区市场监管局纠正灵川县交通运输局滥用行政权力排除、限制竞争行为	主动纠正	视频监控、车辆维修
21	湖南省市场监管局纠正永州市零陵区教育局等部门滥用行政权力排除、限制竞争行为	主动纠正	体检
22	湖南省市场监管局纠正祁阳市教育局等部门滥用行政权力排除、限制竞争行为	主动纠正	体检
23	湖南省市场监管局纠正平江县文化旅游广电体育局滥用行政权力排除、限制竞争行为	主动纠正	消费购物
24	市场监管总局纠正甘肃省应急管理厅滥用行政权力排除、限制竞争行为	主动纠正	保险业务
25	云南省市场监管局纠正丽江市古城区人民政府办公室滥用行政权力排除、限制竞争行为	主动纠正	垃圾清运
26	江西省市场监管局纠正赣州市石城县人民政府滥用行政权力排除、限制竞争行为	主动纠正	文化旅游
27	江西省市场监管局纠正抚州市南城县民政局滥用行政权力排除、限制竞争行为	主动纠正	殡葬管理
28	青海省市场监管局纠正海东市卫生健康委员会滥用行政权力排除、限制竞争行为	主动纠正	体检
29	河南省市场监管局纠正南阳市淅川县发展和改革委员会滥用行政权力排除、限制竞争行为	主动纠正	充电设施建设
30	上海市市场监管局纠正青浦区朱家角镇人民政府滥用行政权力排除、限制竞争行为	主动纠正	工程建设
31	安徽省市场监管局纠正安庆市怀宁县教育局滥用行政权力排除、限制竞争行为	主动纠正	体检
32	湖北省市场监管局纠正襄阳市行政审批局滥用行政权力排除、限制竞争行为	主动纠正	工程建设
33	宁夏回族自治区市场监管厅纠正银川市教育局滥用行政权力排除、限制竞争行为	主动纠正	安防设施
34	宁夏回族自治区市场监管厅纠正中卫市中宁县教育体育局滥用行政权力排除、限制竞争行为	主动纠正	安防设施

续表

序号	案件名称	纠正情况	行业领域
35	湖南省市场监管局纠正常德市安乡县人民政府滥用行政权力排除、限制竞争行为	主动纠正	产品采购
36	湖南省市场监管局纠正岳阳市卫生健康委员会滥用行政权力排除、限制竞争行为	主动纠正	医药产品
37	江西省市场监管局纠正上饶市婺源县发展和改革委员会滥用行政权力排除、限制竞争行为	主动纠正	工程建设
38	宁夏回族自治区市场监管厅纠正银川市永宁县教育体育局滥用行政权力排除、限制竞争行为	主动纠正	安防设施
39	黑龙江省市场监管局纠正绥化市卫生健康委员会滥用行政权力排除、限制竞争行为	主动纠正	保险和司法鉴定
40	天津市市场监管委纠正蓟州区城市管理委员会滥用行政权力排除、限制竞争行为	主动纠正	建筑垃圾运输
41	福建省市场监管局纠正三明市清流县人民政府滥用行政权力排除、限制竞争行为	主动纠正	工程建设
42	湖南省市场监管局纠正益阳市资阳区卫生健康局滥用行政权力排除、限制竞争行为	主动纠正	体检
43	湖南省市场监管局纠正湖南省住房和城乡建设厅滥用行政权力排除、限制竞争行为	主动纠正	保险业务
44	湖南省市场监管局纠正益阳市安化县卫生健康局滥用行政权力排除、限制竞争行为	主动纠正	体检
45	安徽省市场监管局纠正阜阳市教育局滥用行政权力排除、限制竞争行为	主动纠正	校服采购
46	安徽省市场监管局纠正阜阳市临泉县教育局滥用行政权力排除、限制竞争行为	主动纠正	校服采购
47	河南省市场监管局纠正鹤壁市人民政府滥用行政权力排除、限制竞争行为	主动纠正	工程建设
48	河南省市场监管局纠正鹤壁市住房和城乡建设局滥用行政权力排除、限制竞争行为	主动纠正	建设工程监理
49	浙江省市场监管局纠正金华市武义县交通运输局滥用行政权力排除、限制竞争行为	主动纠正	建筑垃圾运输

续表

序号	案件名称	纠正情况	行业领域
50	浙江省市场监管局纠正丽水生态产业集聚区(丽水经济技术开发区)管理委员会滥用行政权力排除、限制竞争行为	主动纠正	工程运输
51	陕西省市场监管局纠正安康市汉阴县人民政府滥用行政权力排除、限制竞争行为	主动纠正	产品采购
52	江西省市场监管局纠正吉安市城市管理局滥用行政权力排除、限制竞争行为	主动纠正	共享单车
53	黑龙江省市场监管局纠正牡丹江市城市管理综合执法局滥用行政权力排除、限制竞争行为	主动纠正	共享单车
54	福建省市场监管局纠正厦门市翔安区建设与交通局滥用行政权力排除、限制竞争行为	主动纠正	工程建设
55	四川省市场监管局依法调查处理凉山彝族自治州金阳县自然资源局滥用行政权力排除、限制竞争行为	责令改正	砂石运输
56	黑龙江省市场监管局纠正佳木斯市城市管理综合执法局滥用行政权力排除、限制竞争行为	主动纠正	共享单车
57	西藏自治区市场监管局纠正林芝市巴宜区人民政府滥用行政权力排除、限制竞争行为	主动纠正	商品混凝土
58	贵州省市场监管局纠正遵义市综合行政执法局滥用行政权力排除、限制竞争行为	主动纠正	燃气检测
59	贵州省市场监管局纠正遵义市正安县综合行政执法局滥用行政权力排除、限制竞争行为	主动纠正	燃气配送
60	辽宁省市场监管局纠正葫芦岛市自然资源局滥用行政权力排除、限制竞争行为	主动纠正	测绘
61	江苏省市场监管局纠正常州市住房和城乡建设局滥用行政权力排除、限制竞争行为	主动纠正	保险业务
62	辽宁省市场监管局纠正沈阳市自然资源局滥用行政权力排除、限制竞争行为	主动纠正	测绘
63	辽宁省市场监管局纠正大连市自然资源局滥用行政权力排除、限制竞争行为	主动纠正	测绘

续表

序号	案件名称	纠正情况	行业领域
64	重庆市市场监管局纠正花溪街道办事处滥用行政权力排除、限制竞争行为	主动纠正	物业行业 电子投票系统
65	湖北省市场监管局纠正荆门市城市管理执法委员会滥用行政权力排除、限制竞争行为	主动纠正	广告服务
66	黑龙江省市场监督管理局纠正哈尔滨市城市管理局滥用行政权力排除、限制竞争行为	主动纠正	共享单车
67	浙江省市场监管局纠正绍兴市新昌县人民政府滥用行政权力排除、限制竞争行为	主动纠正	配送服务
68	浙江省市场监管局纠正宁波市象山县住房和城乡建设局滥用行政权力排除、限制竞争行为	主动纠正	房屋安全鉴定

二、行政垄断法律责任

在2022年度国家市场监督管理总局公布的68件行政垄断案件中,仅有7件行政垄断案件的当事人被反垄断执法机构责令改正(见表20),其余61件均是由当事人主动纠正;其中2件行政垄断案件中并无指定的受益经营者。

表20 责令改正案件统计

序号	被调查执法当事人	受益经营者	纠正情况	行业领域	适用法律情况
1	高密市综合行政执法局	某网络科技有限公司	责令改正	共享单车	2007年《反垄断法》
2	海宁市住房和城乡建设局	海宁市建筑施工领域安责险承保机关共保体	责令改正	保险业务	2007年《反垄断法》
3	十堰市郧阳区自然资源和规划局	无	责令改正	矿产资源	2007年《反垄断法》
4	福州市晋安区城乡建设局	注册地在晋安区行政辖区的企业	责令改正	工程建设	2007年《反垄断法》
5	吐鲁番市应急管理局	指定的某2家公司	责令改正	监控安装	2007年《反垄断法》

续表

序号	被调查执法当事人	受益经营者	纠正情况	行业领域	适用法律情况
6	昆明市西山区教育体育局	西山区保安服务公司	责令改正	校园安保	2007年《反垄断法》
7	凉山彝族自治州金阳县自然资源局	无	责令改正	砂石运输	2022年《反垄断法》

在“高密市综合行政执法局滥用行政权力排除、限制竞争行为案”中，高密市综合行政执法局以公开招标方式确定某网络科技有限公司为中标单位，并与其签订《共享助力自行车运营合同》。山东省市场监督管理局认为，当事人以共享助力自行车属于特许经营项目名义，确定某网络科技有限公司为高密市区域独家共享助力自行车经营企业的做法，变相限制共享助力自行车企业市场准入的行为，排除、限制了其他具有合格资质和服务能力的共享助力自行车品牌进入该区域市场，剥夺了消费者的自由选择权。根据2022年修正前的《反垄断法》第51条第1款的规定，向高密市人民政府发出行政建议书，依法提出以下建议：第一，责令当事人立即停止上述违法行为；第二，认真落实公平竞争审查机制；第三，加强对当事人后续行为的监督和指导。

在“凉山彝族自治州金阳县自然资源局滥用行政权力排除、限制竞争行为案”中，凉山彝族自治州金阳县自然资源局在对外地砂石的治理工作中，要求外地砂石公司要想将矿产品运入本地时，必须向当地相关部门申请办理准运证，否则不予通行。四川省市场监督管理局认为，当事人要求外地砂石企业提供本地相关部门申请办理准运证，限制了外地矿产品资源进入本地市场或通过本地进入其他市场。根据2022年修正后的《反垄断法》第61条第1款的规定，向金阳县人民政府发出行政建议书，依法提出以下处理建议：第一，责令当事人立即上述违法行为，妥善处理、切实消除之前要求外地企业提供矿产品运入地准运证，排除、限制竞争行为的后果；第二，主动消除“问政四川”平台上公开回复的不良影响，并以此案为契机，举一反三，加强对后续行为的监督和指导；第三，提高认识，反垄断法的相关知识和法律法规，全面落实公平竞争审查制度；第四，当事人在收到行政建议书之日起30日内，将有关改正情况书面报告四川省市场监督管理局。

“凉山彝族自治州金阳县自然资源局滥用行政权力排除、限制竞争行为案”作为2022年公布的行政垄断案件中唯一适用2022年修正的《反垄断法》第61条第1款规定的案件，严格遵守了反垄断法的相关规定。相较于“高密市综合行政执法局滥用行政权力排除、限制竞争行为案”的处理建议,明确规定应当在 30 日内向上级机关书面报告整改情况,完善长效机制,从源头防止滥用行政权力排除、限制竞争行为的发生。

第二节 反行政垄断地域与行业

一、行政垄断地域

将 2022 年国家市场监督管理总局公布的 68 件行政垄断案件按照违法机关所在地域进行划分,湖南省的案件数量排名第一,共 12 件,约占 18%;其次是浙江和黑龙江,案件数量均为 5 件,并列排名第二;排名第三的是江西和宁夏,案件数量均为 4 件;剩余案件中,8 个地区的案件数量为 3 件,2 个地区的案件数量为 2 件,10 个地区的案件数量为 1 件(见图 20)。

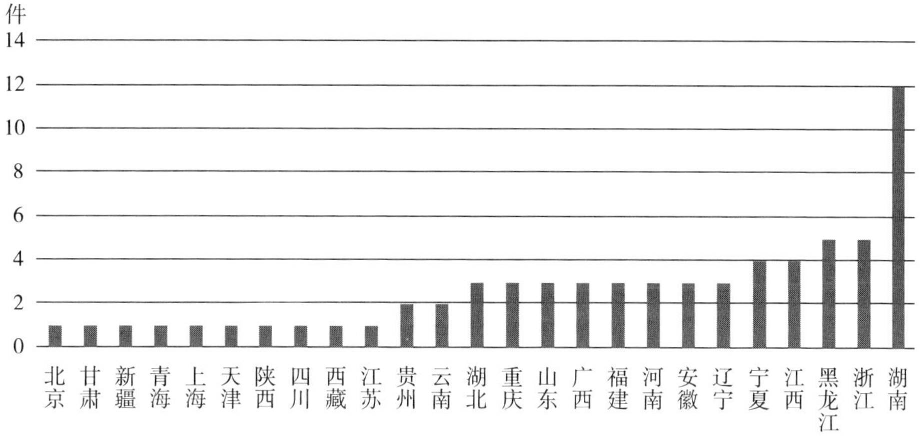

图 20 2022 年行政垄断案件地域分布

根据湖南省市场监督管理局官方数据,2022 年湖南省市场监督管理局共计查办行政垄断案件 13 件,其中 12 件已经由国家市场监督管理总局公布,办案数量位居全国第一,实现了维护市场公平竞争环境,助力建设全国统一大市场的积极效果。查办案件数量如此之多,其主要原因包括以下两点:其一,在行政执法方面,湖南省市场监督管理局多次开展不公平政策措施专项清理、妨碍全国统一大市场建设自查清理工作,从源头治理滥用行政权力排除、限制竞争的行为;其二,在案件审查方面,湖南省市场监督管理总局积极拓宽案件来源,聚焦教育、医疗卫生、保险、政府采购等重点行业和领域,仅医疗卫生领域就查办了8件案件。

除此之外,在已公布的68件行政垄断案件中,案件分布区域广泛,共计25个省级行政区,虽部分地区案件数量仅有1件,但也可侧面说明为营造统一开放、公平高效、安全有序的市场竞争环境,反行政垄断执法行动正在全国范围内积极展开。

二、行政垄断行业

在2022年国家市场监督管理总局公布的68件行政垄断案件中,工程建筑案件数量排名第一,共计19件,占比约28%;排名第二的医疗卫生行政垄断案件,共计11件,约占16%;服务行业的案件数量排名第三,共计10件,约占15%;共享单车和保险业务的案件数量紧随其后,各计7件,各占10%(见图21)。

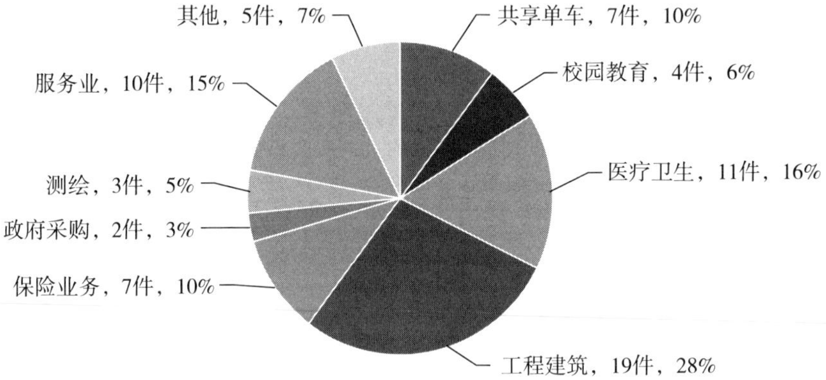

图21 2022年行政垄断案件行业分布

根据《招标投标法》《招标投标法实施条例》的规定,在中华人民共和国境内进行下列工程建设项目包括项目的勘察、设计、施工、监理以及与工程建设有关的重要设备、材料等的采购,必须进行招标:第一,大型基础设施、公用事业等关系社会公共利益、公众安全的项目;第二,全部或者部分使用国有资金投资或者国家融资的项目;第三,使用国际组织或者外国政府贷款、援助资金的项目。在法律法规落地的过程中,不免出现相关部门滥用行政权力,通过限定招标条件或指定招标企业的方式排除、限制竞争的行为,这也是工程建筑行政垄断案件数量名列第一的主要原因。

近年来,共享单车因"扫码即用、不用即停"的便利优势走进公众视野,越来越多的企业企图通过量产投放的方式在此市场趋势之下分一杯羹。共享单车企业多数通过获取政府批文、与政府签订协议或者招投标的方式进入相关地域市场,个别地方政府出于保护本地品牌、维护本地企业利益考虑,在招投标文件中常出现排除、限制其他具有合格资质和服务能力的共享单车品牌进入当地市场的内容。

三、行政垄断机关的层级

在 2022 年国家市场监督管理总局公布的 68 件行政垄断案件中,以被纠正的行政机关的层级进行划分,市级行政垄断案件数量排名第一,共计 41 件,约占 60%;区/县级行政垄断案件数量排名第二,共计 25 件,约占 37%;省级行政垄断案件数量排名第三,共计 2 件,约占 3%(见图 22)。这体现出各地市场监管部门按照市场监管总局的部署,围绕“激发市场主体活力,畅通国内大循环”的方针政策,积极开展反行政垄断执法工作。

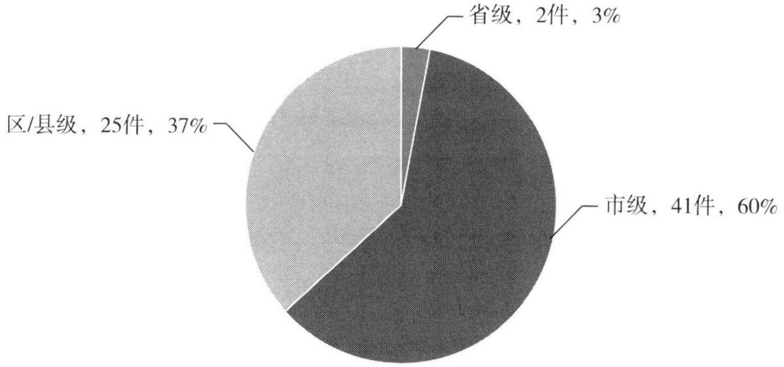

图 22　2022 年行政垄断层级分布

省级行政垄断案件分别为“市场监管总局纠正甘肃省应急管理厅滥用行政权力排除、限制竞争行为”和“湖南省市场监管局纠正湖南省住房和城乡建设厅滥用行政权力排除、限制竞争行为”。其中,1 件是由国家市场监督管理总局依法调查纠正,1 件由湖南省市场监督管理局依法调查纠正。

在“市场监管总局纠正甘肃省应急管理厅滥用行政权力排除、限制竞争行为”中,当事人通过制定印发文件的方式,直接为相关行业企业指定保险经纪机构和保险承保机构剥夺了有关行业企业的自主选择权,限制了该地区安全生产责任保险经纪服务市场和保险服务市场的充分有效竞争,使潜在进入者在一定时期内难以进入相关市场,降低了相关市场的竞争程度。国家市场监督管理总局认为当事人的上述行为构成《反垄断法》所禁止的滥用行政权力排除、限制竞争行为。当事人在被调查期间,主动废止相关文件,解除与有关保险经纪公司的协议。

第三节　行政垄断行为类型

一、行政垄断违法现状

2022年修正前的《反垄断法》在第32~37条规定了行政垄断的行为类型,包括限定交易、妨碍商品流通、设定歧视性招投标标准、不平等的待遇、强制垄断行为、制定限制规定。2022年修正后的《反垄断法》在第39~45条规定了行政垄断的行为类型,并新增"协议垄断"这一行政垄断行为类型。综上所述,现行的《反垄断法》共规定了7种行政垄断行为类型。

经统计,在2022年国家市场监督管理总局公布的68件行政垄断案件中,共出现了6种行政垄断行为类型,其中20件涉及2种行为类型,1件涉及3种行为类型,其余47件均为1种行为类型,包括限定交易46件、制定限制规定33件、设定歧视性招投标标准4件、妨碍商品流通3件、强制垄断行为2件和协议垄断2件(见图23)。

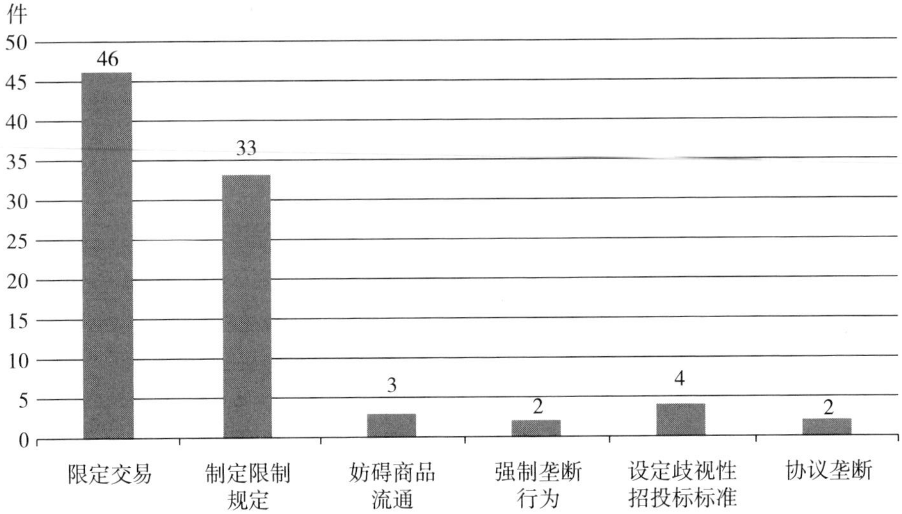

图23　2022年行政垄断行为类型

二、行政垄断违法类型

(一)限定交易

2022年修正的《反垄断法》在第39条规定了限定交易行为:"行政机关和法律、

法规授权的具有管理公共事务职能的组织不得滥用行政权力,限定或者变相限定单位或者个人经营、购买、使用其指定的经营者提供的商品。”2022 年度国家市场监督管理总局公布的 44 件限定交易行为的行政垄断案件,13 件适用修正后的《反垄断法》,31 件适用修正前的《反垄断法》(见表 21)。

例如,在“贺兰县住房和城乡建设局滥用行政权力排除、限制竞争行为案”中,贺兰县住房和城乡建设局在《关于明确贺兰县有线电视工程建设和验收主体的通知》中明确规定凡贺兰县境内的有线电视工程,均由某公司建设,此为典型的限定交易行为。宁夏回族自治区市场监督管理厅认为,当事人指定某公司作为贺兰县辖区内有线电视工程建设和验收单位的行为,剥夺了房地产开发企业自主选择建设单位的权利,排除、限制了其他同行业经营者参与当地相关市场竞争,妨碍了市场公平竞争秩序,构成滥用行政权力排除、限制竞争行为。

又如,在“滨州市城市管理局滥用行政权力排除、限制竞争行为案”中,滨州市城市管理局以政府采购的方式确定某网络科技有限公司为滨州市城区共享单车经营企业,并与其签订战略合作协议,协议中明确注明:“为避免单车同行无序投放,控制城市车辆总数,甲方不再引进乙方以外的共享单车品牌。”此为隐性的限定交易行为,即当事人通过限制或禁止其他同类品牌,起到限定交易商品的效果。山东省市场监督管理局认为,当事人以政府采购的方式确定某网络科技有限公司为滨州市城区独家共享单车经营企业,限制了其他具有合格资质和服务能力的共享助力车品牌进入该区域市场,排除、限制了竞争。

2022 年限定交易行政垄断案件见表 21。

表 21　2022 年限定交易行政垄断案件

序号	案件名称	行为类型	适用法律情况
1	山东省市场监管局依法调查处理高密市综合行政执法局滥用行政权力排除、限制竞争行为	限定交易	2007 年《反垄断法》
2	浙江省市场监管局依法调查处理海宁市住房和城乡建设局等滥用行政权力排除、限制竞争行为	限定交易、制定限制规定	2007 年《反垄断法》
3	宁夏回族自治区市场监管厅纠正贺兰县住房和城乡建设局滥用行政权力排除、限制竞争行为	限定交易	2007 年《反垄断法》

续表

序号	案件名称	行为类型	适用法律情况
4	山东省市场监管局纠正滨州市城市管理局滥用行政权力排除、限制竞争行为	限定交易	2007年《反垄断法》
5	山东省市场监管局纠正惠民县综合行政执法局滥用行政权力排除、限制竞争行为	限定交易	2007年《反垄断法》
6	湖南省市场监管局纠正双峰县卫生健康局滥用行政权力排除、限制竞争行为	限定交易	2007年《反垄断法》
7	甘肃省市场监管局纠正白银市人民政府滥用行政权力排除、限制竞争行为	限定交易	2007年《反垄断法》
8	湖南省市场监管局纠正郴州市教育局滥用行政权力排除、限制竞争行为	限定交易	2007年《反垄断法》
9	湖南省市场监管局纠正衡阳县卫生健康局等部门滥用行政权力排除、限制竞争行为	限定交易	2007年《反垄断法》
10	广西壮族自治区市场监管局纠正都安瑶族自治县卫生健康局滥用行政权力排除、限制竞争行为	限定交易	2007年《反垄断法》
11	重庆市市场监管局纠正秀山县农业农村委员会涉嫌滥用行政权力排除、限制竞争行为	限定交易	2007年《反垄断法》
12	新疆维吾尔自治区市场监管局依法调查处理吐鲁番市应急管理局滥用行政权力排除、限制竞争行为	限定交易、制定限制规定	2007年《反垄断法》
13	云南省市场监管局依法调查处理昆明市西山区教育体育局滥用行政权力排除、限制竞争行为	限定交易	2007年《反垄断法》
14	黑龙江省市场监管局纠正七台河市住房和城乡建设局滥用行政权力排除、限制竞争行为	限定交易	2007年《反垄断法》
15	广西壮族自治区市场监管局纠正灵川县交通运输局滥用行政权力排除、限制竞争行为	限定交易	2007年《反垄断法》
16	湖南省市场监管局纠正永州市零陵区教育局等部门滥用行政权力排除、限制竞争行为	限定交易	2007年《反垄断法》
17	湖南省市场监管局纠正祁阳市教育局等部门滥用行政权力排除、限制竞争行为	限定交易	2007年《反垄断法》

续表

序号	案件名称	行为类型	适用法律情况
18	湖南省市场监管局纠正平江县文化旅游广电体育局滥用行政权力排除、限制竞争行为	限定交易	2007 年《反垄断法》
19	市场监管总局纠正甘肃省应急管理厅滥用行政权力排除、限制竞争行为	限定交易、制定限制规定	2022 年《反垄断法》
20	云南省市场监管局纠正丽江市古城区人民政府办公室滥用行政权力排除、限制竞争行为	限定交易	2022 年《反垄断法》
21	江西省市场监管局纠正抚州市南城县民政局滥用行政权力排除、限制竞争行为	限定交易	2022 年《反垄断法》
22	青海省市场监管局纠正海东市卫生健康委员会滥用行政权力排除、限制竞争行为	限定交易	2022 年《反垄断法》
23	河南省市场监管局纠正南阳市淅川县发展和改革委员会滥用行政权力排除、限制竞争行为	限定交易	2022 年《反垄断法》
24	安徽省市场监管局纠正安庆市怀宁县教育局滥用行政权力排除、限制竞争行为	限定交易	2007 年《反垄断法》
25	宁夏回族自治区市场监管厅纠正银川市教育局滥用行政权力排除、限制竞争行为	限定交易、制定限制规定	2007 年《反垄断法》
26	宁夏回族自治区市场监管厅纠正中卫市中宁县教育体育局滥用行政权力排除、限制竞争行为	限定交易、制定限制规定	2022 年《反垄断法》
27	湖南省市场监管局纠正岳阳市卫生健康委员会滥用行政权力排除、限制竞争行为	限定交易	2007 年《反垄断法》
28	宁夏回族自治区市场监管厅纠正银川市永宁县教育体育局滥用行政权力排除、限制竞争行为	限定交易、制定限制规定	2007 年《反垄断法》
29	黑龙江省市场监管局纠正绥化市卫生健康委员会滥用行政权力排除、限制竞争行为	限定交易	2007 年《反垄断法》
30	天津市市场监管委纠正蓟州区城市管理委员会滥用行政权力排除、限制竞争行为	限定交易	2007 年《反垄断法》
31	湖南省市场监管局纠正益阳市资阳区卫生健康局滥用行政权力排除、限制竞争行为	限定交易	2007 年《反垄断法》

续表

序号	案件名称	行为类型	适用法律情况
32	湖南省市场监管局纠正湖南省住房和城乡建设厅滥用行政权力排除、限制竞争行为	限定交易、制定限制规定	2022年《反垄断法》
33	安徽省市场监管局纠正阜阳市教育局滥用行政权力排除、限制竞争行为	限定交易	2007年《反垄断法》
34	安徽省市场监管局纠正阜阳市临泉县教育局滥用行政权力排除、限制竞争行为	限定交易	2007年《反垄断法》
35	浙江省市场监管局纠正金华市武义县交通运输局滥用行政权力排除、限制竞争行为	限定交易、制定限制规定	2022年《反垄断法》
36	江西省市场监管局纠正吉安市城市管理局滥用行政权力排除、限制竞争行为	限定交易	2022年《反垄断法》
37	西藏自治区市场监管局纠正林芝市巴宜区人民政府滥用行政权力排除、限制竞争行为	限定交易、制定限制规定	2007年《反垄断法》
38	贵州省市场监管局纠正遵义市综合行政执法局滥用行政权力排除、限制竞争行为	强制垄断行为、限定交易、制定限制规定	2007年《反垄断法》
39	贵州省市场监管局纠正遵义市正安县综合行政执法局滥用行政权力排除、限制竞争行为	限定交易、制定限制规定	2022年《反垄断法》
40	辽宁省市场监管局纠正葫芦岛市自然资源局滥用行政权力排除、限制竞争行为	限定交易、制定限制规定	2007年《反垄断法》
41	江苏省市场监管局纠正常州市住房和城乡建设局滥用行政权力排除、限制竞争行为	限定交易、制定限制规定	2007年《反垄断法》
42	辽宁省市场监管局纠正沈阳市自然资源局滥用行政权力排除、限制竞争行为	限定交易、制定限制规定	2007年《反垄断法》
43	辽宁省市场监管局纠正大连市自然资源局滥用行政权力排除、限制竞争行为	限定交易、制定限制规定	2007年《反垄断法》
44	重庆市市场监管局纠正花溪街道办事处滥用行政权力排除、限制竞争行为	限定交易	2022年《反垄断法》
45	湖北省市场监管局纠正荆门市城市管理执法委员会滥用行政权力排除、限制竞争行为	限定交易、制定限制规定	2022年《反垄断法》

续表

序号	案件名称	行为类型	适用法律情况
46	黑龙江省市场监督管理局纠正哈尔滨市城市管理局滥用行政权力排除、限制竞争行为	限定交易、制定限制规定	2022 年《反垄断法》

(二)协议垄断

2022 年修正的《反垄断法》在第 40 条新增了“协议垄断”的行为类型:“行政机关和法律、法规授权的具有管理公共事务职能的组织不得滥用行政权力,通过与经营者签订合作协议、备忘录等方式,妨碍其他经营者进入相关市场或者对其他经营者实行不平等待遇,排除、限制竞争。”2022 年度国家市场监督管理总局公布共计 2 件协议垄断行为类型的行政垄断案件(见表 22)。

表 22　2022 年协议垄断案件统计

序号	案件名称	行为类型	适用法律情况
1	黑龙江省市场监管局纠正牡丹江市城市管理综合执法局滥用行政权力排除、限制竞争行为	协议垄断	2022 年《反垄断法》
2	黑龙江省市场监管局纠正佳木斯市城市管理综合执法局滥用行政权力排除、限制竞争行为	协议垄断	2022 年《反垄断法》

在“牡丹江市城市管理综合执法局滥用行政权力排除、限制竞争行为案”中,牡丹江市城市管理综合执法局与某科技有限公司签订的《共享单车规范停放管理协议》,规定“乙方应当严格按照《牡丹江共享单车及助力车投放可行性报告》进行车辆投放,乙方通过规模发展、优质服务、公平竞争等市场手段扩大市场份额,直至饱和,保证牡丹江市场需求和车辆供给”。黑龙江省市场监督管理局认为,当事人与某科技有限公司签订合同,约定只由该企业提供牡丹江市共享单车市场服务,排除、限制了其他具有相应资质和服务能力的企业参与牡丹江市共享单车市场的竞争,剥夺了消费者的自主选择权。

协议垄断与限定交易的区别就在于行政机关和法律、法规授权的具有管理公共事务职能的组织是以何种形式实施的行政垄断行为。若是以文件通知的形式,限定相关区域内的交易对象则是限定交易行为,若是与受益方以签订合作协议的方式实施垄断行为则属于协议垄断。在 2022 年《反垄断法》修正之前,以合作协议的方式实施的垄断行为通常以限定交易的条款实施调查,修正后的《反垄断法》对行政垄断行为类型进一步细化,体现了行政执法的精确性和科学性。

(三)妨碍商品流通

2022年修正的《反垄断法》在第41条规定了妨碍商品流通行为:"行政机关和法律、法规授权的具有管理公共事务职能的组织不得滥用行政权力,实施下列行为,妨碍商品在地区之间的自由流通:(一)对外地商品设定歧视性收费项目、实行歧视性收费标准,或者规定歧视性价格;(二)对外地商品规定与本地同类商品不同的技术要求、检验标准,或者对外地商品采取重复检验、重复认证等歧视性技术措施,限制外地商品进入本地市场;(三)采取专门针对外地商品的行政许可,限制外地商品进入本地市场;(四)设置关卡或者采取其他手段,阻碍外地商品进入或者本地商品运出;(五)妨碍商品在地区之间自由流通的其他行为。"2022年国家市场监督管理总局公布的共计3件妨碍商品流通行为的行政垄断案件,其中1件适用修正后的《反垄断法》,2件适用修正前的《反垄断法》(见表23)。值得注意的是,2022年的3件妨碍商品流通行政垄断案件均是适用"妨碍商品在地区之间自由流通的其他行为"依法调查处理。

表23　2022年妨碍商品流通行政垄断案件统计

序号	案件名称	行为类型	适用法律情况
1	广西壮族自治区市场监管局纠正博白县应急管理局滥用行政权力排除、限制竞争行为	妨碍商品流通、强制垄断行为	2007年《反垄断法》
2	重庆市市场监管局纠正合川区农业农村委员会滥用行政权力排除、限制竞争行为	妨碍商品流通、制定限制规定	2007年《反垄断法》
3	四川省市场监管局依法调查处理凉山彝族自治州金阳县自然资源局滥用行政权力排除、限制竞争行为	妨碍商品流通	2022年《反垄断法》

在"凉山彝族自治州金阳县自然资源局滥用行政权力排除、限制竞争行为案"中,凉山彝族自治州金阳县自然资源局在对外地砂石的治理工作中,要求外地砂石公司要想将矿产品运入本地时,必须向当地相关部门申请办理准运证,否则不予通行。四川省市场监督管理局认为,当事人在无相关法律、法规依据的情况下要求外地砂石企业提供本地相关部门申请办理准运证,限制了外地矿产品资源进入本地

市场或通过本地进入其他市场,构成滥用行政权力排除、限制竞争行为。

在"合川区农业农村委员会滥用行政权力排除、限制竞争行为案"中,合川区农业农村委员会在补贴文件中明确规定:"对于选择合川辖区内的有机肥生产企业,或在合川辖区注册并销售合川辖区内有机肥生产企业生产的有机肥的销售企业施用的有机肥的企业给予适当补贴。"重庆市市场监督管理局认为,当事人的上述文件仅针对辖区内或在辖区内注册并生产销售企业的有机肥示范推广补贴政策,导致外地经营者无法具备与本地经营者同等的竞争条件,妨碍了商品自由流通,排除、限制了相关市场竞争。上述行为不仅属于妨碍商品流通,而且属于行政机关滥用行政权力制定限制规定的行为,据此依法调查处理。

(四)设定歧视性招投标标准

2022年修正的《反垄断法》在第42条规定了设定歧视性招投标标准行为:"行政机关和法律、法规授权的具有管理公共事务职能的组织不得滥用行政权力,以设定歧视性资质要求、评审标准或者不依法发布信息等方式,排斥或者限制经营者参加招标投标以及其他经营活动。"2022年国家市场监督管理总局公布的共计4件设定歧视性招投标标准行为的行政垄断案件(见表24),其中1件适用修正后的《反垄断法》,3件适用修正前的《反垄断法》。

表24　2022年设定歧视性招投标标准行政垄断案件统计

序号	案件名称	行为类型	适用法律情况
1	湖北省市场监管局纠正襄阳市行政审批局滥用行政权力排除、限制竞争行为	设定歧视性招投标标准	2007年《反垄断法》
2	江西省市场监管局纠正上饶市婺源县发展和改革委员会滥用行政权力排除、限制竞争行为	设定歧视性招投标标准、制定限制规定	2022年《反垄断法》
3	福建省市场监管局纠正厦门市翔安区建设与交通局滥用行政权力排除、限制竞争行为	设定歧视性招投标标准、制定限制规定	2022年《反垄断法》
4	浙江省市场监管局纠正绍兴市新昌县人民政府滥用行政权力排除、限制竞争行为	设定歧视性招投标标准	2022年《反垄断法》

在"襄阳市行政审批局滥用行政权力排除、限制竞争行为案"中,襄阳市行政审批局在其开发和运行的襄阳市工程建设招标投标综合信用评价系统中,对经营者

招标投标信用进行评价审核的过程中,只认可经营者在襄阳市的纳税证明、社保缴费证明等,对经营者在襄阳市外的纳税证明、社保缴费证明等不予认可。湖北省市场监督管理局认为,当事人的上述行为以歧视性的评审标准,歧视经营者的外地经营活动,产生了排除、限制竞争的后果。

在"绍兴市新昌县人民政府滥用行政权力排除、限制竞争行为案"中,绍兴市新昌县人民政府在其印发的会议纪要中规定新昌县学校食堂大宗食品综合配送公开招标仍按原配送区域分Ⅰ类、Ⅱ类两类进行。其中,Ⅰ类招标确定新昌县域范围内设有食品配送中心的本县准入配送企业一家。浙江省市场监督管理局认为,当事人通过会议协调方式明确新昌县学校食堂大宗食品综合配送Ⅰ类准入企业为新昌县本地企业的行为,排斥、限制了具有相应资质的外地企业参加该县学校食堂大宗食品综合配送企业招投标,属于以设定歧视性资质要求的方式排除、限制竞争的行为。

(五)强制垄断行为

2022年修正的《反垄断法》第44条规定了强制垄断行为:"行政机关和法律、法规授权的具有管理公共事务职能的组织不得滥用行政权力,强制或者变相强制经营者从事本法规定的垄断行为。"2022年度国家市场监督管理总局公布的共计2件强制垄断行为的行政垄断案件,均适用修正前的《反垄断法》(见表25)。

表25 2022年强制垄断行为行政垄断案件统计

序号	案件名称	行为类型	适用法律情况
1	广西壮族自治区市场监管局纠正博白县应急管理局滥用行政权力排除、限制竞争行为	妨碍商品流通、强制垄断行为	2007年《反垄断法》
2	贵州省市场监管局纠正遵义市综合行政执法局滥用行政权力排除、限制竞争行为	强制垄断行为、限定交易、制定限制规定	2007年《反垄断法》

在"博白县应急管理局滥用行政权力排除、限制竞争行为案"中,博白县应急管理局在其印发的文件中明确规定了当地烟花爆竹批发企业配送区域,并要求当地7家烟花爆竹批发公司承诺按照文件中划定的区域"执行辖区配送烟花爆竹产品决定"。其中,4家公司明确表示不支持分片配送经营烟花爆竹产品决定,拒绝签订承诺书。当事人则表示若不按照指定辖区配送烟花爆竹产品将作为非法运输处理。

广西壮族自治区市场监督管理局认为,当事人要求博白县7家烟花爆竹批发公司按照划定区域配送,强制7家烟花爆竹批发公司签订承诺书,划分博白县烟花爆竹销售市场,属于强制经营者从事垄断行为,构成滥用行政权力排除、限制竞争行为。

在"遵义市综合行政执法局滥用行政权力排除、限制竞争行为案"中,遵义市综合行政执法局在其印发的文件中规定,在市中心城区成立统一的液化石油气配送中心,对液化石油气经营网点进行整合,并明确由遵义市某钢瓶检测有限公司对遵义市各县(区、市)燃气企业待检液化石油气钢瓶进行检测。贵州省市场监督管理局认为,当事人在市中心城区燃气经营的管理过程中,将原本具有竞争关系的充装企业和液化气经营网点进行整合,同时,在已整合的区域不再审批新的液化石油气充装企业和经营网点,导致液化气用户只能购买经整合后的充装企业挂靠的液化气经营网点的商品;当事人组织企业签订《联合经营协议》《液化气门市部承包经营合同》,划分市中心城区液化气市场份额,制定价格动态调整测算表,指导企业统一本属于完全市场竞争领域的瓶装燃气批发价格和零售价格,促成充装企业达成横向垄断协议,属于强制经营者从事垄断行为,构成滥用行政权力排除、限制竞争行为。

(六)制定限制规定

2022年修正的《反垄断法》在第45条规定了制定限制规定行为:"行政机关和法律、法规授权的具有管理公共事务职能的组织不得滥用行政权力,制定含有排除、限制竞争内容的规定。"2022年国家市场监督管理总局公布共计33件制定限制规定行为的行政垄断案件(见表26),其中13件适用修正后的《反垄断法》,20件适用修正前的《反垄断法》。

表26 2022年制定限制规定行政垄断案件统计

序号	案件名称	行为类型	适用法律情况
1	浙江省市场监管局依法调查处理海宁市住房和城乡建设局等滥用行政权力排除、限制竞争行为	限定交易、制定限制规定	2007年《反垄断法》
2	湖南省市场监管局纠正衡南县卫生健康局等部门滥用行政权力排除、限制竞争行为	制定限制规定	2007年《反垄断法》
3	湖北省市场监管局依法调查处理十堰市郧阳区自然资源和规划局滥用行政权力排除、限制竞争行为	制定限制规定	2007年《反垄断法》

续表

序号	案件名称	行为类型	适用法律情况
4	福建省市场监管局依法调查处理福州市晋安区城乡建设局滥用行政权力排除、限制竞争行为	制定限制规定	2007年《反垄断法》
5	重庆市市场监管局纠正合川区农业农村委员会滥用行政权力排除、限制竞争行为	妨碍商品流通、制定限制规定	2007年《反垄断法》
6	新疆维吾尔自治区市场监管局依法调查处理吐鲁番市应急管理局滥用行政权力排除、限制竞争行为	限定交易、制定限制规定	2007年《反垄断法》
7	市场监管总局纠正甘肃省应急管理厅滥用行政权力排除、限制竞争行为	限定交易、制定限制规定	2022年《反垄断法》
8	江西省市场监管局纠正赣州市石城县人民政府滥用行政权力排除、限制竞争行为	制定限制规定	2022年《反垄断法》
9	上海市市场监管局纠正青浦区朱家角镇人民政府滥用行政权力排除、限制竞争行为	制定限制规定	2007年《反垄断法》
10	宁夏回族自治区市场监管厅纠正银川市教育局滥用行政权力排除、限制竞争行为	限定交易、制定限制规定	2007年《反垄断法》
11	宁夏回族自治区市场监管厅纠正中卫市中宁县教育体育局滥用行政权力排除、限制竞争行为	限定交易、制定限制规定	2022年《反垄断法》
12	湖南省市场监管局纠正常德市安乡县人民政府滥用行政权力排除、限制竞争行为	制定限制规定	2007年《反垄断法》
13	江西省市场监管局纠正上饶市婺源县发展和改革委员会滥用行政权力排除、限制竞争行为	设定歧视性招投标标准、制定限制规定	2022年《反垄断法》
14	宁夏回族自治区市场监管厅纠正银川市永宁县教育体育局滥用行政权力排除、限制竞争行为	限定交易、制定限制规定	2007年《反垄断法》
15	福建省市场监管局纠正三明市清流县人民政府滥用行政权力排除、限制竞争行为	制定限制规定	2007年《反垄断法》
16	湖南省市场监管局纠正湖南省住房和城乡建设厅滥用行政权力排除、限制竞争行为	限定交易、制定限制规定	2022年《反垄断法》
17	湖南省市场监管局纠正益阳市安化县卫生健康局滥用行政权力排除、限制竞争行为	制定限制规定	2007年《反垄断法》

续表

序号	案件名称	行为类型	适用法律情况
18	河南省市场监管局纠正鹤壁市人民政府滥用行政权力排除、限制竞争行为	制定限制规定	2007 年《反垄断法》
19	河南省市场监管局纠正鹤壁市住房和城乡建设局滥用行政权力排除、限制竞争行为	制定限制规定	2007 年《反垄断法》
20	浙江省市场监管局纠正金华市武义县交通运输局滥用行政权力排除、限制竞争行为	限定交易、制定限制规定	2022 年《反垄断法》
21	浙江省市场监管局纠正丽水生态产业集聚区(丽水经济技术开发区)管理委员会滥用行政权力排除、限制竞争行为	制定限制规定	2022 年《反垄断法》
22	陕西省市场监管局纠正安康市汉阴县人民政府滥用行政权力排除、限制竞争行为	制定限制规定	2022 年《反垄断法》
23	福建省市场监管局纠正厦门市翔安区建设与交通局滥用行政权力排除、限制竞争行为	设定歧视性招投标标准、制定限制规定	2022 年《反垄断法》
24	西藏自治区市场监管局纠正林芝市巴宜区人民政府滥用行政权力排除、限制竞争行为	限定交易、制定限制规定	2007 年《反垄断法》
25	贵州省市场监管局纠正遵义市综合行政执法局滥用行政权力排除、限制竞争行为	强制垄断行为、限定交易、制定限制规定	2007 年《反垄断法》
26	贵州省市场监管局纠正遵义市正安县综合行政执法局滥用行政权力排除、限制竞争行为	限定交易、制定限制规定	2022 年《反垄断法》
27	辽宁省市场监管局纠正葫芦岛市自然资源局滥用行政权力排除、限制竞争行为	限定交易、制定限制规定	2007 年《反垄断法》
28	江苏省市场监管局纠正常州市住房和城乡建设局滥用行政权力排除、限制竞争行为	限定交易、制定限制规定	2007 年《反垄断法》
29	辽宁省市场监管局纠正沈阳市自然资源局滥用行政权力排除、限制竞争行为	限定交易、制定限制规定	2007 年《反垄断法》
30	辽宁省市场监管局纠正大连市自然资源局滥用行政权力排除、限制竞争行为	限定交易、制定限制规定	2007 年《反垄断法》

续表

序号	案件名称	行为类型	适用法律情况
31	湖北省市场监管局纠正荆门市城市管理执法委员会滥用行政权力排除、限制竞争行为	限定交易、制定限制规定	2022年《反垄断法》
32	黑龙江省市场监督管理局纠正哈尔滨市城市管理局滥用行政权力排除、限制竞争行为	限定交易、制定限制规定	2022年《反垄断法》
33	浙江省市场监管局纠正宁波市象山县住房和城乡建设局滥用行政权力排除、限制竞争行为	制定限制规定	2022年《反垄断法》

在2022年公布的制定限制规定行政垄断案件中,制定限制规定行为常与其他垄断行为,如限定交易行为、妨碍商品流通行为、设定歧视性招投标标准行为和强制垄断行为共同构成滥用行政权力排除、限制竞争行为,其中多与限定交易行为共同实施。例如,在"沈阳市自然资源局滥用行政权力排除、限制竞争行为案"中,沈阳市自然资源局印发通知,设置当地的"多测合一"名录库,并要求当地只能在测绘服务机构名录库中选择并委托测绘服务机构开展相关测绘业务。当事人通过印发通知的方式,限定交易对象,属于以制定限制规定为手段,实施限定交易的行为。辽宁省市场监督管理局认为,当事人的上述行为属于排除、限制了该市测绘市场公平竞争的行政垄断行为。

中国经营者集中反垄断审查年度分析报告（2022年）

潘志成*

一、经营者集中审查执法概况

（一）总体概况

2022年全年，国家市场监督管理总局（以下简称市场监管总局）公示的经营者集中相关审查执法案件的数量及简易案件占比数据与2021年相比的变动情况如表1所示：

表1　2021与2022年度经营者集中案件对比

<table>
<tr><td colspan="2">案件类型</td><td>2021年/件</td><td>2022年/件</td><td>同比增长/%</td></tr>
<tr><td colspan="2">违法实施经营者集中行政处罚案件数量</td><td>107</td><td>32</td><td>-70.1</td></tr>
<tr><td colspan="2">无条件批准案件</td><td>700</td><td>767</td><td>9.6</td></tr>
<tr><td rowspan="3">附加限制性条件批准、禁止集中案件</td><td>附加限制性条件批准案件数量</td><td>4</td><td>5</td><td>25</td></tr>
<tr><td>禁止集中案件数量</td><td>1</td><td>0</td><td>-100</td></tr>
<tr><td>合计数量</td><td>5</td><td>5</td><td>0</td></tr>
</table>

总体而言，2022年度违法实施经营者集中行政处罚案件数量与2021年度相比大幅下降；无条件批准案件数量与2021年度相比小幅上涨；附加限制性条件批准、禁止集中案件数量与2021年度持平；简易案件占无条件批准案件的比例与2021年

* 潘志成，上海市汇业律师事务所高级合伙人。

度相比基本接近。此外,2022年度的经营者集中审查执法案件还体现出一些其他特点与动向,具体如下:

1.经营者集中简易案件委托审查启动试点

自2022年8月1日起,市场监管总局启动试点,委托北京、上海、广东、重庆、陕西五省(市)市场监管部门开展部分经营者集中简易案件的反垄断审查工作。这也是在经营者集中审查案件数量持续增长的背景之下,探索出的提升监管效能、方便企业投资的有力举措。

2022年8~12月,市场监管总局委托审查经营者集中案件共135件,占同期申报量的32.7%;试点工作实施以来,委托审查案件从立案到审结平均用时17.8天,与市场监管总局基本保持一致。委托审查有效提升了经营者集中审查的效率以及便捷度。

2.继续针对平台经济领域开展强化执法

2022年度违法实施经营者集中行政处罚案件中,有超过80%的案件都涉及平台经济企业,且涉案企业均被处以50万元顶格罚款,说明平台经济领域仍是2022年度经营者集中执法的重点领域。

3.经营者集中反垄断业务系统正式上线

2022年8月,市场监管总局正式上线经营者集中反垄断业务系统,之后的经营者集中申报、商谈申请等流程都可以通过这一业务系统统一完成。与之前的邮箱申报、线下纸质材料申报等申报方式相比,通过业务系统统一申报更加高效、便捷、透明,有助于提高经营者集中申报的便捷性和行政执法透明度。

此外,业务系统中也提供了经营者集中简易案件公示表模板及填表说明,对于简易案件公示表的填表要求进行了明确,包括明确相关市场和市场份额的填列方式,要求在参与集中的经营者简介部分明确各方的最终控制人等,使得简易案件公示表列示的信息更加清晰、全面、明确。

(二)案件基本情况

2022年度5件附加限制性条件批准案件的基本情况如表2所示:

表2 2022年度附加限制性条件案件基本情况

序号	案件名称	当事人所在地	行业	附加限制性条件类型	附加限制性条件内容
1	限制性条件批准环球晶圆股份有限公司收购世创股份有限公司股权案	中国台湾、德国	电子信息行业	结构性条件+行为性条件	1. 剥离环球晶圆的区熔晶圆业务; 2. 按照公平、合理、无歧视的原则,继续向中国境内客户供应各类晶圆产品; 3. 合同期满后,如果中国境内客户希望续签合同,集中后实体无正当理由不得拒绝,且续签条件不得低于原合同
2	附加限制性条件批准超威半导体公司收购赛灵思公司股权案	美国	电子信息行业	行为性条件	1. 向中国境内市场销售超威CPU、超威GPU与赛灵思FPGA时,不得以任何方式强制进行搭售,或者附加任何其他不合理的交易条件;不得阻碍或限制客户单独购买或使用上述产品;不得在服务水平、价格、软件功能等方面歧视单独购买上述产品的客户; 2. 依据公平、合理、无歧视原则,向中国境内市场继续供应超威CPU、超威GPU、赛灵思FPGA和相关软件、配件; 3. 确保赛灵思FPGA的灵活性和可编程性,继续开发并确保赛灵思FPGA产品系列的可获得性; 4. 继续保证向中国境内市场销售的超威CPU、超威GPU、赛灵思FPGA与第三方CPU、GPU和FPGA的互操作性; 5. 对第三方CPU、GPU和FPGA制造商的信息采取保护措施

续表

序号	案件名称	当事人所在地	行业	附加限制性条件类型	附加限制性条件内容
3	附加限制性条件批准高意股份有限公司收购相干公司股权案	美国	光学行业	行为性条件	1. 继续履行现有涉及二氧化碳激光光学器件的供应合同和涉及准分子激光器用玻璃基激光光学器件的采购合同及其商业条款; 2. 依据公平、合理、无歧视原则,继续向客户供应二氧化碳激光光学器件; 3. 对准分子激光器用玻璃基激光光学器件的采购继续遵循多源供应原则,并基于非歧视原则继续采购上述器件,不得在相关采购中设定有利于自身玻璃基激光光学器件业务的条件; 4. 承诺对第三方制造商的竞争性敏感信息采取保护措施
4	附加限制性条件批准上海机场(集团)有限公司与东方航空物流股份有限公司新设合营企业案	中国上海	航空运输业	行为性条件	1. 保持机场集团与东航物流浦东机场货站业务的相互独立; 2. 保证机场集团、东航物流与合营企业相互独立与竞争; 3. 确保机场集团、东航物流与合营企业之间不直接或间接交换竞争性敏感信息; 4. 机场集团、东航物流继续履行与相关客户已经签署的浦东机场货站服务合同; 5. 机场集团、东航物流与合营企业应按照公平、合理、无歧视的原则,提供在浦东机场的机场货站服务; 6. 除监督受托人外,合营企业承诺每年邀请中国航空运输协会对合营企业履行承诺情况进行监督指导

续表

序号	案件名称	当事人所在地	行业	附加限制性条件类型	附加限制性条件内容
5	附加限制性条件批准大韩航空公司收购韩亚航空株式会社股权案	韩国	航空运输业	行为性条件	1. 归还航班时刻; 2. 归还航权; 3. 稳定供应; 4. 续签航空客运协议; 5. 保障航空客运辅助服务; 6. 合规承诺(不得超过正常成本以及合理利润范围提高价格;不得实施以提高市场份额为目的,排除、限制竞争的价格行为;采取合理且必要的数据保护措施)

2022年度未依法申报行政处罚案件基本情况见表3。

表3 2022年度未依法申报行政处罚案件基本情况

序号	案件名称	当事人所在地	行业	案件结果
1	慕尼黑再保险收购卡万塔股权未依法申报违法实施经营者集中案(国市监处罚〔2022〕1号)	德国	环保行业	给予慕尼黑再保险30万元罚款的行政处罚
2	阿波罗亚洲联合收购广日股权未依法申报违法实施经营者集中案(国市监处罚〔2022〕3号)	英属维尔京群岛	房地产行业	给予阿波罗亚洲联合40万元罚款的行政处罚
3	阿波罗亚洲房地产收购唯迅股权未依法申报违法实施经营者集中案(国市监处罚〔2022〕4号)	美国	房地产行业	给予阿波罗亚洲房地产40万元罚款的行政处罚
4	法巴个金收购浙江智慧股权未依法申报违法实施经营者集中案(国市监处罚〔2022〕5号)	法国	金融行业	给予法巴个金30万元罚款的行政处罚
5	腾讯收购好乐买股权未依法申报违法实施经营者集中案(国市监处罚〔2022〕6号)	英属开曼群岛	电子商务行业	给予腾讯50万元罚款的行政处罚

续表

序号	案件名称	当事人所在地	行业	案件结果
6	腾讯和中信资本收购联易融股权未依法申报违法实施经营者集中案(国市监处罚〔2022〕7号)	英属开曼群岛、中国香港	金融行业	分别给予腾讯与中信资本50万元罚款的行政处罚
7	阿里投资收购百世集团股权未依法申报违法实施经营者集中案(国市监处罚〔2022〕8号)	英属维尔京群岛	物流行业	给予阿里投资50万元罚款的行政处罚
8	潮溪收购沣邦股权未依法申报违法实施经营者集中案(国市监处罚〔2022〕9号)	英属维尔京群岛	金融行业	给予潮溪50万元罚款的行政处罚
9	腾讯收购小帮规划股权未依法申报违法实施经营者集中案(国市监处〔2022〕10号)	英属开曼群岛	金融行业	给予腾讯50万元罚款的行政处罚
10	迪润天津与厦门融资担保设立合营企业未依法申报违法实施经营者集中案(国市监处罚〔2022〕11号)	中国天津、福建	金融行业	分别给予迪润天津与厦门融资担保50万元罚款的行政处罚
11	上海幻电收购北京绮心股权未依法申报违法实施经营者集中案(国市监处罚〔2022〕12号)	中国上海	电子商务行业	给予上海幻电50万元罚款的行政处罚
12	腾讯收购奇秦科技股权未依法申报违法实施经营者集中案(国市监处罚〔2022〕13号)	英属开曼群岛	软件行业	给予腾讯50万元人民币罚款的行政处罚
13	微梦创投收购假面科技股权未依法申报违法实施经营者集中案(国市监处罚〔2022〕14号)	中国北京	互联网信息服务行业	给予微梦创投50万元罚款的行政处罚
14	福州汇桔与特维轮设立合营企业未依法申报违法实施经营者集中案(国市监处罚〔2022〕15号)	中国福建、浙江	电力行业	分别给予福州汇桔与特维轮各50万元罚款的行政处罚
15	阿里创投收购芭乐互动股权未依法申报违法实施经营者集中案(国市监处罚〔2022〕16号)	中国浙江	文化传媒行业	给予阿里创投50万元罚款的行政处罚

续表

序号	案件名称	当事人所在地	行业	案件结果
16	平安健康与软银设立合营企业未依法申报违法实施经营者集中案(国市监处罚〔2022〕17 号)	英属开曼群岛、日本	医药行业	分别给予平安健康与软银 50 万元罚款的行政处罚
17	阿里创投收购第一财经股权未依法申报违法实施经营者集中案(国市监处罚〔2022〕18 号)	中国浙江	文化传媒行业	给予阿里创投 50 万元罚款的行政处罚
18	阿里网络收购驻云科技股权未依法申报违法实施经营者集中案(国市监处罚〔2022〕19 号)	中国浙江	信息技术服务行业	给予阿里网络 50 万元罚款的行政处罚
19	腾讯收购深圳智能制造股权未依法申报违法实施经营者集中案(国市监处罚〔2022〕20 号)	英属开曼群岛	软件行业	给予腾讯 50 万元罚款的行政处罚
20	腾讯收购森亿医疗股权未依法申报违法实施经营者集中案(国市监处罚〔2022〕21 号)	英属开曼群岛	医药行业	给予腾讯 50 万元罚款的行政处罚
21	腾讯收购有车以后股权未依法申报违法实施经营者集中案(国市监处罚〔2022〕22 号)	英属开曼群岛	互联网信息服务行业	给予腾讯 50 万元罚款的行政处罚
22	腾讯收购铸梦动画股权未依法申报违法实施经营者集中案(国市监处罚〔2022〕23 号)	英属开曼群岛	文化传媒行业	给予腾讯 50 万元罚款的行政处罚
23	赛夫与悠可设立合营企业未依法申报违法实施经营者集中案(国市监处罚〔2022〕24 号)	中国香港	电子商务行业	分别给予赛夫与悠可 50 万元罚款的行政处罚
24	迪润天津与联想收购现代财险股权未依法申报违法实施经营者集中案(国市监处罚〔2022〕25 号)	中国天津、北京	金融行业	分别给予迪润天津、联想 50 万元罚款的行政处罚
25	上海幻电收购艾尔平方股权未依法申报违法实施经营者集中案(国市监处罚〔2022〕26 号)	中国上海	文化传媒行业	对上海幻电处以罚款 50 万元的行政处罚

续表

序号	案件名称	当事人所在地	行业	案件结果
26	腾讯收购龙合田玉股权未依法申报违法实施经营者集中案(国市监处罚〔2022〕27号)	英属开曼群岛	文化传媒行业	对腾讯处以罚款50万元的行政处罚
27	腾讯收购自娱自乐股权未依法申报违法实施经营者集中案(国市监处罚〔2022〕28号)	英属开曼群岛	文化传媒行业	对腾讯处以罚款50万元的行政处罚
28	阿里投资收购优酷土豆股权未依法申报违法实施经营者集中案(国市监处罚〔2022〕29号)	英属维尔京群岛	互联网信息服务行业	对阿里投资处以罚款50万元的行政处罚
29	腾讯收购速波赛尔股权未依法申报违法实施经营者集中案(国市监处罚〔2022〕30号)	英属开曼群岛	游戏行业	对腾讯处以罚款50万元的行政处罚
30	腾讯收购北半球股权未依法申报违法实施经营者集中案(国市监处罚〔2022〕31号)	英属开曼群岛	文化传媒行业	对腾讯处以罚款50万元的行政处罚
31	上海幻电收购福煦影视股权未依法申报违法实施经营者集中案(国市监处罚〔2022〕32号)	中国上海	文化传媒行业	对上海幻电处以罚款50万元的行政处罚
32	上海申通和瑞典庞巴迪新设合营企业未依法申报违法实施经营者集中案(国市监处罚〔2022〕33号)	中国上海、瑞典	交通运输行业	对上海申通处以罚款30万元;对瑞典庞巴迪处以罚款40万元

(三)案件地域分布

1.附加限制性条件批准案件地域分布

2022年度5件附加限制性条件批准案件共涉及10家当事人。其中注册成立于美国的当事人数量最多,达到4家。具体如图1所示:

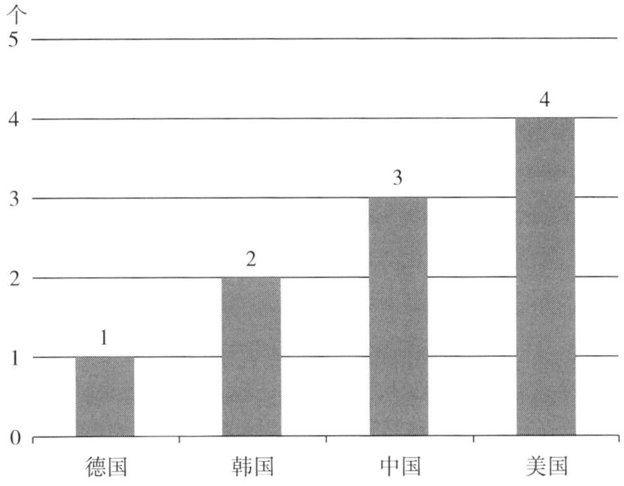

图 1　2022 年度附加限制性条件批准案件当事人地域分布

2. 未依法申报行政处罚案件地域分布

2022 年度 32 件未依法申报行政处罚案件中，共有 23 家企业被处罚，其中有多家企业先后在多个不同案件中受到处罚。按上述企业的注册成立地进行分类，注册成立于境内（不包括中国香港、中国澳门、中国台湾地区）的企业 10 家，注册成立于境外（包括中国香港、中国澳门、中国台湾地区）的企业 13 家。

具体而言，10 家注册成立于境内的企业中，注册成立于浙江省的企业数量最多，达到 3 家。13 家注册成立于境外的企业中，有 4 家注册成立于英属维尔京群岛，有 3 家注册成立于中国香港，其余企业分别注册成立于德国、美国、法国、开曼群岛、日本、瑞典。具体如图 2、图 3 所示：

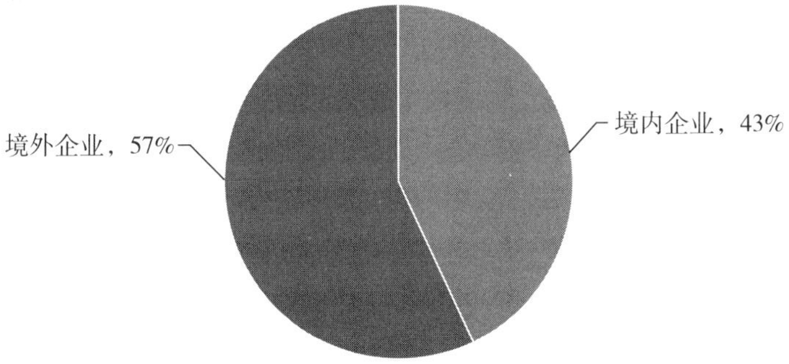

图 2　2022 年度未依法申报行政处罚案件当事人地域分布

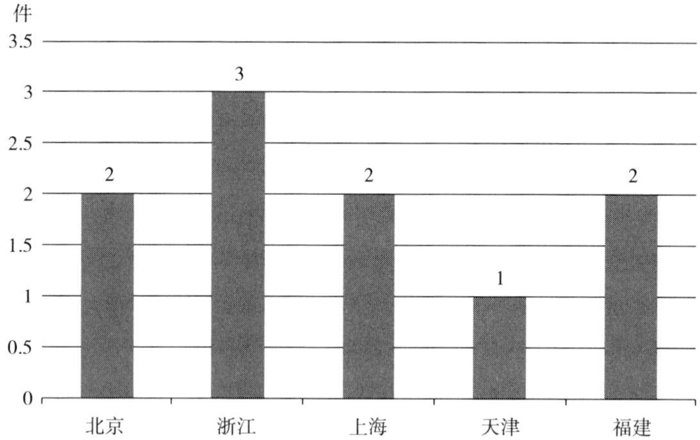

图3　2022年度未依法申报行政处罚案件境内当事人省级行政单位分布

(四)案件所在行业分布

1. 无条件批准案件所在行业分布

由于无条件批准案件数量众多,难以统计具体的行业分布数据,但总体而言,涉及电子信息、化工、汽车、能源、机械、医药、交通物流、房地产等行业的案件数量较多。

2. 附加限制性条件批准案件所在行业分布

2022年度5件附加限制性条件批准案件所在行业分布具体如图4所示:

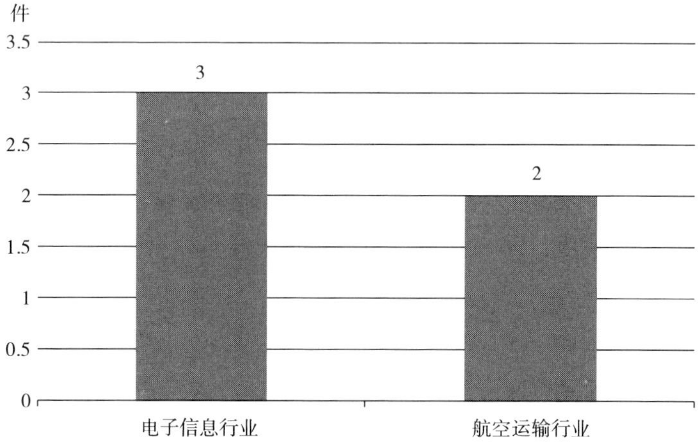

图4　2022年度附加限制性条件批准案件行业分布

与 2021 年度相比,电子信息行业依旧是附加限制性条件批准案件主要涉及的行业,而航空运输行业则在 2022 年度新成为附加限制性条件批准案件主要涉及的行业。

3. 未依法申报行政处罚案件所在行业分布

2022 年度 32 件未依法申报行政处罚案件中,共有 27 件涉及互联网平台企业,比例达 84%。我国许多头部互联网平台企业同时涉及多件案件,以集团口径进行统计,有 12 件案件涉及腾讯,5 件案件涉及阿里巴巴,4 件案件涉及滴滴,3 件案件涉及哔哩哔哩。

就具体行业分布而言,涉及文化传媒、金融行业的案件数量较多,分别达到 8 件、6 件。涉及电子商务、互联网信息服务行业的案件均有 3 件,其余单个行业的案件均低于 3 件。具体如图 5 所示:

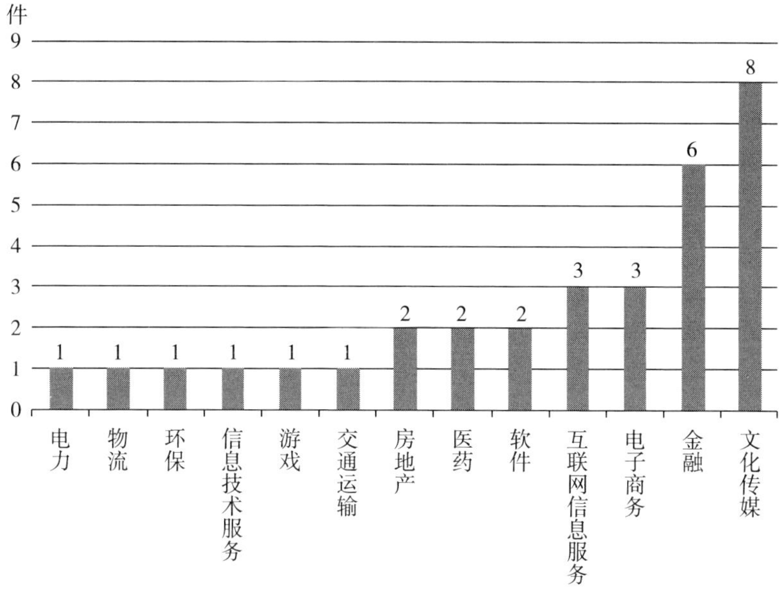

图 5　2022 年度未依法申报行政处罚案件行业分布

(五)经营者集中类型分布

2022 年度无条件批准案件中,涉及的经营者集中类型以股权收购为主,其次是新设合营企业,有较少数量的案件涉及业务收购、资产收购、通过合同取得控制权以及合并。

2022年度32件未依法申报行政处罚案件中,有27件涉及股权收购,5件涉及新设合营企业。2022年度5件附加限制性条件批准案件中,有4件均涉及股权收购,1件涉及新设合营企业。具体如图6所示:

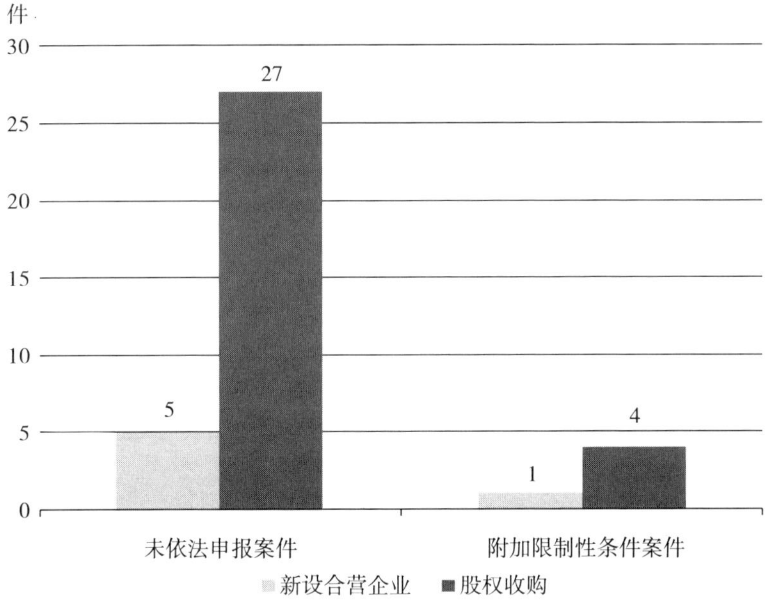

图6　2022年度经营者集中类型分布

(六)未依法申报案件罚款金额分布

2022年度32件未依法申报行政处罚案件中,27件涉及平台经济领域企业的案件罚款金额均为顶格50万元;其余5件案件中,最高罚款金额40万元,最低罚款金额30万元,平均罚款金额35万元[①]。具体如图7所示:

① 上海申通地铁集团有限公司和庞巴迪运输瑞典有限公司新设合营企业案中,两家当事人分别被处以30万元和40万元的罚款,此案件的罚款金额暂按两家当事人的罚款金额平均值35万元计算。

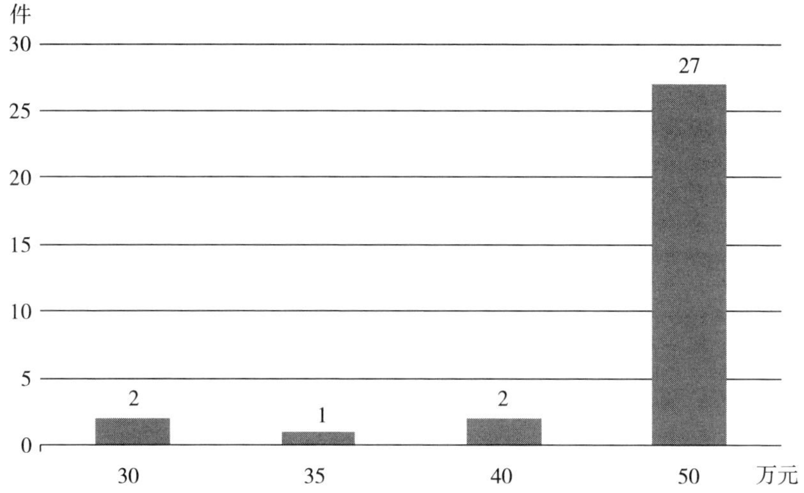

图 7　2022 年度未依法申报行政处罚案件罚款金额分布

二、审查执法案例分析

(一)附加限制性条件批准案件

1. 附加限制性条件批准环球晶圆股份有限公司收购世创股份有限公司股权案[①]

(1)相关市场。相关商品市场为 6 英寸及以下晶圆、8 英寸直拉晶圆、8 英寸区熔晶圆和 12 英寸晶圆。双方存在横向重叠。相关地域市场为上述商品的相关地域市场界定为全球,同时考察中国境内市场的情况。

(2)竞争分析。此项集中对全球和中国境内 8 英寸区熔晶圆市场具有或可能具有排除、限制竞争效果。

交易进一步提高了集中后实体在全球和中国境内 8 英寸区熔晶圆市场控制力。集中后实体在全球和中国境内市场份额分别排名第 1 和第 2,对相关市场的控制力显著增强。交易将整合双方在硅片平坦度、金属离子控制和应力控制等领域专利和独有的技术诀窍,进一步巩固其市场控制力。

交易进一步提高了相关市场的集中度。集中前,排名前 5 位竞争者合计市场份

① 本报告仅为摘要,全文参见 https://www.samr.gov.cn/fldes/tzgg/ftj/art/2023/art_a5a2edcb62cf4f7bb0d88c00d477f189.html。

额(CR5)超过90%,全球市场赫芬达尔指数(以下简称HHI指数)约为3296,中国境内市场HHI指数约为3127。集中后,全球市场上主要竞争者数量由5家减少为4家,HHI指数增至约4019,增量723;中国境内市场上主要竞争者数量由4家减少为3家,HHI指数增至约3323,增量196。

交易可能增强相关市场竞争者协调价格的动机和能力。8英寸区熔晶圆工艺成熟,价格相对透明,客户主要通过招投标的方式采购。交易完成后,市场集中度显著提高。在主要竞争者数量减少的情况下,竞争者间通过明示或默示方式进行沟通协调的成本降低。经营者也更容易通过中标结果,推测其他竞争者的定价策略。同时,晶圆处于产业链上游,产品种类单一,属于刚性需求,需求价格弹性相对较低,协调价格行为获利空间较大,背离协调的行为更易被发现和受到约束。

市场进入壁垒高,短期内难以出现新的有效竞争者。晶圆制造具有明显的资金和技术密集型特征,客户对产品质量和稳定性要求极高。新进入者往往同时面临专利许可、资金等障碍。同时,晶圆制造领域研发难度很高,新进入者需要较长的建设周期和试产周期保证设备的良品率,并获得客户认可,短期内市场上难以出现新的竞争者对集中后实体形成有效竞争约束。

(3)审查决定。市场监管总局决定附加限制性条件批准此项集中,要求交易双方和集中后实体履行如下义务:

①剥离环球晶圆的区熔晶圆业务,即丹麦TopsilGlobalWafers A/S(拓谱公司)的区熔法晶圆业务,包括该公司所有有形资产和无形资产;所有协议、租约、承诺和客户订单;所有客户、信贷及其他记录等维持该业务运营、确保该业务存续性和竞争性所必需的全部资产及人员。

②自审查决定生效日起6个月内完成剥离,如到期无法完成,经市场监管总局批准,上述时限可延长3个月;如未能在上述期限内完成剥离,应根据《经营者集中审查暂行规定》委托剥离受托人寻找合适的剥离买方并完成剥离。

③按照公平、合理、无歧视的原则,继续向中国境内客户供应各类晶圆产品。在同等条件下,不得就价格、质量、数量和交货期、售后服务等交易条件对中国境内客户实施差别待遇。

④合同期满后,如果中国境内客户希望续签合同,集中后实体无正当理由不得拒绝,且续签条件不得低于原合同。

⑤对相关管理人员和员工进行持续培训,并采取必要措施,确保承诺方案的落实。

限制性条件的监督执行除按公告办理外,环球晶圆于 2022 年 1 月 18 日向市场监管总局提交的附加限制性条件承诺方案对交易双方和集中后实体具有法律约束力。自生效日起 5 年后,集中后实体可以向市场监管总局提出解除行为性条件的申请。市场监管总局将依申请并根据市场竞争状况作出是否解除的决定。未经市场监管总局批准解除,集中后实体应继续履行限制性条件。

2. 附加限制性条件批准超威半导体公司收购赛灵思公司股权案①

(1)相关市场。相关商品市场为 CPU、GPU 加速器、FPGA。超威的 CPU、GPU 加速器与赛灵思的 FPGA 存在相邻关系。相关地域市场为上述商品的相关地域市场界定为全球,同时考察中国境内市场的情况。

(2)竞争分析。此项集中对全球和中国境内 CPU、GPU 加速器、FPGA 市场具有或可能具有排除、限制竞争效果。

集中后实体在 CPU、GPU 加速器、FPGA 市场具有排除、限制竞争的能力。集中后实体在 FPGA 市场具有很强的市场力量。2020 年,在 FPGA 市场,赛灵思全球和中国境内市场份额分别为 50% ~55%、50% ~55%,均排名第一。CPU、GPU 加速器和 FPGA 面对相同客户群,三者存在相邻关系。集中后实体是全球唯一能够同时提供 CPU、GPU 加速器和 FPGA 三种产品的厂商。

集中后实体在 CPU、GPU 加速器、FPGA 市场具有排除、限制竞争的动机。CPU、GPU 加速器和 FPGA 市场发展潜力巨大。经济学分析显示,集中后实体如果从事上述搭售、拒绝供应和降低互操作性等行为,能够显著提高相关商品的销售量,扩大市场份额、增加利润。

集中可能在 CPU、GPU 加速器和 FPGA 市场产生排除、限制竞争的效果。集中后实体可能搭售 CPU、GPU 加速器和 FPGA。集中后实体可能拒绝向其他 CPU、GPU 加速器竞争者提供 FPGA。集中后实体可能降低第三方 CPU、GPU 加速器与其 FPGA 的互操作性。

市场进入壁垒高,短期内难以出现新的有效竞争者。CPU、GPU 加速器和 FPGA 均属于资本和技术密集型产品,研发难度高,周期长,投资额大,客户对产品质量和稳定性要求高。

(3)审查决定。市场监管总局决定附加限制性条件批准此项集中,要求交易双

① 本报告仅为摘要,全文参见 https://www.samr.gov.cn/fldes/tzgg/ftj/art/2023/art_e617e2ca632b4743aced14fe1bf34bf0.html。

方和集中后实体履行如下义务:

①向中国境内市场销售超威 CPU、超威 GPU 与赛灵思 FPGA 时,不得以任何方式强制进行搭售,或者附加任何其他不合理的交易条件;不得阻碍或限制客户单独购买或使用上述产品;不得在服务水平、价格、软件功能等方面歧视单独购买上述产品的客户。

②在与中国境内企业既有合作基础上,进一步推进相关合作,并依据公平、合理、无歧视原则,向中国境内市场继续供应超威 CPU、超威 GPU、赛灵思 FPGA 和相关软件、配件。

③确保赛灵思 FPGA 的灵活性和可编程性,继续开发并确保赛灵思 FPGA 产品系列的可获得性,确保其开发方式与基于 ARM 的处理器相兼容且符合赛灵思在交易前的计划。

④继续保证向中国境内市场销售的超威 CPU、超威 GPU、赛灵思 FPGA 与第三方 CPU、GPU 和 FPGA 的互操作性;上述互操作性水平不低于超威 CPU、超威 GPU 与赛灵思 FPGA 的互操作性水平;互操作性升级的相关信息、功能和样品应当于升级后 90 天内提供给第三方 CPU、GPU、FPGA 制造商。

⑤对第三方 CPU、GPU 和 FPGA 制造商的信息采取保护措施,与第三方 CPU、GPU 和 FPGA 制造商签订保密协议;将第三方 CPU、GPU 和 FPGA 制造商的保密信息储存在独立且互不相通的硬件系统中。

限制性条件的监督执行除按公告办理外,超威于 2022 年 1 月 13 日向市场监管总局提交的附加限制性条件承诺方案对交易双方和集中后实体具有法律约束力。自生效日起,交易双方和集中后实体应每半年向市场监管总局报告本承诺方案的履行情况。自生效日起 6 年后,集中后实体可以向市场监管总局提出解除行为性条件的申请。市场监管总局将依申请并根据市场竞争状况作出是否解除的决定。未经市场监管总局批准解除,集中后实体应继续履行限制性条件。

3. 附加限制性条件批准高意股份有限公司收购相干公司股权案①

(1)相关市场。相关商品市场为集中双方在激光增益晶体、非线性光学晶体、激光二极管、激光二极管模块、光束传输组件、二极管泵浦固态激光器、二极管激光器等 7 个相关商品市场存在横向重叠,在高功率二氧化碳激光光学器件(上游)-

① 本报告仅为摘要,全文参见 https://www.samr.gov.cn/fldes/tzgg/ftj/art/2023/art_84c993b8e2dc4d02b1cea10e36b3f827.html。

高功率二氧化碳激光器(下游)、低功率二氧化碳激光光学器件(上游)－低功率二氧化碳激光器(下游)、准分子激光器用玻璃基激光光学器件(上游)－准分子激光器(下游)、激光二极管/激光二极管模块/普通玻璃基激光光学器件/热电冷却器/光束传输组件/激光加工头(上游)－光纤激光器/二极管泵浦固态激光器/二极管激光器(下游)、普通玻璃基激光光学器件(上游)－离子激光器(下游)等16个相关商品市场存在22组纵向关系。相关地域市场为全球,同时考察中国境内市场情况。

(2)竞争分析。此项集中对全球和中国境内高功率二氧化碳激光器市场、低功率二氧化碳激光器市场、准分子激光器用玻璃基激光光学器件市场具有或可能具有排除、限制竞争效果。

①集中对高功率二氧化碳激光器市场具有或可能具有排除、限制竞争效果。

集中后实体具有排除、限制下游高功率二氧化碳激光器市场竞争的能力。在上游高功率二氧化碳激光光学器件市场,高意全球和中国境内市场份额分别为75%～80%和85%～90%,排名第一,具有市场支配地位和控制市场的能力。集中后实体在上游高功率二氧化碳激光光学器件市场具有市场支配地位,有能力排除、限制下游高功率二氧化碳激光器市场竞争。

集中后实体具有排除、限制下游高功率二氧化碳激光器市场竞争的动机。在下游高功率二氧化碳激光器市场,相干全球和中国境内市场份额分别为30%～35%和30%～35%,面向第三方销售的全球和中国境内市场份额分别为60%～65%和40%～45%,均排名第一,具有较强市场力量。分析表明,下游高功率二氧化碳激光器市场规模和利润均高于上游光学器件。本项集中后,集中后实体的上下游产品协调设计能力进一步加强,且在下游扩张产能不存在障碍,集中后实体有动机通过排除、限制下游市场竞争,扩大其下游市场份额,增加利润。

集中可能对下游高功率二氧化碳激光器市场产生排除、限制竞争的效果。集中后实体可能通过以下方式损害市场公平竞争:一是拒绝、限制或拖延向相干竞争对手提供高功率二氧化碳激光光学器件及配套服务;二是在相干与其竞争对手之间实行差别待遇,向相干优先或排他性提供相关产品、技术或服务等;三是向相干竞争对手收取不合理高价、降低服务质量等。此外,由于相关产品定制化生产,集中后实体可能利用下游客户竞争性敏感信息谋取不正当竞争优势,损害下游其他竞争者利益。

②集中对低功率二氧化碳激光器市场具有或可能具有排除、限制竞争效果。

集中后实体具有排除、限制下游低功率二氧化碳激光器市场竞争的能力。在上游低功率二氧化碳激光光学器件市场,高意全球和中国境内市场份额分别为60%～65%和35%～40%,排名第一,具有市场控制力。集中后实体在上游低功率二氧化碳激光光学器件市场具有市场支配地位,有能力排除、限制下游低功率二氧化碳激光器市场竞争。

集中后实体具有排除、限制下游低功率二氧化碳激光器市场竞争的动机。在下游低功率二氧化碳激光器市场,相干全球和中国境内市场份额分别为25%～30%和15%～20%,排名第一,具有一定市场力量。分析表明,下游低功率二氧化碳激光器市场规模和利润均高于上游光学器件。本项集中后,集中后实体的上下游产品协调设计能力进一步加强且在下游扩张产能不存在障碍。因此,集中后实体有动机通过排除、限制下游市场竞争,扩大其下游市场份额,增加利润。

集中可能对下游低功率二氧化碳激光器市场产生排除、限制竞争的效果。集中后实体可能通过以下方式损害市场公平竞争:一是拒绝、限制或拖延向相干竞争对手提供低功率二氧化碳激光光学器件及配套服务;二是在相干与其竞争对手之间实行差别待遇,向相干优先或排他性提供相关产品、技术或服务等;三是向相干竞争对手收取不合理高价、降低服务质量等。此外,由于相关产品定制化生产,集中后实体可能利用下游客户竞争性敏感信息谋取不正当竞争优势,损害下游其他竞争者利益。

③集中对准分子激光器用玻璃基激光光学器件市场具有或可能具有排除、限制竞争效果。

集中后实体具有排除、限制上游准分子激光器用玻璃基激光光学器件市场竞争的能力。在下游准分子激光器市场,相干全球和中国境内市场份额分别为90%～95%和95%～100%,具有市场支配地位和控制市场的能力。集中后实体在下游准分子激光器市场具有市场支配地位,有能力排除、限制上游准分子激光器用玻璃基激光光学器件市场竞争。

集中后实体具有排除、限制上游准分子激光器用玻璃基激光光学器件市场竞争的动机。相干是下游市场几乎唯一的客户,上游高意及其竞争对手均依赖相干在下游的订单。高意在上游准分子激光器用玻璃基激光光学器件市场扩张产能不存在障碍,且其多个上游器件产品已经获得相干认证,随时可以扩大向相干供应产品规模。因此,集中后实体有动机通过排除、限制上游市场竞争,扩大上游市场份额,增加利润。

集中可能对上游准分子激光器用玻璃基激光光学器件市场产生排除、限制竞争的效果。集中后实体可以通过拒绝交易等方式,导致高意的竞争对手失去订单,并被逐渐排挤出上游市场,从而排除、限制上游准分子激光器用玻璃基激光光学器件市场竞争。

(3)审查决定。市场监管总局决定附加限制性条件批准此项集中,要求集中双方和集中后实体履行如下义务:

①继续履行现有涉及二氧化碳激光光学器件的供应合同和涉及准分子激光器用玻璃基激光光学器件的采购合同及其商业条款。

②依据公平、合理、无歧视原则,继续向客户供应二氧化碳激光光学器件。包括承诺价格、质量、数量等条款不低于方案生效日之前 12 个月内的平均水平,并在同等条件下,不得对自身二氧化碳激光器业务与第三方客户之间实施差别待遇。

③对准分子激光器用玻璃基激光光学器件的采购继续遵循多源供应原则,并基于非歧视原则继续采购上述器件,不得在相关采购中设定有利于自身玻璃基激光光学器件业务的条件。包括继续对相关第三方供应商进行资格认证,无正当理由不得减少供应商数量,及时有效向第三方供应商提供相关产品技术规格,不得增加高意目前对相干的供应份额等。

④承诺对第三方制造商的竞争性敏感信息采取保护措施。包括与第三方制造商签署保密协议,对第三方制造商竞争性敏感信息设置信息屏障等。

上述限制性条件的监督执行除按公告办理外,高意于 2022 年 4 月 1 日向市场监管总局提交的附加限制性条件承诺方案对交易双方和集中后实体具有法律约束力。限制性条件自生效日起 5 年内有效,5 年期限届满后将自动终止。

4. 附加限制性条件批准上海机场(集团)有限公司与东方航空物流股份有限公司新设合营企业案[①]

(1)相关市场。相关商品市场为机场货站服务、国际航空货运服务、国内航空货运服务。合营企业成立后与机场集团、东航物流均在浦东机场从事机场货站服务,存在横向重叠。同时,东航集团从事航空货运服务,与机场货站服务存在纵向关联。相关地域市场为机场货站服务的相关地域市场界定为上海浦东机场;国际/国内航空货运服务的相关地域市场界定为以上海浦东机场为出发地的国际/国内航线的集合和以上海浦东机场为目的地的国际/国内航线的集合。

---

① 本报告仅为摘要,全文参见 https://www.samr.gov.cn/fldes/tzgg/ftj/art/2023/art_b22512c79afb44a8b6e5674d6d89983b.html。

(2)竞争分析。此项集中对上海浦东机场货站服务市场、以浦东机场为出发地或目的地的国际/国内航空货运服务市场具有或可能具有排除、限制竞争效果。

①集中后实体在上海浦东机场货站服务市场具有市场支配地位。

2020年,东航物流和机场集团在相关市场上的份额分别为35%~55%、25%~45%,双方合计超过70%。合营企业的成立一方面有助于扩大上海浦东机场货站处理能力,为相关市场引入了一个新进入者;另一方面由于合营企业与交易双方的关联关系,交易进一步提高了市场集中度,集中后实体具有市场控制力。同时,相关市场进入壁垒高,短期内出现新市场进入者的可能性很小。

②集中对上海浦东机场货站服务市场具有或者可能具有排除、限制竞争的效果。

集中双方通过设立合营企业建立合作关系,可能削弱机场集团和东航物流在上海浦东机场货站服务市场上的紧密竞争关系,其他竞争者难以提供有效竞争约束。

③集中对以浦东机场为出发地或目的地的国际/国内航空货运服务市场具有或可能具有排除、限制竞争效果。

机场货站服务是航空货运服务发展的必要基础。交易完成后,东航物流的最终控制人东航集团能够利用集中后实体在上游机场货站服务市场的支配地位,提高下游航空货运服务竞争力。同时,航空货运服务价值远高于机场货站服务价值,东航集团通过提高市场竞争力能够获得整体利润增长。

因此,集中后实体有能力和动机通过以下方式排除、限制竞争:第一,提高东航集团竞争对手成本,向东航集团竞争对手收取不合理高价;第二,降低为东航集团竞争对手提供服务的质量,在服务时效等方面区别对待;第三,限制向东航集团竞争对手提供机场货站服务的数量,排除、限制航空货运服务市场竞争。

(3)审查决定。市场监管总局决定附加限制性条件批准此项集中,要求集中双方和集中后实体履行如下义务:

①保持机场集团与东航物流浦东机场货站业务的相互独立,机场集团、东航物流在浦东机场货站服务市场上继续独立开展公平竞争,不得交换竞争性敏感信息,不得达成或实施《反垄断法》禁止的垄断行为。

②保证机场集团、东航物流与合营企业相互独立与竞争,具体措施包括人员不得兼职、股东权利限制、规定竞业禁止期限、办公场所及信息系统保持隔离、办公系统用户权限限制等。

③确保机场集团、东航物流与合营企业之间不直接或间接交换竞争性敏感信息。合营企业独立运营,包括但不限于财务独立、人事独立、生产服务独立、采购独立、研发独立、定价独立、销售独立。

④机场集团、东航物流继续履行与相关客户已经签署的浦东机场货站服务合同。合同期满后,如相关客户希望续签合同,机场集团、东航物流不得拒绝,且续签条件不得低于本次交易前的服务水平。本项承诺有效期为5年。

⑤机场集团、东航物流与合营企业应按照公平、合理、无歧视的原则,提供在浦东机场的机场货站服务。在同等条件下,不得就价格、数量等交易条件对下游客户实施差别待遇,不得实施不合理高价,不得不合理地限制浦东机场货站服务提供总量。

⑥除监督受托人外,合营企业承诺每年邀请中国航空运输协会对合营企业履行承诺情况进行监督指导。

上述限制性条件的监督执行除按公告办理外,机场集团与东航物流于2022年7月18日向市场监管总局提交的附加限制性条件承诺方案对交易双方和合营企业具有法律约束力。自生效日起,交易双方和集中后实体应每年向市场监管总局报告承诺方案的履行情况。

除第四项承诺外,其他承诺自生效日起8年内有效。自生效日起8年后,集中后实体可以向市场监管总局提出解除行为性条件的申请。市场监管总局将依申请并根据市场竞争状况作出是否解除的决定。未经市场监管总局批准解除,集中后实体应继续履行限制性条件。

5. 附加限制性条件批准大韩航空公司收购韩亚航空株式会社股权案[①]

(1)相关市场。相关商品市场为定期航空客运服务、航空货运服务。双方存在横向重叠。相关地域市场为首尔—张家界、首尔—西安、首尔—深圳、首尔—杭州、首尔—南京、首尔—广州、首尔—北京、首尔—长沙、首尔—上海、首尔—大连、首尔—天津、首尔—延吉、首尔—青岛、首尔—威海、釜山—青岛、釜山—北京、釜山—上海等17条城市间双向航线界定为定期航空客运服务的相关地域市场。此外,中国—韩国和韩国—中国界定为航空货运服务的相关地域市场。

(2)竞争分析。此项集中对首尔—张家界/西安/深圳/杭州/南京/广州/北京/

---

① 本报告仅为摘要,全文参见 https://www.samr.gov.cn/fldes/tzgg/ftj/art/2023/art_a774b134f6a24f918965f05e9333fa82.html。

长沙/上海/大连/天津/延吉和釜山—青岛/北京/上海等15条航线定期航空客运服务市场具有或可能具有排除、限制竞争效果。

①交易进一步提高了相关市场的集中度。

交易使集中后实体的市场力量进一步增强。2019年,双方在首尔—张家界等11条航线的合计市场份额超过50%,双方在首尔—大连等4条航线的合计市场份额为45%~50%。在首尔—大连和釜山—上海航线上,集中后实体的市场份额排名第二;在其余13条航线上集中后实体的市场份额均排名第一,且显著高于排名第二的竞争者。

交易导致市场集中度显著提高。在首尔—张家界等5条航线上,集中后HHI指数增量为2000~5000;在首尔—广州等8条航线上,集中后HHI指数增量为1000~1500;在首尔—杭州等2条航线上,集中后HHI指数增量为0~600。交易前相关市场高度集中,交易后相关市场集中度进一步提高。

②交易进一步增强了集中后实体的市场控制力。

交易使得集中后实体在首尔仁川机场和釜山金海机场持有超过50%的航班时刻。航班时刻集聚使集中后实体能够进一步增加航班频率、优化起降时刻,扩大市场覆盖面,提高客座率,进一步增强市场控制力。

③交易消除了相关市场最紧密竞争者之间的竞争。

大韩航空和韩亚航空均为全服务航空企业,具有一致的枢纽机场、相近的客户群体、相似的航线网络和销售策略。交易双方在中韩之间大部分航线全面开展竞争,在首尔—张家界/西安/深圳/杭州/南京/广州/北京/长沙/上海/大连/天津/延吉和釜山—青岛/北京/上海等15条航线上竞争关系最为紧密;其他航空企业都只在其中1~4条航线上与交易双方开展竞争。

本交易将消除交易双方之间的紧密竞争关系,减少消费者的选择范围,集中后实体面临的竞争约束显著降低。同时,交易后,韩亚航空退出星空联盟,星空联盟成员无法继续提供韩亚航空服务,且星空联盟会员将无法使用里程积分乘坐韩亚航空航班,缩小了消费者选择空间,可能损害消费者福利。

④交易可能增强相关市场竞争者协调价格的动机和能力。

交易前,相关航线上经营者普遍为2~6个,数量有限,交易将进一步减少相关市场竞争者数量。一方面,竞争者数量减少弱化了集中后实体涨价的外在约束。另一方面,价格上涨对集中后实体和其他竞争者均有利,其他竞争者只要涨价幅度不超过集中后实体,就能在不流失客源的前提下通过搭便车涨价获得更高利润,与集中后实体进行有效竞争的动力下降。

⑤市场进入壁垒高,短期内难以出现新的有效竞争者。

规模经济壁垒。航空运输业是资本密集型行业,固定成本和沉没成本较高,达到最低规模经济要求是进入相关市场的重要基础。

航权限制。中韩间大部分航线属于航权管制航线,只有获得航班配额才能进入相关市场。中韩间航线分为四个区,目前,第一、二区航班配额均已用尽,第三、四区剩余少量配额。

航班时刻限制。获得航班时刻是航空企业开设相关航线航班的重要前提。有证据证明首尔—西安等航线定期航空客运市场短期内难以获得新的航班时刻,通过增设航班增加供给的可能性较低。

(3)审查决定。市场监管总局决定附加限制性条件批准此项集中,要求集中双方和集中后实体履行如下义务:

①归还航班时刻。在首尔—张家界、首尔—西安、釜山—青岛、首尔—深圳、首尔—北京、首尔—上海、釜山—北京、首尔—长沙、首尔—天津航线上,经新进入者请求,在满足相应条件时,交易双方和集中后实体将归还其在相应航线上所持有的中国机场、首尔仁川机场或釜山金海机场一定数量的航班时刻给相关机场的航班时刻协调人。

首尔—张家界、首尔—西安和釜山—青岛航线:市场份额未超过 50% 的一方 2019 年在相应航线上持有的航班时刻数量。

首尔—深圳、首尔—北京、首尔—上海航线:每周 7 对航班时刻。

釜山—北京航线:每周 6 对航班时刻。

首尔—长沙航线:每周 4 对航班时刻。

首尔—天津航线:每周 3 对航班时刻。

②归还航权。经韩国新进入者请求,交易双方和集中后实体应配合韩国国土交通部,归还交易双方和集中后实体所持有的首尔—西安、首尔—张家界、首尔—深圳、釜山—北京 4 条航线上的部分航权。归还航权后,集中后实体在上述航线上的市场份额可降至低于 50% 。

③稳定供应。交易双方和集中后实体在首尔—广州和首尔—大连航线上的每年供应(以航班频次和座位数衡量)保持其 2019 年水平,因市场变化或其他合理原因且经市场监管总局批准的调整除外。

④续签航空客运协议。在首尔—张家界/西安/深圳/杭州/南京/广州/北京/长

沙/上海/大连/天津/延吉和釜山—青岛/北京/上海等15条航线上,交易双方和集中后实体无正当理由,不得拒绝与新进入者在相关航线上签订联运协议、特殊比例分摊协议、代码共享协议的请求;对交易双方和中国航空公司既存的相关协议,不得拒绝中国航空公司提出的续签请求以及因本次集中导致相关协议内容必须进行变更时的重签请求。

⑤保障航空客运辅助服务。

交易双方和集中后实体依公平、合理和非歧视原则,在资源和能力允许的范围内向中国新进入者就上述15条航线提供相关韩国境内机场航空客运地面服务。对交易双方与中国航空公司既存的航空客运地面服务(包括休息室服务)协议,交易双方和集中后实体将确保到期续约时,合理定价。

交易双方和集中后实体无正当理由,不得拒绝上述15条航线上的新进入者在相关航线上签订飞行常旅客计划协议的请求;对交易双方和中国航空公司既存的相关航线飞行常旅客计划协议,不得拒绝中国航空公司的续签请求。

⑥合规承诺。

交易双方和集中后实体无正当理由,不得超过正常成本以及合理利润范围提高相关航线上的机票价格以及航空客运地面服务价格。交易双方和集中后实体不得实施以提高市场份额为目的,排除、限制竞争的价格行为。在韩亚航空进行相关航空联盟的退出、变更过程中,交易双方和集中后实体将依照相关法律、法规的规定,采取合理且必要的数据保护措施,构建相关的数据保护制度,以避免客户数据泄露。

限制性条件的监督执行除按本公告办理外,大韩航空于2022年12月2日向市场监管总局提交的附加限制性条件承诺方案对交易双方和集中后实体具有法律约束力。限制性条件自生效日(交易完成交割之日)起10年内有效,期限届满后自动解除。

(二)未依法申报行政处罚案件

由于未依法申报行政处罚案件总数较多,因此从总共32件案件中选取部分代表性案件进行介绍。

1. 慕尼黑再保险收购卡万塔股权未依法申报违法实施经营者集中案①

本交易系股权收购。交易前,被收购方卡万塔由绿投集团(持股 10%)、DIF(持股 40%)和卡万塔控股(持股 50%)三方共同控制,主要在爱尔兰境内从事垃圾焚烧发电业务。2019 年 7 月 26 日,慕尼黑再保险与 DIF 签署《股权转让协议》,取得 DIF 原持有的卡万塔 15% 股权,并取得共同控制权。2019 年 12 月 4 日,卡万塔完成股权变更登记手续。此举属于《反垄断法》第 20 条规定的经营者集中。2018 年度,慕尼黑再保险全球营业额和中国境内营业额为(略),参与集中的其他经营者之一绿投集团全球营业额和中国境内营业额均达到国务院《关于经营者集中申报标准的规定》第 3 条规定的申报标准,属于应当申报的情形。2019 年 12 月 4 日,卡万塔完成股权变更登记,在此之前未依法申报,违反《反垄断法》第 21 条的规定,构成违法实施的经营者集中。根据《反垄断法》第 48 条、第 49 条的规定,基于调查情况和评估结论,给予慕尼黑再保险 30 万元罚款的行政处罚。

本案中,被收购方主要在境外开展业务,在中国境内的营业额可能达不到 4 亿元的标准,但这并不意味着本交易就达不到经营者集中的申报门槛。由于交易后,被收购方的原股东绿投集团等仍拥有被收购方的共同控制权,因此相应原股东也属于参与集中的经营者,其营业额也应合并计算以判断是否达到经营者集中的申报门槛。如相应原股东在中国境内的营业额超过 4 亿元,同时收购方在中国境内的营业额超过 4 亿元,且各方合计营业额也达到 20 亿元或 100 亿元的标准,则仍应视为达到经营者集中的申报门槛,应事先进行申报。

2. 阿里投资收购百世集团股权未依法申报违法实施经营者集中案②

本交易系股权收购。2017 年 9 月 19 日,阿里投资认购百世集团新发股份 10 000 000 股,交易后阿里投资及其关联方合计持有百世集团 27% 的股份,对应 46.2% 的投票权,取得共同控制权,属于《反垄断法》第 20 条规定的经营者集中。2016 年阿里投资、百世集团的营业额达到国务院《关于经营者集中申报标准的规定》第 3 条规定的申报标准,属于应当申报的情形。2017 年 9 月 22 日,交易完成交割,在此之前未依法申报,违反《反垄断法》第 21 条,构成未依法申报违法实施的经

① 本报告仅为摘要,全文参见 https://www.samr.gov.cn/fldes/tzgg/xzcf/art/2023/art_ecb55b0be0da430fb044f62790587a13.html。

② 本报告仅为摘要,全文参见 https://www.samr.gov.cn/fldes/tzgg/xzcf/art/2023/art_d01fa8fc984c4b029bc871ad41890b13.html。

营者集中。根据《反垄断法》第48条、第49条,基于调查情况和评估结论,给予阿里投资50万元罚款的行政处罚。

本案中,收购方获得被收购方超级投票权的股份,使得收购方的持股比例与投票权比例不一致。执法机构除考察收购方交易后的持股比例外,同时也考察了收购方对应持有的投票权比例。因此在股权收购交易涉及特殊类型的股权,导致投票权比例与持股比例不一致时,也需要重点考察持有的投票权比例以判断是否取得控制权。

3. 腾讯收购森亿医疗股权未依法申报违法实施经营者集中案①

2019年7月2日,腾讯与森亿医疗股东签署协议,收购森亿医疗12.2627%的股权,并就财务预算、高管任免等重大事项获得否决权。交易完成后,腾讯与存续股东共同控制该公司。2019年8月15日,森亿医疗完成股东变更登记。腾讯此举属于《反垄断法》第20条规定的经营者集中。2018年度,腾讯以及其他参与集中的经营者的营业额达到国务院《关于经营者集中申报标准的规定》第3条规定的申报标准,属于应当申报的情形。2019年8月15日,本交易完成股权变更登记,在此之前未依法申报,违反《反垄断法》第21条的规定,构成未依法申报违法实施的经营者集中。根据《反垄断法》第48条、第49条的规定,基于调查情况和评估结论,给予腾讯50万元罚款的行政处罚。

本案中,收购方仅获得被收购方12.2627%的股权,但就被收购方的财务预算、高管任免等重大事项获得否决权,因此被认定取得被收购方的共同控制权。故获得财务预算、高管任免等经营管理重大事项的否决权可作为认定取得控制权的重要考虑因素。

4. 阿里创投收购第一财经股权未依法申报违法实施经营者集中案②

2015年11月2日,阿里创投、上海文广与第一财经签署《投资协议》,设立合营企业曦倍恩,分别持有曦倍恩38.37%和61.63%的股权。曦倍恩为阿里创投投资第一财经的工具公司,并无其他业务。上海文广以其持有的第一财经93.29%的股权缴付全部其认缴的曦倍恩注册资本。2015年12月10日,曦倍恩完成合营企业

---

① 本报告仅为摘要,全文参见 https://www.samr.gov.cn/fldes/tzgg/xzcf/art/2023/art_d01fa8fc984c4b029bc871ad41890b13.html。

② 本报告仅为摘要,全文参见 https://www.samr.gov.cn/fldes/tzgg/xzcf/art/2023/art_d01fa8fc984c4b029bc871ad41890b13.html。

设立并取得营业执照。2015 年 12 月 11 日,曦倍恩、阿里创投以及上海文广等与第一财经签署《增资协议》,曦倍恩通过增资取得第一财经 95.76% 股权,阿里创投间接持有第一财经 36.74% 股权、上海文广间接持有第一财经 59.02% 股权。2015 年 12 月 29 日,第一财经完成股权变更登记手续。本次交易完成后,阿里创投通过曦倍恩取得第一财经的控制权。

阿里创投收购第一财经 36.74% 股权并取得控制权,属于《反垄断法》(2007 年)第 20 条规定的经营者集中。2014 年度阿里及上海文广的营业额达到国务院《关于经营者集中申报标准的规定》第 3 条规定的申报标准,属于应当申报的情形。2015 年 12 月 29 日,第一财经完成股权变更登记手续,在此之前未依法申报,违反《反垄断法》(2007 年)第 21 条的规定,构成违法实施的经营者集中。根据《反垄断法》(2007 年)第 48 条、第 49 条的规定,基于调查情况和评估结论,给予阿里创投 50 万元罚款的行政处罚。

本案中,收购方通过与被收购方的原控股股东设立合营企业,并由合营企业直接取得被收购方的股权的方式,间接取得被收购方的控制权。这一操作实质上仍然导致被收购方的控制权发生变化,且当事人的营业额达到申报标准,因而仍构成经营者集中。

5. 腾讯收购小帮规划股权未依法申报违法实施经营者集中案①

2019 年 6 月 6 日,腾讯收购小帮规划 10% 股权,取得共同控制权,属于《反垄断法》第 20 条规定的经营者集中。2018 年,腾讯及小帮规划的共同控制人红杉中国美元基金的营业额达到国务院《关于经营者集中申报标准的规定》第 3 条规定的申报标准,属于应当申报的情形。2019 年 6 月 6 日,上述交易完成股权变更登记,违反《反垄断法》第 21 条的规定,构成未依法申报违法实施的经营者集中。根据《反垄断法》第 48 条、第 49 条的规定,基于调查情况和评估结论,给予腾讯 50 万元罚款的行政处罚。

本案中,收购方认购了被收购方的 B 系列优先股股权。虽然优先股股东的表决权一般会受到一定程度的限制,进而可能影响优先股股东取得控制权的认定,但仍应结合案件的具体情况以及股权收购协议的具体条款条件,综合判断优先股股东是否取得控制权。

① 本报告仅为摘要,全文参见 https://www.samr.gov.cn/fldes/tzgg/xzcf/art/2023/art_d01fa8fc984c4b029bc871ad41890b13.html。

三、最新立法评述和对未来执法的展望

有效的经营者集中审查执法,需要围绕速度和遵从两个维度展开。一方面,执法机构要加速审查执法、提高执法效率,以便保障并购交易迅速完成,不会因审查程序过长影响经济效率和市场活力;另一方面,执法机构要在有限执法时间内准确找出具有排除限制竞争效果的经营者集中,同时需要依据严密的规则作出有威慑力的执法和处罚,确保参与集中企业遵从法律、依法申报。

市场监管总局于2023年3月24日颁布了《经营者集中审查规定》(以下简称《审查规定》)。《审查规定》也是围绕上述两个执法维度,细化了相关规定。与此同时,市场监管总局正在就经营者集中申报标准修订征求意见,同时也在积极开展强化自身数据获取能力的探索。上述立法变化和执法趋势都值得业界关注。

(一)进一步提高审查效率

1.明确委托审查制度

《审查规定》第2条规定,市场监管总局负责经营者集中反垄断审查工作,并对违法实施的经营者集中进行调查处理;市场监管总局根据工作需要,可以委托省、自治区、直辖市市场监督管理部门实施经营者集中审查。

事实上,自2022年8月以来,市场监管总局已开始委托北京、上海、重庆、广东和陕西五个省市的市场监管部门,对部分经营者集中简易案件进行审查。《审查规定》可以说是从规章层面,再次确认了经营者集中委托审查制度。简易案件的委托审查,可以大大减轻市场监管总局的工作量,也可以加快审查速度、提高执法效率。

2.规范简易程序

《审查规定》第19条规定了可适用简易案件程序进行申报的情形:在同一相关市场,参与集中的经营者所占的市场份额之和小于15%;在上下游市场,参与集中的经营者所占的市场份额均小于25%;不在同一相关市场也不存在上下游关系的参与集中的经营者,在与交易有关的每个市场所占的市场份额均小于25%。由两个以上经营者共同控制的合营企业,通过集中被其中的一个经营者或者一个以上经营者所控制的,也属情形之一。

《审查规定》第20条规定了上述可适用简易案件情形的例外,例如由两个以上经营者共同控制的合营企业,通过集中被其中的一个经营者控制,原本可适用简易案件程序进行申报,但若该经营者与合营企业属于同一相关市场的竞争者,且市场

份额之和大于15%的,则不能适用简易程序。

《审查规定》第21条还规定:"市场监管总局受理简易案件后,对案件基本信息予以公示,公示期为十日。公示的案件基本信息由申报人填报。对于不符合简易案件标准的简易案件申报,市场监管总局予以退回,并要求申报人按非简易案件重新申报。"

3. 细化"停表"规则

在2022年《反垄断法》修正之前,经营者集中审查普通案件严格受到第一阶段30日、第二阶段90日、延长阶段60日的审查期限限制。在实践中如果无法在前述期限内完成审查,往往需要经营者撤回申报之后重新申报。这样会导致同一案件重复进行第一阶段、第二阶段和延长阶段审查。

2022年修正的《反垄断法》,增加了经营者集中审查期限的中止计算制度,即所谓"停表"制度。《审查规定》则进一步细化了在各种情形下审查期限停表的中止时间和重新起算时间。例如《审查规定》第23条,在审查过程中,出现反垄断法第三十二条规定情形的,市场监管总局可以决定中止计算经营者集中的审查期限并书面通知申报人,审查期限自决定作出之日起中止计算。自中止计算审查期限的情形消除之日起,审查期限继续计算,市场监管总局应当书面通知申报人。又如《审查规定》第24条,在审查过程中,申报人未按照规定提交文件、资料导致审查工作无法进行的,市场监管总局应当书面通知申报人在规定期限内补正。申报人未在规定期限内补正的,市场监管总局可以决定中止计算审查期限。申报人按要求提交文件、资料后,审查期限继续计算。此外,《审查规定》第25条规定,在审查过程中,出现对经营者集中审查具有重大影响的新情况、新事实,不经核实将导致审查工作无法进行的,市场监管总局可以决定中止计算审查期限。经核实,审查工作可以进行的,审查期限继续计算。

(二)进一步加强执法威慑性

1. 细化营业额标准

判断经营者集中是否需要申报,首先需要判断营业额是否达到申报门槛。《审查规定》特别增加了营业额标准的相关细则,在第9条明确计算营业额时"上一会计年度"是指集中协议签署日的上一会计年度,在第10条针对存在共同控制的经营者情形,即参与集中的经营者之间或者参与集中的经营者和未参与集中的经营者之间有共同控制的其他经营者时,规定将相关营业额在有共同控制权的参与集中的经营者之间平均分配。

需要注意的是,对于营业额标准的使用也不可过于僵化教条。尤其是在互联网等平台领域,可能单边市场所提供的服务因免费提供而并不具有很高的营业额,但是却拥有巨大的用户、数据或者市场估值。例如之前被热议的网约车服务提供商合并案,参与合并的两家公司未依法申报;据悉,两家公司认为按营业额计算均未达到申报标准——网约车平台为用户提供服务时没有收入,但在另一端对专车司机收费。考虑到在现行《审查规定》中,对于未达申报标准的案件执法机构也可通知申报,因此判断这些领域的合资、收购项目是否需要进行经营者集中申报时,需要极为审慎。

2.增加控制权判断因素

企业判断经营者集中项目是否达到申报标准的另一个重要因素,是该集中项目是否会导致参与集中企业的控制权转移,或者在设立合营企业时是否产生共同控制的局面。判断控制权是否转移,对于企业而言,通常是看交易是否导致持股比例变化、变化后的股权是否达到简单多数的比例。但是在司法实践中,审查机构还会结合其他因素综合判断,即便是持股比例并未达到50%,也可能根据其他因素判断构成控制权转移或共同控制。

《审查规定》第5条新增了判断控制权与施加决定性影响的相关因素,例如股东(大)会、董事会等权力、决策机构或管理机构的组成、表决事项和表决机制,还有这些权力机构、决策机构、管理机构各方的历史出席率和表决情况。同时该条还明确了共同控制的含义,即"两个以上经营者均拥有对其他经营者的控制权或者能够对其他经营者施加决定性影响的,构成对其他经营者的共同控制"。

3.明确"实施"判断因素

在实践中,鉴于经营者集中审查往往需要经过从申报材料准备、文件递交和材料补充、受理、公示或审查,直至最终作出决定的流程,一些企业会选择不经申报直接进行并购交易交割;还有部分企业会在申报后、决定作出前,开始实施集中。后一种情形,通常被称为"抢跑"行为。

针对前述未依法申报和抢跑行为,《审查规定》第8条特别明确了实施集中所谓"实施"的判断因素包括但不限于是否完成市场主体登记或者权利变更登记、委派高级管理人员、实际参与经营决策和管理、与其他经营者交换敏感信息、实质性整合业务等。

4. 未达申报标准集中案件的通知申报

2022年修正的《反垄断法》第26条第2款规定:“经营者集中未达到国务院规定的申报标准,但有证据证明该经营者集中具有或者可能具有排除、限制竞争效果的,国务院反垄断执法机构可以要求经营者申报。”《审查规定》在第8条、第43条、第56条也就执法机构对未达申报标准的集中如何通知申报,作了详细规定。

《审查规定》第8条第2款规定:“经营者集中未达到申报标准,但有证据证明该经营者集中具有或者可能具有排除、限制竞争效果的,市场监管总局可以要求经营者申报并书面通知经营者。集中尚未实施的,经营者未申报或者申报后获得批准前不得实施集中;集中已经实施的,经营者应当自收到书面通知之日起一百二十日内申报,并采取暂停实施集中等必要措施减少集中对竞争的不利影响。”

《审查规定》第43条规定:“任何单位和个人发现未达申报标准但具有或者可能具有排除、限制竞争效果的经营者集中,可以向市场监管总局书面反映,并提供相关事实和证据。市场监管总局经核查,对有证据证明未达申报标准的经营者集中具有或者可能具有排除、限制竞争效果的,依照本规定第八条进行处理。”

同时,《审查规定》第56条第2款规定:“未达申报标准的经营者集中,经营者未按照本规定第八条进行申报的,市场监管总局依照本章规定进行调查。”

5. 加重处罚力度

2022年修正的《反垄断法》,加重了对于经营者集中未依法申报的处罚。例如第58条规定:“经营者违反本法规定实施集中,且具有或者可能具有排除、限制竞争效果的,由国务院反垄断执法机构责令停止实施集中、限期处分股份或者资产、限期转让营业以及采取其他必要措施恢复到集中前的状态,处上一年度销售额百分之十以下的罚款;不具有排除、限制竞争效果的,处五百万元以下的罚款。”《审查规定》第66条也规定:“经营者违反反垄断法规定实施集中的,依照反垄断法第五十八条规定予以处罚。”

此外,若在市场监管总局等审查执法机构调查过程中,拒绝提供有关材料、信息,或者提供虚假材料、信息,或者隐匿、销毁、转移证据,或者有其他拒绝、阻碍调查行为的,依照《审查规定》第67条的规定,由市场监管总局责令改正,对单位处上一年度销售额百分之一以下的罚款,上一年度没有销售额或者销售额难以计算的,处五百万元以下的罚款;对个人处五十万元以下的罚款。同时,依据《审查规定》第69条的规定,对于上述受到行政处罚的经营者,将记入信用记录,并向社会公示。

(三)进一步完善申报标准

2022年6月27日,市场监管总局发布了国务院《关于经营者集中申报标准的规定(修订草案征求意见稿)》,拟将申报的营业额门槛由上一会计年度全球合计100亿元或中国境内合计20亿元且两家以上中国境内4亿元提高至上一会计年度全球合计120亿元或中国境内合计40亿元且两家以上中国境内8亿元;同时拟增加一方中国境内营业额1000亿元、其他方市值8亿元的营业额的市值标准。截至目前,正式的规定仍在制定过程中,但也体现出审查执法机构已针对完善经营者集中申报标准开展了较为深入的探索。

经营者集中申报的营业额门槛提高,与我国经济发展状况相适应,将有效减少不具有竞争问题的中小规模并购申报,降低企业制度性交易成本,提升经济运行效率。营业额与市值标准的增加是对现有单一营业额申报标准的有效补充,有助于强化对于未达营业额门槛但可能对竞争产生不利影响的并购交易的监管,更好地维护竞争秩序。

(四)进一步强化数据获取能力

相关市场界定及市场份额等数据对于判断经营者集中是否能适用简易程序,以及经营者集中是否可能具有排除、限制竞争效果具有重要作用,但相关市场属于较为抽象的概念,具有不确定性;一些商品或服务的销售量或销售额不公开,导致市场份额数据难以获取。上述因素都可能导致申报人自行界定的相关市场及提供的数据不准确。

如果审查执法机构能通过强化信息化建设、运用技术手段、引入专业机构等方式,提高获取相关市场界定、市场份额等方面数据的能力,则能进一步提高经营者集中审查的严密性、准确性及效率。目前,审查执法机构已在此方面开展探索,我们也将继续关注此方面的进展。

中国反垄断诉讼案件年度报告(2022年)

杜爱武* 陈云开**

引 言

《反垄断法》(2022年修正)第11条规定:“国家健全完善反垄断规则制度,强化反垄断监管力量,提高监管能力和监管体系现代化水平,加强反垄断执法司法,依法公正高效审理垄断案件,健全行政执法和司法衔接机制,维护公平竞争秩序。”我国反垄断法的实施,主要通过行政机关的反垄断执法和人民法院的反垄断司法。考察我国反垄断诉讼案件(包括民事诉讼案件、行政诉讼案件)审理情况,可以从反垄断司法的视角窥见我国反垄断法的实施情况。

2022年我国反垄断司法取得了重要进展。在反垄断案件审理方面,从案件数量上看,根据最高人民法院知识产权法庭(以下简称最高法知产庭)公布的二审案件数据(缺乏全国法院受理一审案件的公开数据),2022年最高法知产庭新收垄断二审案件47件(民事实体案件15件、管辖案件7件,行政实体案件24件、管辖案件1件),审结57件。[①] 最高法知产庭自2019年1月1日成立并履职以来,2019年受理垄断纠纷9件,2020年受理垄断纠纷30件(其中实体案件25件),2021年新收垄断纠纷民事二审实体案件25件、垄断行政纠纷二审实体案件2件;截至2023年3

* 杜爱武,上海邦信阳律师事务所主任、合伙人。

** 陈云开,上海邦信阳律师事务所合伙人。

① 参见《最高人民法院知识产权法庭年度报告(2022年)》,载最高人民法院网2023年3月30日,https://www.court.gov.cn/zixun-xiangqing-394802.html。

月31日,共受理垄断案件156件。① 从其受理的反垄断案件情况来看,案件数量稳中有增,且每年均维持在100件以下。从案件审理情况来看,《最高人民法院知识产权案件年度报告(2022)摘要》②分别梳理了"因专利侵权纠纷达成的和解协议的反垄断审查""其他协同行为的认定""反垄断法罚款规定中'上一年度销售额'中'上一年度'的确定""体育赛事商业权利独家授权的反垄断审查""公用事业经营者隐性限定交易行为的认定""反垄断法对消费者权益的保护"等6个法律适用问题。结合后文对相关反垄断案件的分析,2022年的反垄断案件审理进一步积累了反垄断法适用的经验。

从司法裁判规则方面来看,2022年11月,最高人民法院向社会公布《关于审理垄断民事纠纷案件适用法律若干问题的规定(公开征求意见稿)》,该规定是在2012年发布的最高人民法院《关于审理因垄断行为引发的民事纠纷案件应用法律若干问题的规定》基础上修订、起草的。

此外,《反垄断法》(2022年修正)新增规定:"经营者实施垄断行为,损害社会公共利益的,设区的市级以上人民检察院可以依法向人民法院提起民事公益诉讼"。近来,检察机关也以不同形式参与反垄断工作。2022年8月,最高人民检察院发布6件依法惩治破坏市场竞争秩序犯罪典型案例,并提出:"检察机关作为维护市场公平竞争秩序的重要职能部门,参与反垄断和反不正当竞争工作是贯彻落实中央决策部署的必然要求。"③此外,最高人民检察院还印发了《关于贯彻执行〈中华人民共和国反垄断法〉积极稳妥开展反垄断领域公益诉讼检察工作的通知》,强调重点关注互联网、公共事业、医药等民生保障领域,精准开展反垄断公益诉讼检察工作。

---

① 参见《最高人民法院知识产权法庭年度报告(2020)》,载最高人民法院网2021年2月26日,https://www.court.gov.cn/zixun/xiangqing/288081.html;《最高人民法院知识产权法庭年度报告(2021)》,载最高人民法院网2022年2月28日,https://www.court.gov.cn/zixun/xiangqing/347361.html;《最高人民法院知识产权宣传周新闻发布会答记者问》,载最高人民法院知识产权法庭网2023年4月21日,https://ipc.court.gov.cn/zh-cn/news/view-2321.html。

② 参见《最高人民法院知识产权案件年度报告(2022)摘要》,载最高人民法院知识产权法庭网2023年4月24日,https://ipc.court.gov.cn/zh-cn/news/view-2330.html。

③ 参见《最高检发布检察机关依法惩治破坏市场竞争秩序犯罪典型案例》,载最高人民检察院网,https://www.spp.gov.cn/spp/xwfbh/wsfbt/202208/t20220804_569841.shtml#1。

一、垄断民事案件

(一)概述

笔者于 2023 年 5 月登录中国裁判文书网,以“案由:垄断纠纷”“裁判年份:2022”为搜索条件,共搜得 30 篇裁判文书,分别涉及 30 件案件。尽管该 30 件案件无法涵盖 2022 年度裁判的全部反垄断民事案件,但囿于其他信息无法获得,并考虑到该 30 件案件已覆盖《最高人民法院知识产权法庭年度报告(2022)》和《最高人民法院知识产权宣传周新闻发布会答记者问》提到的典型案件,故本文以该 30 件案件为基础展开分析。

(二)基本情况分析

1. 案件处理方式

不同的裁判文书类型,反映该阶段处理的不同事项和结果。30 件垄断民事案件中,按照裁判文书的类型可以分类如表 1 所示:

表 1　30 件垄断民事案件的裁判文书类型

裁判文书类型		裁判文书的数量/件
结案类文书	民事判决书(一审)	2
	民事判决书(二审)	14
	民事裁定书(撤回起诉)	6
	民事裁定书(撤回上诉)	1
	民事裁定书(驳回再审申请)	1
过程性文书	民事裁定书(主管或管辖)	5
	民事裁定书(抗诉)	1

表 1 所列的 24 篇结案类文书中,有 1 篇经法院裁定驳回再审申请[(2021)京民申 7952 号],该案以“差别待遇纠纷”的案由立案,经审查不属于人民法院受理民事诉讼范围;有 17 篇经过实体审理并判决,6 篇由原告撤回起诉,实体审理的案件比例增多;有 14 篇二审民事判决书均由最高人民法院作出,1 篇系最高人民法院二审裁定视为撤回上诉处理[(2022)最高法知民终 815 号],撤回上诉后中级人民法院作出的一审判决生效,可见最高法知产庭已经充分履行垄断案件上诉审判职能。

6篇过程性文书中,实质问题均涉及反垄断案件的主管和管辖问题。其中1篇系最高人民法院因最高人民检察院抗诉而作出的提审裁定,该案的抗诉系因当事人不服北京市高级人民法院"昌林公司与壳牌公司因履行《经销商协议》而产生的争议,仍应适用该协议中约定的有效仲裁条款,故对于昌林公司的起诉,人民法院不应予以受理"裁定而申请、最高人民检察院认为该案符合《民事诉讼法》第207条第6项规定"原判决、裁定适用法律确有错误的"情形而提出抗诉,由此推测最高人民检察院应也不认可北京市高级人民法院的前述观点。另2篇系最高人民法院的民事裁定[(2021)最高法知民终924号、(2022)最高法知民终1276号],均认为"当事人在合同中约定的仲裁条款不能成为排除人民法院管辖垄断纠纷的当然和绝对依据"。可见,最高人民法院关于垄断纠纷不具有可仲裁性的观点,已较为明确。其余3篇,包括1篇基层人民法院受理垄断纠纷后裁定移送的文书,1篇驳回被告管辖权异议的文书,以及1篇维持对被告反诉不予受理的裁定[(2019)京民终549号],在该案中,法院认为原告基于被告滥用市场支配地位行为提起的垄断侵权之诉(本诉)与被告基于原告滥用市场支配地位行为提起的垄断侵权之诉(反诉)并不具有法律关系的同一性,不属于应当合并审理的情形。

2. 被诉垄断行为及其认定

30件垄断民事案件中,剔除1件经法院认定不属于民事案件范围的案件外,横向垄断协议纠纷案件4件、纵向垄断协议纠纷案件3件,滥用市场支配地位纠纷案件22件。根据笔者统计,历年来中国裁判文书网公开的垄断民事案件中,滥用市场支配地位纠纷的案件数量占比均为最高。[①] 2022年,横向垄断协议案件的数量有所增加。

从审理结果来看,认定垄断行为成立的案件有4件,分别是幼儿园横向垄断协议案、"专利纠纷和解协议"横向垄断协议案、通用汽车转售价格维持后继诉讼案、威海水务集团滥用市场支配地位案,在经过实体审理的17件案件中占比达24%,认定垄断行为成立的案件数量明显增多。此外,还有9起滥用市场支配地位纠纷案件中,法院认定被告经营者在相关市场具有市场支配地位,但未实施滥用市场支配

① 比如:同一年度滥用市场支配地位纠纷案件与垄断民事案件的数量对比,2019年度为46/54、2020年度为43/75、2021年度为18/24。相关数据的统计形成过程,详见笔者所撰《中国反垄断诉讼案件概况及评析(2019年)》《中国反垄断诉讼案件年度报告(2020年)》《中国反垄断诉讼案件年度分析报告(2021年)》,分别载于《竞争法律与政策评论》第6卷、第7卷、第8卷。

地位行为,其基本情况如表2所示:

表2 9件经认定具有市场支配地位的案件

案号	案件名称	相关市场
(2020)最高法知民终1463号	王某某诉链家公司、中融信公司滥用案	北京市全部区域存量住房买卖经纪服务市场
(2021)最高法知民终1790号	体娱公司诉中超公司、映脉公司滥用案	中国(除港、澳、台地区)中超联赛期间该赛事图片市场
(2021)最高法知民终1977号	马利杰诉河南移动公司滥用案	河南省洛阳市移动通信服务市场
(2020)最高法知民终1519号、(2020)最高法知民终1448号、(2020)最高法知民终1452号、(2020)最高法知民终1458号、(2020)最高法知民终1459号、(2021)最高法知民终7号	广州市金碧大世界饮食娱乐有限公司等KTV经营者诉中国音像著作权集体管理协会滥用案	中国(除港、澳、台地区)类电影作品或音像制品在KTV经营中的许可使用市场

3.审理法院情况

30件垄断民事案件审理法院分别为最高人民法院(18件)、北京高院(2件)、北京知产法院(3件)、上海知产法院(1件)、广州知产法院(1件)、重庆一中院(1件)、武汉中院(1件)、呼和浩特中院(1件)、甘肃兰州七里河区法院(1件,直接对案涉垄断纠纷适用《反垄断法》作出判决)、湖南益阳赫山区法院(1件,将垄断纠纷裁定移送)。由此可见,反垄断案件仍以北京地区数量最多,其他省市的案件数量较少或没有。关于基层法院直接对垄断纠纷作出判决,将在后文加以评述。

(三)裁判观点分析

1.反垄断法对消费者利益的保护

在上诉人李某全与被上诉人湖南湘品堂工贸有限责任公司等垄断纠纷案[(2021)最高法知民终1020号]中,最高人民法院在二审判决书中指出:“2008年施行的反垄断法的立法目的主要在于维护市场竞争机制,有效配置资源,保护和促进竞争。2008年施行的反垄断法虽然不排除对消费者直接和具体的保护,但其目的侧重于维护统一、开放、竞争、有序的市场秩序,从而最终使消费者获得福利。可见,2008年施行的反垄断法对消费者的保护着眼于竞争行为是否损害了保障消费者福利的竞争机制,既不以某一行为是否为消费者满意作为判断标准,也不刻意保护某一具体消费者的利益。因此,如果个别消费者认为因经营者销售相关商品违反价格法等相关规定,损害了其消费者权益,原则上应当依据消费者权益保护法及时有效保护自己的权益。"

《反垄断法》(2022年修正)第1条规定的反垄断法立法目的,包括"维护消费者利益和社会公共利益",第8条在规范专营专卖行业时强调"不得利用其控制地位或者专营专卖地位损害消费者利益",第20条规定垄断协议豁免的条件之一是"能够使消费者分享由此产生的利益",第33条规定的经营者集中审查因素包括"经营者集中对消费者和其他有关经营者的影响"。我国学者王晓晔认为,反垄断法的任何规定都是为了保护消费者的利益。① 在我国反垄断执法实践中,"反垄断执法机构以保护市场公平竞争和维护消费者利益为主线",②"反垄断执法机构将维护消费者利益作为反垄断工作的出发点和落脚点"③。可以说,从理论、立法到法律实施,反垄断法与消费者利益保护密切关联。反映在反垄断诉讼中,主要涉及下列三个方面的问题:

一是消费者维权路径和法律适用。在民事诉讼中,消费者可能选择不同维权路径,其选择将影响法律适用和诉讼结果。在吴某秦案④中,二审陕西省高级人民法院认为:"如果广电网络在向吴某秦提供服务时,并未如实告知尚有基本服务可以选择,导致消费者对消费项目和价格产生误判,侵犯的是吴某秦的知情权等其他权利,应当适用消费者权益保护法或合同法进行保护,而非适用反垄断法进行规制。"也就是说,陕西省高级人民法院认为,消费者是否享有选择权,适用反垄断法进行保护;消费者是否知道其有选择权(知情权),适用消费者权益保护法或合同法进行保护。最高人民法院再审认为,吴某秦在民事起诉状中并未主张消费者权益受到损害,根据其诉讼请求应当适用反垄断法进行审理。一般而言,法院尊重当事人基于相应的请求权提出的诉讼主张。如果消费者基于反垄断法提出诉讼主张,

① 参见王晓晔:《王晓晔论反垄断法》,社会科学文献出版社2010年版,第48页。

② 《中国反垄断年度执法报告(2020)》。

③ 《中国反垄断执法年度报告(2021)》。

④ 吴某秦诉陕西广电网络传媒(集团)股份有限公司捆绑交易纠纷案。该案历经西安市中级人民法院一审[案号:(2012)西民四初字第00438号,原告胜诉],陕西省高级人民法院二审[案号:(2013)陕民三终字第38号,原告败诉],最高人民法院再审[案号:(2016)最高法民再98号,原告胜诉]。经最高人民法院审判委员会讨论通过,该案作为指导案例79号于2017年3月6日发布。

那么对消费者的保护将着眼于竞争行为是否损害了保障消费者福利的竞争机制，而不以某一行为是否为消费者满意为判断标准。

二是消费者诉权。《反垄断法》(2022年修正)第60条第1款规定:“经营者实施垄断行为,给他人造成损失的,依法承担民事责任。”如果相应垄断行为给消费者造成损失的,则消费者享有提起反垄断民事诉讼的权利;如果消费者并未受到损失的,则无诉权——《反垄断法》(2022年修正)第60条第2款赋予了设区的市级以上人民检察院的公益诉讼职能,但并未赋予消费者或者消费者保护组织相应的公益诉讼诉权。从民事诉讼程序角度,是否受有损失需经过事实调查和法律判断之后才能得出结论,因此,对消费者能否起诉、法院应否受理,一般以关联性和可能性为标准。比如在转售价格维持案件中,垄断行为人与交易相对人就某产品的转售价格达成一致,消费者只需证明其购买了该产品,系受该垄断行为影响的间接购买者,法院便应当受理。

三是被诉行为的损害分析。在传统反垄断法框架中,消费者利益主要体现为以价格为核心的“消费者福利”,福利标准成为垄断行为的主要判断标准。市场竞争的本意是消费者选择自由,因此除损害消费者福利外,限制消费者选择也应被视为一种独立的竞争损害。[①] 在反垄断执法中,反垄断执法机构认定垄断行为时可能会评价垄断行为对消费者利益的影响,比如对阿里巴巴在中国境内网络零售平台服务市场实施“二选一”垄断行为作出的行政处罚决定书(国市监处〔2021〕28号)中,国家市场监督管理总局(以下简称市场监管总局)分别从限制消费者的自由选择权、限制消费者的公平交易权、从长远看会对社会总体福利水平带来潜在损害等三个方面,论述了垄断行为对消费者利益的损害;对美团在中国境内网络餐饮外卖平台服务市场实施“二选一”垄断行为作出的行政处罚决定书(国市监处罚〔2021〕74号)中,市场监管总局分别从减少了消费者的选择范围、使消费者无法获得更优质的价格和服务、降低了消费者长期福利水平三个方面,论述了损害消费者利益。

2. 反垄断后继诉讼案件的相关认定

在上诉人缪某与被上诉人上汽通用汽车销售有限公司、上海逸隆汽车销售服务有限公司纵向垄断协议纠纷案[(2020)最高法知民终1137号]中,最高人民法院明确了反垄断后继诉讼的举证责任等问题。

一是行政处罚决定书的效力。最高人民法院指出,反垄断执法机构认定构成

① 参见焦海涛:《反垄断法上的竞争损害与消费者利益标准》,载《南大法学》2022年第2期。

垄断行为的处理决定在法定期限内未被提起行政诉讼或者已为人民法院生效裁判所确认,原告在相关垄断民事纠纷案件中据此主张该垄断行为成立的,无须再行举证证明,但有相反证据足以推翻的除外。最高人民法院《关于适用〈中华人民共和国民事诉讼法〉的解释》(2022年修正)第114条规定:"国家机关或者其他依法具有社会管理职能的组织,在其职权范围内制作的文书所记载的事项推定为真实,但有相反证据足以推翻的除外。必要时,人民法院可以要求制作文书的机关或者组织对文书的真实性予以说明。"最高人民法院《关于知识产权民事诉讼证据的若干规定》第6条规定:"对于未在法定期限内提起行政诉讼的行政行为所认定的基本事实,或者行政行为认定的基本事实已为生效裁判所确认的部分,当事人在知识产权民事诉讼中无须再证明,但有相反证据足以推翻的除外。"综上所述,可以得出行政处罚决定书属于公文书证。

二是行政处罚决定书与被诉当事人的关联性。该案中,被告通用公司系行政处罚决定书的当事人、但被告逸隆公司不是,且逸隆公司未在行政处罚决定书中直接载明。对此,经法院事实调查,在涉案处罚决定书认定的垄断行为实施期间,逸隆公司系通用公司的上海地区经销商之一,行政处罚所涉证据亦涉及逸隆公司,据此认定通用公司与逸隆公司系涉案处罚决定书认定的垄断行为实施者。

三是损失的认定。最高人民法院指出,由于该案系经营者之间达成并实施纵向垄断协议被行政机关处罚后,消费者作为受害人提起的后续民事赔偿诉讼,赔偿金额应当为经营者之间限定的最低转售非竞争价格与竞争价格之间的差额。在强生案[①]中,上海市高级人民法院提出:"限制最低转售价格协议构成垄断协议,意味着该协议排除、限制市场竞争并造成消费者利益损失,因此,当限制最低转售价格协议的当事人主张反垄断损失赔偿时,不应该按照履行限制最低转售价格协议的可得利润来计算损失,而应参照相关市场的正常利润计算利润损失,否则会陷入通过反垄断诉讼追求垄断利润的逻辑冲突。"因此,无论是纵向垄断协议中的交易相对人还是协议以外的第三方(如消费者)主张损害赔偿,均应立足于回归正常市场竞争的价格水平进行衡量和计算。

四是交易相对人的赔偿责任。在转售价格维持的纵向垄断协议中,尽管提出转售价格维持的经营者及其交易相对人均为协议当事人,但在反垄断执法实践中,

---

① 北京锐邦涌和科贸有限公司诉强生(上海)医疗器材有限公司、强生(中国)医疗器材有限公司纵向垄断协议民事纠纷案,上海市高级人民法院(2012)沪高民三(知)终字第63号民事判决书。

一般处罚的均是实施转售价格维持的经营者,并不包括交易相对人。并且,交易相对人既可能是垄断行为的参与者、实施者,也可能是纵向垄断协议的受害者,属于《反垄断法》(2022年修正)第60条规定的因垄断行为遭受损失的主体范围。在强生案中,上海市高级人民法院在认定强生公司达成并实施了限制最低转售价格的垄断行为后,判决强生公司应当对其垄断行为造成的下游经销商的经济损失承担赔偿责任。对于因纵向垄断协议受损的第三方(如消费者)所提起的后继诉讼,交易相对人作为纵向垄断协议的实施者,根据《民法典》第1168条(原《侵权责任法》第8条)"二人以上共同实施侵权行为,造成他人损害的,应当承担连带责任"的规定,应当作为共同侵权人承担连带赔偿责任。

3. 横向垄断协议实施者损害赔偿请求权的认定

在上诉人进贤县温圳镇艺术幼儿园与被上诉人进贤县温圳镇六佳一幼儿园等横向垄断协议纠纷案[(2021)最高法知民终2253号],最高人民法院对经营者的认定、相关市场对横向垄断协议认定的作用、垄断协议效力、横向垄断协议当事人能否要求损害赔偿等问题明确了裁判意见。与纵向垄断协议中的交易相对人不同,横向垄断协议的一方当事人基于协议要求另一方当事人赔偿的请求,均无法得到法院支持。该案中,最高人民法院从两个方面进行了论述:一方面,从对"经营者实施垄断行为,给他人造成损失的,依法承担民事责任"的文义解释,提出该规定中的"他人"系实施垄断行为的经营者之外的遭受垄断损害的其他人,而实施垄断行为的经营者本人并不在该条规定保护的主体范围之列;另一方面,根据反垄断法的立法宗旨进行目的解释,经营者通过垄断获利的行为为反垄断法所预防和制止,横向垄断协议实施者根据该协议主张损害赔偿,实质上是要求瓜分垄断利益,故法院对该类请求不应予以支持。这一观点,最高人民法院此前在"砖瓦协会"垄断纠纷案[(2020)最高法知民终1382号]已作明确。

4. 专利纠纷和解协议的横向垄断协议认定

在上诉人上海华明电力设备制造有限公司与被上诉人武汉泰普变压器开关有限公司横向垄断协议纠纷案[(2021)最高法知民终1298号],最高人民法院对于以专利纠纷和解协议之名行横向垄断协议之实的行为进行了认定。专利纠纷和解协议是否会构成横向垄断协议,最高人民法院认定的核心标准是,案涉和解协议是否具有排除、限制竞争的效果。同时明确,认定横向垄断协议应从市场竞争秩序的角度对协议内容进行整体分析,不能机械对照法条规定的垄断协议形式。横向垄断协议的认定,适用"本身违法"规则,应由被告对案涉协议不具有排除、限制竞争效果承担举证责任。

关于横向垄断协议效力,最高人民法院明确了无效的基本意见,同时指出,如果核心条款违反反垄断法而无效、其他条款属于围绕核心条款对双方权利义务进行约定、在剥离核心条款后缺乏独立存在意义,应当认定整个协议无效。这一观点,最高人民法院此前在"驾校联营"横向垄断协议案[(2021)最高法知民终1722号]亦已明确。

关于损害赔偿和诉讼合理开支,最高人民法院没有支持原告(横向垄断协议当事人)提出的损害赔偿主张,但是考虑横向垄断协议通常具有隐蔽性、支持合理开支有利于垄断协议参与方主动揭发垄断行为,有助于及时发现并制止垄断行为,故对原告(横向垄断协议当事人)的诉讼合理开支予以支持。

5.体育赛事商业权利独家授权的反垄断审查

在上诉人体娱(北京)文化传媒股份有限公司(以下简称体娱公司)与被上诉人中超联赛有限责任公司(以下简称中超公司)、上海映脉文化传播有限公司(以下简称映脉公司)滥用市场支配地位纠纷案[(2021)最高法知民终1790号]中,体娱公司起诉主张中超公司、映脉公司垄断了中超联赛图片销售权,限定交易相对人只能与映脉公司进行交易。该案争议涉及中超联赛图片经营的三个环节(见图1)。最高人民法院认为,体育赛事组织者基于其组织赛事、依据法律法规规定取得的独家经营赛事资源的民事权利所呈现的独家性和排他性属于权利自身的内在属性。对于中超联赛图片经营权独家授予环节,经营权授予是经营者行使民事权利的体现,具有合法性和正当性,在经济效果上被授权的经营者只不过是原始经营人具体经营的替代,一般不会对外产生反竞争效果。在中超联赛图片独家销售环节,映脉公司独家销售是通过授权传导的结果,符合法律规定且具有合理性。

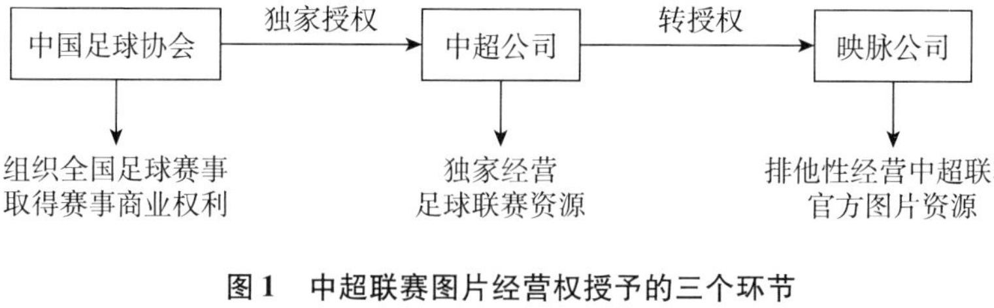

图1 中超联赛图片经营权授予的三个环节

6.共同市场支配地位的认定

在上诉人马某杰与被上诉人中国移动通信集团河南有限公司滥用市场支配地位纠纷案[(2021)最高法知民终1977号]中,最高人民法院认为,根据市场经营的一般经验,只有相关市场内多个经营者就同类业务均采取相同行为,体现出行为一致性,才有考虑共同市场支配地位的必要性。认定多个经营者形成共同市场支配地位,除了审查其市场份额外,还应当考虑经营者行为一致性等因素。

结合反垄断实践来看,一件滥用市场支配地位案件中涉及多个被告主体或者被调查当事人的,存在以下三种可能性。一是各个主体之间属于同一控制人控制(比如互联网平台经营者,可能存在不同的独立法人主体分别负责 ICP 备案、软件著作权登记、App 运营、平台服务协议签署等),此时可以参考经营者集中案件中的相关认定规则,认定市场份额等市场力量时将其视为一个经营者。二是不同主体具有统一、协调的意志,也被视为一个主体,比如市场监管总局在葡萄糖酸钙原料药垄断案(国市监处〔2020〕8 号)认为,康惠公司通过普云惠公司和太阳神公司进行注射用葡萄糖酸钙原料药等产品交易,三家公司具有统一、协调的经营意志,就实施案涉垄断行为而言,三家公司关系紧密,并不相互独立,故认定三家公司共同实施了案涉垄断行为。三是不同的市场主体,可能存在共同市场支配地位的情形,比如市场监管总局在扑尔敏原料药垄断案(国市监处〔2018〕21 号)认为,湖南尔康公司与河南九势公司占中国扑尔敏原料药市场份额合计超过 88%,且湖南尔康公司市场份额超过十分之一,故推定湖南尔康公司与河南九势公司在中国扑尔敏原料药市场具有市场支配地位。

7. 基层法院作出的反垄断民事判决

原告鲍某与被告国网甘肃省电力公司兰州供电公司、第三人兰州瑞景物业服务有限公司滥用市场支配地位纠纷案,甘肃省兰州市七里河区人民法院受理,案号为(2021)甘 0103 民初 5493 号,并于 2022 年 7 月 6 日作出一审民事判决。

该案中,原告提出“依法判决确认被告滥用市场支配权地位违法”等诉讼请求,一审法院认定本案“实际应当定为垄断纠纷中的滥用市场支配地位纠纷”“被告在与原告的供电及用电行为中,并没有滥用市场支配权的情形发生”,并最终根据 2022 年修正前《反垄断法》第 17 条作出一审判决。最高人民法院《关于审理因垄断行为引发的民事纠纷案件应用法律若干问题的规定》(2020 年修正)第 3 条规定:“第一审垄断民事纠纷案件,由知识产权法院,省、自治区、直辖市人民政府所在地的市、计划单列市中级人民法院以及最高人民法院指定的中级人民法院管辖。”七里河区法院是基层人民法院,并无垄断民事纠纷的案件管辖权,七里河区法院作出该判决实际超越了其管辖权范畴。对此,如果当事人向判决书列明的甘肃省兰州市中级人民法院提起上诉的话,因与反垄断诉讼的“飞跃上诉”规则不符,兰州市中级人民法院应当裁定移送最高人民法院审理。

二、垄断行政案件

(一)概述

笔者于2023年5月登录中国裁判文书网,以“案由:行政案由”“全文搜索:反垄断法”“裁判年份:2022”为搜索条件,仅搜得2篇裁判文书。同时,笔者再以“案由:行政案由”“全文搜索:公平竞争”“裁判年份:2022”为搜索条件,搜得4篇裁判文书,但3篇与垄断纠纷或反垄断法无关,1篇与第一项检索重合。据此,在中国裁判文书网仅搜索得到2022年度审结的垄断行政纠纷案件2件,分别是上诉人茂名市电白区建科混凝土有限公司与被上诉人广东省市场监督管理局反垄断行政处罚案[(2022)最高法知行终29号]、上诉人海南省市场监督管理局与被上诉人海南盛华建设股份有限公司反垄断行政处罚纠纷案[(2021)最高法知行终880号]。此前颇受关注的山东康惠医药有限公司、潍坊普云惠医药有限公司诉国家市场监督管理总局反垄断行政处罚案件①(案号分别为:(2021)京行初1号、(2021)京行初2号),公开信息显示已在2021年度开庭审理,但迄今为止暂未见到相应的裁判文书公开。

(二)裁判观点分析

1.混凝土企业横向垄断协议行政处罚案

上诉人茂名市电白区建科混凝土有限公司与被上诉人广东省市场监督管理局反垄断行政处罚案,最高人民法院提出的裁判意见分析如下。

(1)“其他协同行为”的认定

最高人民法院认为,具有竞争关系的经营者之间存在意思联络或信息交流,且在意思联络或信息交流之后采取了一致性市场行为,除非经营者能够合理说明并提供证据证明该行为系其根据市场和竞争状况独立作出的市场行为,包括跟随、仿效其他竞争者而采取的相同市场行为,或者符合反垄断法规定的豁免事由,原则上可以认定经营者以协同行为的方式达成并实施了横向垄断协议。该认定规则吸收

① 相关信息源于网络。访问链接1:https://new.qq.com/rain/a/20201217A0GWMY00。访问链接2:https://view.inews.qq.com/a/20211125A049T800。访问链接3:https://m.thepaper.cn/baijiahao_10461691。

了《禁止垄断协议暂行规定》(现《禁止垄断协议规定》)第6条规定的认定其他协同行为应当考虑的因素。

最高人民法院还明确,尽管行政诉讼法一般性地规定被告(行政机关)对作出的行政行为负有举证责任,但反垄断法专门就垄断协议豁免的举证责任作出了特别规定,该特别规定应当优先适用,经营者应当对垄断协议的豁免事由进行举证。

(2)"上一年度"的认定

上一年度销售额是计算罚款的基数,但现行法对"上一年度"的含义并未明确规定。最高人民法院确立了"'上一年度'应确定为与作出处罚时在时间上最接近、事实上最关联的违法行为存在年度"的原则,具体如下:"上一年度"通常指启动调查时的上一个会计年度;对于垄断行为在反垄断执法机构启动调查时已经停止的,"上一年度"则通常为垄断行为停止时的上一个会计年度;如果垄断行为实施后于当年内停止,则垄断行为实施的会计年度也可以作为《反垄断法》第46条第1款规定"上一年度销售额"中"上一年度"。

2. 海南消防检测企业横向垄断协议行政处罚案

上诉人海南省市场监督管理局与被上诉人海南盛华建设股份有限公司反垄断行政处罚纠纷案,最高人民法院综合文义解释、立法目的解释等认为,鉴于垄断行为的危害不仅限于其违法经营的范围,还损害市场竞争机制和经济运行效率,垄断行为通常对市场经济的危害性较大,总体上对该类垄断行为应当处以较为严厉的处罚,方能起到有效的威慑作用,否则难以实现反垄断法预防和制止垄断行为的立法目的,因此,将上一年度销售额原则上解释为全部销售额具有合理性。

关于销售额问题,此前曾有不同理解。比如2016年国家发展和改革委员会《关于认定经营者垄断行为违法所得和确定罚款的指南》(征求意见稿)设定为:"一般情况下,反垄断执法机构以经营者在实施垄断行为的地域范围内涉案商品的销售收入作为计算罚款所依据的销售额。"实践中,2018年国务院机构改革前不同的案件处理方式并不统一。为此,市场监管总局专门向全国人大常委会法制工作委员会请求法律解释,后者认为市场监管总局关于销售额的理解(将经营者的全部销售额作为计算罚款的基数)是法律条文的本义。2018年国务院机构改革后,市场监管总局均按此标准对违法经营者实施处罚,同时要求各省级市场监管部门照此执行,以保证反垄断执法标准和尺度的统一。①

结 语

加强反垄断和反不正当竞争司法,是近几年来最高人民法院工作报告中每年都提到的工作要点。加强反垄断司法,一方面要依法公正高效审理垄断案件,另一方面则要加强司法裁判规则的完善。随着反垄断司法实践经验的不断丰富,以及新反垄断民事诉讼司法解释的推进出台,反垄断司法将进一步为健全统一、开放、竞争、有序的市场体系提供司法保障。

① 参见严励等:《关于"上一年度销售额"的界定——某消防检测公司达成并实施垄断协议行政处罚案例评析》,载《中国价格监管与反垄断》2022年第5期。

研究中心动态

上海交通大学竞争法律与政策研究中心近期动态(第9期)

1. 以中心主任王先林为首席专家的教育部哲学社会科学研究重大课题攻关项目“经济全球化背景下中国反垄断战略研究”,按计划顺利完成并在2020年6月通过了鉴定验收,本项目最终成果40多万字的同名著作由经济科学出版社2022年3月出版。此外,课题组成员还围绕课题内容在国内外重要学术刊物上发表了近60篇论文,其中约半数发表在中国社会科学引文索引(CSSCI)和社会科学引文索引(SSCI)期刊上,2篇获奖,7篇被人大复印报刊资料全文转载。同时,分别向国家和上海市相关政府部门和行业协会提交了相关调研报告并得到了采纳,有的在其机关刊物上发表,有的被吸收到出台的相关政策文件中。课题组还向教育部社科中心报送了6篇研究咨询报告。

2. 2022年6月,中心研究助理吴佩乘顺利完成上海交通大学—新南威尔士大学联授博士学位项目,同时获得两个大学的法学博士学位。上海交通大学与位于澳大利亚悉尼的新南威尔士大学具有长期的合作关系。2018年起,上海交通大学与新南威尔士大学共同启动联授博士学位项目(校际合作),该项目旨在进一步拓宽两校间国际学术合作,促进国际学术人才培养和交流。吴佩乘由中心主任王先林指导,是该项目的首批毕业生。目前吴佩乘受聘担任浙江大学光华法学院百人计划研究员、博士生导师。

3. 2022年6月24日,第十三届全国人大常委会第三十五次会议通过了《关于修改〈中华人民共和国反垄断法〉的决定》,完成了对该法实施十四年来的首次修改。连日来,围绕我国《反垄断法》的首次修改,中心主任王先林接受多家媒体采访,畅谈了这次修法的多维背景、重要意义、主要亮点和存在的不足以及未来进一步发展完善的方向等。这些媒体包括中国日报、中国青年报、21世纪经济报道、财经、南方都市报、第一财经和界面新闻等。相关报道在网络媒体被广泛转发,产生了较大的社会影响。

4. 2022年8月4日,由上海市法学会竞争法学研究会与上海交通大学竞争法律与政策研究中心主办的"欧盟《数字市场法》的意义与启示"研讨会顺利举行。本次会议采取线上参会的形式,邀请了十几位从事竞争法研究的专家和学者进行主题报告,来自全国各地的专家、学者、学生等一百三十余人参会。中心执行主任李剑、中心副主任侯利阳组织并参加此次研讨会。

5. 2022年8月15日,上海市市场监督管理局举办法治政府建设大讲堂第三讲,邀请中心主任王先林教授就新《反垄断法》进行授课,局长陈学军主持并讲话。王先林全面系统地解读了强化反垄断与我国反垄断法首次修改的背景,介绍了新反垄断法的主要框架和重点内容,并就新形势下进一步加强反垄断行政执法提出建议。

6. 2022年9月2日,香港竞争事务委员会(竞委会)举办秋季培训课程"2022:内地《反垄断法》网上研讨会",让香港商界及公营界别了解内地《反垄断法》的最新发展,研讨会吸引了逾350名律师、合规人员、企业代表、学者、大学生以及来自公营界别的人士参与。中心主任王先林以"中国内地《反垄断法》首次修改的背景和主要亮点"为题做了专题演讲,并就与会者提出的相关问题进行了对话交流。这是王先林继2021年1月28日为竞委会全体委员讲授"中国内地的竞争政策和反垄断法"之后,再次为香港特区各界宣讲内地反垄断法。

7. 2022年9月30日,中心副主任侯利阳获批2022年国家社会科学基金重点项目,课题名称为"平台经济领域的反垄断与规制研究"(22AFX018)。

8. 2022年11月14日,学习贯彻习近平法治思想暨凯原法学院建院20周年系列学术活动"名家讲坛"第七讲成功举办。德国汉堡大学法学博士、深圳大学特聘教授、中国社会科学院法学研究所研究员、博士生导师王晓晔教授,以"我国数字经济领域反垄断法实施的现状和问题"为主题,为线上师生带来了精彩分享。讲座由凯原法学院彭诚信院长担任主持人,中心主任王先林和副主任侯利阳担任与谈人。

9. 2022年12月3~4日,中国法学会经济法学研究会2022年年会暨第三十届全国经济法理论研讨会在武汉召开。本次会议以"疫情防控、经济发展与经济法"为主题,由中国法学会经济法学研究会主办,中南财经政法大学法学院、湖北经济学院法学院共同承办。来自全国各地的专家、学者通过线上的方式,就经济法相关问题展开了多场学术研讨与交流。中心研究助理、博士生詹馥静和喻张鹏分别获得本次年会青年优秀论文二等奖、三等奖。

10. 2022年11~12月,中心主任王先林教授应邀为安徽省、天津市和河南省等多个省市的相关政府部门做公平竞争政策与反垄断方面的讲座。在首届中国公平竞争政策宣传周(安徽)启动仪式、首届中国公平竞争政策宣传周(天津)启动仪式暨首届天津竞争论坛上,王先林分别围绕"新《反垄断法》与公平竞争制度""公平竞争政策与全国统一大市场建设"发表主题演讲。11月16日,王先林为山西省强化反垄断深入推进公平竞争政策实施能力提升培训班做了题为"新《反垄断法》与强化反垄断"的专题讲座。12月8~10日,河南省市场监督管理局举办河南省公平竞争审查与反垄断执法业务线上培训班,王先林围绕竞争政策基础地位及其实现机制进行授课。

11. 2022年12月5日,中心研究员、上海交通大学凯原法学院博士后陈曦(合作导师王先林)、李兆轩(合作导师侯利阳)二人获得2022年度上海市"超级博士后"激励计划资助。

12. 2022年11月25日,中心研究员、上海交通大学凯原法学院博士后陈曦(合作导师王先林)获得中国博士后科学基金第72批面上资助。

13. 2022年12月19日,海南省人民政府党组书记、省长冯飞主持召开省政府党组(扩大)会议暨理论学习中心组学习会议,传达学习中央经济工作会议精神,按照省委有关部署,研究省政府系统贯彻落实工作。在理论学习中心组学习会上,围绕"借鉴国际通行规则,完善海南自贸港公平竞争制度"主题,邀请中心主任王先林视频连线授课,开展专题学习研讨。

14. 2022年12月20日,美国在线零售巨头亚马逊与欧盟监管机构达成和解,将对亚马逊商业行为做出重大改变,同时避免面临旷日持久的法律斗争和数百亿美元潜在罚金,中心主任王先林教授就这一事件接受媒体采访。

15. 2023年3月22日,上海交通大学凯原法学院与上海交通大学竞争法律与政策研究中心联合举办"公平竞争合规高峰论坛"。来自全国各地的专家、学者以及实务界人士两百多人,就"反垄断合规、经营者集中审查、纵向垄断协议"等议题展开学术研讨。中心主任王先林、副主任侯利阳组织并参与了此次论坛。

16. 2023年4月24日,上海交通大学竞争法律与政策研究中心系列学术讲座第七十讲在徐汇校区工程馆222举行。本次讲座以"律师视角下的中国经营者集中审查工作"为题,由霍金路伟国际律师事务所合伙人孟记安(Adrian Emch)律师主讲,中心主任王先林教授主持,本学期竞争法课程选课同学与经济法学科诸多同学参加了此次讲座。本次讲座围绕企业并购业务中反垄断律师的主要工作展开。

17. 2023年5月10日,海南省市场监督管理局举办学习贯彻习近平新时代中国特色社会主义思想主题教育第二次宣讲报告会暨党组理论学习中心组2023年第9次学习(扩大)会。报告会邀请了中心主任王先林授课。局党组书记、局长铁刚主持会议。局机关全体干部、直属单位主要负责人,海南省药品监督管理局、知识产权局班子成员,共200余人参加会议。王先林以“强化公平竞争政策基础地位　全面落实公平竞争制度”为题,以“理论引导+案例分析”的方式,系统阐述了竞争政策的含义、目标、合理定位和基本要求,详细讲解了公平竞争审查制度的意义和特点、实施的机遇和条件,结合自贸港优化营商环境建设,从国际国内两个视角提出了海南可学习借鉴、需优化创新的意见建议。

18. 2023年6月2日,国家市场监督管理总局反垄断执法一司举办专题讲座,中心主任王先林教授应邀以“知识产权领域反垄断理论和实践中的若干重点问题”为题进行了讲解,并就一些实务中的热点问题与相关同志进行了交流探讨。

《竞争法律与政策评论》约稿函

《竞争法律与政策评论》(*Competition Law and Policy Review*)是由上海交通大学竞争法律与政策研究中心、上海市法学会竞争法研究会联合主办的连续性、专业性的学术出版物。目前由法律出版社每年出版一卷。《竞争法律与政策评论》力求汇集百家观点、凝聚学术共识,并在竞争法学术共同体的共同努力下,推动中国竞争法理论研究与实务的繁荣与发展。在此,诚邀各位专家学者及实务界精英不吝赐稿!

《竞争法律与政策评论》秉持学术自由的理念,强调学术导向、问题导向。作为竞争法领域的学术论坛,我们相信"思想市场"同样需要竞争,因而文稿的取舍完全取决于稿件质量。在此原则下,对稿件篇幅、作者身份均无限制。学术评论、案例分析、实证研究、书评等形式都予以接受并非常欢迎。所有稿件均采用双向匿名审稿制度,并尽可能及时回复作者审稿结果。稿件一经刊登,编辑部即支付样刊及润笔若干,并采取"优稿优酬"之原则。

来稿请以电子邮件的方式惠寄至:jzfreview@ 126. com,并请在邮件的标题中写明文章的题目。所有稿件请采用 Word 文档,以保证兼容性。文章的初审周期为 15 天,编辑部承诺在 30 天内向作者反馈稿件最终处理结果。

为适应我国信息化建设,扩大本辑刊及作者知识信息交流渠道,本辑刊已被"中国学术期刊网络出版总库"及中国知网系列数据库收录,其作者文章著作权使用费与本辑刊稿酬一次性给付,免费提供作者文章引用统计分析资料。同时,本辑刊也加入了"北大法律信息网"法学期刊数据库。如作者不同意文章被收录,请在来稿时向本辑刊声明,本辑刊将做适当处理。

附:投稿要求

(一)来稿请附作者真实姓名和详细联络地址,包括邮寄地址、联系电话、电子邮箱。

(二)请随稿件附上作者基本情况介绍,包括最高学历,学位、工作单位、职位,研究方向。请在正文前加上200字左右的摘要,3~5个关键词。

(三)所有来稿文责自负。但编辑部有权对采用稿件做必要修改,如不同意请在来稿时声明。

(四)注释体例

1. 注释以必要为限,提倡引用正式出版物,出版时间应精确到年;根据被引资料性质,可在作者姓名后加“主编”“编译”“编著”“编选”等字样。

2. 文中注释采用脚注,连续编码,注码样式为:1、2、3等。

3. 非直接引用原文时,注释前加“参见”;非引用原始资料时,应注明“转引自”。

4. 数个注释引自同一资料时,请补全脚注。

5. 相邻引文出自同一资料时,注释体例为:同上,第67页以下。

6. 引用自己的作品时,请直接标明作者姓名,不要使用“拙文”等自谦辞。

(五)具体注释格式列举:

1. 著作类

王先林:《知识产权与反垄断法——知识产权滥用的反垄断问题研究》(第3版),法律出版社2020年版,第20页。

[美]欧内斯特·盖尔霍恩、[美]威廉姆·科瓦契奇、[美]斯蒂芬·卡尔金斯:《反垄断法与经济学》(第5版),任勇、邓志松、尹建平译,法律出版社2009年版,第171页。

2. 论文类

王晓晔:《滥用知识产权限制竞争的法律问题》,载《中国社会科学》2007年第4期。

李剑:《反垄断私人诉讼困境与反垄断执法的管制化发展》,载《法学研究》2011年第5期。

3. 文集类

[美]Philip J. Loree:《〈海洋法公约〉:对美国航运业更为可取的方式》,载傅崐成等编译:《美国维吉尼亚大学海洋法论文三十年精选集》,厦门大学出版社2010年版,第443页。

4. 译作类

[英]H. L. A. 哈特、[美]托尼·奥诺尔:《法律中的因果关系》,张绍谦译,中国

政法大学出版社2005年版,第216页。

5. 报纸类

王先林:《对近期我国反垄断执法的观察和思考》,载《中国工商报》2014年10月15日,第×版。

6. 古籍类

《史记·秦始皇本纪》。

7. 辞书类

《新英汉法律词典》,法律出版社1998年版,第24页。

8. 外文类

依从该文种注释习惯。

如:Liyang Hou, *A Review of Telecom Markets in the EU: What Did the European Commission Learn or Not from the Past?*, 30(6) Computer Law & Security Review, at 710 – 719 (2014).

9. 法院判决、公告类

(2011)深中法知民初字第67号民事判决;(2012)粤高法民三终字第155号终审判决书。

10. 网络资讯类

原则上,如果同样内容有纸质参考,请选用纸质参考,以方便保存查阅。

David Flath, *Resale Price Maintenance by Japanese Newspapers*, http://ssrn.com/abstract=1670562,2012年5月20日最后访问。